U0524852

国家社科基金
后期资助项目

# 全景关怀：
# 中国社会保障高质量发展研究

**PANORAMIC CARE:**
A Study on the High-quality Development of Social Security in China

李立清 著

中国社会科学出版社

图书在版编目（CIP）数据

全景关怀：中国社会保障高质量发展研究 / 李立清著. -- 北京：中国社会科学出版社，2024.12.
ISBN 978-7-5227-4497-1

Ⅰ．D632.1

中国国家版本馆CIP数据核字第2024MP5984号

| | | |
|---|---|---|
| 出 版 人 | 赵剑英 | |
| 责任编辑 | 刘晓红 | |
| 责任校对 | 周晓东 | |
| 责任印制 | 李寡寡 | |
| 出　　版 | 中国社会科学出版社 | |
| 社　　址 | 北京鼓楼西大街甲158号 | |
| 邮　　编 | 100720 | |
| 网　　址 | http://www.csspw.cn | |
| 发 行 部 | 010-84083685 | |
| 门 市 部 | 010-84029450 | |
| 经　　销 | 新华书店及其他书店 | |
| 印　　刷 | 北京君升印刷有限公司 | |
| 装　　订 | 廊坊市广阳区广增装订厂 | |
| 版　　次 | 2024年12月第1版 | |
| 印　　次 | 2024年12月第1次印刷 | |
| 开　　本 | 710×1000　1/16 | |
| 印　　张 | 23.25 | |
| 字　　数 | 416千字 | |
| 定　　价 | 128.00元 | |

凡购买中国社会科学出版社图书，如有质量问题请与本社营销中心联系调换
电话：010-84083683
版权所有　侵权必究

# 国家社科基金后期资助项目
# 出 版 说 明

后期资助项目是国家社科基金设立的一类重要项目，旨在鼓励广大社科研究者潜心治学，支持基础研究多出优秀成果。它是经过严格评审，从接近完成的科研成果中遴选立项的。为扩大后期资助项目的影响，更好地推动学术发展，促进成果转化，全国哲学社会科学工作办公室按照"统一设计、统一标识、统一版式、形成系列"的总体要求，组织出版国家社科基金后期资助项目成果。

全国哲学社会科学工作办公室

# 目 录

## 第一章 绪论 …………………………………………………（1）
　　第一节 研究背景 ……………………………………………（3）
　　第二节 问题提出 ……………………………………………（10）
　　第三节 研究意义 ……………………………………………（12）
　　第四节 思路与方法 …………………………………………（16）
　　第五节 创新之处 ……………………………………………（22）

## 第二章 中国社会保障高质量发展理论与实践总论 ……………（25）
　　第一节 社会保障高质量发展的理论基础与基本概念 ………（25）
　　第二节 中国社会保障高质量发展的历史必然与现实逻辑 …（43）
　　第三节 中国社会保障高质量发展"全景关怀"分析框架 …（55）

## 第三章 "幼有所育"：托育服务与学前教育高质量发展 ……（58）
　　第一节 "幼有所育"高质量发展的理论内涵与分析框架 …（58）
　　第二节 中国共产党"幼有所育"社会保障的历史脉络 ……（68）
　　第三节 中国"幼有所育"高质量发展的问题检视 …………（76）
　　第四节 中国社会保障"幼有所育"高质量发展的实现路径 …（85）

## 第四章 "学有所教"：构建服务全民终身学习的教育体系 …（92）
　　第一节 "学有所教"高质量发展的理论内涵与分析框架 …（92）
　　第二节 中国共产党"学有所教"社会保障的历史脉络 ……（101）
　　第三节 中国"学有所教"高质量发展的实证分析与
　　　　　 问题检视 ……………………………………………（110）
　　第四节 中国社会保障"学有所教"高质量发展的实现路径 …（117）

## 第五章 "劳有所得"：劳动就业与收入分配高质量发展 ……（128）
　　第一节 "劳有所得"高质量发展的理论内涵与分析框架 …（128）

  第二节 中国共产党"劳有所得"社会保障的历史脉络 …… (135)
  第三节 中国"劳有所得"高质量发展的问题检视 ………… (148)
  第四节 中国社会保障"劳有所得"高质量发展的实现路径…… (161)

**第六章 "病有所医"：医疗保险与医疗服务高质量发展** …… (169)
  第一节 "病有所医"高质量发展的理论内涵与分析框架…… (169)
  第二节 中国共产党"病有所医"社会保障的历史脉络 …… (182)
  第三节 中国"病有所医"高质量发展的问题检视 ………… (194)
  第四节 中国社会保障"病有所医"高质量发展的实现路径…… (204)

**第七章 "老有所养"：养老保险、养老服务和养老产业**
    **高质量发展** ……………………………………………… (217)
  第一节 "老有所养"高质量发展的理论内涵与分析框架…… (217)
  第二节 中国共产党"老有所养"社会保障的历史脉络 …… (233)
  第三节 中国"老有所养"高质量发展的问题检视 ………… (238)
  第四节 中国社会保障"老有所养"高质量发展的实现路径…… (247)

**第八章 "住有所居"：住房保障与住房供应高质量发展** …… (256)
  第一节 "住有所居"高质量发展的理论内涵与分析框架…… (256)
  第二节 中国共产党"住有所居"社会保障的历史脉络 …… (272)
  第三节 中国"住有所居"高质量发展的问题检视 ………… (278)
  第四节 中国社会保障"住有所居"高质量发展的实现路径…… (292)

**第九章 "弱有所扶"：扶贫、救灾与社会救助高质量发展** …… (306)
  第一节 "弱有所扶"高质量发展的理论内涵与分析框架…… (306)
  第二节 中国共产党"弱有所扶"社会保障的历史脉络 …… (314)
  第三节 中国"弱有所扶"高质量发展的问题检视 ………… (324)
  第四节 中国社会保障"弱有所扶"高质量发展的实现路径…… (333)

**第十章 研究结论与展望** ……………………………………… (341)
  第一节 研究结论 ……………………………………………… (341)
  第二节 研究展望 ……………………………………………… (353)

**主要参考文献** ……………………………………………………… (357)

# 第一章 绪论

中国特色社会保障体系是中国特色社会主义制度的重要组成部分，是"保障和改善民生、维护社会公平、增进人民福祉的基本制度保障，是促进经济社会发展、实现广大人民群众共享改革发展成果的重要制度安排，是治国安邦的大问题"。① 中国共产党历来高度重视民生改善和社会保障。党的十七大报告提出，要让全体人民"学有所教、劳有所得、病有所医、老有所养、住有所居"；自党的十八大以来，党中央把社会保障体系建设摆上更加突出的位置，推动中国社会保障体系建设驶入快车道；党的十九大进一步强调持续不断地满足人民美好生活需要，创新性地增加了"幼有所育"和"弱有所扶"；党的二十大要求深入贯彻以人民为中心的发展思想，在幼有所育、学有所教、劳有所得、病有所医、老有所养、住有所居、弱有所扶上持续用力，建成世界上规模最大的教育体系、社会保障体系、医疗卫生体系，人民群众获得感、幸福感、安全感更加充实、更有保障、更可持续，共同富裕取得新成效。目前，中国以社会保险为主体，包括社会救助、社会福利、社会优抚等制度在内的功能完备的社会保障体系基本建成。

从"民生五有"到"民生七有"，反映了中国人民从古至今对美好生活的无限向往，也折射出中国共产党的治国理政思维及其领导的社会保障事业发展正在实现"三个转变"。所谓"三个转变"，一是从社会保障事业所体现的治国理政思维来看，正在实现从管理社会的工具理性到更多融入人道主义和社会公平的价值理性的转变；二是从社会保障事业所发挥的实际功能来看，正在实现从保障人民基本生活安全网、经济发展助推器、社会矛盾调解器、社会政治稳定剂的四大功能向公民人身权利诉求的保护

---

① 习近平：《习近平在中共中央政治局第二十八次集体学习时强调 完善覆盖全民的社会保障体系 促进社会保障事业高质量发展可持续发展》，《人民日报》2021年2月28日第1版。

功能转变；三是从社会保障事业所要求的政府责任来看，正在实现从传统政府的"弹性责任"向现代政府的"刚性责任"转变。这"三个转变"，彰显出社会保障作为"国之大者"的意义。对于中国共产党人而言，"人民"重于千钧，"人民"就是一切，让人民生活幸福就是"国之大者"。社会保障作为"国之大者"，事关党和国家前途命运，事关中华民族伟大复兴，事关人民幸福安康，事关社会长治久安。

站在"两个一百年"奋斗目标的历史交汇点上，中国已建成"世界上规模最大的社会保障体系"①，在"幼有所育、学有所教、劳有所得、病有所医、老有所养、住有所居、弱有所扶"的"民生七有"保障上不断取得新的进展，一幅具有鲜明中国特色社会保障的"全景图"已然展开。伟大的民族复兴，必须有伟大的社会保障。习近平总书记深刻指出，"保障和改善民生没有终点，只有连续不断的新起点"，"社会保障制度改革已进入系统集成、协同高效的阶段"，"要在推动社会保障事业高质量发展上持续用力"，并要求"加大再分配力度，强化互助共济功能，把更多人纳入社会保障体系，为广大人民群众提供更可靠更充分的保障，不断满足人民群众多层次多样化需求，完善覆盖全民、统筹城乡、公平统一、可持续的多层次社会保障体系，进一步织密社会保障安全网②，促进中国社会保障事业高质量发展、可持续发展"。中国特色社会保障既是人民发展全过程的"宽覆盖"，又是从"有"到"优"的"厚支撑"，还是"量"与"质"的深化融合。"全景关怀"的中国特色社会保障既是人民的诉求、政府的职能、执政为民的工具，也是人民发展的根本权利，更是中国共产党治国理政的历史使命。

当前，在立足新发展阶段、贯彻新发展理念、构建新发展格局的进程中，如何进一步推进中国社会保障从"民生五有"（党的十七大）、"民生七有"（党的十九大）迈向"全景关怀"？如何进一步推进中国社会保障从"民生七有"迈向"民生七优"？如何进一步推进"中国特色社会保障"迈向"社会保障强国"？这既是"十四五"时期乃至更长历史阶段需要深入探索的重大实践问题，也是社会保障和高质量发展相关研究亟待拓展和深化的重大理论问题。

本书研究的时间范围为2020—2024年，旨在立足"百年交汇"底

---

① 《我国建成世界上规模最大的社会保障体系》，2020年12月7日，中央人民政府，https://www.gov.cn/xinwen/2020-12/07/content_5567819.htm。

② 习近平：《促进我国社会保障事业高质量发展、可持续发展》，《求是》2022年第8期。

色，厘清中国社会保障高质量、可持续发展的新内涵；彰显"全景关怀"特色，揭示中国社会保障系统集成、协同高效的新机制；激发"提质增效"成色，探明中国社会保障效能测度、质量评价的新方法；坚守"人民至上"本色，助力中国社会保障公平优先、共建共享的新征程。通过推进中国特色社会保障高质量发展研究，以期牢固树立中国社会保障作为中国特色社会主义制度重要组成部分的理论认知，赋予社会保障崇高的政治地位和历史使命，并予以长期坚持和不断完善；以期为中国社会保障系统集成、协同高效制度改革提供智力支持，为各级政府推进"民生七有"走向"民生七优"提供行动策略，为筑牢人民幸福之基、开辟共同富裕之路、优化治国安邦之策提供路径参考。

## 第一节 研究背景

### 一 中国社会保障展现"百年蓝图"的深邃定位

当前，中国处在"两个一百年"奋斗目标的历史交汇点，"十四五"时期迈向高质量发展的画卷铺展开来。党的十九届五中全会通过的《中共中央关于制定国民经济和社会发展第十四个五年规划和二〇三五年远景目标的建议》（以下简称《建议》）提出，"十四五"时期经济社会发展以推动高质量发展为主题①，这是根据中国发展阶段、发展环境、发展条件变化作出的科学判断。从本质上看，高质量发展是在新发展理念指导下的"以人民为中心"的发展。正如习近平总书记所指出的，"高质量发展，就是能够很好满足人民日益增长的美好生活需要的发展，是体现新发展理念的发展，是创新成为第一动力、协调成为内生特点、绿色成为普遍形态、开放成为必由之路、共享成为根本目的的发展"。②

高质量发展"以人民为中心"的这一根本遵循，在党的十九届五中全会审议通过的《建议》中得到了充分体现。《建议》将"人民生活更加美好、人的全面发展、全体人民共同富裕取得更为明显的实质性进展"作为到2035年基本实现社会主义现代化的远景目标之一，将"民生福祉

---

① 习近平：《中共中央关于制定国民经济和社会发展第十四个五年规划和二〇三五年远景目标的建议（二〇二〇年十月二十九日中国共产党第十九届中央委员会第五次全体会议通过）》，《人民日报》2020年11月4日第1版。

② 习近平：《习近平谈治国理政》（第三卷），外文出版社2020年版，第238页。

达到新水平"作为"十四五"时期经济社会发展的一个主要目标。《建议》从"整体推进"和"重点突破"两个方面进行了规划部署：一是在整体上改善人民生活品质，提高社会建设水平；二是全面推进乡村振兴。前者的基本路径是"健全基本公共服务体系"①；后者则强调农业农村优先发展，重点在于"强化以工补农、以城带乡，推动形成工农互促、城乡互补、协调发展、共同繁荣的新型工农城乡关系"。②

立足"百年蓝图"，社会保障展露出更加深邃的定位。正如习近平总书记所指出的，"中国特色社会保障体系是中国特色社会主义制度的重要组成部分，是保障和改善民生、维护社会公平、增进人民福祉的基本制度保障，是促进经济社会发展、实现广大人民群众共享改革发展成果的重要制度安排，是治国安邦的大问题"。③ 回顾过往，我们坚持发挥中国共产党领导和中国特色社会主义制度的政治优势，坚持人民至上、共同富裕，坚持制度引领，坚持与时俱进，坚持实事求是，成功建设了具有鲜明中国特色的社会保障体系。展望未来，我们要"坚持和发展这些成功经验，不断总结，不断前进"。④

## 二 中国社会保障取得"民生七有"的历史成就

党的十八大以来，中国共产党始终牢记为人民谋幸福的初心，坚持全心全意为人民服务的宗旨，在"民生七有"保障上取得了非凡的历史成就，为新发展阶段推进社会保障高质量发展奠定了坚实的基础。

"幼有所育"方面，2020年全国幼儿园达29.17万所，比2013年增加9.31万所；在园幼儿4818.26万人，比2013年增加923.57万人；学前教育毛入学率达到85.2%，比2013年增加17.7个百分点。2020年普惠性幼儿园

---

① 习近平：《中共中央关于制定国民经济和社会发展第十四个五年规划和二〇三五年远景目标的建议（二〇二〇年十月二十九日中国共产党第十九届中央委员会第五次全体会议通过）》，《人民日报》2020年11月4日第1版。
② 习近平：《中共中央关于制定国民经济和社会发展第十四个五年规划和二〇三五年远景目标的建议（二〇二〇年十月二十九日中国共产党第十九届中央委员会第五次全体会议通过）》，《人民日报》2020年11月4日第1版。
③ 习近平：《习近平在中共中央政治局第二十八次集体学习时强调 完善覆盖全民的社会保障体系 促进社会保障事业高质量发展可持续发展》，《人民日报》2021年2月28日第1版。
④ 习近平：《促进我国社会保障事业高质量发展、可持续发展》，《求是》2022年第8期。

在园幼儿4082.83万人，普惠性幼儿园覆盖率达到84.74%。①②

"学有所教"方面，2020年全国义务教育阶段学校21.00万所，九年义务教育巩固率达95.2%，比2013年增长2.9个百分点。高中阶段学校2.44万所，高中阶段毛入学率达91.2%，比2013年增长5.2个百分点。普通高校2738所，高等教育毛入学率54.4%，比2013年增长19.9个百分点。特殊教育学校2244所，比2013年增加311所。在校生88.08万人，比2013年增加51.27万人。③④

"劳有所得"方面，2020年全国居民人均可支配收入为32189元，比2013年增加13878元，其中，城镇居民人均可支配收入为43834元，比2013年增加16879元；农村居民人均可支配收入为17131元，比2013年增加8235元。⑤⑥

"病有所医"方面，截至2020年底，全国参加职工基本医疗保险人数34423万人，比2013年增加7007万人；参加城乡居民基本医疗保险人数101677万人，比2013年增加14686万人。目前，中国已建成全世界最大的医疗保障网。2020年累计资助7837.2万贫困人口参加基本医疗保险，比2013年增加6347.1万人。⑦ 2020年，各项医保扶贫政策累计惠及贫困人口就医1.8亿人次，比2013年增加171514.8万人次。⑧

"老有所养"方面，截至2020年底，全国参加城镇职工基本养老保险的人数45621万人，比2013年末增加13409万人；参加城乡居民基本

---

① 《2020年全国教育事业统计主要结果发布》，2021年3月2日，中华人民共和国教育部，www.moe.gov.cn/jyb_xwfb/s5147/202103/t20210302_516416.html。
② 《2013年全国教育事业统计主要结果发布》，2014年7月4日，中华人民共和国教育部，www.moe.gov.cn/srcsite/A03/s180/moe_633/201407/t20140704_171144.html。
③ 《2020年全国教育事业统计主要结果发布》，2021年3月2日，中华人民共和国教育部，www.moe.gov.cn/jyb_xwfb/s5147/202103/t20210302_516416.html。
④ 《2013年全国教育事业统计主要结果发布》，2014年7月4日，中华人民共和国教育部，www.moe.gov.cn/srcsite/A03/s180/moe_633/201407/t20140704_171144.html。
⑤ 《中华人民共和国2020年国民经济和社会发展统计公报》，2021年2月28日，国家统计局，http://www.stats.gov.cn/sj/zxfb/202302/t20230203_1901004.html。
⑥ 《中华人民共和国2013年国民经济和社会发展统计公报》，2014年2月24日，国家统计局，https://www.gov.cn/sj/zxfb/202302/g20230203_1898455.html。
⑦ 《2020年医疗保障事业发展统计快报》，2021年3月8日，国家医疗保障局，http://www.gov.cn/shuju/2021-03/08/content_5591551.htm。
⑧ 《2020年医疗保障事业发展统计快报》，2021年3月8日，国家医疗保障局，http://www.gov.cn/shuju/2021-03/08/content_5591551.htm。

养老保险的人数 54244 万人，比 2013 年增加 4494 万人。① 养老服务方面，2020 年全国每千名老年人拥有养老床位 30.5 张，比 2013 年增加 6.1 张。②

"住有所居"方面，2019 年全国城镇人均住宅建筑面积 39.8 平方米，比 2013 年增加 5.7 平方米；农村乡（原来的集镇）人均住宅建筑面积为 33.9 平方米，比 2013 年增加 2.7 平方米。③

"弱有所扶"方面，截至 2019 年底，全国全年支出农村低保资金 1127.2 亿元，比 2013 年增加 260.3 亿元；全年支出农村特困人员救助供养资金 346 亿元，比 2013 年增加 173.7 亿元。随着财政投入的增长，城乡低保脱贫人数大幅度增加。2019 年，全国农村低保对象 3455.4 万人，比 2013 年减少 1932.6 万人；城市低保对象 860.9 万人，比 2013 年减少 1203.3 万人。④ "十三五"时期，5575 万农村贫困人口实现脱贫，脱贫攻坚成果举世瞩目。⑤

### 三　中国社会保障面临"内外共生"的问题挑战

#### （一）"人口老龄化"的挑战

中华人民共和国成立之初，中国城市人口的平均寿命只有 40 岁，2019 年已提高到 77.3 岁，2030 年可能达到 79 岁。人口老龄化形势越来越严峻，2022 年中国老年人口总数达到 2.6 亿，预计 2035 年将达到 4.2 亿，分别占总人口的 20%、30%，中国逐步进入中度、高度老龄化阶段。由此带来的是劳动力资源减少。预计"十四五"时期劳动力资源下降速度将逐渐加快，共计将减少 3500 万人。与此同时，随着经济社会的发展，劳动人口逐渐认识到素质、技能教育的重要性，接受教育再参加工

---

① 《2020 年度人力资源和社会保障事业发展统计公报》，2020 年 6 月 3 日，中华人民共和国人力资源和社会保障局，http://www.mohrss.gov.cn/SYrlzyhshbzb/zwgk/szrs/tjgb/202106/t20210604_415837.html。

② 《2019 年民政事业发展统计公报》，2020 年 9 月 8 日，中华人民共和国民政部，http://images3.mca.gov.cn/www2017/file/202009/1601261242921.pdf。

③ 《2019 年城乡建设统计年鉴》，2020 年 12 月 31 日，中华人民共和国住房和城乡建设部，http://www.mohurd.gov.cn/xytj/tjzljsxytjgb/jstjnj/。

④ 《中共中央关于制定国民经济和社会发展第十四个五年规划和二〇三五年远景目标的建议》，2020 年 11 月 3 日，中央人民政府，http://www.gov.cn/zhengce/2020-11/03/content_5556991.htm。

⑤ 习近平：《中共中央关于制定国民经济和社会发展第十四个五年规划和二〇三五年远景目标的建议（二〇二〇年十月二十九日中国共产党第十九届中央委员会第五次全体会议通过）》，《人民日报》2020 年 11 月 4 日第 1 版。

作使中国劳动人口的工作时间推迟。上述问题使我们认识到，必须采取积极的措施应对人口老龄化。

（二）"中等收入陷阱"的挑战

国家统计局数据显示，中国 1978 年国内生产总值（GDP）总量为 3679 亿元，2019 年跃升到 990865 亿元，位居全球第二，人均 GDP 首破 1 万美元①，从而迈入中等收入国家行列。国家财政收入快速增长，为加大公共投入、改善人民生活提供了资金保障。根据国家统计局的数据，中国农村居民纯收入较改革开放之初增加了 100 多倍，同期，全国农村居民人均消费支出从 116 元增加至 13328 元，恩格尔系数从 57.5% 下降至 30.0%。② 按照联合国相关评价标准，中国农村居民生活水平已实现从"温饱"到"小康"、从"小康"到"相对富裕"的两次历史性跨越。③

"十四五"时期是为 2035 年基本实现社会主义现代化打下坚实基础的关键时期。这个坚实基础首先是要成功跨越"中等收入陷阱"。国外一些国家在现代化进程中陷入"中等收入陷阱"的教训表明，建立在经济总体高速增长基础上的"从有效性中积累合法性"④ 的发展模式面临严峻挑战。因此，习近平总书记指出，"经济越是发展，创造财富的手段就越是依赖于教育、科技、文化、卫生、体育、环保等社会事业的发展"。⑤ 在党的十九届五中全会上，习近平总书记再次强调，"经济、社会、文化、生态等各领域都要体现高质量发展的要求"。⑥ 因此，要成功跨越"中等收入陷阱"，必须全方位实现高质量发展，在收入分配、民生建设、社会保障上有突破性进展。

（三）"工农城乡差距"的挑战

国家统计局数据显示，从城乡居民收入差距上看，1978 年中国城镇居民与农村居民人均可支配收入比值为 2.57。2019 年城镇居民与农村居

---

① 《全国年度统计公报》，2020 年 2 月 28 日，国家统计局，http：//www.stats.gov.cn/tjsj/tjgb/ndtjgb/。

② 《全国年度统计公报》，2020 年 2 月 28 日，国家统计局，http：//www.stats.gov.cn/tjsj/tjgb/ndtjgb/。

③ 《数说新中国 70 年农业农村巨变》，2019 年 11 月 14 日，农业农村部，http：//www.moa.gov.cn/xw/zwdt/201911/t20191114_6331856.htm。

④ 林尚立：《在有效性中累积合法性：中国政治发展的路径选择》，《复旦学报》（社会科学版）2009 年第 2 期。

⑤ 习近平：《之江新语》，浙江人民出版社 2007 年版，第 225 页。

⑥ 习近平：《关于〈中共中央关于制定国民经济和社会发展第十四个五年规划和二〇三五年远景目标的建议〉的说明》，《人民日报》2020 年 11 月 4 日第 2 版。

民人均可支配收入分别为42359元、16021元，比值降至2.64。① 城镇居民与农村居民收入虽然都有大幅增长，但城乡居民收入差距仍然保持改革之初的"原点"状况。根据2019年全国住户收入五等分分组调查数据，可估算出农村月人均收入1000元以下的人口至少为3.5亿人②，甚至可能达到4.54亿人。③ 城乡居民消费支出水平存在较大落差，会直接影响农村居民获得感、幸福感和公平感的提升。从对具体的人切身生活品质的关注来看：一是城乡居民横向对比下的消费差距和公平感的"落差"显著。通过对城乡消费支出的横向对比可知，2019年中国城镇居民的人均消费支出为28063元，是农村居民的2.11倍。④ 二是关注农村基本社会保障短板约束下恩格尔系数的"失灵"。一般认为恩格尔系数与一个国家或地区的富裕程度成反比。然而，在中国基本社会保障供给不足且均等化水平较低的现实下，城乡居民在教育、医疗等非食品支出上的消费严重虚高，这在农村地区尤为突出。很多时候，留守农民和进城务工农民工的"吃"是被"挤"掉的。这种顶着生存和生活压力的非食品支出，纵然降低了恩格尔系数，但又能有多高的生活品质可言？三是关注农村社会分化分层下的整体生活品质数据的"失真"。20世纪90年代中后期以来，中国农村出现了两类差异极大的地区，一类是人口流出的中部、西部地区农村，另一类是人口流入的沿海发达地区农村。后者已经融入区域性城市带，其中的农民分化为企业家群体、出租房屋群体、少数从事农业生产的群体、大量外来农民工群体、村社干部群体等。⑤ 农村社会内部分化和分层日趋复杂，使不同区域、不同阶层、不同境遇的农村居民在生活品质上的真实面貌往往被"均值"数据"遮蔽"。综上所述，在工农城乡差距较大的背景下，党的十九届五中全会提出"推动形成工农互促、城乡互补、协调发展、共同繁荣的新型工农城乡关系"⑥，而社会保障高质量发展正

---

① 《全国年度统计公报》，2020年2月28日，国家统计局，http://www.stats.gov.cn/tjsj/tjgb/ndtjgb/。
② 国家统计局：《中国统计摘要（2020）》，中国统计出版社2020年版，第59页。
③ 万海远、孟凡强：《月收入不足千元，这6亿人都在哪》，2020年6月3日，凤凰网，http://opinion.caixin.com/2020-06-03/101563387.html。
④ 万海远、孟凡强：《月收入不足千元，这6亿人都在哪》，2020年6月3日，凤凰网，http://opinion.caixin.com/2020-06-03/101563387.html。
⑤ 贺雪峰：《中坚农民的崛起》，《人文杂志》2014年第7期。
⑥ 习近平：《中共中央关于制定国民经济和社会发展第十四个五年规划和二〇三五年远景目标的建议（二〇二〇年十月二十九日中国共产党第十九届中央委员会第五次全体会议通过）》，《人民日报》2020年11月4日第1版。

是缩小工农城乡差距，使改革成果更好惠及农村农民的有效手段。

**（四）社会保障体系存在不足**

虽然中国社会主要矛盾发生变化和城镇化、人口老龄化、就业方式多样化加快发展，但中国社会保障体系仍存在不足，主要包括七个方面的问题：一是制度整合未完全到位，制度之间转移衔接不够通畅；二是部分农民工、灵活就业人员、新业态就业人员等人群未纳入社会保障，存在"漏保""脱保""断保"的情况；三是政府主导并负责管理的基本保障"一枝独大"，而市场主体和社会力量承担的补充保障发育不够；四是社会保障统筹层次有待提高，平衡地区收支矛盾压力较大；五是城乡、区域、群体之间待遇差异不尽合理；六是社会保障公共服务能力同人民群众的需求还存在一定差距；七是一些地方社保基金存在"穿底"风险。① 针对这些问题，必须通过以"系统集成、协同高效"为目标的社会保障高质量发展改革，才能化解这些深层次矛盾，满足人民日益增长的美好生活需要。

### 四 中国社会保障待解"全景关怀"的时代命题

目前，中国社会保障已实现"从无到有"，正进入"从有到优"的高质量发展阶段。党的二十届二中全会明确要切实保障和改善民生，坚决维护国家安全和社会稳定。习近平总书记提出健全覆盖全民、统筹城乡、公平统一、可持续的多层次社会保障体系，进一步织密社会保障安全网，为广大人民群众提供更可靠、更充分的保障，不断满足人民群众多层次、多样化需求的总体目标；明确促进中国社会保障事业高质量发展、可持续发展的主题；强调坚持系统观念、树立战略眼光、增强风险意识等原则要求。

"十四五"时期，"全景关怀"的社会保障高质量发展至少有三个发展面向：一是从个体层面上看，在确保社会保障覆盖全民的基础上，不断提高国家的社会保障水平和为人民服务水平，为人民群众创造更加美好的生活。二是从区域和群体上看，通过城乡统筹、区域统筹、社会统筹，减少城乡、区域社会保障的差距，统一社会保障标准，促进社会公平。三是

---

① 习近平：《中共中央关于制定国民经济和社会发展第十四个五年规划和二〇三五年远景目标的建议（二〇二〇年十月二十九日中国共产党第十九届中央委员会第五次全体会议通过）》，《人民日报》2020年11月4日第1版。

从体系层面上看，要着力满足人民群众日益多元化的需求。① 对此，需要追求更加公平高效合理的制度安排；覆盖更加广泛全面的社会保障范围，提高居民待遇水平，达到更加公平的状态；建立完全、零风险的基金运行系统；提高管理服务水平，使其更加规范便捷。基本方针是加大分配力度、强化互助共济功能，核心是实现共同富裕。

"全景关怀"的社会保障高质量发展，需要推进"系统集成、协同高效"改革。社会保障体系建设是一项复杂的系统工程，政策性、关联性都很强，涉及各方面利益关系的深刻调整。经过多年改革，中国社会保障体系的"四梁八柱"已基本确立，但也存在一些不足：部分人群还未纳入社会保障，统筹层次有待提高，区域之间不平衡问题突出，制度之间转移衔接不够通畅，多层次养老保险发展不充分，经办管理和服务能力仍然有待进一步提高。社会保障制度改革已经进入系统集成、协同高效阶段，要坚持制度的统一性和规范性，坚持问题导向，准确把握社会保障各个方面之间、社会保障领域和其他相关领域之间改革的联系，提高统筹谋划和协调推进能力，推进社会保障法治建设，确保各项改革形成整体合力。

## 第二节 问题提出

### 一 厘清中国社会保障高质量发展的本真意涵

中国政府围绕兜底线、织密网、建机制，推进社会保障全覆盖、保基本、多层次、可持续发展，制度改革取得重要突破，覆盖范围不断扩大，基本养老、失业、工伤三项社会保险参保人数分别从 2012 年的 7.9 亿、1.5 亿、1.9 亿增加到 2022 年 6 月的 10.4 亿、2.3 亿、2.9 亿，10 年间仅养老保险就增加了 2.5 亿人，建成了具有鲜明中国特色、世界上规模最大、功能完备的社会保障体系。② 社会保障城乡、地域、人群之间差距进一步减小，更多的人享受到社会保障红利、汇集了四面八方的资源、实现了"量"的飞速发展。然而，中国已经进入"质"的时代，要实现

---

① 林闽钢：《"十四五"时期社会保障发展的基本思路与战略研判》，《行政管理改革》2020 年第 12 期。
② 《我国建成世界上规模最大的社会保障体系》，2020 年 12 月 7 日，中央人民政府，https://www.gov.cn/xinwen/2020-12/07/content_5567819.htm。

从"量"到"质"的飞跃，实现社会保障的高质量发展。因此，探讨社会保障高质量发展的本真意涵和评价指标，具有重要的理论和现实意义。

推进社会保障高质量发展，需要厘清高质量发展的本真意涵。社会保障高质量发展，在微观上，体现为社会保障覆盖全民、保证人人都享受到社会保障红利；在中观上，重视统筹城乡、区域、人群，合理配置社会保障资源；在宏观上，满足人民群众多样化的社会保障需求，推进社会保障多层次建设、推进可持续发展。在实现全民覆盖和兜住民众基本生活需要的基础上，要研究如何在高质量发展中进一步突出中国社会保障促进社会公平的作用，进一步构建权责清晰、多层次的社会保障制度，以实现更均衡、更充分和更可持续发展。

## 二 阐释中国社会保障高质量发展的制度逻辑

建党百年，社会保障事业的发展体现了中国社会保障价值理性与工具理性的高度统一。中国不断深化社会保障体制改革，形成了一条具有中国特色的现代社会保障道路。究竟何谓社会保障的中国特色？中国特色社会保障道路是如何形成的？有何特点？形成逻辑是什么？中国特色社会保障道路的形成是政治、经济、文化、社会等诸要素综合作用的结果，其形成逻辑主要包括历史与文化逻辑、时代与现实逻辑、制度与体制逻辑、风险与回应逻辑等。对这些问题的回答，有利于增强中国社会保障改革的道路自信。对上述问题及其主要方面的探讨，有助于厘清中国社会保障高质量发展的制度逻辑，健全覆盖全民、统筹城乡、公平统一、可持续的多层次社会保障体系，进一步织密社会保障安全网，促进中国社会保障事业的高质量可持续发展。

## 三 解释中国社会保障高质量发展的影响因素

经过几十年的发展，中国社会保障在数量扩张方面表现突出，但仍存在质量欠缺问题，主要体现在社会保障全民覆盖尚未到位、社会保障的"保基本"仍显不足、社会保障发展的不平衡性问题突出、多层次社会保障体系存在短板、社会保障可持续性令人担忧、社会保障主体权责不清。在抗击新冠疫情中，中国社会保障制度在保障民生和恢复经济社会秩序方面发挥了关键作用，但也暴露出社会保障建设不完善的问题。例如，社会保障作用的发挥在很大程度上依靠临时出台的政策和措施，社会保障的应急作用欠缺规范；受新冠疫情冲击大的农民工、灵活就业人员、小微企业就业人员恰恰是社会保障体系的"漏出群体"。[①] 对上述问题及其影响因素的洞察、解释，有助于明确中国社会保障高质量发展的"瓶颈"，为进一步推进中国社会保障高质量发展的路径研究与实践探索奠定基础。

### 四 探索中国社会保障高质量发展的实践路径

"十四五"时期，中国经济发展将进入中高增速增长阶段，经济与财政收入增速下行给社会保障制度的财务可持续性、各级政府社会保障责任分担的均衡性增添了较大的约束。脱贫人口"三保障"的短板、人口老龄化加速、收入差距加大、劳动力就业形态越发灵活化等问题的存在，对社会保障制度改革提出了更加迫切的要求。本书将在系统梳理社会保障面临的形势与问题的基础上，为"十四五"时期中国社会保障高质量发展的目标思路与改革举措提供相应的路径参考。

## 第三节 研究意义

从理论意义上看，中国特色社会保障高质量发展理论是中国特色社会主义理论体系的重要组成部分。然而，学术界和实务界对社会保障的理论认知存在迷雾，有人甚至认为社会保障是西方福利国家的"舶来品"，大谈"福利病"，持反福利观点，否定社会保障作为治国理政重要"武器"的制度地位。因此，推进中国特色社会保障高质量发展研究，有助于牢固树立中国社会保障作为中国特色社会主义制度重要组成部分的理论认知，赋予社会保障崇高的政治地位和历史使命，并予以长期坚持和不断完善。

从现实意义上看，中国社会保障高质量发展体系是中国特色社会主义制度重要组成部分。进入新发展阶段，社会保障是保障和改善民生、维护社会公平、增进人民福祉的基本制度保障，是促进经济社会发展、实现广大人民群众共享改革发展成果的重要制度安排，是治国安邦的大问题。推进中国特色社会保障高质量发展研究与实践，有助于将中国特色社会主义制度优势更好地转化为社会保障治理效能。

---

① 王震：《新冠肺炎疫情冲击下的就业保护与社会保障》，《经济纵横》2020年第3期。

## 一 以社会保障高质量发展筑牢人民幸福之基

民生是人民幸福之基、社会和谐之本。习近平总书记指出，"保障和改善民生没有终点，只有连续不断的新起点"。① 让人民群众的获得感、幸福感、安全感不断增强，满足人民日益增长的美好生活需要，这是以人民为中心的价值体现，也是中国共产党矢志不渝的奋斗目标。更高水平的民生保障、更加均等化的公共服务、更加健全的保障体系，必将使改革发展成果更多更公平惠及全体人民，让人民生活更加幸福。

习近平总书记指出，"让老百姓过上好日子是我们一切工作的出发点和落脚点"。② 中国共产党坚持立党为公、执政为民的本质要求是增进民生福祉。中国共产党得到人民的广泛拥护，就是因为紧紧抓住了民生这个"牛鼻子"来不断推进发展。保障和改善民生，就是动员全体人民为自己的生活奋斗，鼓励和帮助人民实现美好生活的愿望，不断提升人民的获得感、幸福感、安全感。发展的目的是使人民群众得到实惠，生活得到改善，权益得到保障，不断满足人民日益增长的物质文化需要，实现人的全面发展。现代国家发展经济，创造财富，推动社会进步的目的就是让人民获得幸福。如果发展不能回应人民对幸福的期待，不能让群众得到实际利益，这样的发展就会失去意义。

人民的幸福感直接产生于客观的生活品质和主观的生活品质。客观的生活品质，是指经济社会发展给人们带来的工作岗位和收入的不断提高，以及在工作生活基础上获得的包括基本公共服务在内的各类服务。具体来说，包括完善的教育体系、充足的就业机会、合理的收入分配体制、公平和可持续的社会保障体系、便利的健康医疗卫生、安定祥和的社会环境，以及均衡的人口发展与布局等。主观的生活品质则是人们基于上述客观的生活品质的主观感受和满意程度。客观的生活品质和主观的生活品质，共同构成完整意义上的美好生活，它们既支撑着人民的生活，也是民生工作的重点和主要任务。由此我们也可以深刻理解，为什么习近平总书记一再要求民生工作"必须让群众看到变化，得到实惠"。

社会保障关乎人民最关心、最直接、最现实的利益问题。建立健全完

---

① 《坚持在发展中保障和改善民生》，2021年8月17日，求是网，www.qstheory.cn/qshyjx/2021-08/17/c_1127768356.htm。

② 《增进民生福祉是发展的根本目的》，2019年8月5日，求是网，www.qstheory.cn/dukan/hqwg/2019-08/05/c_1124829740.htm。

善中国社会保障制度体系是推进落实党的二十大"健全覆盖全民、统筹城乡、公平统一、安全规范、可持续的多层次社会保障体系"宏伟蓝图和增进民生福祉的必然之举。① 因此,要坚持系统观念,把握好新发展阶段、新发展理念、新发展格局提出的新要求,在统筹推进"五位一体"总体布局、协调推进"四个全面"战略布局中思考和谋划社会保障事业发展。要树立战略眼光,顺应人民对高品质生活的期待,适应人的全面发展和全体人民共同富裕的进程,不断推动幼有所育、学有所教、劳有所得、病有所医、老有所养、住有所居、弱有所扶取得新进展。要增强风险意识,研判未来中国人口老龄化、人均预期寿命提升、受教育年限增加、劳动力结构变化等发展趋势,提高工作的预见性和主动性。因此,推进中国社会保障高质量发展研究与实践,有助于筑牢人民幸福之基。

## 二 以社会保障高质量发展开辟共同富裕之路

习近平总书记提出:"紧紧围绕更好保障和改善民生、促进社会公平正义深化社会体制改革,改革收入分配制度,促进共同富裕,推进社会领域制度创新,推进基本公共服务均等化,加快形成科学有效的社会治理体制,确保社会既充满活力又和谐有序。"② 按照习近平总书记的要求,深化民生保障和社会治理制度改革,必须紧紧围绕着保障和改善民生,以收入分配和走共同富裕道路这条主线,通过激发全体社会成员的内生动力,参与国家事务、经济社会事务和解决自身问题这一途径,使社会运行成本最低化,社会整体稳步向前,社会成员信心满满,社会充满动力和活力。这为新时期民生保障和社会治理制度改革指明了方向,同时也是研究中国民生保障和社会治理制度改革的基本目标和配套政策必须坚守的基本原则。

走共同富裕道路是中国共产党对中国特色社会主义制度的伟大探索。利益格局是改革开放初期中国共产党人就全面考虑的一个事关全局的问题。早在改革开放初期,邓小平同志就指出,要鼓励和支持一部分人、一部分地区先富起来,到了一定的阶段一定要走共同富裕的道路。邓小平同志走共同富裕的道路的思想始终是改革开放以来坚持的基本原则。党的十

---

① 刘光旭等:《现实困境与路径选择:新时代我国农村社会保障解困的国家作用》,《农村经济》2024 年第 2 期。
② 《顺应人民期待 维护公平正义——十八届三中全会以来全面深化司法体制改革和社会体制改革综述》,2019 年 1 月 7 日,中央人民政府,https://www.gov.cn/xinwen/2019-01/07/content_5355625.htm。

八届三中全会把完善和发展中国特色社会主义制度，推进国家治理体系和治理能力现代化作为全面深化改革的总目标，正是继承了邓小平同志的遗志；党的十九大报告提出到2050年基本实现全体人民的共同富裕，是对中国特色社会主义现代化目标的坚定遵循。对中国而言，收入分配体制改革将是一项长期的任务，不会一蹴而就，扩大中等收入群体也是调整利益格局的应有之义。党的二十大报告指出要牢记人民对美好生活的向往就是我们的奋斗目标，坚持发展为了人民、发展依靠人民、发展成果由人民共享，抓住人民最关心、最直接、最现实的利益问题，不断保障和改善民生，促进社会公平正义，在更高水平上实现"幼有所育、学有所教、劳有所得、病有所医、老有所养、住有所居、弱有所扶"。总之，努力实现全体人民共同富裕的目标是中国共产党的基本纲领和基本任务，而这一过程也就是逐步改革和完善民生保障和社会治理制度的过程。

### 三　以社会保障高质量发展优化治国安邦之策

首先，社会保障高质量发展体系是中国特色社会主义制度的重要组成部分。中国特色社会主义制度是一个庞大的体系，社会保障作为国家治理的一种手段和工具，毫无疑问是这一体系的重要组成部分，在推动经济发展、维护社会稳定方面具有重要作用。但如前所述，当前学术界和实务界对社会保障的理论认知还有待加强，有人甚至认为社会保障是西方福利国家的"舶来品"，否定社会保障是治国理政的重要"武器"。因此，推进中国特色社会保障高质量发展研究与实践，既是牢固树立社会保障体系高质量发展的理论认知，更是实现广大人民群众共享国家治理成果及走向共同富裕的必要之举。

其次，为社会保障治理体系现代化提供政策建议。社会保障治理作为国家治理的有机组成部分，已为古今中外的历史实践所证明。社会保障治理体系是指国家管理社会保障事务的制度体系，是一个包括宏观、中观、微观层面的制度总称。在制度层面，当前社会保障领域存在较为严重的问题，例如，制度间缺乏统筹协调，导致制度碎片化；管理不善、投入不足，导致社会保障制度残缺不全，并未实现制度和人群的全覆盖。因此，推进中国特色社会保障高质量发展研究与实践，为如何实现社会保障治理体系现代化建言献策，有助于为各级政府开展社会保障制度体系化建设提供智力支持。

最后，为社会保障治理能力现代化提供路径参考。国家治理能力是运用国家制度管理社会各方面事务的能力。据此，社会保障治理能力就是指运用社会保障制度管理社会保障事务的能力，这种能力直接决定着社会保障制度的实施成效。但受管理体制、管理水平、技术手段、路径依赖等影响，当前社会保障治理能力还存在明显的不足与滞后，导致社会保障制度功能不彰、效力不强，甚至受到诟病。因此，推进中国特色社会保障高质量发展研究与实践，有助于让人们认识到提高社会保障治理能力的必要性和紧迫性，并就如何实现治理能力现代化、满足人们对更高水平社会保障的需要提供路径参考。

## 第四节　思路与方法

### 一　研究的主要内容

进入新发展阶段，习近平总书记指出，"社会保障制度改革已进入系统集成、协同高效的阶段"，"要在推动社会保障事业高质量发展上持续用力"。[①] 如何推进社会保障实现"全景关怀"、如何促进"民生七有"迈向"民生七优"，亟待实践深耕和理论创新。本书以"中国社会保障高质量发展"为主题，旨在立足"百年交汇"底色，厘清中国社会保障高质量、可持续发展的新内涵；彰显"全景关怀"特色，揭示中国社会保障系统集成、协同高效的新机制；激发"提质增效"成色，探明中国社会保障效能测度、质量评价新方法；坚守"人民至上"本色，助力中国社会保障公平优先、共建共享的新征程。

本书采取制度主义视角，所关切的制度问题主要包括：厘清中国特色社会保障高质量发展的制度意涵，阐释中国特色社会保障高质量发展的制度逻辑，分析中国特色社会保障高质量发展的制度"瓶颈"，探索中国特色社会保障高质量发展的制度路径。全书贯穿"系统集成、协同高效"思路，有机嵌入"城与乡的全景关怀""质与量的协同适配""供与需的高效赋能平衡""智与治的整体赋能"的"四维"结构视角，科学构建"全人保障、全面强基、全民覆盖、全域提档、全链增效"的"五维"全景关怀分析框架，深刻解读建党百年中国社会保障的历史成就、实践逻辑、理论贡献，深入探讨从"民生七有"到"民生七优"、从"民生兜

---

① 《习近平在中共中央政治局第二十八次集体学习时强调 完善覆盖全民的社会保障体系 促进社会保障事业高质量发展可持续发展》，2021年2月27日，新华网，http://www.xinhuanet.com/politics/leaders/2021-02/27/c_1127147247.htm。

底"到"幸福有底"、从"梯度突破"到"统筹共进"、从"增量加速"到"量质并举"、从"供给制动"到"供需协动"的社会保障高质量发展制度路径,着力破解"幼有所育、学有所教、劳有所得、病有所医、老有所养、住有所居、弱有所扶"的问题,提出对策建议。

## 二 研究的技术路线

### (一) 研究的基本思路

本书按照"理论梳理—实证分析—政策建议"的分析思路,从厘清中国特色社会保障高质量发展的制度意涵、阐释中国特色社会保障高质量发展的制度逻辑、分析中国特色社会保障高质量发展的制度"瓶颈",到探索中国特色社会保障高质量发展的制度路径的逻辑展开研究。

本书由十章组成,划分如下。

第一章绪论。阐明研究背景、问题、意义、思路与方法和创新等。

第二章中国社会保障高质量发展理论与实践总论。首先,梳理了社会保障高质量发展的理论基础与基本概念;其次,分析了中国特色社会保障高质量发展的历史必然与现实逻辑;最后,构建了中国社会保障高质量发展的"全景关怀"分析框架。在此基础上,从"全人保障、全面强基、全民覆盖、全域提档、全链增效"五个维度分析中国特色社会保障高质量发展路径。

第三章至第九章,即分论部分。分别研究了"幼有所育、学有所教、劳有所得、病有所医、老有所养、住有所居、弱有所扶"的"民生七有"高质量发展问题。各章立足社会保障高质量发展的"制度供给侧"与"民生需求侧"之间的协动关系。首先,解读"民生七有"高质量发展理论基础、必要性、重点建设内容、分析框架;其次,阐释建党百年"民生七有"社会保障发展的制度变迁、历史成就;再次,对新发展阶段"民生七有"高质量发展重点难点问题进行实证分析;最后,探讨中国特色"民生七有"高质量发展目标向度、主要测度、保障措施。

第十章研究结论与展望。归纳提出了中国特色社会保障高质量发展的"靶心论""靶向论""靶场论""靶标论",总结中国特色社会保障高质量发展"一脉四叶"的本真意蕴、"全景关怀"的目标体系、"集成高效"的改革路径、"民生七优"的测度标准。

### (二) 研究技术路线

本书具体的研究技术路线如图 1-1 所示。

| 研究内容 | 拟解决的关键问题 | 理论支撑 | 研究方法 |
|---|---|---|---|
| 研究背景 问题提出 研究意义 思路与方法 创新之处 | 明确研究问题 开展研究设计 | 社会保障理论 高质量发展理论 | 文献法 政策内容分析 |
| 理论基础与基本概念 | 何谓社会保障 何谓"民生七有" 何谓社会保障高质量发展 | | 文献法 政策内容分析 |
| 中国社会保障高质量发展的历史必然与现实逻辑 | 建党百年社会保障发展基本经验 新时期中国高质量发展结构视域 以人民为中心的治国理政新时代 | 西方社会保障发展三大理论流派 马克思、恩格斯社会保障理论 中国特色社会保障高质量发展基本理论 | 制度变迁分析 制度要素分析 制度环境分析 基于"结构—过程"框架的系统分析 |
| "一脉四叶—全景关怀"制度分析 | "一脉四叶—全景关怀"供需协动 | | 制度内涵分析 制度目标分析 制度路径分析 |
| "幼有所育" | 如何推动托育服务与学前教育高质量发展 | 合作—收益理论 成本分摊理论 蒙特梭利幼教理论 人口红利理论 | 基于超效率-DEA、Malmquist指数的资源配置效能分析 |
| "学有所教" | 如何推动服务全民终身学习的教育高质量发展 | 人力资本理论 教育公平理论 终身教育理论 | 基于最小二乘线性回归的教育现状与影响因素分析 |
| "劳有所得" | 如何推动劳动就业与收入分配高质量发展 | 西方经济学劳动就业理论 马克思主义收入分配理论 新时期中国特色社会主义和谐劳动关系理论 | 基于熵权法的劳动就业质量评价 基于逐级等权法的收入分配质量评价 |
| "病有所医" | 如何推动医疗保险与医疗服务高质量发展 | 大数定理 信息不对称理论 健康生态学模型理论 | 基于灰色GM（1.1）模型的医疗保险金结余发展趋势预测 基于OProbit和Probit回归模型的分级诊疗制度效应评估 |
| "老有所养" | 如何推动养老保险、养老服务与养老产业高质量发展 | 社会嵌入理论 福利多元主义理论 社区照顾理论 生命伦理学理论 | 基于OLogit模型的基本养老保险幸福效应分析 基于解释结构模型（ISM）的医养结合影响因素分析 |
| "住有所居" | 如何推动住房保障与住房供应高质量发展 | 住房梯度消费理论 住房过滤理论 马克思主义住宅理论及其中国化发展与创新 | 基于OLogit模型的住房保障与生活满意度关系 基于面板模型的住房供应影响因素分析 |
| "弱有所扶" | 如何推动贫困治理、防灾减灾救灾、扶弱（社会救助）高质量发展 | 马克思主义贫困理论 习近平精准扶贫思想 贫困与反贫困理论 灾害链式理论 社会救助理论 | 基于Foster-Greer-Thorbecke（FGT）模型的多维贫困测度 基于熵值法的灾害风险评价 基于扩展线性支出（ELES）模型的社会救助层次分析 |
| 研究结论与展望 | 中国社会保障高质量发展的本真意蕴、目标体系、改革路径、测度标准 | 中国社会保障高质量发展"四靶"论 | 制度主义分析 |

图1-1 本书研究的技术路线

## 三 研究的主要方法

（一）基于"一脉四叶—全景关怀"分析模型的"结构分析方法"

本书在系统论指导下，立足新发展阶段中国社会保障"系统集成、协同高效"的改革目标，构建"一脉四叶—全景关怀"分析框架（见图1-2），对具有中国特色社会保障高质量发展体系和"民生七有"保障制度进行结构性分析。

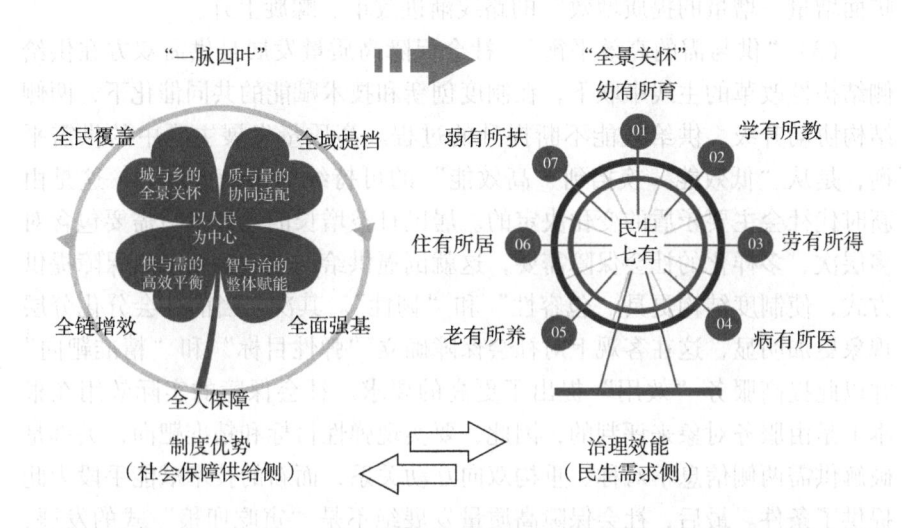

**图1-2 "一脉四叶—全景关怀"：中国特色社会保障高质量发展分析框架**

1. "一脉四叶"：剖析中国特色社会保障高质量发展的制度内涵

"一脉"即"以人民为中心"的价值依归，"四叶"即社会保障高质量发展中蕴含的"四对结构性关系"，分别是"城与乡的全景关怀""质与量的协同适配""供与需的高效平衡""智与治的整体赋能"。

中国特色社会保障高质量发展"一脉"是指中国特色社会保障"以人民为中心"的价值依归，"四叶"是指中国特色社会保障高质量发展蕴含的"四对结构性关系"。

（1）"城与乡的全景关怀"。"全景关怀"的底色是推动形成新型工农城乡关系。"全景关怀"的关键是社会保障城乡一体、制度并轨，即打破城乡二元结构，建立健全城乡融合发展政策体系和机制体制，让城乡居民公平享有统一的"国民待遇"。"全景关怀"的根本是坚持以公民为主体的共享发展。在城乡融合、工农互促的基础上，完善以权利公平、机会公平、规则公平为主要内容的社会公平保障体系，优化多层次、多支柱的全景关怀，使全体人民在共享中提升获得感、幸福感和安全感。

（2）"质与量的协同适配"。社会保障的质与量之间存在一种"互变"规律——量变是质变的必要准备，质变是量变的必然结果，这决定了社会保障高质量发展过程必然是"渐进性"与"飞跃性"的统一、"高质量"与"可持续"的统一。因此，进入新发展阶段，要尽力而为、量力而行，持续推动社会保障沿着"增加供给量—存量的提质增效—继续扩面增量—增量的提质增效"的路线渐进改革、螺旋上升。

（3）"供与需的高效平衡"。社会保障高质量发展是供需双方在供给侧结构性改革的主线串联下，在制度创新和技术赋能的共同催化下，两侧结构协动升级、供给效能不断提升的过程。高质量发展主题中的供需平衡，是从"低效能"换挡到"高效能"的可持续的平衡。首先，这是由新时代社会主要矛盾的变化决定的。居民日益增长的美好生活需要包含对多层次、多样化的社会保障需要，这就倒逼供给侧通过创新社会保障提供方式，使制度结构更具"包容性"和"韧性"。其次，当前社会分化分层现象更加明显，这在客观上对社会保障确立"弹性目标"和"精准靶向"并以此提高服务"效用"提出了更高的要求。社会保障的实际效用在根本上是由服务对象来评判的，因此，要实现弹性目标和精准靶向，关键是破解供需两侧信息不对称、重构双向互动关系，而新的技术赋能手段为此提供了条件。最后，社会保障高质量发展绝不是"寅吃卯粮"式的发展，它不仅要更加注重效用性和公平性，以确保供给侧"做正确的事"；还要考虑资源配置的约束条件，以确保供给侧"把正确的事做得更好、效能更高"。因此，要把供给侧投入的经济性、投入与产出之间的效率、供给成本与实际效用之间的成本效益关系，共同纳入社会保障高质量发展的视野。

（4）"智与治的整体赋能"。"整体"即"整体治理"，强调社会保障治理主体之间的有效协调；"智治"即"智慧治理"，强调社会保障治理主体对数字技术的广泛运用。目前，在中国社会保障信息化发展中，不同地域、不同部门间仍然存在一定程度的信息壁垒，同时也面临架构模式改变、数据价值认识和利用、网络安全、人才及技术等问题。因此，应在"整体智治"理念指导下推进社会保障高质量发展，增强社会保障制度的灵活性、包容性、适应性，创新社保服务方式，不断提高社会保障管理精细化程度和服务水平，充分利用信息化和智能化手段，探索高质量、低成本、高效率、可持续的智慧式社会保障模式。

2. "全景关怀": 定位中国特色社会保障高质量发展的制度目标

与"一脉四叶"相呼应,"全景关怀"研究对社会保障高质量发展制度目标的分析,主要包括"五个维度",即"全人保障""全面强基""全民覆盖""全域提档""全链增效",分别指向"五大制度目标",即从"民生七有"走向"民生七优"、从"民生兜底"走向"幸福有底"、从"梯度突破"走向"统筹共进"、从"增量加速"走向"量质并举"、从"供给制动"走向"供需协动"。

"一脉四叶—全景关怀"分析模型将社会保障"制度供给侧"与"民生需求侧"紧密相连,构建了中国特色社会保障高质量发展供需协动的动态结构分析框架。

(二) 基于"中国之治—中国社保"的"辩证唯物主义分析方法"

辩证唯物主义强调用实践观点和辩证观点来考察、认识世界。实践已经证明,西方的福利国家制度危机重重;同一种社会保障措施在不同国家或不同时期的实践中,也有截然不同的表现。本书研究置身"百年交汇"的时代背景,剖析新发展阶段、新发展理念、新发展格局对社会保障提出的新目标、新原则、新定位,在推进国家治理体系和治理能力现代化的"中国之治"语境下探寻"中国社保"高质量发展之路。

(三) 基于"系统论"和"结构—过程"分析的"制度主义方法"

本书坚持系统论指导,在"结构—过程"框架下进行制度主义分析,揭示中国特色社会保障高质量发展的本真意涵、制度逻辑、影响因素和实践路径。"结构"分析主要包括:一是通过"城—乡""质—量""供—需""智—治"四对结构性关系,对中国特色社会保障高质量发展的制度内涵、制度环境进行分析;二是通过"全人保障""全面强基""全民覆盖""全域提档""全链增效"五个结构性维度,对中国特色社会保障高质量发展的制度目标、制度要素进行分析;三是通过"社保供给侧"与"民生需求侧"的协动视角,对中国特色社会保障高质量发展的制度瓶颈、制度路径进行分析。"过程"分析则是通过对中国共产党社会保障制度变迁的梳理,揭示中国特色社会保障高质量发展的历史必然、基本经验、现实逻辑、发展趋势。

(四) 基于"问题导向"和"学科交叉"的"定性定量结合方法"

鉴于社会保障涉及经济学、政治学、社会学、公共管理学等多学科理论支撑,在实践中需借助统计学、管理学、保险学多学科技术,因此,本书研究坚持"问题导向"的多学科综合交叉,采用定性定量相结合的方法。在"总论"中,不仅批判分析了西方社会保障发展三大流派观点,而且系统梳理了马克思恩格斯社会保障理论、中国特色社会保障高质量发展基本理论；在"结构—功能"制度主义分析框架下，不仅梳理了中国特色社会保障制度变迁过程，而且分析了中国特色社会保障的制度要素、制度环境、制度内涵、制度目标、制度路径。

在"分论"中，一方面，通过文献分析、政策分析、制度分析等定性方法，解读其理论内涵、历史脉络；另一方面，采用科学合理的计量模型进行实证分析、综合评价、指数预测、路径设计。例如，在研究"幼有所育"问题时，基于超效率-DEA 和 Malmquist 指数法测算中国托育服务与学前教育的资源配置效能；在研究"学有所教"问题时，基于耦合协调度模型和最小二乘线性回归模型，分析教育现状与影响因素；在研究"劳有所得"问题时，基于熵权法评价劳动就业质量，基于逐级等权法评价收入分配质量；在研究"老有所养"问题时，基于 OLogit 模型分析基本养老保险幸福效应，基于德尔菲法和解释结构模型（ISM）分析医养结合影响因素；在研究"病有所医"问题时，基于灰色 GM (1, 1) 模型预测医疗保险金结余发展趋势，基于 OProbit 和 Probit 回归模型评估分级诊疗制度效应；在研究"住有所居"问题时，基于 OLogit 模型分析住房保障与生活满意度关系，基于面板模型分析住房供应影响因素；在分析"弱有所扶"问题时，基于 Foster-Greer-Thorbecke（FGT）模型测度多维贫困，并基于熵权法进行灾害风险评价，基于拓展线性支出模型（ELES）分析社会救助层次。

## 第五节　创新之处

### 一　围绕内涵创新解读中国社会保障高质量发展"一脉四叶"本真意蕴

本书在系统论指导下，通过"结构—过程"框架下的制度主义分析，科学构建中国特色社会保障高质量发展的"一脉四叶"内涵解释框架。通过结构性分析，深刻揭示中国特色社会保障高质量发展"以人民为中心"的价值依归，深入解读其"城与乡的全景关怀""质与量的协同适配""供与需的高效平衡""智与治的整体赋能"的"四维结构意蕴"；通过过程性分析，进一步在"中国之治""中国社会保障"的语境下阐释中国特色社会保障高质量发展的历史必然、基本经验、现实逻辑、发展趋势。上述成果有助于瞄定新发展阶段中国特色社会保障高质量发展的"靶心"，全面准确地处理社会保障高质量发展中"城—乡""质—量"

"供—需""智—治"之间的互构关系；也有助于在现实中通盘考虑社会保障"高质量发展"与"可持续发展"之间的辩证逻辑，纠偏社会保障高质量发展中的实践误区，进一步推进中国特色社会保障高质量发展的相关研究与实践。

### 二 围绕战略创新擘画中国社会保障高质量发展"全景关怀"目标体系

本书在中国特色社会保障高质量发展"一脉四叶"内涵解释框架的基础上，通过深入的政策分析、实证调研，进一步构建"全人保障""全面强基""全民覆盖""全域提档""全链增效"的新发展阶段"全景关怀"目标体系，提出推进中国特色社会保障从"民生七有"走向"民生七优"、从"梯度突破"走向"统筹共进"、从"增量加速"走向"量质并举"、从"民生兜底"走向"幸福有底"、从"供给制动"走向"供需协动"的"四个转型战略"。上述成果有助于明确"社会保障大国"迈向"社会保障强国"的"靶向"，进一步筑牢人民幸福之基、开辟共同富裕之路、优化治国安邦之策。

### 三 围绕制度创新谋划中国社会保障高质量发展"集成高效"改革路径

本书深入贯彻习近平总书记关于"社会保障制度改革已进入系统集成、协同高效的阶段"的重要论述，梳理建党百年中国社会保障的理论逻辑、历史逻辑、实践逻辑，解读新发展阶段中国特色社会保障"百年蓝图"深邃定位、"民生七有"历史成就、"内外共生"现实挑战、"全景关怀"时代命题，在此基础上提出完善社会保障分层分类协同体系、健全多元资金投入机制、优化供需高效平衡机制、强化质量系统保障机制、创新信息技术赋能机制"五大改革路径"。成果将为推进中国特色社会主义制度优势转化为中国社会保障治理效能的"靶场"。

### 四 围绕管理创新研发中国社会保障高质量发展"民生七优"测度标准

本书基于"社保供给侧"与"民生需求侧"协动关系，将"幼有所育、学有所教、劳有所得、病有所医、老有所养、住有所居、弱有所扶"的"民生七有"作为子系统，将投入、过程、产出、结果要素结合，将数量标准和质量标准结合，增加结构协调性指标、质量效益指标和新动能发展指标，从长期与短期、宏观与微观、总量与结构、全局与局部、经济发展与社会发展等多维度，科学研发中国特色社会保障高质量发展"民生七有"测度标准。引入综合指数评价法，测得中国社会保障高质量发展综合指数，为实践中的纵向比较、横向比较、指数预测提供依据。上述研究有助于建好用好中国社会保障"质量标准—质量执行—质量激励—质量监督—质量评价—质量改进"的"靶标"，推进中国特色社会保障持续性提质增效。

# 第二章 中国社会保障高质量发展理论与实践总论

## 第一节 社会保障高质量发展的理论基础与基本概念

### 一 社会保障高质量发展的理论基础

（一）西方社会保障发展三大流派

1. 国家干预主义

所谓国家干预主义，是指国家干预和参与社会经济活动，在一定程度上，承担多种生产、交换、分配、消费等经济职能的思想和政策。它强调自由市场机制的缺陷必须通过国家干预弥补。国家干预主义的社会保障理论主要有德国新历史学派、凯恩斯主义社会保障理论、《贝弗里奇报告》社会保障主张、社会民主主义社会保障思想等。

（1）德国新历史学派。德国新历史学派是19世纪末20世纪初对德国社会保障制度的建立产生直接重要影响的思想流派。新历史学派的社会改良政策有两个支撑点：一是他们从伦理道德出发，认为劳资冲突不是经济利益上的对立，而是情感、教育程度和思想水平上存在不同程度的差距而引起的对立。因此，他们主张只要对工人进行各方面的教育、培训，改变其内心和伦理道德的观点，便可以解决。二是他们的国家观。该学派主张国家至上，国家直接干预经济生活，负起"文明和福利"的职责，而不是在"看不见的手"的作用下经济失调后再进行干预。新历史学派的主要观点包括四个方面：一是着重强调精神和伦理在社会经济与生活中的重要地位。新历史学派企图通过树立民族精神、建设和谐伦理道德调节劳资双方的矛盾，提高工人思想道德水平，从而进一步发展资本主义。二是强调国家在经济发展和社会进步中的重要作用。主张进行深入的、强有力的国家干预。施穆勒认为："没有一个'国家经济'构成其余一切经济的中心，那就很难设想有一个高度发展的国民经济。"① 桑巴特指出，国家通过社会政策进行有选择的干预干涉，可以在保护资本主义利益的同时促进资本主义利益的发展。三是资本主义经济组织形式的变化可以避免其经济发展中的某些弊端。新历史学派认为卡特尔经济组织形式的出现是实现德国经济走向社会主义计划经济的有效途径。四是提倡社会改良，主张实施社会立法，促进社会福利事业的发展。新历史学派的社会保障思想成为德国最早建立社会保险制度的基础。

（2）凯恩斯主义社会保障理论。凯恩斯认为，充分就业包含两种情况，一是不存在非自愿性失业。二是社会就业量达到饱和状态。资本主义社会之所以难以实现充分就业，主要原因并不在于新古典学派所认为的供给不足，而是社会需求与投资量的不足。所以，针对就业问题的解决，凯恩斯认为扩大社会需求，增加新投资量，成为最主要的完成方向。但是，充分就业在目前消费倾向下很难维持，所以要在增加投资的同时提高消费，国家要采取措施来引导消费，以避免资本主义经济的最终崩裂。然而，这种国家干预的手段也是有一定限度的，国家干预在适当的干预范围内可以维持资本主义经济发展进步，超过这一限度或者不足都会对资本主义经济产生恶性影响。

（3）《贝弗里奇报告》社会保障主张。1942年12月，《社会保险与相关服务的报告》正式发表，又称《贝弗里奇报告》。该报告提出，社会保障主要有三种途径：社会保险、国民救济和自愿保险。社会保险为保障基本需要而实施，国民救济为保障特殊需要而实施，自愿保险为满足基本需要以外的需求而实施，三者包含范围不同，对象不同，作用也不同，三者共同构成了社会保障的雏形。社会保险要遵循综合性和普遍性的原则，是三种社会保障措施中最为重要的一种；国民救济是社会保险制度的补充，这种补充是必要的，是随着个人需求和政府财政变化而变化的；自愿保险又是社会保险和国民救济的补充，为满足更高生活水平与质量，国家应大力鼓励自愿保险。另外，《贝弗里奇报告》还提出了六个基本原则：社会保险津贴统一标准原则、缴费统一标准原则，社会保障统一管理原则、社会保险津贴发放与数量对等原则、社会保障综合性原则和社会保障需求分类原则。

（4）社会民主主义社会保障思想。在社会民主主义社会保障理论中，

---

① [德] 弗里德里希·李斯特：《政治经济学的国民体系》，陈万煦译，商务印书馆1997年版，第106页。

英国费边社会主义社会保障思想具有一定的代表性。关于贫困、失业等问题，费边社会主义者提出贫困问题是掌握 80% 财富的少数 20% 的人所造成的，也是社会的不平等和分配不均造成的。这些原因都是可以消除的，利用赋税和国有化增进社会福利。此外，费边社会主义者认为，失业是由社会原因引起的，应该让社会采取措施解决失业问题，针对不同地域采用不同的解决办法。对于农村而言，组织农村中的失业者进行有计划的生产劳动，或者为失业者提供一些救济的工作。二者相比而言，前者方法优于后者。为了减少农村失业人口向城市跟风式地流动，可以把城市中失业的农村人口安排到农场劳动，而具有技术的失业人口可以就业于市营工厂，工厂采用"三班倒"制度，工资按标准发放。而对于失业者中凭自己喜好随意拒绝政府为其提供的就业机会的人来说，没有必要给他们提供任何救济。同时，费边社会主义者提出，老弱病残等社会弱势群体的一切需要应该由公共福利来承担，老和病这两类人应该单独区分出来，分别建立一种相关的保障制度，也就是现在的养老保险制度和医疗保险制度的前身。此外，社会保障对提高公民道德水平、促进社会健康文明发展有着重要作用。

2. 自由主义社会保障思想

自由主义社会保障思想主要包含三个方面：古典政治经济学的社会保障思想、功利主义社会保障思想和新自由主义社会保障思想。

（1）古典政治经济学的社会保障思想。亚当·斯密认为，社会财富增长的服务对象是人类繁荣与幸福的需要，社会更应该关注大多数劳动者生活状况的改善提升。社会上大部分人生活状况、生活质量的提升并不能说对社会整体不利，而大部分成员生活状况劣等、生活贫困的社会绝不能说是繁荣幸福的社会。将自己劳动所得中分享一部分，剩余所有供给给社会全体需要，这才是公平社会。亚当·斯密指出，劳动报酬优厚，是国民财富增进的必然结果，同时又是国民财富增进的自然征候。

（2）功利主义社会保障思想。功利主义是 19 世纪中期自由主义思想的重要派别之一。其中有数位学者深入研究过，如边沁、穆勒、斯宾塞等。边沁认为，实现最大多数人最大幸福的途径主要有四个：做好自己的事，不断批判改革，协调利益关系，依赖国家、政府特别是法律。但是国家政府和法律的干预要限制在最低限度，所以边沁对当时社会立法表示反对。穆勒则认为，要实行有效的财富再分配，以实现社会公平。对穷人以不损害个人自助精神和自立意识为界限主要实施有限救济，所以穆勒对"斯宾汉姆制度"表示坚决反对。斯宾塞则系统阐述了反对实施政府济贫的原因：一是救济工作不利于同情心的凝聚，二是济贫计划与自然和社会进化规律相悖，三是济贫计划不利于培养人们适应社会性状态的能力，四是济贫计划对正常劳动的劳动者的收入情况有所影响。总的来说，最大多数人的最大幸福的目标在以私有制为特征的资本主义社会很难实现。

（3）新自由主义社会保障思想。新自由主义直接对当代西方社会保障制度改革产生了深远影响，为了避免灾害所带来的社会问题，建立健全完善的社会保障制度是合理的，也是必要的。哈耶克将社会保障分成两个不同类型：防止物资匮乏的保障和维持某种生活水准的保障。哈耶克反对收入保障制度，认为其收入保障与个人选择职业的自由不相容，收入保障制度有可能带来特权，收入保障可能导致社会对立和社会价值标准的蜕化。弗里德曼指出，政府应该提出一种帮助贫民的计划方案，这种帮助不应该阻碍市场正常作用发挥。总之，新自由主义过于否定国家实施的社会保障制度作用，过于推崇社会保障制度市场化和私营化的主张，也具有明显的局限性。

3. "第三条道路"社会保障思想

所谓"第三条道路"社会保障思想，是产生于20世纪20年代，逐步完善于20世纪90年代以后的介于国家干预主义和经济自由主义之间的一种理论。

"第三条道路"的主要代表人物是安东尼·吉登斯，其理论被英国首相布莱尔、美国总统克林顿、德国总理施罗德等政界人士实践，在欧美形成一种社会思潮。英国的吉登斯率先提出了"责任权利"对等思想，即无责任无权利，有责任有权利。政府对每个公民都负有一系列的责任，但是义务会随着个人主义的延伸而延伸，无责任无权利要适用于每个人。吉登斯还提出了"积极福利"的主张，倡导积极福利。

他们在思考、评价凯恩斯主义和新自由主义后，提出了要使传统的社会民主主义与新自由主义相结合的模式，扬长避短地采取兼顾国家干预对市场经济的调节、市场供给与需求的平衡、市场公平与效率的可靠性、权利与义务相平衡的原则，塑造新经济形态、构建新福利政策、推行新发展模式，寻求资本主义进一步发展。

"第三条道路"主要有三点主张：一是在政治政策上，主张实行新的社会治理方式，倡导政府从管理型政府向治理型政府转变。在社会生活中，政府只制定政策方向，但不大包大揽，鼓励公民参与政策制定，发挥民间组织各方面作用，增加地方政府管理治理权利。国家应在法治、民主、高效的前提下侧重协调各个个体之间的关系，积极引导国家目标的实现。二是在经济政策上，奉行"社会主义市场"信条，所有制定位模糊化，摒弃国有化原有政策，主张走一条有别于自由放任和国家干预的新混合经济之路。按吉登斯的说法，新的混合经济是要实现经济生活和非经济生活的平衡。新经济发展的核心是怎样在全球化形势下实现充分就业和经济的高速增长。三是在福利政策上，把社会福利型国家改为社会投资型国家。传统左翼派系的人主张为需要救助的人提供与生活水平相适应、满足个人最低追求的生活；新保守主义直接把这些人简单地推向市场，让市场促进这些人各方面的进步，进而筛选出可以融入市场的人。第三条道路主张把福利政策转变为投资政策，通过在经济、教育、培训等领域的各方面投资，提高接受福利者进入市场的最初能力，帮助他们尽快就业，同时避免一些人滥用福利。

（二）马克思、恩格斯社会保障理论

马克思、恩格斯关于社会保障的论述是在对前人理论的总结、探索和批判的过程中形成的，该理论是从无产阶级革命和社会主义社会的发展史来看待社会保障问题。

针对空想社会主义在历史观上唯心主义的缺陷，马克思主义以唯物历史观为指导，为社会保障理论的提出奠定了基础。马克思、恩格斯的社会保障理论的产生与其特定的社会背景息息相关，这一时期工业革命蓬勃发展，经济财富大幅被创造，社会结构和经济形势发生着重大转变。资产阶级和无产阶级财富差距拉大，阶级矛盾日益激化，经济蓬勃发展的背景下发生的周期性经济危机，劳动矛盾不断加深。

马克思在1844年就指出，工人的劳动为富人创造了财富，却为自己生产了赤贫。同年，恩格斯也在《英国工人阶级状况》中指出，工人阶级的生活状况日渐下降。1864年，马克思又指出："不论是机器的改进，科学在生产上的应用，交通工具的改良，新的殖民地的开辟，向外移民，扩大市场，自由贸易，或者是所有这一切加在一起，都不能消除劳动群众的贫困。"[①] 1892年，恩格斯指出，虽然工人阶级的状况已经有所改善，但是由于大量的失业后备军汹涌而来，工人不断地被新机器排挤，这种改善每次都化为乌有。1867年，《资本论》第一卷正式出版，提出了剩余价值理论，阐述了社会资本再生产和经济危机理论。马克思深刻地揭露了资本家对工人阶级的剥削，并对资本主义社会的保障制度进行了严厉的

---

[①] 中共中央马克思恩格斯列宁斯大林著作编译局编：《马克思恩格斯选集》（第二卷），人民出版社1995年版，第603页。

批判。

马克思、恩格斯论述了无产阶级贫困化的原因。他们认为，在资本主义社会中，无产阶级的贫困化是资本主义制度的产物。马克思指出："在社会的增长状态中，工人的毁灭和贫困化是他的劳动的产物和他生产的财富的产物。"①恩格斯也指出，无产阶级处境悲惨的原因应该从资本主义制度本身中去寻找。马克思、恩格斯进一步指出，生产资料私有制使整个资本主义经济活动从许多方面加剧着无产阶级的贫困化。资本积累进一步加剧了无产阶级的贫困化。马克思、恩格斯也承认随着资本主义社会经济的发展，无产阶级的贫困存在相对化的特点。马克思在《工资、价格、利润》一文中指出："在发展过程中，工资双重地下降：第一，相对地，对一般财富的发展来说。第二，绝对地，因为工人所换得的商品量越来越减少。"

恩格斯始终关注有关济贫法制度改革的进展，其在承认旧济贫法制度存在的弊端的同时，也指出旧济贫法制度的上述弊端出现的根本原因：不是工人贫穷，而是资本主义社会制度。恩格斯对按照新济贫法制度所建立起来的济贫院的救济原则提出批评：一切现金或生活资料的救济都取消了；只保留一种救济方式，即把穷人收容到已经在各处迅速建立起来的习艺所里去。这种习艺所，或者如人民所称呼的"济贫法巴士底狱"的设施，足以吓退每个还有一点希望可以不靠这种社会慈善事业过活的人。恩格斯总结指出，新济贫法制度"实质上是把穷人当作犯人，把习艺所当作惩治犯人的监狱"。恩格斯认为，新济贫法制度是英国资产阶级对付无产阶级的手段，也将唤起英国无产阶级新的斗争意识。

总体来看，马克思、恩格斯社会保障思想的基本内容包括三个方面。

1. 马克思社会保障的对象、目的和责任主体

马克思认为社会需要保障的是全体劳动者和社会弱势群体，大致分为三类：失业者、需要救济的贫民的子女和无劳动能力流浪街头的人。周期性经济危机发生以后，企业纷纷破产，造成大量劳动人口失业；同时，工业革命带来的大工业及其发展时代，对劳动者的技术要求更高，那些家庭贫困的劳动者子女，因此无法受到良好培训和教育。马克思社会保障的对象既包括弱势群体，又包括普通的劳动者。实现人的自由而全面的发展是人类的终极目标，也是共产主义社会的根本特征。马克思的社会保障理论的目的就是要让人过上一种自己真正想过的生活，使社会保障制度成为一

---

① [德]马克思：《1844年经济学哲学手稿》，人民出版社2000年版，第3页。

种公平、正义、全面的制度，使生产劳动不再是一种资产阶级剥削的劳动，促进人的全面发展。马克思认为，国家的特点决定了社会保障的主体是国家，国家具有公共性，在对社会保障的监控里，保障资金的集中、劳动产品的分配都需要起主导作用。法律的规定决定了社会保障的主体是国家，国家要积极承担其主体作用，发挥政府的功能，使全体劳动者和弱势群体能够实现自由而全面的发展。

2. 社会保障制度的基金来源和功能

经济基础决定上层建筑，社会制度的运行离不开基金的支持。资本主义发展阶段，为了缓和阶级矛盾，安抚社会情绪，资本家拿出一部分钱用作资本主义社会保障基金，实际上还是来自劳动工人的剩余价值，因此可以说，社会保障资金源于人民创造的社会财富。马克思和恩格斯认为社会保障制度的功能体现在两个方面：一是"分摊风险"，是指以国家的社会保障制度把个人的风险通过社会进行分散和弱化。马克思认为在机器大生产过程中，因为各种可以预见或者不可预见的因素，会发生各种各样的危险，所以应当拿出一部分利润来当作社会保障金，以此来减轻人们的社会风险。二是"补偿损失"，是指对劳动者在从事生产过程中所耗费掉的智力和体力等方面的一种补偿。马克思认为，"一切劳动，一方面是人类劳动力在生理学意义上的耗费"。① 在社会化大生产条件下，劳动力遭遇工伤、疾病、失业等意外风险的概率加大，所以有必要对生产过程中产生的损失进行补偿，以此来维护政治稳定和经济的平稳发展。

3. 马克思社会保障的实质

马克思认为，社会保障制度应该与生产力相适应，如果社会保障不能与生产力相适应，只是无限地满足人们的社会需求，社会保障制度将无法运行下去。社会保障离不开生产力的支持，社会保障制度的建立需要坚实的物质基础。从本质上讲，社会保障就是利用经济手段去实施的一种社会调节方式，唯有以发达的生产力作为基础，才能够促进社会保障的全面落实。生产力为社会保障制度提供物质基础。

（三）中国特色社会保障高质量发展基本理论

中国共产党一直把人民的利益放在第一位，因而历次会议都会涉及社会保障领域。社会保障在报告中所属的领域也在变化：在党的十五大和党的十六大报告中，社会保障类属于经济建设部分；在党的十七大和党的十八大报告中，社会保障类属于社会建设部分；在党的十九大和党的二十大

---

① 马克思：《资本论》（第一卷），人民出版社2004年版，第60页。

报告中，社会保障类属于治国安邦的大问题。因此，本书将重点分析党的十七大以来的社会保障发展理论。

党的十七大以来，建立了多层次、多方向的养老保障体系，建立了个人储蓄和养老保险制度，以应对老龄化的挑战。党的十七大、十八大高举中国特色社会主义旗帜，以邓小平理论、"三个代表"重要思想和科学发展观为指导，推动科学发展，追求高质量发展，促进社会和谐和人民健康。加快发展社会事业，改善人民生活。其中，社会工作包括就业、教育、社会保障、收入、医疗等，加快民生社会建设，建立覆盖全民的社会保障体系。党的十八大提出要坚持全面覆盖、基本保障、多层次可持续发展的方针，加强社会保障的公平性、流动性和可持续性，全面构建覆盖城乡居民的社会保障体系。会议内容包括社会救助、社会保险、社会福利、慈善事业、残疾人、老年人、经济适用房和社会保险管理服务。同时，提高人民健康水平，充分发挥中国卫生事业的发展潜力，重视医疗保障。党的十八届三中全会强调要建立更加公平、可持续的社会保障体系和机制。党的十八届三中全会提出要通过深化改革建立更加公平可持续的社会保障制度。党的十八届五中全会确立了"共享发展"这一理念，使全体人民能够在共享共建中拥有更多的获得感，我们正稳步地朝着共同富裕的方向前进。党的二十大报告提出，要健全社会保障体系，健全覆盖全民、统筹城乡、公平统一、安全规范、可持续的多层次社会保障体系，扩大社会保险覆盖面。

从党的十七大到党的二十大，中国共产党不断深化社会制度和社会主义制度建设，把社会保障同中国国情结合起来。同时，中国特色社会主义保障也在实践中不断丰富了中国特色社会主义理论。形成的具有中国特色的社会保障体系符合中国的实际。一方面，既借鉴了西方完善的社会保障制度，又融合了中国特色和创新。主要体现在以下几个方面：一是从中国共产党对社会保障的定位来看，经历了从经济改革的配套到经济发展的内容，再到独立的社会建设内容的转变过程。二是从中国共产党对社会保障体系内容的认定来看，经历了一个逐步丰富化和系统化的过程，从零碎的、彼此分割的社会保障项目逐渐形成了一个内容充实、丰富的多层次社会保障体系。三是从中国共产党对社会保障的认识和其作为执政党的国家发展观的关系来看，中国共产党对社会保障定位和功能的认识过程是其执政理念和国家发展观不断深化的有机构成和重要体现。四是从中国共产党对社会保障的理论认识和对社会保障政策实践的指导来看，两者是相互作用、彼此促进的。五是从中国共产党社会保障理念变化与发展的总体趋势来看，既体现了连续性和相对稳定性，也体现了创新性和突破性。

党的十九大报告对中国特色社会主义事业的发展作出了"新时代"的历史定位，提出了新时代主要矛盾的变化；而党的二十大报告对进一步完善中国社会保障事业明确了思路，对促进中国社会保障事业高质量发展、可持续发展提出了全新的要求。总之，这些重大的判断对未来中国社会保障制度改革与体系完善作出了新的定位，提出了新的要求，并指明了新的方向。

第一，新时代的背景要求对社会保障进行更加准确的定位。新时代既是中华民族发展的新时代，也是科学社会主义的新时代，还是包括中国在内的发展中国家走向现代化的新时代。新时代意味着国家发展面临的内部政治经济环境、社会人口环境、资源生态环境，以及外部的国际环境都在发生重大变化。从国家发展与民族复兴的角度来看，我们迎来了从站起来、富起来到强起来的伟大飞跃。站起来主要依靠独立自主的民族精神和艰苦卓绝的武装斗争，富起来主要依靠社会主义市场经济体制激发的生产力、创造力和个人的不懈奋斗精神。相比而言，强起来则需要依靠强大的国家凝聚力和团结协作的精神。在这样新的历史背景下，社会保障制度基于团结合作之精神和集体主义之理念，具有显著的增进国家认同、增强国民团结的功能，从而应当成为中华民族伟大复兴之利器。从社会主义在全球的发展来看，这是科学社会主义焕发强大活力生机的时代。从发展中国家的现代化进程来看，包括中国特色社会保障制度在内的"中国方案"正在为全世界解决人类共同面临的问题提供中国智慧，中国在世界的舞台上正在从一个学习者转变为引领者。2016年世界社会保障协会将"全球社会保障杰出贡献奖"颁发给中国政府恰恰充分说明了这一点。综上所述，新的时代背景和时代特征要求社会保障制度成为国家强大、民族复兴的利器，成为社会主义优越性的体现，成为解决人类问题的中国方案的重要内容。这是新时代中国社会保障制度的新定位和新要求。

第二，新的社会主要矛盾要求社会保障发挥更加全面和积极的功能。党的十九大报告明确指出，中国社会的主要矛盾已经从人民日益增长的物质文化需要与落后的社会生产力之间的矛盾转化为人民日益增长的美好生活需要和不平衡不充分的发展之间的矛盾。党的二十大报告明确指出，中国社会的主要矛盾已经转化为人民日益增长的美好生活需要和不平衡不充分的发展之间的矛盾，而发展中的矛盾和问题集中体现在发展质量上。其基本含义是中国社会的主要矛盾已经从供求之间的总量矛盾转变为供求之间的结构性矛盾。主要矛盾的类型和内容不同，解决矛盾的方法和重点自然不同。在总量矛盾的时代，相对落后的社会生产力是矛盾的主要方面，发展经济、做大蛋糕、提高社会生产力则是解决矛盾的主要手段。在结构性矛盾成为主要矛盾的新时代，经济的增长并无法自然转变为人民福祉水平的提升，经济总量的增长并无法自动解决区域间、城乡间、群体间的不均衡。相应地，解决新时代主要矛盾的手段也需要进行调整和完善，我们不仅需要通过进一步完善社会主义市场经济体制等经济政策，继续保持经济的健康和可持续发展；更需要通过加快包括社会保障制度在内的社会事业发展解决不平衡和不充分的发展的问题，在做大蛋糕的同时，更加注重分好蛋糕。面对新时代的新矛盾，社会保障制度对供需两侧均可发力，从而可以发挥更加全面和积极的作用。在需求侧，人民对美好生活的需要是确立社会保障项目的基本原则。在人的生命周期中，只要有一种风险存在，就会有一项社会保障项目来应对。人民的需要不断扩展，社会保障体系也应当不断丰富。更加重要的是，社会保障作为现代国家治理体系的重要组成部分，作为以"公平、正义、共享"为核心价值理念的制度安排，不仅可以满足人民群众的物质文化需求，也可以满足人们对公平、正义、安全、稳定等积极社会价值观的需求，从而全面满足人们对美好生活的需要。在供给侧，纯粹依靠市场的力量无法解决不平衡、不充分发展的问题，甚至从某种程度上说，不平衡、不充分发展的问题就是自由市场经济带来的、必然的不良后果。相较而言，作为重要的再分配政策，社会保障制度在缩小城乡差距、均衡区域发展、缓解劳资矛盾等不平衡不充分问题方面有着更加显著的功能和积极的作用。综上所述，社会保障制度是一个兼具生产性和调节性、兼具功能性和价值性的综合性制度安排，既可以促进经济增长方式转型，也有利于缓解不均衡的问题；既可用于满足人民朴素的物质文化需求，也可满足人们对社会公平正义的价值追求，从而应当成为新时代解决主要矛盾的重要制度安排。

第三，新的民生方略要求建立更加健全的社会保障体系。党的十九大报告在第八部分对包括社会保障在内的民生事业和社会治理提出了全面的新要求。一是将带领人民创造美好生活作为党矢志不渝的奋斗目标，将民生事业的发展程度作为检验一个政权和一个政党性质的试金石。民生事业的发展从此成为检验政党和政权性质的重要标准，民生事业的重要性可见一斑。二是对民生保障体系作出了更加精练的概括，即"幼有所育、学有所教、劳有所得、病有所医、老有所养、住有所居、弱有所扶"，包括教育福利、收入分配、社会救助、社会保险、社会福利、住房保障等多方面的内容，涵盖了整个生命周期，描绘了一个更加完整的民生保障体系。

三是对社会保障体系建设提出了新的原则和目标，即按照兜底线、织密网、建机制的要求，全面建成覆盖全民、城乡统筹、权责清晰、保障适度、可持续的多层次社会保障体系。经过过去若干年的努力，中国的社会保障覆盖面不断拓宽，保障水平显著提高，兜底线和织密网的工作取得了显著成效，但机制建设，尤其是长效机制建设方面还有待进一步加强。在社会保障体系建设的目标方面，"权责清晰"这一新原则显得尤为重要。党的十八届三中全会提出建立更加公平可持续的社会保障制度，而党的二十大明确健全党统一领导、全面覆盖、权威高效的监督体系。笔者认为，只有实现权责的公平分配，才会有信心可持续、财务可持续的社会保障制度；只有厘清了各个主体的边界和职责，才有可能更好地分工与合作，社会保障制度才能更加健康持续地发展。综上所述，中国共产党作为中国的执政党，其对社会保障的定位和功能的认识经历了一个发展变化的过程。尤其是近20年来，将社会保障制度从经济体制改革的配套转变为社会建设的重要组成部分，这种理念的变化成为中国社会保障体系建设和制度发展进程不断加快的根本保障。党的十八大标志着中国进入全面建成小康社会决定性阶段，而从党的十八大开始，中国特色社会主义进入新时代，这均体现了中国迈出了坚定而有力的步伐。宏观时代背景的变化对社会保障制度在国家治理体系中的地位和功能提出了新的要求，也指明了下一阶段社会保障改革的基本方向。

## 二　社会保障高质量发展的基本概念

### （一）社会保障

实现中国特色社会保障高质量发展，就必须科学、准确和清楚地对社会保障概念进行把握，才能做到正本清源、固本培元。但是，追溯社会保障的由来，虽然有部分学者认为中国古已有之，但是基于公共管理学科的叙事范式，社会保障这一概念最先来源于西方。由于社会保障学科的实践性特点，中国话语体系下对社会保障的理解已经不同于西方的定义。虽然社会保障已经有了中国化的定义，但是在实践过程中，大部分实践研究等活动仍然基于西方所谓广义社会保障的理解，这种泛化理解已经影响甚至制约社会保障制度的进一步发展，尤其是中国情境下社会保障制度的发展。因此，有必要从理论的宏观维度重新理解社会保障这一概念上的"迷思"，透过繁杂的理论"丛林"，解决"什么是社会保障"这一基本且重要的命题。

1. 国外的社会保障概念界定

社会保障这一概念历史长远，从人类社会成型以来就已出现。从社会发展的角度看待社会保障的含义与内涵，可以发现，社会保障的概念即对人的生存权利予以保护，即从人类社会出现，就总有一部分社会成员会因组织或个体等生存权利受到威胁，需要一定的团体的帮扶与援助才能保护其生存权利。随着社会生产力发展，尤其是工业革命后，社会问题如社会贫富差距的拉大，导致贫者越贫、富者越富的"马太效应"，最终危及国家稳定，于是西方政府通过一定的社会稳定政策缓解社会冲突，最终巩固国家统治，同时中国历代统治者也出于维持国家稳定的目的，实行救灾救荒等社会性措施。从学术范式探究社会保障概念的出现与演变，16世纪英国颁布的《济贫法》方案被认为是社会保障的起源，这份方案最先提出了社会保障的思想，但是没有具体地提出社会保障的概念，直到19世纪末，德国基于工业社会的生产范式，建立了社会保险制度，此时已经出现了社会保险等社会保障措施，但是"社会保障"（Social Security）①一词的出现，是在美国1935年颁布的《社会保障法》中提出的。此后，社会保障这一概念在国际上被推广，是指代一国或国际政治的社会保障政策。但是在政治、经济等复杂因素的影响下，社会保障制度会表现出地域性、差异性和变化性等特点，进而导致有关社会保障制度的认知与理论因实践基础而有所差异。

根据目前的文献描述，国外对社会保障概念界定的主流观点如下：一是权益保护说。由于国际劳工组织的维护劳工权益的特点，国际劳工组织认为，社会保障就是组织通过一定方式保障其成员规避社会性风险，保障其生存权利。例如，政府组织要为公民提供失业、医疗等方面的保障。② 二是社会安全说。现代社会保障制度产生标志之一就是德国倡导的社会保险制度。德国基于社会市场经济理论，认为社会保障是一种风险防

---

① 对"Social Security"一词，也有人将其翻译成"社会安全"。在国际劳工组织等的文献中，更由社会保障扩展到社会保护，其内涵与外延均在进一步扩展。
② 国际劳工组织此后一直十分关注社会保障，并自20世纪50年代以来通过了一系列的公约。其中最重要的是1952年6月28日在日内瓦国际劳工会议上通过的《社会保障最低标准公约》，所涉及的内容包括医疗照顾、疾病津贴、失业津贴、养老退休金、雇员工伤津贴、家庭补助、生育津贴、伤残津贴、遗属津贴等。此后，还通过了诸如《生育保护公约》及其建议书（1952年）、《平等待遇（社会保障待遇）公约》（1962年）、《工伤赔偿公约》（1964年）、《病残、老年、遗属补助公约》（1967年）、《医疗照顾与疾病津贴公约》（1969年）、《维护社会保障权利公约》（1982年）及其建议书（1983年）等。

范机制，其目的是避免社会集体安全受到侵害。① 三是社会福利说。英国提出并实现了建立福利国家，贝弗里奇就现代福利国家作出了宏伟的设想，社会保障首次被赋予与时俱进的政策意义，消除贫困被作为社会保障重要且必要的目标提出，社会保障包括对失业等社会危害予以保障。② 四是政府项目说。社会保障最先被美国采用，在美国的政策语境下，社会保障最早用于对老年人、残疾人及遗属等弱者保障，随后社会保险也被包括其中。五是贫困扶持说。日本官方认为，社会保障就是社会陷入贫困或困难的特定人群基于最低生存的物质等方面的援助。

虽然国外学术界基于不同的视域，对社会保障的概念进行界定，但其主体、手段和目的等特征存在共性，综合共性特征，可以将社会保障概念定义为，首先，社会保障是一项制度安排，其目的在于保障社会安全和维系社会良好运行；其次，社会保障是一种风险对冲机制，社会、个人和自然等风险与此相关；再次，社会保障对象具有一定特定性，主要针对的是因为某种原因可能面临生活困难的社会成员；最后，社会保障以货币等综合手段，维持社会成员基本生活或最低限度生活。

2. 国内的社会保障概念界定

中国学者对社会保障概念的认识体现共性与个性的统一的特点，即大部分学者都认为应该从广义视角进行界定，但是具体定义不尽相同。1986 年起，从"七五"计划开始，相关政策文件中，大社会保障这一概念被使用，即指出社会保障是一项保障社会成员生活的制度安排，2004 年《中国社会保障状况和政策》白皮书指出，社会保险、社会福利、社会救助、优抚安置和住房保障等构成中国社会保障体系。综上所述，社会保障在政策层面多是一个总括性概念，其由广泛的内容构成。

在理论学术界，陈良瑾认为，社会保障是政府与社会保障公民基本生存权的一种制度③，该定义突出了社会保障政治性、特定性和法治性的特点。侯文若认为，"社会保障可理解为最低限定保障特定人群的生存权利，并提高社会成员的总福利以增强社会成员的幸福感"。④ 郑功成总结不同学派的观点后，认为社会保障是国家或社会依法建立的、具有经济福利性的、社会化的国民生活保障系统。⑤ 这一定义的外延如下：一是依法

---

① 陈良瑾主编：《社会保障教程》，知识出版社 1990 年版，第 1—2 页。
② William Beveridge, "Social Insurance and Allied Services", Cmd, 6404.
③ 陈良瑾主编：《社会保障教程》，知识出版社 1990 年版，第 2 页。
④ 侯文若：《社会保障理论与实践》，中国劳动出版社 1991 年版，第 11 页。
⑤ 郑功成：《社会保障学——理念、制度、实践与思辨》，商务印书馆 2000 年版，第 25 页。

建立，即社会保障遵从法治原则，社会保障的内容、手段和目标等由法律规定，受法律限制。二是以人为中心，社会保障强调人本理论，保障内容等以人的需求展开。三是经济福利性，即从成本—收益分析，社会保障接受者受益大于义务性支出。四是行为社会化，即由政府或社会团体实施社会保障行为。基于上述理论界定，社会保障由社会救助、社会保险与社会福利三大部分构成，同时，军人的特殊独立保障系统和补充性保障措施构成社会保障体系。

总体来看，国外将社会保障理解为一种政府主导保障机制。目前，国内学术界对社会保障概念界定有泛化的倾向，认为社会保障是一个复杂的、犹如超级计算机般的社会系统，即对社会成员进行保障均可以被认为是社会保障系统的构成之一。综上所述，笔者将社会保障的概念界定为，由政治主体建立，保障国民基本生活与福利的综合社会系统。在中国，社会救助、社会保险、社会福利、医疗保障、军人保障、补充（或其他）保障六大子系统构成社会保障系统的主体部分，它们之间既相对独立又互相补充，共同构成完整性、巨大性和规律性的社会保障领域。

（二）"民生"与"七有"

1. 民生的内涵

社会保障是一项极为重要的基础性制度安排，事关社会稳定与发展，同时社会保障也是民生的安全网。民生是在政治、学术和民生领域被广泛使用的概念之一，虽然这一概念被广泛使用，但民生的含义及民生所含的内容与领域，各界都有不同的解释与界定。就目前研究情况而言，学术界分别从狭义、中义和广义三个视角对民生的概念与内涵进行界定。

就狭义维度而言，民生是指与民众生活相关的特定领域与范围。比如，不少人认为民生就是指衣、食、住、行的日常生活物质方面的问题。狭义层面上的概念界定易于把握，有利于提高民生政策的针对性与具体程度，但是这一理解片面地突出了民生的某一领域或方面，排斥了社会生活中的其他方面的兼容性，民生综合性和全面性无法得到体现。建立此概念之上的民生政策片面追求某一目标，忽视了诸如精神等方面的保障，最终无法提高保障的质量。

就广义维度而言，民生是有关人们生存与发展的各种活动的统称，只要与民众生活和发展相关均属于民生之列。基于该范式下，民生就变成了一个"万金油"式的概念，其几乎涵盖了人们生活的方方面面和与此相关的东西。广义的民生概念充分突出了全面性和综合性等本质特点，利于从整合上和宏观视角把握民生的概念。实际上，人的一切活动都与生活密切相关，并以不断提升质量为目的，基于此视角，把民生归纳为人们的生活活动是有一定合理性的，但广义的民生概念又有很大的局限性，这种视角下民生包括人们生活的方方面面，涉猎领域过于宏大，难以精确地把握其内涵与本质，基于这一视域下的民生理解可能出现重视相关性而不是目的的情况，使民生政策与实际民生问题相背离。

综上所述，狭义和广义上的民生理解均有明显的局限性，故本书主张从中义层次界定民生的概念，并从以下几个方面来把握民生的内涵。

第一，民生是一个综合性的概念，并非特定领域的微观概念。具体而言，民生不仅涉及人们的衣、食、住、行、用等物质生活层次，更包括人们处理社会关系进行社会交往的社会生活等精神文化生活和亲近自然等民众生活的各方面的内容。

第二，民生是一个与生存和成长相关的概念，具有直接性和消费性的特点。民生不是一个涵盖人们全部生活的范畴，必须区别民生的本质与改善民生的手段，那些不具有直接消费的活动不应属于民生领域。人类的活动包罗万象，不同学者从不同角度对人类的活动进行分类，本书基于生活性的特点，把人类的所有活动分为生活活动和非生活活动两大类。生活活动是指人们以维持自己的生存与生活为直接目的，实现相关目的的直接性活动；非生活活动是指非直接消费性意义的各种活动，主要是指那些作为生活类活动和生产性的手段，如各种生产性活动等。这类活动虽然最终目的是维护和改善人们的生活，但其只是生活的延伸方面，是为了生活而采取的生活性活动，其目的是通过物质等生产活动服务于直接性活动。

第三，民生是内嵌了与生活相关多层次内容的历史性范畴，其具体内涵应时而变。不能将民生归纳为基本的生存物质活动，生存只是民生的基本内容之一。随着社会实践等方面的变化，在基础性生活活动得到保障后，许多成长性的社会需求开始增加，在这一过程中，民生问题的范围与内涵得到扩展，民生问题的理论边界不断扩大，使民生内容呈现由低到高、由少到多和由单一到多元的演进趋势。

综合上述三个层面的理论叙述，民生是指为了满足随着社会条件变化的不断变化的民众生活需求，通过物质等手段不断改善生活条件，满足民众生活与成长需要的具有直接消费性的各种活动。

2. 从"五有"到"七有"：民生外延的拓展

党的十七大提出建设和谐社会的目标，提出了学有所教、劳有所得、病有所医、老有所养、住有所居的"五有"目标。党的十八大提出更好生活的理念与目标，进一步丰富了"五有"目标的内涵与外延。党的十九大进一步指出不断满足人民美好生活需要的理论与目标,创新性地增加了"幼有所育""弱有所扶"社会保障目标,由原先的"五有"目标转变为"七有"目标。党的二十大在总结新时代十年的伟大变革时指出,深入贯彻以人民为中心的发展思想,在"幼有所育、学有所教、劳有所得、病有所医、老有所养、住有所居、弱有所扶"上持续用力,建成世界上规模最大的教育体系、社会保障体系、医疗卫生体系,人民群众获得感、幸福感、安全感更加充实、更有保障、更可持续,共同富裕取得新成效。进入新发展阶段,中国一些省份率先将"生有所保""终有所顾"列为社会保障的目标,进行了"九有"社会保障的政策性试验。在"第一个百年奋斗目标阶段"至"新发展阶段"过程中,社会民生中"五有""七有"甚至再到"九有"的提升,是无数中国人梦想的聚合点,反映了人民群众对美好生活的无限向往和不懈追求。

提高人民获得感、幸福感、安全感是民生建设的应有之义,民生"三感"的提升是衡量民生建设效率与质量的重要指标。民生"七有"即"幼有所育、学有所教、劳有所得、病有所医、老有所养、住有所居、弱有所扶",与之前的"五有"相比,"七有"目标着重突出了民生的普惠性、基础性和兜底性。从马克思主义哲学基础上而言,民生具有层次性,包括生存需要、享受需要和发展需要三个层次,并且呈现逐级递增的特点。同时,底线公平理论也有类似的观点,保障人民最基本的生存发展是社会成员生活于社会的"底线",包括生存需求、发展需求和健康需求。

综上所述,民生"七有"涵盖现代社会的保障需要,包括基本生存、发展和健康需求。国际上通常由社会保障、社会救助和社会服务三方面构成社会福利体制,而中国特色社会保障的民生体系在此三个层次上增加了就业创业、劳动关系协调两个方面;社会服务的内容更为广泛,如将普惠性幼教纳入其中。因此,相比社会福利体制,中国特色社会保障的民生体系是"大社会福利"体制。

(三)社会保障高质量发展

党的十九大报告明确提出了"高质量发展"的新命题,在建设质量强国的"质量时代",中国社会保障制度也正处于从高速度发展转向高质量发展的转型期。党的二十大报告强调"高质量发展是全面建设社会主义现代化国家的首要任务",并对新时代新征程推动高质量发展作出一系列战略部署。

1. 高质量发展的基本内涵

党的十九届五中全会决议指出,"十四五"时期经济社会发展以推动高质量发展为主题，以供给侧结构性改革为主线。① 这是一个从发展的不同方面得出的重要且科学的判断。党的二十大强调，要坚持以推动高质量发展为主题，把实施扩大内需战略同深化供给侧结构性改革有机结合起来，增强国内大循环内生动力和可靠性，提升国际循环质量和水平，加快建设现代化经济体系，着力提高全要素生产率，着力提升产业链供应链韧性和安全水平，着力推进城乡融合和区域协调发展，推动经济实现质的有效提升和量的合理增长。② 习近平总书记指出："高质量发展，就是能够很好满足人民日益增长的美好生活需要的发展，是体现新发展理念的发展，是创新成为第一动力、协调成为内生特点、绿色成为普遍形态、开放成为必由之路、共享成为根本目的的发展。"③

从本质上看，高质量发展就是"以人民为中心"的发展，通过治理体系和治理能力现代化强化人民主体地位，提升人民当家作主的水平与深度。党的十九届五中全会决议指出，高质量发展具体而言就是"实现更加充分更高质量就业，基本社会保障均等化水平明显提高，全民受教育程度不断提升，多层次社会保障体系更加健全，卫生健康体系更加完善，脱贫攻坚成果巩固拓展，乡村振兴战略全面推进"。④ 由此可见，推动社会保障高质量发展，是中国发展的历史、现实和价值的要求，对于实现中华民族伟大复兴具有重要意义。

目前，学术界对于高质量发展基本含义暂无定式，有的学者基于全方位的观点认为，高质量发展在新发展理念的指引下，突出"质"与"量"并重，在此过程中调整发展结构，通过实体经济发展振兴，促进国内国际双循环相互促进的发展模式。⑤ 部分学者从现象学出发，认为高质量发展是一种发展阶段的转变，实现发展目标、发展手段、发展动能、发展分配

---

① 习近平：《中共中央关于制定国民经济和社会发展第十四个五年规划和二〇三五年远景目标的建议（二〇二〇年十月二十九日中国共产党第十九届中央委员会第五次全体会议通过）》，《人民日报》2020年11月4日第1版。
② 《跟着总书记学习二十大报告｜高质量发展是首要任务》，2022年11月24日，央视网，https://news.cyol.com/gb/articles/2022-11/24/content_nm7amfe38.html。
③ 习近平：《习近平谈治国理政》（第三卷），外文出版社2020年版，第238页。
④ 习近平：《中共中央关于制定国民经济和社会发展第十四个五年规划和二〇三五年远景目标的建议（二〇二〇年十月二十九日中国共产党第十九届中央委员会第五次全体会议通过）》，《人民日报》2020年11月4日第1版。
⑤ 周文、李思思：《全面理解和把握好高质量发展：内涵特征与关键问题》，《天府新论》2021年第4期。

和发展代价的全方位转变。① 部分学者从经济发展维度出发，指出高质量发展是在经济新常态的背景下，对经济发展各方面作出的更高要求，转变经济发展的动力、途径和目标。高质量发展围绕人民各方面的需求，不断满足人民日益增长的美好生活需要。② 还有学者从经济理论维度直接指出，高质量发展是一个经济效率与质量不断提升的过程，其中包括经济、发展、政策、社会保障四个方面的质量③；高质量发展追求一种更高效率的资源配置，解决供求不匹配的问题，实现经济内生性发展。④

2. 社会保障高质量发展的内涵

目前，国内对社会保障高质量发展研究仍处于起步阶段，相关研究分布广泛但并不深入，学者普遍认为社会保障高质量发展是基于新时代的宏观背景下，追求社会与经济协调、稳健和内生发展的一种理性回应。⑤

从中国社会主要矛盾变化的角度来看，社会保障高质量发展除满足人民的基本生活需要外，更为重要的是满足人们对美好生活的向往与追求，关注保障公平性，解决保障不充分不平衡的现状问题，在多维度保障体系下，本书着力关注保障结构不平衡、保障关系不平衡、保障体系建设等方面。⑥ 实现社会保障高质量发展，要求提高社会保障的质量，追求社会保障精细化、多元化和动态化。⑦ 实现社会保障高质量发展是实现新时代社会保障要求的必由之路，必须深入社会保障制度改革，完善社会保障制度安排和更为公平的利益安排与分配机制，实现社会保障常态化、可持续化和内生化，进而建立与现代经济社会相耦合的社会保障治理体系。⑧

从社会保障的职能和目标来看，社会保障高质量发展就是充分发挥社会保障的职能。社会保障的职能包括社会再分配、社会风险防范、社会协调、法定保障等，最终构成物质与精神相互促进的人类社会共同体。⑨ 社

---

① 王一鸣：《百年大变局、高质量发展与构建新发展格局》，《管理世界》2020年第12期。
② 王一鸣：《百年大变局、高质量发展与构建新发展格局》，《管理世界》2020年第12期。
③ 许思雨、薛鹏：《中国经济高质量发展的内涵与评判研究》，《对外经贸》2019年第3期。
④ 洪银兴、杨玉珍：《构建新发展格局的路径研究》，《经济学家》2021年第3期。
⑤ 邓大松、张怡：《社会保障高质量发展：理论内涵、评价指标、困境分析与路径选择》，《华中科技大学学报》（社会科学版）2020年第4期。
⑥ 郑秉文：《多点试错与顶层设计：中国社保改革的基本取向和原则》，《中国经济报告》2019年第2期。
⑦ 郑秉文：《中国社会保障40年：经验总结与改革取向》，《中国人口科学》2018年第4期。
⑧ 何文炯：《中国社会保障：从快速扩展到高质量发展》，《中国人口科学》2019年第1期。
⑨ 向春华：《建设高质量的社会保障体系——第五届全国社会保障学术大会观点集萃》，《中国社会保障》2019年第3期。

会保障的根本目标是增进人民福祉与国家发展。社会保障应当从宏观层面上的社会分配与微观层面上的生活保障互动关系进行把握。① 同时，实现社会保障高质量发展必须基于一个普遍安全、经济内生和发展科学化、可持续化与公平化的社会前提。② 其中，公平性是指确保每个社会成员的物质与精神的平等。③

从经济视角来看，社会保障高质量发展意味着社会保障资源分配的优化。张泽滈基于养老保险供给的角度，论证了高质量发展的供需侧匹配的重要性。④ 在社会保障的经济性方面，社会保障高质量发展即运行效率的高能化，何文炯认为通过重构社会保障行政等体制，可以实现社会保障高质量发展。⑤ 王东进借用经济学中性价比的概念，认为社会保障发展的高质量就是最强发展的高性价比，即保障的质量与价格达到帕累托最优。⑥

## 第二节　中国社会保障高质量发展的历史必然与现实逻辑

### 一　中国社会保障高质量发展的历史必然

**（一）建党百年社会保障发展基本经验**

如前所述，"以人民为中心"既是中国共产党的重要执政理念之一，也是中国社会保障制度建设的出发点与落脚点。回顾建党百年历程，在党的坚强领导下，中国社会保障实现了从无到有、从小到大，建成世界上规模最大的社会保障体系，而"以人民为中心"的发展理念不断得到彰显，实现了社会保障全民覆盖的发展目标，取得彪炳史册的成就。坚持五个基本方向是中国社会保障百年发展的重要经验：一是以"以人民为中心"为价值导向，社会保障中坚持以人民利益为一切工作落脚点。二是以回应人民的迫切需要为行动导向，提升民众的获得感。三是以循序渐进为道路导向，坚持社会保障的发展规律。四是以时代背景为思考导向，社会保障

---

① 周晖：《建设高质量的社会保障体系》，《中国劳动保障报》2019年3月1日第3版。
② 郑秉文：《中国社会保障40年：经验总结与改革取向》，《中国人口科学》2018年第4期。
③ 何文炯：《中国社会保障：从快速扩展到高质量发展》，《中国人口科学》2019年第1期。
④ 张泽滈等《将养老服务推向高质量发展阶段——"养老服务质量理论与实践论坛"观点综述》，《西安交通大学学报》2018年第4期。
⑤ 何文炯：《中国社会保障：从快速扩展到高质量发展》，《中国人口科学》2019年第1期。
⑥ 王东进：《全面建成中国特色高质量社会保障体系》，《中国社会保障》2019年第Z1期。

应该以解决时代社会主要矛盾为构建核心。五是以制度法治化为导向，以立法等形式总结与施行社会保障的时代经验。

（二）国外社会保障发展基本经验

纵观国外社会保障发展500年历史不难得出结论，社会保障有一个从社会救济到社会保障、从保障特殊群体到覆盖全社会、从救助补缺型到普惠福利型的发展过程，且社会保障是中国兴盛的制度保证。1601年英国政府颁布的《济贫法》开创了用国家立法推动社会保障事业的先例，促进了资本主义的稳定和发展。1883年德国颁布《疾病保险法》，社会保障制度为德国提供了现代国家的治理机制，在推动德国崛起中发挥了重要作用，随后英国、法国、瑞士、意大利等其他国家也先后颁布了一系列社会保障法律法规，建立了各自的社会保障制度，使近代保障制度基本覆盖了西欧社会，有力地促进了社会保障由针对特定人群到覆盖全社会的跨越。到1917年十月革命以后，苏联建立了近代全面系统公平的社会保障制度，并逐步完善形成了具有全面性、普惠性和慷慨性的社会福利和社会保障制度，开创了社会保障的新纪元，苏联经济一片繁荣。

1929—1933年，席卷西方国家的经济危机使资本主义世界的工业生产倒退了几十年，1933年的工业生产与1929年相比，美国下降46.2%，德国下降40.6%，法国下降28.4%，英国下降16.5%。[①] 同时，严重的经济危机造成巨大的社会危机。而罗斯福就任美国总统后，以"新政"救治美国经济，通过《社会保障法》建立社会保障制度，第一次在市场经济的资本主义世界提出了"社会保障"的概念，成为现代社会保障史上的里程碑。社会保障再造了美国，奠定了美国崛起的制度基础。美国通过社会保障制度创新，重构了现代国家治理体系，而社会保障制度为其崛起奠定了坚实的基础。

历史上，英国曾经引领世界200多年，但19世纪中期以后，其优势不断减弱，到20世纪初期其工业总量接连被德国和美国超越，世界霸主地位完全不复存在。其中，极为重要的一个原因是，英国未能抓住机遇建立与工业化社会相适应、匹配的社会保障制度，未能有效解决经济社会发展的问题。[②] 1942年，英国著名经济学家威廉·贝弗里奇在对英国当时社

---

[①] 程恩富、高建昆：《论市场在资源配置中的决定性作用——兼论中国特色社会主义的双重调节论》，《中国特色社会主义研究》2014年第1期。

[②] 李玲：《大国博弈背景下的社会保障可持续问题研究》，《人民论坛·学术前沿》2022年第16期。

会状况和相关服务进行全面调查后，借鉴苏联社会主义福利制度，编写并发表了《贝弗里奇报告》，在此基础上建立了福利制度让英国国民有了信心和希望，是英国从困境中重新站起来的基石，并为国家与国民的发展提供了可能性与确定性。

近年来，数字经济在成为世界各国经济增长新动力的同时，也深刻影响着传统劳动用工模式以及建立在稳定就业基础之上的现代社会保障制度。在筹资方面，因发展数字经济而可能出现的失业、税收流失以及灵活就业等问题，会对现行社会保障筹资方式带来挑战；在管理领域，数字经济中衍生出的就业碎片化、形态多样化以及劳动关系模糊化等现象则直接冲击了工业化时代建立的科层化社会保障管理体制，由此引发关于现行社会保障制度适用性的担忧。因此，德国、日本等国家都在不断推进社会保障制度创新，提出通过建立个体化社会保障账户、调整现行税收政策以及加大财政支持力度等措施完善社会保障筹资机制，通过调整劳动关系的认定方式、提升社保制度的包容性与灵活性，以及积极发挥数字技术的治理功能等举措提升社会保障制度的管理水平。

（三）新时期中国高质量发展结构视域

习近平总书记指出，"高质量发展要把改善供给侧结构作为主攻方向"。① 基于此，有学者提出社会保障制度应该推动经济高质量发展②、以赋能化治理提振社会保障高质量发展③等观点。也有学者基于"三农"问题视角指出，农村社会保障供给侧结构性改革的重点在于增强供给效率与质量④；通过整体赋能提升供给精准性。⑤ 但是，从结构视域来看，我们仍然需要进行一系列理论建构与现实困境的解决：一是"高质量"是什么？社会保障高质量发展中辩证逻辑是什么？二是社会保障供给侧结构性改革如何解决"数"与"质"矛盾？三是围绕高质量的目标，如何实现社会保障时空互构的现代性适配目标？基于上述三大问题需要重点把握和处理好以下三种关系。

---

① 《习近平：把改善供给侧结构作为主攻方向 推动经济朝着更高质量方向发展》，《紫光阁》2017年第2期。
② 胡志平：《国家基本公共服务制度体系助推经济高质量发展》，《中国社会科学报》2019年第5期。
③ 陈振明、李德国：《以高效能治理引领公共服务高质量发展》，《人民论坛》2020年第29期。
④ 曲延春：《供给侧改革视域下的农村公共产品供给》，《行政论坛》2017年第3期。
⑤ 李燕凌、高猛：《优化农村社会保障 激活乡村振兴新动能》，《湖南日报》2020年11月9日第6版。

1. 政府与市场的关系

社会保障建设是一项多要素、多层次和多维度的系统。其中，政府与市场关系是系统的中枢。目前，中国已构建起国家、企业和个人互补的社会保障模式，政府负责基础性保障，市场进行补充性保障，较好地处理了政府与市场的保障关系。一方面，发挥政府主导作用。政府必须完善制度安排，建立全方位、全过程、全覆盖的保障体系，发挥政府社会保障的兜底作用。另一方面，充分发挥市场作用。推动社会保险体系与市场保险体系相对接，更好地满足个性化保障需要，实现保障精细化。

2. 公平与效率的关系

公平性是社会保障的本质属性，但也不能忽视效率性，两者是辩证统一的关系。社会保障体系的完善要坚持以公平为导向，兼顾效率，实现效率与公平的动态平衡。在维护公平方面，按照共建共享共用理念，提高社会保障在人群与种类上的覆盖面，通过二次、三次分配，缩小社会收入差距。在提升效率方面，需要强化社会成员的基本保障，提高劳动者的积极性，同时要提高劳动者技能与素质，促进经济的发展与转型，增进经济效益、效能和效率。

3. 权利与义务的关系

社会保障体系的权责清晰性，要求必须实现权利与义务的有机统一。具体而言，需要政府、社会和个人各司其职、互相配合，发挥组合治理效应。同时随着经济社会发展，社会保障的需求呈指数级上升，但是国家能力发展难以追平相关增长。如果一味增加社会保障福利与财政支出，会导致一些国家发展问题。进一步理顺和厘清权利与义务的关系，一方面国家要建立基本社会保障体系，发挥国家社会保障的托底作用；另一方面要合理进行责任分担，既要强调社会保障的受益性原则，又要廓清权力主体的权力与责任，权责统一、权责对等、权责相补。

（四）以人民为中心的治国理政新时代

1978年党的十一届三中全会提出"以经济建设为中心"，指明了中国发展的方向，凝聚了全国人民的人心，经过40多年的改革开放和努力奋斗，中国彻底丢掉贫穷落后的帽子，创造了足以彪炳人类发展史册的伟大成就。

然而，在中国实现从站起来、富起来到强起来的伟大飞跃之时，问题也逐渐凸显，长期"唯GDP"论，忽视社会发展总体效益。同时，在中国的经济与财政快速增速下，劳动者收入增加无法追平经济增速，收入分配失调，对此，必须转变经济发展理念、方式与方法，实现发展的高质量性、平衡性、可持续性。

"以人民为中心的发展思想",解决的是为了谁、依靠谁的问题,是基于中国70多年来的治国理政的实践得出的重要经验之一。以习近平同志为核心的党中央在一以贯之地坚持"以经济建设为中心"的同时,提出"以人民为中心的发展思想",这是适应新的时代要求,统筹推进创新、协调、绿色、开放、共享的新发展理念的重大举措,指明了中国发展的方向与价值追求。更为重要的是,"以人民为中心"坚持生产力与生产关系的有机统一,是马克思主义中国化的成果之一,可以更好解决一系列治国理政与国家发展的根本问题。

## 二 中国社会保障高质量发展的逻辑与挑战

(一)以人民为中心的发展逻辑与现实挑战

从本质上看,高质量发展是在新发展理念指导下的"以人民为中心"的发展。正如习近平总书记所指出的,"高质量发展,是能够很好地满足人民日益增长的美好生活需要的发展,是体现新发展理念的发展,是创新成为第一动力、协调成为内生特点、绿色成为普遍形态、开放成为必由之路、共享成为根本目的的发展"。[①] 所谓高质量发展就是以人民的需要为发展导向,旨在增进民生福祉,并最终实现人民群众共同富裕这一美好愿景的发展。

中国是一个农业人口大国。在"以人民为中心"的新发展理念指导下,党的十八大以来,中国农村社会保障整体发展势头强劲,成果显著。综合国家统计局和中宣部、农业农村部、民政部等发布的数据:公共投资方面,2018年国家财政对农林水投入21085.59亿元,较2007年增加5.2倍。社会保障设施方面,2018年底全国共有农家书屋58.7万个;在54.2万个行政村共设62.2万个村卫生室,村卫生室人员达144.1万人。教育方面,农村全面普及九年制义务教育,教育经费投入不断增长。社会保障方面,已经建成世界上规模最大的社会保障体系,基本医疗保险覆盖超过13亿人,基本养老保险覆盖近10亿人。从根本上看,这些工作成效正是在"以人民为中心"新发展理念指导下取得的丰硕结果。

但是,丰硕成果的背后也有过因没有牢牢把握"以人民为中心"理念而出现的中心偏向问题。例如,21世纪初,以"优化配置教育资源,提高教育质量"为导向的农村中小学撤点并校,使合并后的学校人满为

---

① 中共中央宣传部编:《习近平新时代中国特色社会主义思想学习纲要》,学习出版社、人民出版社2019年版,第112—113页。

患,而教学质量并未获得提升。在 2006 年开启的新农村建设中,不少地方热衷打造"高品质典范",但都仅浮于表面,并不能让更多的农民受益。2017 年,为治理大气污染,华北划分"禁煤区",由于未考虑配套基础设施建设,农户被禁止烧煤后无暖可供。因此,进入"十四五"时期,中国农村社会保障高质量发展更要将"以人民为中心"作为根本遵循,在提高农民生活品质、增进农民福祉中,促进社会公平正义,推进人的全面发展和全体人民共同富裕。

(二)城与乡的全景关怀逻辑与现实挑战

首先,要遵循城乡协调性客观规律。在改革开放的前 30 年,受城乡二元结构和工业化、城市化偏向的发展战略影响,国家对农村社会保障事业的财政支持范围和力度很有限。城乡二元社会结构导致"城乡分治,一国两策"。党的十八大以来,国家不断加强"三农"领域财政支持,但社会保障财政投入的城市偏向性仍然存在。以城乡教育经费支出为例,尽管 2017 年全国农村普通小学生人均公共财政预算教育事业费支出、公用经费支出分别较上年增长 5.65%、3.90%,但与全国平均增速相比,分别低 1.06 个、0.74 个百分点。破解城乡二元结构非一日之功,制度变迁中的"路径依赖"仍会影响新型工农城乡关系的塑形。在"十四五"时期以高质量发展为主题的新阶段,必须遵循城乡协调发展客观规律,着眼于"城与乡的全景关怀",推动社会保障城乡一体。

(三)质与量的协同适配逻辑与现实挑战

改革开放以来,一方面,社会保障的"质"与"量"皆与现实发展阶段的某些方面存在不匹配、不适应的问题;另一方面,在特定的发展阶段,国家对一些"重点扶持"社会保障项目采取了局部聚焦、短期放大的发展模式,这种模式类似功率潜能巨大的"摇头扇",政策风向哪个地区吹,哪个地区的社会保障资金就会在短期内大幅增加,而一旦风向转移,供给力度和投资强度就立马断崖式下降,严重者甚至会出现因后劲不足而难以为继的情况。因此,在"十四五"高质量发展的新阶段,不仅要注重提高社会保障质量的"整体适应",还要注重不同的社会保障层级或项目的"协调适应"。从质量兼容的角度来看,促进社会保障高质量发展,就是要把"摇头扇"式的社会保障发展模式转变为"智能空气调节"式的新模式,从而真正提高社会保障质量,使用户获得优良的体验感与满足感。

(四)供与需的高效平衡逻辑与现实挑战

改革开放以来,社会保障的供求关系总体上呈现不平衡或效率不高的状态，以农村公共文化服务供给为例，2007—2012 年，国家投入财政资金 120 多亿元、社会资金 60 多亿元，建成覆盖全国行政村的 60 多万家农村书店，但在基层的调查中发现，大部分书店处于闲置、荒废的状态，且书籍的质量参差不齐，其风格定位也并不符合农民的偏好。因此，在"十四五"高质量发展主题的新阶段，社会保障应以多层次、多样化的"需求"为导向，以民众切实获得的社会保障"效用"为基础，采取供给侧结构性改革和技术赋权来提高供给侧资源投入能力、服务产出能力和需求应对能力，提高资源配置效率和成本效益，使社会保障真正实现供需的高效平衡。

（五）智与治的整体赋能逻辑与现实挑战

在大数据时代，经济社会各领域的发展都在加快向数字化转型，这为社会保障制度高效运转提供了良好的信息技术条件。目前，在中国社会保障信息化发展中，不同地域、不同部门间仍然存在一定程度的信息壁垒。应积极推进"互联网+社会保障"，以信息技术引领社会保障制度创新，健全社会保障基础信息数据库，消除因部门、地域分割造成的信息壁垒，实现信息在部门、地域之间顺畅流通，推动社会保障制度更加完善、功能更好发挥。

进入"大数据"时代，社会保障高质量发展面临的主要机遇如下：

第一，降低存储成本。从社会保障信息化的趋势来看，无论是在政策还是技术上，省级社会保障信息集中平台的建设都被提上了重要议事日程。在省一级，享受社会保障的人数可能达到千万人甚至上亿人。如此庞杂的数据中心置于以前是不可想象的。数据量翻了一番，按照传统的模式应是扩大存储，增加服务器，这与当前互联网巨头的趋势不一致，这也导致存储成本的上升。利用"大数据"，按照"1+X"模型建立一个云数据中心：在省级建立一个大型数据中心，同时在其他城市保留二级数据中心，并在应用级集成多个数据中心汇聚为一个。此外，未来的社会保障数据必须与其他政府数据水平流动，如与来自企业、税务机关、公安部门或其他行业的应用程序结合，基于城市或地区级别的云平台将更适合这种模式。

第二，提高宏观决策和资金监管能力。宏观决策是金保工程的四大功能之一。现有的宏观决策支持软件是对社会保险业务的各个方面进行主题分析和数据挖掘的计算机应用系统，有助于发现隐藏在社会保险业务数据中的信息和价值，社会保障部门作为事前决策者，在发生控制、反馈效果后，为人力资源门户决策提供参考。利用"大数据"技术发现数据背后的潜在规律，是社会保障信息的一个新的应用领域。2014 年春节期间，百度启动了"百度迁移"，利用"大数据"技术计算和分析其所拥有的LBS（基于位置服务的简称），"大数据"以展示围绕大迁移的轨迹和特点视角下的中国新年。这一全新的"大数据"应用模型可以借鉴社会保障的应用，例如对未来一定时期的养老保险基金征收情况进行预测，为制定相关政策提供依据。此外，"大数据"技术还可用于医疗服务监测。利用"大数据"技术，从海量数据中筛选出可能的违规行为，进一步支持医疗保险监管和审计工作。

第三，增强信息共享水平。目前，金保工程在数据中心建设、联网工程建设、统一软件应用等方面取得了较大的进展和较好的发展成果，各地对信息系统统一建设的认识程度明显提高，实施力度明显加大，系统建设的应用效果已开始显现。信息系统的建设和应用，对优化管理服务模式、提升劳动保障管理能力和服务水平起了积极的促进作用。

然而，"大数据"时代社会保障高质量发展也面临一系列挑战。

第一，架构模式改变的问题。比较可行的方案是金保工程技术架构的中间层和应用层不变，将数据存储和备份模式、应用服务器迁移到云平台，改变底层的存储和服务模式，无须重新设计生产软件即可实现架构的变化。

第二，数据识别的价值和使用问题。"大数据"时代的到来为社会保障数据的深入应用提供了技术基础。基于"大数据"技术，决策支持可以规范收集和扩展，数据的使用可以帮助决策管理，"大数据"分析可以防范基金经营风险。但在许多地方，对数据价值的认知观念不强，基本社会保障数据的积累和分类不受重视，往年的重要数据只是进行简单的记录和存储，从未认真分析过，也没有指导工作实践。

第三，网络安全问题。社会保障数据涉及政府运作、企业竞争、个人隐私，重要利益牵扯繁杂、使用范围广泛，其重要程度不言自明。然而，"大数据"技术本身的技术框架决定了系统安全保护的难度。为此，应采取以下措施保护云中存在的数据的安全：一是采用数据加密的方法，通过安全套接字（SSL）加密，实现节点与应用程序之间的数据集传输加密。二是分离密钥与加密数据，将密钥与加密数据分开，同时定义数据生成、存储、备份和恢复的密钥管理生命周期。三是数据备份、灾难恢复备份、敏感信息的集中管理和控制，以及其他实现端到端数据保护的手段。

第四，人才与技术问题。"大数据"时代的到来要求我们站在新的起点上，积极储备人才和发展技术，以适应技术不断发展的需要。要坚持多渠道培训和高起点引进，扩大人力资源和社会保障制度信息队伍。建立健全信息技术培训长效机制，加强信息技术人才和管理人员的培训，培养技术与业务相结合的复合型人才。探讨建立适合信息化团队的激励机制，为信息化人才的充分发挥创造良好的环境。加强全系统业务人员，提高他们的信息系统应用能力。

### 三 中国社会保障高质量发展的制度路径

社会保障制度改革已经进入系统集成、协同高效阶段，要坚持制度的统一性和规范性，坚持问题导向，准确把握社会保障各个方面之间、社会保障领域和其他相关领域之间改革的联系，提高统筹谋划和协调推进能力，确保各项改革形成整体合力。

#### （一）完善社会保障分层分类协同体系

当前，社会保障高质量发展所面临的问题在供给和需求两侧都有，但矛盾的主要方面在供给侧。必须把改善供给结构作为主攻方向，实现由低效能供需平衡向高效能供需平衡的跃升。当前，要坚持政府兜底、市场参与、社会协同，稳中求进，更加突出公平为先、质量为要、供需匹配的取向，适时适当拓宽基本社会保障的供给内容，继续探索优化公私合作供给、政府购买社会组织服务等方式，加大对社会力量参与农村社会保障供给的政策支持力度（见图2-1）。

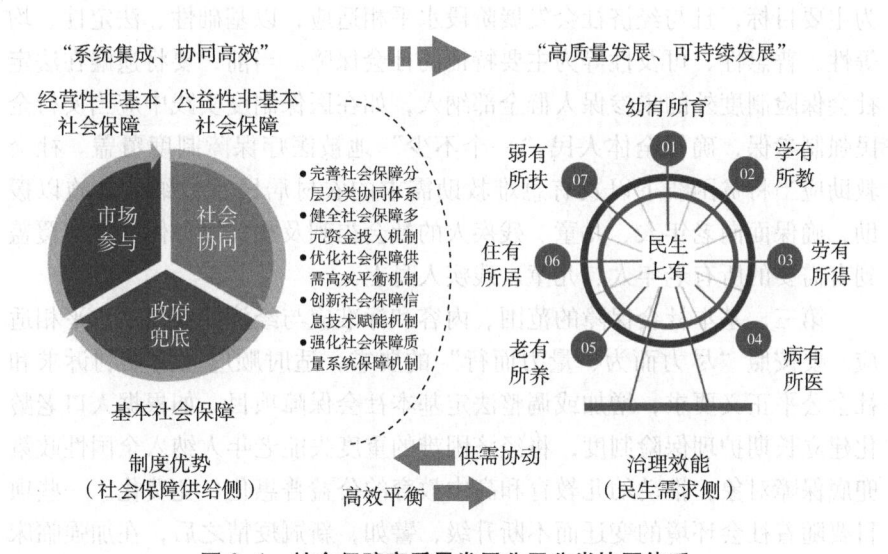

**图2-1 社会保障高质量发展分层分类协同体系**

第一，要协同推进"多层次"社会保障体系。可将传统的农村集体经济组织供给作为基础，以政府负责或主导的基本社会保障供给为第一层次，以政策支持并集市场、社会各方之力的政策性或公益性社会保障供给为第二层次，以市场主导并由市场主体提供的经营性社会保障为第三层次。要增加公共财政投入，拓宽资金来源渠道，提高资金使用效率，确保实现第一层次的基本社会保障能力全覆盖、质量全达标、标准全落实、保障应担尽担，第二、第三层次的非基本社会保障付费可享有、价格可承受、质量有保障、安全有监管。在分层的基础上进行分类。比如，在农村养老服务中，同一收入层次的老年人因低龄与高龄、健康与失能、空巢与非空巢而有着不同的养老服务需要，如果政策上不加以区分，就无法精准引导。在分层分类的基础上，协同推进不同层次社会保障项目的发展。层次建设虽有先后，但政府基本社会保障的优化需要其他层次的社会保障项目同步跟进或随后跟进，两者之间在一定条件上存在互为条件的关系。因此，在中央深化改革委员会有必要成立专司多层次社会保障体系建设宏观设计职责的机构，统筹规划多层次社会保障体系建设和协同推进多层次社会保障体系发展。

第二，要推动基本社会保障制度定型且全面覆盖。作为中国社会保障体系的第一层次，基本社会保障是由政府负责或主导的，以保障全体居民生存和发展基本需要、促进城乡协调发展和共同繁荣、实现社会公平正义为主要目标，且与经济社会发展阶段水平相适应，以基础性、法定性、均等性、普惠性、可及性等为主要特征的社会保障。当前，要将遗漏在法定社会保险制度外的未参保人群全部纳入，如在医保制度实践中应当实行全民强制参保，确保全体人民"一个不少"地被医疗保障制度覆盖。社会救助应当将贫困线下以及有急难救助需求的农村居民悉数纳入并施以援助，确保面向老年人、儿童、残疾人的社会福利及相关服务体系能够覆盖到有需要的所有老年人、儿童、残疾人身上。

第三，基本社会保障的范围、内容和标准应与经济社会发展水平相适应。要按照"尽力而为、量力而行"的要求，适时顺应人民福利诉求和社会公平正义要求，增加或调整法定基本社会保障项目。如根据人口老龄化建立长期护理保险制度，将经济困难的重度失能老年人纳入全国性政策兜底保障对象；推动幼儿教育和高中教育的公益普惠化、免费化。一些项目要随着社会环境的变迁而不断升级，譬如，新冠疫情之后，在加强临床医疗卫生服务的同时，还要加大对疾病预防方面的投入力度，加强卫生防疫站、专科防治所的力量，加大传染病病房建设、预防物资的储备和医学专业人才的培养力度。

### （二）健全社会保障多元资金投入机制

一方面，要切实强化基本社会保障项目的政府投资主体责任。纠正公共财政的城市偏向，真正做到新增教育、卫生、文化等事业经费主要用于农村，并拿出专项转移支付支持经济薄弱地区社会保障事业发展。另一方面，要建立健全社会保障领域政府与社会资本的合作机制。

以农村地区为例，要坚持政府引导、规范运作、明确权责、合作共赢，鼓励市场主体通过公开竞争性方式参与农村社会保障领域PPP项目合作，强化绩效评价和项目监管。在平等协商基础上订立合同，平衡政府、社会资本、农民、农村集体经济组织、农民合作组织等各方利益，明确各参与主体的责任、权利关系和风险分担机制，推动实现改善社会保障供给，增加人民福祉的共赢局面。应鼓励PPP模式运用到推进农村基础设施提档升级、推动乡村绿色发展、繁荣兴盛农村文化、农民就业和职业技能再培训等领域。聚焦高质量发展，鼓励PPP模式积极支持数字乡村建设、农业科技创新、农业农村人才培养、农村创业等领域。

### （三）优化社会保障供需高效平衡机制

从需求侧开展服务需求调查。缺乏公众参与被认为是导致社会保障供需结构失衡的原因之一。公众参与的缺乏使公众需求难以进入决策程序，以致决策反映的仅是政府偏好，造成供给的服务偏离公众需求。因此，公众准确表达需求并被准确感知是实现精准供给的前提，而这有赖于有效的服务需求调查。要充分尊重农民的话语权，了解其价值偏好、需求优先次序，发挥村民自治机制的民主决策作用，完善各类需求表达机制，如社会保障决策调研、公示、线上平台等。在此基础上建立需求的识别、分类、整合机制，从而及时、准确地获得需求信息。

用大数据识别真实服务需求。根据阿罗不可能定理（不可能从个人偏好顺序推导出群体偏好顺序），真实的公共需求是不可能准确显示出来的，而大数据有可能颠覆这一定理。通过对不同区域、不同人群在接受社会保障和进行其他活动中产生的大数据的分析，可以快速识别出较为真实的公共需求。整合较为共同的公共需求，及时予以回应，迅速形成公共决策，并且及时调整修正，从而实现社会保障的按需供给。

### （四）创新社会保障信息技术赋能机制

当前，新一代信息技术创新空前活跃，不断催生新技术、新产品、新模式。大数据、物联网、移动互联网、云计算、人工智能在社会保障中的应用，一方面，有助于破解社会保障供需两侧信息不对称的难题，增强社会保障精准性和时效性；另一方面，可以补充或部分代替传统的人工化社会保障，提高社会保障的质量和效能。例如，偏远农村地区中小学可以利用共享大数据提高教学水平，基层医疗机构可以利用共享大数据提高诊疗水平。因此，在全面推进乡村振兴的背景下，应当着力发挥信息技术创新的扩散效应、信息和知识的溢出效应、数字技术释放的普惠效应，加快推进数字化社会保障高质量发展。

以农村地区为例，基本路径包括：一是加快乡村信息基础设施建设，大幅提升乡村网络设施水平，完善信息终端和服务供给，加快乡村基础设施数字化转型，优化农业科技信息服务。二是建设智慧绿色乡村，提升乡村生态保护信息化水平，倡导乡村绿色生活方式。三是繁荣发展乡村网络文化，加强农村网络文化阵地建设，加强乡村网络文化引导。四是推动"互联网+社区"向农村延伸，提高村级综合服务信息化水平，加快推进实施农村"雪亮工程""互联网+公共法律服务"。依托全国一体化在线政务服务平台，加快推广"最多跑一次""不见面审批"等改革模式，打破"数据壁垒""数据烟囱"，"让数据多跑路，让村民少跑腿"。五是深化信息惠民服务，深入推动乡村教育信息化，大力发展"互联网+医疗健康"，完善面向孤寡和留守老人、留守儿童、困境儿童、残疾人等特殊人群的信息服务体系。六是发挥大数据优势，分析农村社会保障供需两侧的活动特征与运行规律，促进服务供需精准匹配。七是建立城乡社会保障的融合机制，将城市社会保障资源通过信息化技术延伸到农村社区，推进城乡基本社会保障均等化。

（五）强化社会保障质量系统保障机制

标准、计量、认证认可、检验检测，既共同构成了国家的质量基础设施，也是可持续高质量发展的四大支柱。标准是质量的"硬约束"、"引向标"和"试金石"，社会保障标准化是推动其质量变革、效率变革、动力变革的有效手段。中国现有的社会保障标准缺乏顶层设计，标准的"碎片化"问题凸显。如传统"三农"指标体系包括速度指标体系、总量指标体系、财务指标体系等，反映农业建设的指标偏多，反映农村社会发展、人与自然和谐发展的指标较少；常采用单一的评价指标，只能反映某一方面数量特征，缺乏整体性与全局观。国际标准化组织（ISO）质量管理体系迁移到社会保障领域仍存在适配性问题。标准的配套体系不完善，其评价性功能很难有效达成。如传统统计信息存在部门壁垒，形成"信息孤岛"；因统计口径的不同、统计生产流程不规范，造成"信息误导"。

社会保障高质量发展标准体系不应该是一个孤立存在的封闭系统，而应该是连同相关的指标体系、政策体系、统计体系、绩效评价、政绩考核，共同构成推动中国社会保障高质量发展的"六位一体"保障体系。对社会保障质量的评判，要将投入、过程、产出、结果相结合，将数量标准和质量标准相结合，注重见效慢、周期长但具有战略意义的纯公共产品供给，通过标准的有效引导和规范，避免"以多取胜""逆向选择""供需结构失衡"。要增加结构协调性的指标、质量效益指标和新动能发展指标，从长期与短期、宏观与微观、总量与结构、全局与局部、经济发展与社会发展等多维度完善社会保障高质量发展标准体系。要健全包括"质量标准—质量执行—质量激励—质量监督—质量评价—质量改进"的社会保障质量管理链条，让标准从文件中"建起来"转变成在实践中"转起来"。

## 第三节 中国社会保障高质量发展"全景关怀"分析框架

如第一章所述，本书在系统论指导下，立足新发展阶段中国社会保障"系统集成、协同高效"的改革目标，构建"一脉四叶—全景关怀"分析框架，对具有中国特色社会保障高质量发展体系和"民生七有"保障制度进行结构性分析。"一脉四叶"用来剖析中国特色社会保障高质量发展的制度内涵。"一脉"即"以人民为中心"的价值依归，"四叶"即社会保障高质量发展中蕴含的"四对结构性关系"，分别是"城与乡的全景关怀""质与量的协同适配""供与需的高效平衡""智与治的整体赋能"。"全景关怀"用来定位中国特色社会保障高质量发展的制度目标。与"一脉四叶"相呼应，本书对社会保障高质量发展制度目标的分析，主要包括"五个维度"，即"全人保障""全面强基""全民覆盖""全域提档""全链增效"，分别指向"五大制度目标"，即从"民生七有"走向"民生七优"、从"民生兜底"走向"幸福有底"、从"梯度突破"走向"统筹共进"、从"增量加速"走向"量质并举"、从"供给制动"走向"供需协动"。"供需协动"则用来分析中国特色社会保障高质量发展的制度路径。

"一脉四叶—全景关怀"分析框架将"制度供给侧"与"民生需求侧"相连，贯穿需求牵引供给、供给创造需求的高质量发展思路，不仅适用于对中国特色社会保障制度进行整体分析，也适用于对"幼有所育、学有所教、劳有所得、病有所医、老有所养、住有所居、弱有所扶"的

"民生七有"各项保障制度进行实证检视，以此探寻中国特色社会主义制度优势更好地转化为社会保障治理效能之路。

### 一 全人保障：从"民生七有"到"民生七优"

"民生七有"即"幼有所育、学有所教、劳有所得、病有所医、老有所养、住有所居、弱有所扶"，涵盖了人的基本生存需求、基本发展需求、基本健康需求，强调民生的普惠性、基础性和兜底性。与西方国家相比，中国特色民生体系在社会保障、社会救助、社会服务基础上增加了就业创业、劳动关系协调等；服务内容也更丰富，如将普惠性幼教纳入其中，因此是一种"大社会福利"体制。进入新发展阶段，要围绕推进全体人民共享共富，推进"民生七有"迈向"民生七优"高质量发展，实现从"有没有"到"好不好"的转变，更好适应人的全面发展和全体人民共同富裕进程。

### 二 全面强基：从"民生兜底"到"幸福有底"

社会保障要"守住底线"，从社会保障的责任底线和价值底线两个维度厘清政府、市场、社会、家庭乃至个人的责任关系及责任结构，明确保障民众生活所不可或缺的待遇底线；待遇底线还要随着经济社会的发展、生活成本的增减以及生活方式的变化进行相应的调整，以便能够解决社会上最需要帮扶群体的最基本生活需要。社会保障要"稳住中线"，聚焦绝大多数社会成员，面向所有生活项目，并解决社会成员日益增长的基本生活需要。社会保障要"开启高线"，既可以通过新增一些体现更高保障水平的民生项目，以增加参保者的所得，也可以通过增设新的、更高的缴费基数，提高参保者的社会保障待遇，从而增进社会人员对社会保障体系的认同。

### 三 全民覆盖：从"梯度突破"到"统筹共进"

长期以来，受城乡二元结构和工业化、城市化偏向的发展战略影响，国家对农村社会保障事业的财政支持范围和力度有限。进入新发展阶段，要着眼于"城与乡的全景关怀"，着力推动社会保障城乡一体、制度并轨、协调发展。

### 四 全域提档：从"增量加速"到"量质并举"

进入新发展阶段，一方面，政府要切实发挥好公共财政支撑作用，确保基本社保项目城乡全覆盖、质量全达标、标准全落实、财政应担尽担；另一方面，中国仍处于并将长期处于社会主义初级阶段的基本国情没有变，中国是世界上最大发展中国家的国际地位没有变，社会保障不做超越发展阶段和财力水平的事情，吸取国外一些国家盲目"福利赶超""泛福利化"的教训，循序渐进、积少成多，在做大"蛋糕"的同时分好"蛋糕"。当前，仍应侧重"雪中送炭"而不是"锦上添花"，即在尊重和保障全体公民基本生存、生活和发展权利的前提下，更加关注弱势群体和底层群体。

### 五 全链增效：从"供给制动"到"供需协动"

社会保障在高质量发展中能否实现供与需的高效能平衡，一要看供给侧能否在公共价值的统摄下，确保社会保障具有"弹性目标"和"精准靶向"，以及需求侧在多大程度上感受到社会保障的"效用"，即服务对象的获得感和满意度。二要看供给侧能否实现从"单层供给"到"多层多类"、从"一元主导"到"多元合作"的结构再造，以及能否通过结构再造和技术赋能，激活供给侧的资源投入能力、服务产出能力和需求回应能力。三要看社会保障在供给过程中能否提高资源配置效率和成本效益，以实现高质量、可持续的发展目标。

# 第三章 "幼有所育"：托育服务与学前教育高质量发展

## 第一节 "幼有所育"高质量发展的理论内涵与分析框架

### 一 "幼有所育"高质量发展的理论基础

（一）何为"幼有所育"高质量发展

何为"幼有所育"高质量发展？尚未有明确定义。简单来说，"幼有所育"高质量发展是指"幼有所育"的高质量发展阶段。词源学上的"幼有所育"，可解构为"幼"与"育"两个关键词。《现代汉语词典》（第五版）中，"幼"表示"年纪小的、未成熟的、弱小的""爱护""儿童"等含义。"育"兼具"生养""养活""按照一定的目的长期地教导和训练"之意。"幼"与"育"的关系，可追溯至《孟子·梁惠王上》中的"幼吾幼以及人之幼"，其较早阐释了"要无差别为孩子提供呵护"的思想。在2018年联合国儿童基金会、世界卫生组织等联合发布的《儿童早期发展照护框架》（*Nurfuring Care Framework*）中，儿童早期发展被定义为从胎儿时期到8岁的全面发展。结合中国儿童入学年龄为6岁这一规定下的实际入学情况，"幼有所育"关注的"幼"更侧重0—6岁的学龄前儿童，"育"即为学前教育。那么广义上"幼有所育"是指为0—6岁儿童提供更好的学前教育。具体而言，中国儿童0—3岁是以家庭照料为主的幼儿早期，3—6岁是以学前教育为主的学前期。学前教育主要是"育"中针对3—6岁儿童的教育服务，而对于0—3岁儿童以家庭教育与托育服务为主。因此，狭义上"幼有所育"应指为0—6岁儿童提供更好的相应的托育服务与学前教育。① 从高质量发展视角来说，"幼有所育"高质量发展重心落在"更好"二字，"更好"是高质量发展的目标，如何实现"更好"也是高质量发展需要解决的关键问题。党的十九大报告明确指出要加大普惠性力度，积极发展普惠性托育服务。②《"十四五"学前教育发展提升行动计划》也作出学前三年毛入学率、普惠性幼儿园覆盖率与公办幼儿园在园幼儿占比迈入更高水平的明确要求。然而，当前中国托育服务与学前教育供给不充分、不均衡问题还很突出，如何优化资源配置效率，提高"幼有所育"供给效率、规模与质量，是实现高质量发展目标的重要挑战。因此，可把"幼有所育"高质量发展理解为，通过深化供给侧结构性改革，为0—6岁儿童提供更普惠与更高质量的托育服务与学前教育的过程。

（二）"合作—收益"理论

科学的"合作—收益"理论是对亚当·斯密的"经济人理论"、凯恩斯的"最大化行为"、新公共管理理论的"市场均衡"等公共管理理论的重要发展。这一理论基于这样一种观点，即交易成本寻求行为的盛行导致了"为降低交易成本，出现合作行为"的趋势。当竞争的税收成本过高时，同时代人往往出于个人安全现实利益的实现而理性地放弃内部竞争，以利于成功合作，这是实现"合作—收益"的最初动力。在这方面，需要动员政府、社会和家庭解决与幼儿园和学前教育有关的私人服务与传统制度下单一和分散式的供给所固有的供需不平衡和缺乏协作的问题，并有助于缓解与幼儿园有关的全套私立服务供应不足及不均衡与特殊教育发展的对抗，以达到"幼儿教育"的优质发展。③ 这将缓解民办幼儿园整体服务供给和特殊教育发展的不足和不平等，实现"幼有所育"高质量发展。

"幼有所育"高质量发展面临的供给矛盾包括由儿童保育服务和儿童发展的基本学前教育产品供应不足而给家庭造成的损失、政府因对学前教育的管理而造成的财政损失和公信力损失、因儿童保育和学前教育的发展

---

① 王鉴、谢雨宸:《乡村学前教育高质量发展的内涵、逻辑与长效机制》，《东北师大学报》（哲学社会科学版）2022年第2期。

② 习近平:《中共中央关于制定国民经济和社会发展第十四个五年规划和二〇三五年远景目标的建议（二〇二〇年十月二十九日中国共产党第十九届中央委员会第五次全体会议通过）》，《人民日报》2020年11月4日第1版。

③ 武端利、李长真:《构建学前教育多元合作供给制度的理论分析——以"合作—收益"理论为视角》，《现代教育管理》2017年第5期。

而造成的社会最大利益的消耗，以及对学前教育的利用。民办幼儿园的利益损失属于竞争成本增加的范畴。三方的合作与协作可能是减少不必要损失的最合理方法。此外，"合作—收益"理论认为，即使公共产品也具有私人性质，合法的私人供给渠道对更高质量的服务和社会商品的获得并非不可能。托儿所和幼儿园是具有重要排他性和竞争性的准公共产品。优质化的儿童保育和学前教育不可避免地表现为稀缺资源，儿童获得的保育和学前教育产品越多，对家庭的预期效益就越大。为了避免或降低免费入场过程中的拥挤成本，家长也愿意为更高质量的儿童保育和学前教育产品付出相当大的代价，而在许多个别因素的影响下并未在所有情况下表现出"经济人"的共同特征。儿童保育和学前教育的准公共性质也意味着学前教育的费用必须由政府和市场分担，而家长是儿童保育和学前教育产品最为直接的获益者，愿意投入部分学前教育成本，以获得更好的教育产品。因此，在分析"合作—收益"理论中的竞争成本和经济合理性的基础上，托儿服务和学前教育供给可以将竞争转化为政府、社会和家庭三大利益相关者之间的合作，从而构建以"合作—利益"为基础的多方面教育体系。这是一种基于"合作—效益"的多方面合作供给模式。

政府必须确立主导地位，明确权力与责任的关系，划清所有参与学前教育者的权利界限；创新传统的单位供应体制和分散供应体制，建立政府多元合作投入与供给体系，家庭与社会有效协作，合理分担学前教育成本，建立责任共享、利益共享的学前教育多元合作供给模式，促进学前教育健康发展，保障学前教育效益。政府应确保学前教育既有效用性又有包容性，使公共财政成为学前教育的投入和管理主体，不断加大对学前教育的财政支持力度，增强政府公共财政在学前教育总投资中的主导作用。在学前教育供给体系方面，应建立多元合作的政府、家庭、社会共同努力的学前教育服务供给体系；应建立政府主导、社会协作和以家庭为中心的学前教育责任制，以及符合社会发展趋势的费用分摊制度，符合政府公共财政的收入和支出水平，家庭负担得起，社会广泛参与，并提高社会对发展幼儿教育的责任意识和关注度。逐步降低学前教育在文化市场中的比重，构建学前教育"合作共利"的共享模式；以普及学前教育和教育公平为目标框架，加快稳步实现学前教育均等化，确保公共财政投资学前教育产生的红利惠及所有家庭。

（三）成本分担理论

成本分担理论是美国教育经济学家约翰·斯通于1986年针对教育需求的扩张和多样化与有限的政府资助和政府干预之间的矛盾发展起来的。

该理论界定了成本要素、成本分担主体和成本分担原则。在成本要素上，存在教学成本、学生生活成本、学生接受教学的机会成本和共同研究成本。首先，对于学前教育的学生来说，生活费用包括食宿费用，以及玩具和书籍费用。食宿费用是即使不参加学前活动也存在的费用，因此应由学龄儿童的家庭承担；而学习所用的玩具和书籍费用应由政府和市场分担。其次，学龄前学生受教育的机会成本和联合研究的成本可以忽略，因为婴幼儿没有能力开展营利性工作，即机会成本为零，而学龄前教师参与联合研究的机会较小，且该成本是发起人根据利益范围应承担的研究成本，因此可以忽略不计。

该理论在成本分担主体上，依据"谁受益，谁分担"的原则，可分为学生本人、学生家长、政府和社会捐赠个人或团体。[1] 接受学前教育的适龄幼儿暂时缺乏获取收入的能力，因此适龄幼儿本身不列入学前教育成本分担主体。另外，虽然理论上已经证实学前教育具有社会外部性与经济外部性，但由于学前教育处于教育的初始阶段，其社会经济收益容易被忽视，加上中国社会慈善捐助体系尚不完善，社会捐赠在中国目前的学前教育成本分担中份额较小。概括而言，学前教育成本分担的主体为政府与市场，当前市场主体主要为适龄幼儿家长。而随着学前教育社会认知的提升以及中国社会慈善捐赠体系的完善，个人或团体社会捐赠占据的份额或将提高。

该理论在成本分担原则上，主张的教育成本分担应当注重遵循效率与公平相结合的"受益原则"和注重结果公平的"能力原则"。在学前教育成本分担原则上，既包含效率原则，又格外重视公平原则。首先，学前教育是学校教育的开端，与各阶段教育具有互补性。享有平等的入学机会以及同等质量的学前教育，对于幼儿个人未来发展相当重要。其次，在教育领域，高收入阶层凭借其优势接受更高质量的教育，低收入阶层接受低质量的教育甚至无学可上，进而导致未来工作、工资的差异，通过外部干预式的学前教育保障公平，给予所有适龄幼儿家庭平等的入学机会，能遏制社会财富与权力的两极分化，从而缓解社会矛盾。最后，这种公平并非简单地平均化或无差异，而是承认地区、城乡和人群之间存在差距。

（四）蒙特梭利幼教理论

蒙特梭利幼教理论是旨在提高儿童素质，开发儿童潜能的综合性教育

---

[1] 傅维利、刘磊：《构建政府统一资助管理的新型普惠性学前教育体系》，《教育研究》2021年第3期。

理论。其基本精神是了解儿童在其发展的各个阶段生理和心理的变化及需求，根据人类成长的自然规律，给予他们适当的帮助，以便通过身心刺激的活动，使他们成为最有效率和最快乐的人。

蒙特梭利幼教理论强调了 0—6 岁的重要性，在这段时间里，人的智力开始形成、精神世界开始建构。因此，教育必须以儿童为中心，走向儿童的内心世界，重视儿童作为人的尊严，以身心成长发展规律为教学设计的出发点和落脚点。蒙特梭利幼教理论观点表现出以下特征：一要以孩子为中心开展幼儿教育，实现"独立做自己"的儿童世界的建构。二要确立教师的指导地位，在训练其独立学习能力的同时，及时提供指导和帮助。三要确立父母的核心地位，构建社会家庭联合幼儿教育体系，在培养家庭幼教技能中增强联系、增进感情。四要善于运用教具，通过教具刺激认知感官、释放学习因子的内在潜能从而获取知识。五要践行不"教"原则，通过外部环境及工具刺激儿童挖掘知识、养成智慧。六要把握好 0—6 岁这一儿童认知敏感期。

蒙特梭利幼教理论为重视婴幼儿发展提供了"为什么""如何做"等方面的理论阐释，在学术界与实践领域的幼教发展发挥了重要作用。在"幼有所育"高质量发展中，应立足蒙特梭利幼教理论，重视婴幼儿培育，加大婴幼儿培育力度，强调婴幼儿培育理念、成长环境、照料主体、照料模式等方面的发展创新，从而为中国婴幼儿的健康成长营造良好环境。

（五）人口红利理论

"人口红利"发展于西方学术界，安德鲁·梅森教授以东亚经济发展为例，首先描述"人口红利"在推动经济发展的过程中，工作年龄人口在总人口结构中占据相对较高的比例所产生的影响。美国学者布鲁姆和威廉姆森用"demographic gift"一词指代人口转型过程中高比例工作年龄人口的经济利益。联合国人口基金会（UNFPA）称：如果数百万有知识的年轻人自由进入劳动力市场，为经济发展作出充分贡献，这些国家将收获"人口红利"的果实。尽管"人口红利"一词在今天的英语文献中使用的术语不同，其含义却是相同的：一个国家的很大一部分人口是劳动力人口，充足的劳动力供应是"人口红利"时期最重要的特征。充足的劳动力供应是"人口红利"时期最突出的特征。可见，人口红利是指一个国家的工作年龄人口比例高，受抚养人比例相对低，从而为经济发展创造有利的人口条件，并在整个经济中实现高水平的储蓄、投资和增长。中国的"人口红利"可以概括为，在人口迅速转变的过程中，死亡率下降的时间早于出生率，从而产生时间滞后效应，之后，由于出生率迅速下降，人口年龄结构呈"中间大、末端小"的形式，使在一段时间内保持较高比例的工作年龄人口成为可能。出生率的迅速下降随后导致了"大中小头"类型的人口年龄结构，这在一段时间内保持了很高的工作年龄人口比例，从而为经济增长创造了有利的"人口条件"。改革开放以后，中国人口结构逐步由低龄向高龄转变，15—64 岁的劳动年龄人口大幅增长，而随着人口老龄化与少子化的形势加剧，当前中国新生劳动力不断减少，人口红利持续下降。究其原因，与人口生育意愿低、儿童养育难存在直接关联。① 因此，基于人口红利理论，推进"幼有所育"高质量发展，提高人口生育意愿与降低儿童养育成本，激发新时期质量型人口红利的潜能，具有重要意义。

## 二　"幼有所育"高质量发展的必要性与重点建设内容

### （一）"幼有所育"高质量发展的必要性

人生的扣子从一开始就要扣好，幼儿健康的身心成长不仅有利于终身发展，而且关系到千家万户的福祉。以习近平同志为核心的党中央把培养少年儿童作为一项战略和根本性任务，全面提高少年儿童的综合素质，要求坚持以少年儿童优先为原则，大力发展托儿服务和学前教育，进一步优化少年儿童的成长环境。党的十九大首次提出将"幼有所育"作为保障和改善民生的重要任务，体现了党和国家对弥补民生不足、促进儿童发展、社会平等正义的高度重视。

"幼有所育"是指为 0—6 岁儿童提供更好的相应托育服务与学前教育。从高质量发展角度来说，尽管党和国家始终高度重视托育服务与学前教育建设，也出台了一系列改革举措，资源投入力度加大，并取得了相当的成绩，然而，中国托育服务与学前教育仍面临诸多短板，"幼有所育"距离高质量发展目标与人民群众需求还存在相当大的差距。特别是伴随新时期人民群众多层次、多样化的托育服务与学前教育需求激增，"幼有所育"高质量发展成为满足人民群众托育服务与学前教育需求，缓解人民群众"工作—生活"冲突，改善人民群众子女成长环境，化解当前形势越发严峻的人口少子化与老龄化危机，增进人民群众幸福感、获得感是促进经济社会和谐稳定可持续发展的重要保障。因此，必须以高质量目标为

---

① 贾俊雪等：《人口红利还是人力资本红利：生育政策经济影响的理论分析》，《经济研究》2021 年第 12 期。

牵引，以儿童发展为中心，聚焦千家万户所思所盼所愿，深化推进"幼有所育"发展，进一步加大托育服务与学前教育建设力度。这就要求从理论逻辑、实践逻辑和政策逻辑确立"幼有所育"高质量发展的重要性与必要性。

（二）托育服务高质量发展

托育服务通常是指婴幼儿缺乏正常的家庭养育功能，或者婴幼儿的家庭养育功能受到阻碍，婴幼儿必须在一天中的某个时间段离开父母，通过其他人或机构进行替代性的养育和照顾的机制和制度。保育服务可以说是将婴幼儿的保育模式从家庭式的个别保育向机构型的集体保育过渡，由无血缘关系的专业人员暂时代替父母进行保育。

随着现代化和家庭的变化，家庭时间和人力都不足，家庭照护功能弱化的趋势越来越明显。托儿所的短缺已发展成为全球性问题，父母无法给予孩子所需的保育资源，已成为现代家庭的常见现象。为弥补监护人不足，行政等公共机构提供服务，越来越多的家庭可外托未满3岁的幼儿，托育服务是弥补人们生活不足的重要因素，托育服务的建设被国家给予了很高的认可。自2019年以来，中国相继出台了促进婴幼儿托育服务发展的政策文件。其中，国务院办公厅发布的《关于促进3岁以下婴幼儿照护服务发展的指导意见》，首次在全国层面对0—3岁儿童托育服务业发展进行了指导，2021年《中共中央 国务院关于优化生育政策促进人口长期均衡发展的决定》将发展包容服务体系作为优化出生政策的重要举措，《中华人民共和国人口与计划生育法》在修订过程中，也将完善普惠服务作为政府的责任和义务，对构建育儿友好型社会意义重大。然而，托育服务在中国的发展仍处于摸索状态，面临托育需求规模与入园规模、托育内容需求与供给侧不匹配，资金不足，人才储备不稳定，无法持续运行等一系列问题，难以满足人民对托育服务的有效需求，需要进一步加强发展。

托育服务高质量发展作为"幼有所育"高质量发展的重点建设内容，是以0—3岁婴幼儿为服务对象的高质量托育服务发展状态，这种高质量的托育服务不是单一的产品或服务，而是完整的托育系统，承载着国家、社会、学前教育机构和家庭的多方利益和需求，必须以儿童发展为目标导向，实现价值观、发展观和发展范式的转型与突破，重点突破政府、家庭、社会等托育服务主体的责任划分"瓶颈"，明确托育服务普惠优先导向，明晰组织体制权责边界，多元主体，为孕、产妇和新生婴儿提供孕产期保健服务和婴幼儿照护等民生建设服务，以实现精准满足人民需求为导向的生命周期全覆盖民生建设目标,进而实现中国托育服务"量"的扩充与"质"的飞跃,为有托育需求的家庭提供更好的托育服务保障。

(三)学前教育高质量发展

作为"幼有所育"高质量发展的关键部分,学前教育的发展以学龄前儿童的需求为中心,以质量为标准。学龄前儿童主要是0—6岁的儿童,此阶段行为和情绪开始形成,并对个性发展产生持久的影响。更好的学前教育可促进个人发展,增加劳动力市场参与度,推动社会公平和经济增长等,从而为国家创造财富。

关于学前教育高质量发展的理解,国际经合组织(OECD)界定为,以儿童的各项发展为最终目的的结构性质量和过程性质量两个部分。也有学者指出学前教育高质量应具体分为导向性质量、结构性质量、过程性质量、结果性质量。其中,导向性质量不仅包括幼儿教师对教育理念、价值观念和教育目标的理解,还包括政府颁布的教育指导方针、办学出资人的方案;结构性质量是指系统层面的教育资源得到公平配置及有效利用,包括环境空间、教育经费、教育资源、人力资源等;过程性质量以课程与教学为核心,关注教师与儿童之间互动的本质,包括师幼互动、同伴交往、家园合作、活动组织等;结果性质量是指学前教育有效促进儿童在认知与非认知方面的发展,如幼儿园五大领域的知识技能、多元智能及培养积极的情感、态度和价值观。[①] 不同价值观和发展观分化出两种学前教育高质量发展的模型:一种模型是基于公共性属性和普惠性原则,以社会为中心,基于政府为学前教育机构提供均等化的教育资源可以缩小城乡幼儿园办园条件差距的假设,实现以均等化为目标的公平—质量转型,使适龄儿童获得优质学前教育资源的机会平等;另一种模型是基于教育的人本主义属性和因材施教原则,以"人的自由发展"为中心,基于学前教育应顺应儿童的天性和自然发展以促进每个儿童个性化成长的假设,实现以多样化为目标的公平—质量转型,即寻求教育的原点和回归教育的本质,过程性质量与结果性质量均从儿童的学习和发展以及生命意义实现的角度予以观照和衡量。

党的十八大以来,中国学前教育取得了显著成效,中国学前教育的发展目标已从2020年"普及基础教育"的中长期改革发展目标转变为2035年"普及优质学前教育"的现代发展目标。中国学前教育未来的

---

① 王鉴、谢雨宸:《乡村学前教育高质量发展的内涵、逻辑与长效机制》,《东北师大学报》(哲学社会科学版)2022年第2期。

改革与发展，焦点从粗略扩张转向以内涵为基础的质量提升。但财政投入薄弱、办幼儿园资金短缺、资源供给不足、发展不平衡、包容性覆盖率低、水平参差不齐、教师队伍薄弱、工资普遍偏低、监管缺位等问题依然存在，在有效满足人民群众对高质量学前教育的需求上还存在差距。因此，促进学前教育优质发展，填补"幼儿教育"民生空白，已刻不容缓。

## 三 "幼有所育"高质量发展的分析框架

### （一）"分配—供给—传递—财务"分析框架

本部分借鉴吉尔伯特（Gilbert）"分配—供给—传递—财务"框架分析中国"幼有所育"高质量发展。该框架从分配对象、供给内容、传递路径与财务分摊四个方面分析社会福利构建，具体回答福利分配对象是什么、福利供给内容是什么、福利传递路径为何、福利财务如何分摊等问题。①

表 3-1 为"维度—功能—特征—目标"与"分配—供给—传递—财务"纵横交错的框架。其中，最右侧的目标方面确立了"幼有所育"高质量发展的优化资源配置效率目标，而从最左侧往右依次是维度、功能与特征。在分配维度上，主要是指"幼有所育"社会福利的私人责任与公共责任的价值判断。中国"幼有所育"高质量发展过程中，在服务价值选择上，经历了由初始的"普惠性公共责任价值导向"到"选择性私人责任价值导向"再到"普惠性与选择性兼备的公共责任与私人责任价值导向"的转变。在供给维度上，主要指母婴保健、托育服务与学前教育等内容，中国"幼有所育"高质量发展，是从初始的"以单位负责的托幼机构为主的儿童照料"向"母婴保健、托育服务与学前教育服务并举"的转变。在传递维度上，政府、家庭、市场与社会主体是传递服务的重要节点与作用点，中国"幼有所育"社会福利基本形成从初始的"家庭为核心的静态点式传递模式"向"政府、家庭、市场与社会主体的链式传递模式"。在财务领域上，即"幼有所育"社会福利责任分担，涉及中央和地方的责任分担、不同服务主体之间的费用分担，适度责任分摊已经成为中国财务分摊的常态。

---

① 杨琳琳：《我国城市儿童照顾服务政策70年回顾与展望——基于"分配—供给—传递—财务"四维框架的分析》，《理论月刊》2020年第12期。

表 3-1　"维度—功能—特征—目标"与
"分配—供给—传递—财务"纵横交错的框架

| 维度 | 功能 | 特征 | 目标 |
|---|---|---|---|
| 分配 | 价值导向 | 私人责任与公共责任 | 优化资源配置效率 |
| 供给 | 服务内容 | 母婴保健、托育服务与学前教育 | |
| 传递 | 服务主体 | 政府、家庭、市场与社会主体 | |
| 财务 | 责任分担 | 中央—地方、政府—家庭—市场—社会的责任分摊 | |

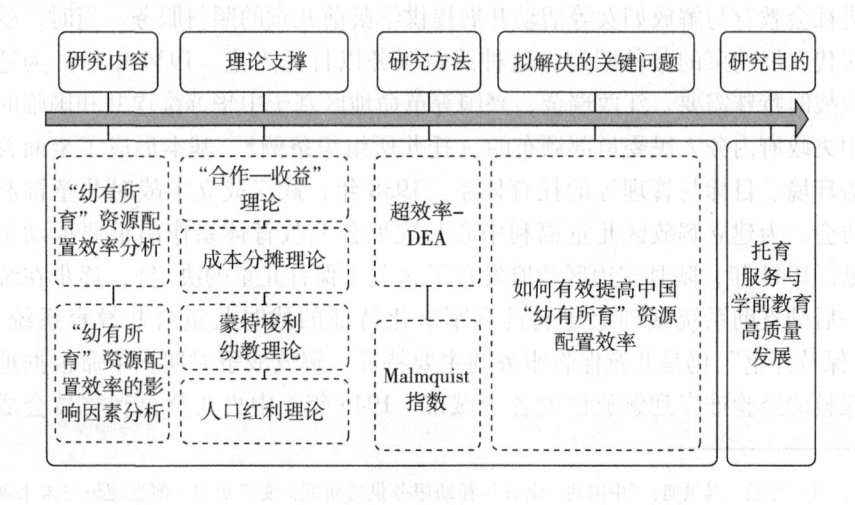

(二)"幼有所育"高质量发展研究内容与分析框架解释

"分配—供给—传递—财务"分析框架表明,"幼有所育"高质量发展是在选择型私人责任与普惠型公共责任的价值导向下,针对托育服务与学前教育两个方面的服务内容,集合政府、家庭、市场与社会等服务主体,形成中央—地方、政府—家庭—市场—社会组合的责任分摊模式,进而以相关资源的有效配置为关键保障,极大地深化"幼有所育"供给侧结构性改革,最终推进"幼有所育"高质量发展。因此,本章拟聚焦"幼有所育"资源配置效率及其影响因素两类研究内容,基于"合作—收益"理论、成本分摊理论、蒙特梭利幼教理论与人口红利理论四项理论,综合运用超效率-DEA、Malmquist 指数方法,重点解决如何有效提高中国"幼有所育"资源配置效率的关键问题,以期化解托育服务与学前教育资源配置不合理带来的供给不均衡与不充分问题,进而保障"幼有所育"高质量发展,具体如图 3-1 所示。

图 3-1　"幼有所育"高质量发展研究内容与分析框架

## 第二节　中国共产党"幼有所育"社会保障的历史脉络

### 一　建党百年"幼有所育"社会保障发展的制度变迁

自新民主主义革命开始以来，中国共产党"幼有所育"社会保障发展经历了新民主主义革命时期（1921—1948年）的萌芽阶段、社会主义革命和建设时期（1949—1977年）的建设发展阶段、改革开放和社会主义现代化建设新时期（1978—2011年）的解体分化阶段、中国特色社会主义新时代（2012年以来）的重构发展阶段四大阶段。①

#### （一）新民主主义革命时期（1921—1948年）

中国共产党成立后高度注重两性平等和妇女解放。随着新民主主义革命的推进，建立公共托育制度成为解放妇女、满足战时特殊需要的必然要求。新民主主义革命后期，具有浓厚共产主义内涵的社区托育制度延伸到解放区，军事化托育制度为解放战争的胜利作出了不可磨灭的贡献。

1922年，中国共产党在"第二次代表大会宣言"中强调，应废除所有约束妇女的法律，使妇女平等享受政治、经济、社会与教育等权利，这在一定程度上为探索儿童保育的实践路线奠定了基础。1927年，《江西省革命委员会行动政纲》提出要建立诸如儿童之家与幼儿园等机构，为促进社会教育与解放妇女等活动开展提供学龄前儿童的照料服务。当时，受时代发展约束的条件限制，这种照料服务以日托为主。1934年后，为适应战时特殊需要，江西瑞金、兴国等革命地区基于中华苏维埃共和国临时中央政府内务人民委员部颁布的《托儿所组织条例》，基本形成了全面覆盖环境、目标与管理等的托育体系。1938年，武汉成立了战时儿童福利协会，为建立解放区儿童福利中心与发展公共教育体系作出重要推动贡献。1941年，陕甘宁边区政府发布了《关于保育儿童的决定》，逐步在统一后勤支助系统基础上建起具有军事化特征的战时儿童公共教育系统。"保教并重"仍是儿童保教服务的主要特征。解放战争时期，革命根据地保教的经验推广到解放区的各个城市。1946年，中央儿童福利委员会成

---

① 李放、马洪旭：《中国共产党百年托幼服务供给研究：变迁历程、演进逻辑与未来展望》，《社会保障研究》2021年第5期。

立，明确要求开展革命根据地以来儿童福利工作经验的总结与推广工作。同年，边区政府颁布了《战时教育方案》，进一步鼓励解放区社会各界参与照顾儿童，直接或间接在自卫战争中服役。此时，中国共产党开始领导建立解放区的公共教育体制，应运而生了第一批"保教并重"托育服务。可见，新民主主义革命时期，中国共产党领导的解放区托育服务具有曲折、缓慢与不均衡发展的特点。到解放战争时期，共产主义公共托育制度才得以在解放区传播。当时，提供托育服务的对象选择范围仍然十分广泛，相关供应单位主要从抗战人员中收养 1—5 岁的儿童。然而，从数量与质量来说，目前提供的儿童保育服务水平相对较低。

（二）社会主义革命和建设时期（1949—1977 年）

中华人民共和国成立后，随着社会主义革命的推进，国民生产生活得到一定程度的恢复，人口的生育高峰随之而来。全国人口从 1949 年的 4.5 亿人迅速增加到 1953 年的 6 亿人。这一时期，以集体或单位托育代替家庭托育，成为节育思想之外促进妇女解放的重要动力。国家出台了一系列政策措施，鼓励单位或村集体兴办托儿所、幼儿园。托幼机构的供给逐步从家庭私人领域转向单位或集体所有的公共领域，建立了单位或集体托幼机构制度。

20 世纪 50 年代初，在借鉴苏联经验的基础上，以社会集体救助为基础的托育实践在中国城乡发展起来。1950 年，儿童教育是中华全国民主妇联执行委员会第三次扩大会议公开讨论的主题。1952 年，教育部颁布了《幼儿园暂行规程》，规定了儿童教育的主要目标。1953 年，《中华人民共和国劳动保险条例》（经修订）出台，实行劳动保险的企业的女工人、女职工，有四周岁以内的子女二十人以上，工会基层委员会与企业行政方面或资方或单独或联合其他企业设立托儿所。同时，根据教育部 1951 年颁布的《关于接办私立中小学的指示》，对中华人民共和国成立前存在的私立托儿所和幼儿园相继实行国有化。相关单位逐步加快建立托儿所、幼儿园等儿童福利机构。到 1954 年底，全国托儿所数量与 1949 年相比已粗具规模。厂矿、医院、学校共有托儿所 4003 所，哺乳室 2670 间。至此，以国家为主要责任主体、以国有企事业单位为依托的城市子女公共教育体系逐步建立。1955 年国务院颁布《工矿企业自办中学、小学、幼儿园条例》，1956 年发布《关于托儿所、幼儿园若干问题的联合通知》，进一步规范托儿所、幼儿园的建设和发展。除了托幼机构，1953—1969 年实施的以政府和事业单位为共同筹资主体的生育保险制度，在缓解生育压力方面发挥了重要作用。

随着小农经济的瓦解和妇女参与家庭以外的社会工作，对儿童保育的需求在农村变得显而易见。1958 年也开始了在农村建立乡村托儿组织的工作。1958 年 12 月，党的八届六中全会通过了《关于人民公社若干问题的决议》，强调不仅要有好的托儿所和幼儿园，而且要有儿童教育体系。但也包括父母可以决定他们的孩子是否需要寄宿学校，并可以随时更换寄宿学校的事实。1960 年，儿童福利组织在农村达到顶峰，入学的农村学龄前儿童比城市儿童多。中华全国妇女联合会称，农村地区 70%的学龄前儿童在儿童保育中心就读，而城市地区这一比例为 40%。目前，儿童福利组织已基本达到每个村一个儿童收容所的水平，社会上大多数职业妇女将子女托付给村儿童福利组织。同时，各村镇选拔"保育员"时高度重视妇女的学历、品格和工作经验，这在一定程度上保证了学前教育和托儿服务的质量和水平。

可以看出，在计划经济时期，城市和农村儿童保育服务的提供具有明显的社会性，与妇女解放密切相关。城市托儿服务的提供主要依靠政府的财政支持，而农村托儿服务的提供强调村的集体责任。在托儿服务政策的推动下，城市和农村建立了面向某些单位或群体的包容性托儿服务提供模式。将儿童保育服务从个别家庭转移到一般群体，极大促进了妇女的解放。

（三）改革开放和社会主义现代化建设新时期（1978—2011 年）

1978 年，党的十一届三中全会召开，拉开了深刻的经济社会变革的帷幕。在城镇国有企业改革和农村实行家庭联产承包责任制的影响下，依靠集体或单位的托儿组织迅速瓦解，儿童保育和学前教育的提供也开始出现差异：0—3 岁婴幼儿的托儿服务趋于"隐性家庭"，而学前教育逐渐向市场化发展。学前教育的市场化发展逐步兴起。

城市儿童保育服务供给的结构性变化是由改革开放以来至 21 世纪初所奉行的政策引导的，1979 年五届全国人大二次会议提出要发展托儿机构，如托儿所，以协助振兴托儿服务。但是，1980 年颁布的《城市托儿所工作条例（试行草案）》将托儿所的主管权交由各个地方行政部门，导致这一时期托儿所种类繁杂，发展参差不齐。1981 年 6 月，卫生部妇幼卫生局公布了《三岁前小儿教养大纲（草案）》，首次对 3 岁以下儿童教育的目标、原则和内容作出了明确的规定。1982—1992 年，在国有企业体制改革的背景下，儿童保育服务出现了结构性不平衡，分为儿童保育和学前教育，并出现了"双轨"发展。一方面，这种差异主要反映在负责儿童保育服务的当局的变化上。自党的十四大以来，以合同用工模式和

"多劳多利"分配机制为基础的现代城市企业逐步形成,弱化了企业的政治功能和社会功能,强化了企业的营利性。由于现代企业制度的改革,儿童保育部门正在迅速缩小。同时,随着农村家庭联产承包责任制的出台和人民公社的废除,依靠集体的村级托儿组织被彻底瓦解。当时,国务院的改革中取消了"托儿工作领导小组",缺乏统一的权威机制,部门的权责不明确,成为儿童保育和学前教育协同发展的障碍。直到1987年,国务院通过《关于明确幼儿教育事业领导管理职责分工的请求》,明确了幼儿教育的领导管理责任与分工以及教育部负责全国范围内的幼儿教育,这在一定程度上缓解了缺乏统一权威带来的负面影响,并预示着今后以发展幼儿教育为重点的政策变革趋势。另一方面,在儿童保育政策方面也有明显的差距——"教育优先于儿童保育"。1986年发布的《关于进一步办好幼儿学前班的意见》,要求划清幼儿教育指导和管理的责任分工。在1987年发布的《关于明确幼儿教育事业领导管理职责分工的请示》,明确指出如何发展学前教育是提高本国人口素质的重要问题,必须予以重视和加强。1988年发布的《关于加强幼儿教育工作的意见》提倡"通过多种渠道、多种形式发展学前教育事业"。1989年,国务院批准了自中华人民共和国成立以来第一部关于学前教育的行政法规《幼儿园管理条例》,对发展学前教育作出规定,规定公立幼儿园应当向3周岁以上学龄前儿童开放。1992—2010年,利用社会力量管理幼儿园的思路开始形成。1992年国务院发布《九十年代中国儿童发展规划纲要》,2001年国务院发布《关于基础教育改革与发展的决定》,强调要发展公办民办相结合的学前教育机构,为各年龄段儿童提供早期教育服务。其间,国家促进社会参与提供托儿服务的工作也仅限于学前部门,家庭托儿服务没有得到足够的政策支持。

在此阶段,政府在提供托儿服务方面的责任出现了回归,但十分有限,社会托儿服务的提供模式和内容与计划经济相比发生了很大的变化。城市的单位托儿机构和农村的村级托儿组织相继被解构,托儿服务的责任也逐渐由家庭或大家庭承担,而在学前教育市场化发展过程中,政府的有限责任导致学前教育的福利性和普及性急剧下降。虽然国家对学前教育市场的发展给予了充分的承认和政策支持,但保障机制的缺失导致"市场失灵"现象的出现,民办幼儿园严重两极分化。3—6岁儿童入学难、入学费用高的问题已成为学前教育发展的巨大障碍。

(四)中国特色社会主义新时代(2012年以来)

自2010年以来,"上学难、上学贵""幼无所托"等问题受到党和国家的高度重视。党的十九大报告把确保民生要取得"新进展"必须满足的七项要求中的"幼有所育"列在首位。现阶段，与儿童保育服务有关的政策呈现新的特点，以普及学前教育和建立弱势儿童福利制度为重要内容，标志着儿童保育服务发展的新转折点。

2010年5月，中共中央、国务院联合发布的《国家中长期教育改革和发展规划纲要（2010—2020年）》明确对学前教育的普及年份作出更高要求，指出在条件允许地区，学前教育可普及至3年。2010年11月，"学前教育公共服务"的概念首次被引入《关于当前发展学前教育的若干意见》，这意味着学前教育的社会救助性和公共救助性得到了正式认可，也意味着学前教育的社会和公共性质得到了正式承认。2011年，国务院颁布的《中国儿童发展纲要（2011—2020年）》进一步强调，到2020年应实现学前教育基本普及，学前教育前三年的毛入学率为70%，学前教育第一年的毛入学率为95%。同时，该纲要也主张增加公立幼稚园的数目，以缓解学前教育"难而贵"的问题。紧随其后的是国务院发布的《关于当前发展学前教育的若干意见》，这标志着学前教育公共服务性质的逐步强化、普及教育的加强和发展。

与此同时，建立普及儿童保育服务体系的重要性日益增加，建立了有选择性或填补空白的儿童保护体系。随着"二孩儿"政策的全面实施和"三孩儿"政策的出台，家庭对托儿服务的需求持续增长，而中国婴幼儿和0—3岁儿童的入学率仅为4.1%，远低于经合组织国家34%的平均入学率。同时，托儿服务的"隐性家庭"性质强化了家庭内部的性别分工，直接影响到妇女对劳动力市场的参与及其经济收入。在这种情况下，人们往往因照顾孩子的费用望而却步，或者把照顾孩子的压力转嫁给孩子的祖父母。对此，党的十九届五中全会明确提出"发展包容性托儿服务体系，降低生育、养育和教育费用"。2019年颁布的《支持社会力量发展普惠托育服务专项行动实施方案（试行）》《关于促进3岁以下婴幼儿照护服务发展的指导意见》，以及国家发展改革委等部门在2021年联合发布的《"十四五"积极应对人口老龄化工程和托育建设实施方案》呼吁国家努力提高包容性服务的有效供给。很明显，全面的儿童保育服务体系的建设已成为推进人口政策目标的一个组成部分。

其间，儿童保育服务的发展主要体现在为婴儿和弱势家庭提供津贴和服务等社会保护。2010年，国务院印发《关于加强孤儿保障工作的意见》。2018年，国务院印发《关于建立残疾儿童康复救助制度的意见》，强调构建残疾儿童康复救助体系的重要性。2019年，《关于进一步贯彻落实中国妇女发展纲要（2021—2030年）的意见》和《中国儿童发展纲要（2021—2030年）》强调了培养帮扶孤儿，切实帮助儿童、残疾儿童、贫困儿童的重要性。《中国儿童发展纲要（2021—2030年）》再次强调切实保障生存权，加强孤儿、弃婴、残疾儿童、流浪儿童发展和安全保障，加强留守儿童保护的重要性。2020年10月17日，新修订的《中华人民共和国未成年人保护法》正式颁布，条文从72条增加到132条，明确"县级以上人民政府应当建立未成年人保护工作协调机制"，将未成年人保护工作细化为家庭保护、学校保护、社会保护、网络保护、政府保护、司法保护六个方面，未成年人保护工作法治基础更加坚实。2021年4月，国务院决定成立国务院未成年人保护工作领导小组，全面加强对未成年人保护工作的统筹、协调、督促和指导，并召开了两次国务院未成年人保护工作领导小组全体会议，印发了《国务院未成年人保护工作领导小组关于加强未成年人保护工作的意见》等文件。全国县级以上人民政府全部建立了党政负责同志牵头的未成年人保护工作领导小组（委员会），未成年人保护工作已经迈入了全新的发展阶段，自此中国儿童福利制度从"自下而上"的制度，转变为以属于弱势群体的儿童类型为基础的"分类"制度。然而，对部分儿童选择性社会支持，归根结底是对弱势家庭养育缺陷的回应和补偿，对普通家庭的系统性支持仍显不足。

其间，政府责任的加强导致了包容性教育的早期迹象，以及建立和发展弱势儿童福利制度，暂时形成"弱势儿童福利+公共学前教育"的社会儿童保育服务提供体系。在人口老龄化和儿童人数减少的情况下，建立关爱儿童、包容性的儿童保育服务提供体系，已成为"十四五"时期需要解决的重大民生问题。

## 二 建党百年"幼有所育"社会保障发展的历史成就

### （一）树立公平化与质量化的儿童保障理念

19—21世纪，学前教育最大的变化是目标阶层由贵族化、精英化向大众化、普世化的转变，学前教育的贵族化、精英化特征表现在学前教育的等级制度、少数民族特权、教育中的性别差异等方面。在1990年第四次全国人口普查之前，女童特别是少数民族女童的入学率很低，全国平均入学率为58.18%，贫困民族县则低至8.00%。直到2010年大力实施一系列学前教育政策法规，大力加强财政对教育的投入和监督，中国的学前教育观才在实践上发生了根本转变。2018年，中国学前教育毛入学率为81.70%，全纳幼儿园的覆盖率为73.10%，完成了由贵族、精英到平民、普及的早期学前教育阶段，确立了以群众为中心，惠及多数群体的学前教育理念。于 2019 年实施以"构建有质量的学前教育"和"普及"、"普惠"、"优质"为学前教育三大核心任务的《中国教育现代化（2035）》。重点抓好幼儿教育三大核心任务的决定，标志着中国幼儿教育重心由数量向质量的转变。此后，学前教育的公平和质量问题成为教育改革和发展的核心。

（二）形成科学化与制度化的学前教育体制机制

1996 年，中华人民共和国国家教育委员会发布了第一份关于新中国幼儿教育的中央文件——《幼儿园工作规程》（国家教委令第 25 号），指出国家对各类幼儿园的宏观管理正朝着法治化、规范化、科学化、制度化的方向发展。2001 年，教育部颁布实施《幼儿园教育指导纲要》，提出在幼儿园实施素质教育的思路。该纲要基于"儿童发展"的概念，体现了"人是教育的对象""人是教育的目的"的教育本质，从法律上界定了什么是良好的教育实践，为实现学前教育的质量提供了政策模式。自 2010 年以来，中国学前教育体制和机制发展过程中，注重立法引导和保障学前教育稳定发展。从管理制度改革、创新运行机制和布局教育规模到人才培养模式、提高教师素质和规范师德，从促进学前普惠和教育质量可控到规范教育市场和引导公众观念，一系列重要法案正逐步构建起全面保护儿童身心健康发展福祉的政策体系。2020 年教育部发布《中华人民共和国学前教育法（草案）》，通过学前教育立法，为幼儿的全面协调发展奠定了更加坚实的法律基础，使幼儿园的科学关怀和教育有法可依，从而为促进学前教育质量的内在发展提供重要的法律支撑。在中国学前教育漫长的发展过程中，学前教育制度机制的创新必须依靠政府部门的密切配合和大力支持，更加有效、有力的政府效率是学前教育运行的必要保障。

（三）建成中国特色化的学前教育课程

中国学前教育课程的百年发展和改革具有以下特点：首先，它深受外国文化的影响，其位置在中外文化交流中不断演变。从清末到民国初年，受到德国和日本的影响；1920—1930 年受到美国的影响；1950—1960 年受到苏联的影响；1980 年以来，在本土与外来、模仿与创造的关系中，不断受到全球各种教育潮流的影响。其次，知识的概念随着课程的发展而演变；20 世纪 20—30 年代，陈鹤琴主张"以团结为中心的课程"，张学文提出"行为课程"，陶行知主张"学校课程"。20 世纪 50 年代，由于受到苏联的影响，在不断变化的学前教育课程中，知识观更倾向理性主义。20世纪90年代，在皮亚杰、维果斯基和瑞吉欧的影响下，中国的学前教育课程开始倡导建构主义的知识观。进入21世纪，中国学前教育在园本课程建设方面取得了重大创新，学前教育课程走向了自主探索的新道路。总之，学前教育课程开发中的知识观正在发生变化，总的趋势是从向他人学习到自主创新。最后，研究范式正在从封闭性转向开放性，从先入为主转向生成，课程意义正在动态的过程中被建构。几百年的幼儿教育变革，既是模仿和移植以及不断试验和完善的过程，也是不断批判继承和推广新思想的过程，还是幼儿课程不断中国化的过程。

（四）建立专业化与现代化的托幼教育体系

一是在过去的百年里，中国幼儿教师队伍的专业化和现代化程度一直在稳步提高。1950年，中国的幼儿园教师人数为17万人，而2019年，中国有491.57万名幼儿园员工，其中专职教师276.3万名，幼儿园教师人数大幅增加。二是教师的素质得到了提高。从1904年规定教师可以由乳媪和节妇担任，到现在越来越以高素质、高品德、专业化为目标的专业教师队伍建设，体现了中国学前教育教师队伍整体素质的提高。三是概念上的创新。教师的专业视角从传道授业解惑转变为独立更新，教师的知识视角从公共知识转变为个人知识和社区知识。教师的道德观从道德约束转向为善而善，教师的角色观从教学指导转向社区知识，从教学指导转向同行中的领导者，从以教学为中心的教学观转向以教学为中心的质量观。教师的教学观正在从以教学为中心转向以学习为中心，从专业技能转向文化发展。四是技术是授权的。随着新科技的引入，1950年后，手风琴和钢琴演奏被引入幼儿园教师的日常培训内容；1980年前后，一些幼儿园教师培训学校开设了计算机室，电子学习、幼儿幻灯片制作等课程被引入幼儿园教师培训学校的课程；进入21世纪，教育信息技术已经成为大多数教师的必备技能；随着全国中小学教师信息技术应用能力提升工程2.0的实施，教师培训已从专业能力提升转向信息技术应用能力的全面提高。在21世纪，教育中的信息技术已经成为大多数教师的一项基本技能。随着《教师计算机化2.0行动计划》和《中国教育现代化2035》等文件的发布，新时代的教师教育甚至将会走向以数字能力为核心的教师专业发展道路。

（五）母婴保健的相关法律与政策逐步完善

在中华人民共和国成立初期，社会经济的落后导致妇女和儿童的健康状况相对较差，婴儿死亡率高达20.0%。《中华人民共和国宪法》（1982年）（以下简称《宪法》）、《中华人民共和国婚姻法》（1981

年)(以下简称《婚姻法》)、《中华人民共和国未成年人保护法》(1991年)(以下简称《未成年人保护法》)、《中华人民共和国妇女权益保障法》(1992年)(以下简称《妇女权益保障法》)、《中华人民共和国母婴保健法》(1995年)(以下简称《母婴保健法》)的颁布和实施,以及保护妇女儿童权益和促进其发展的法律体系逐步形成,表明国家高度重视中国妇幼保健法治建设,妇幼保健工作有法可依。中国签署了《儿童生存保护和发展世界宣言》,1990年9月30日颁布了《中国妇女发展纲要》和《中国儿童发展纲要》。为确保母婴保健服务的有效运行,国务院和地方政府颁布了一系列法律、条例和规范性行政文件,包括1995年《母婴保健监督管理办法》和1997年《婚前保健工作规范》。妇幼保健事业快速发展,在全国建立了较为完善的三级卫生网络和妇幼保健管理体系。2015年,儿童死亡率降至8.1‰,是发展中国家中最低的,实现了联合国千年发展目标,加速了妇幼保健工作。

《母婴保健法》于1994年10月27日由第八届全国人民代表大会常务委员会第十次会议通过,并于1995年6月1日正式施行。作为中国第一部保障妇女儿童健康权的特别法,《母婴保健法》的实施标志着中国开始从法律角度出发努力保护妇女儿童的健康。根据《宪法》的规定,应保护妇女和儿童的健康,提高人口出生时的素质。这是《母婴保健法》第1条中点明的立法目的。《母婴保健法》规定了婚前保健、母婴保健管理和儿童保健等具体法律条约,并使母婴保健的使用合法化。

国家卫生健康委发布了《母婴安全行动提升计划(2021—2025年)》,旨在促进优质妇幼安全,将妇幼死亡率降至2025年每10万人中14.5人死亡,这将有助于实现到2025年将孕产妇和婴儿死亡率降至每10万人中5.2人死亡的目标,并为中国2030年"健康中国2030"目标的实现奠定坚实基础。中国将进一步提高妇幼保健服务水平,完善重症孕妇和新生儿的治疗系统,并将提供优质、安全、高效、方便与友好的,且使人们有更全面的成就感、更持久的福祉感、更强的安全感和更有力的保障的妇幼保健服务。

## 第三节 中国"幼有所育"高质量发展的问题检视

### 一 中国托育服务与学前教育高质量发展的实证分析

本章针对中国"幼有所育"高质量发展因资源配置不合理所引发的

服务供给不均衡与不充分问题，运用超效率-DEA 与 Malmquist 指数法计算中国托育服务与学前教育的资源配置效率值，进而评价中国"幼有所育"高质量发展的资源配置效率水平，并进一步揭示相关资源的主要配置短板，以此为政府优化托育服务与学前教育方面的资源配置效率、深化"幼有所育"高质量发展的供给侧结构性改革提供科学政策建议。

（一）变量选取与数据来源

结合超效率-DEA 与 Malmquist 指数法特点①，本部分构建兼具投入指标与产出指标的"幼有所育"高质量发展资源配置效率评价体系（见表 3-2）。考虑数据可得性与科学性，本部分以"幼有所育"相关资源的投入与产出情况为实证基础。其中，投入指标涉及财力投入、人力投入与物力投入三个方面，财力投入方面具体选取教师经费支出、生均教育经费支出两项指标，人力投入方面具体选取幼儿园园长与专任教师数和专任教师中具备专科以上学位比例两项指标，物力投入方面具体选取生均校舍面积、生均图书册数两项指标；产出指标涉及直接产出与产出效果两个方面，分别对应毕业幼儿数和小学招生人数中受过学前教育人数的比例两项指标。本章主要使用《中国教育经费统计年鉴》和《中国教育统计年鉴》的 2010—2020 年全国 31 个省份（不含港澳台地区）面板数据进行实证分析。

表 3-2　　"幼有所育"高质量发展资源配置效率评价体系

| 类别 | | 指标 |
| --- | --- | --- |
| 投入 | 财力投入 | 教师经费支出 |
| | | 生均教育经费支出 |
| | 人力投入 | 幼儿园园长与专任教师数 |
| | | 专任教师中具备专科以上学位比例 |
| | 物力投入 | 生均校舍面积 |
| | | 生均图书册数 |
| 产出 | 直接产出 | 毕业幼儿数 |
| | 产出效果 | 小学招生人数中受过学前教育人数的比例 |

---

① Örkcü H. Hasan, et al., "An Evaluation of the Operational Efficiency of Turkish Airports Using Data Envelopment Analysis and the Malmquist Productivity Index: 2009-2014 Case", *Transport Policy*, Vol. 48, May 2016, pp. 92-104.

## （二）计量模型选择

### 1. 超效率-DEA

超效率-DEA 方法演化与发展于以数据为驱动的非参数效率测算法——数据包络分析（DEA）。[①] DEA 方法在评价决策单元间相对有效性时，可能存在决策单元效率值区分失灵问题，进而影响效率测算的信度与效度，因而 Andersen 和 Petersen 基于规模报酬不变（CRS）对 DEA 方法作出优化，并提出超效率-DEA 方法。该方法的基本思路为，需要评价的 $DMU_K$ 排除于全样本 DMU 集合外，样本 DMU 集合的线性组合构成新的生产前沿，以此更好地将决策单元有效性作出区分。以投入为导向的数学公式如下：

$$\min \theta^{super} - \varepsilon \left( \sum_{i=1}^{m} s_i^- + \sum_{r=1}^{s} s_r^+ \right)$$

$$\text{s.t.} \sum_{j=1, j \neq j_0}^{n} \lambda_j x_{ij} + s_i^- = \theta^{super} x_{ij0}, \quad i = 1, 2, \cdots, m \quad (3-1)$$

$$\sum_{j=1, j \neq j_0}^{n} \lambda_j x_{rj} - s_i^+ = y_{rj0}, \quad r = 1, 2, \cdots, s$$

$$\lambda_j \geq 0, \quad j \neq j_0$$

由于本章所用超效率-DEA 方法，是以投入为导向且考虑了 VRS 情形，曾增加约束条件 $\sum_{j=1}^{n} \lambda_j = 1$。

### 2. Malmquist 指数分析

Sten Malmquist 提出的 Malmquist 指数分析方法与 DEA 搭配使用已成为广泛共识。该方法被用于分析全要素生产率（TFP）评价后效率动态变化的同时，还能对 TFP 做出分解：一是技术进步（TP），表示生产过程中的技术变化水平；二是技术效率变化（TEC），表示生产过程中的资源配置合理水平。在 VRS 可变情形的假设下，又可将 TEC 分解为规模效率（SEC）和纯技术效率（PEC）。具体函数如下[②]：

$$TFP = M_i(x_{i+1}, y_{i+1}, x_i, y_i) = \left[ \frac{D_i^t(x_{i+1}, y_{i+1})}{D_i^t(x_i, y_t)} \times \frac{D_i^{t+1}(x_{i+1}, y_{i+1})}{D_i^{t+1}(x_i, y_t)} \right]^{\frac{1}{2}}$$

---

[①] Qiang W., et al., "Geopolitical Risk and Ecological Efficiency: A Combination Approach Based on Super-Efficiency-DEA and Extended-STIRPAT Models", *Journal of Environmental Management*, Vol. 351, December 2023, p. 119867.

[②] Lahouel B., et al., "The Assessment of Socio-environmental Performance Change: A Benefit of the Doubt Indicator Based on Directional Distance Function and Malmquist Productivity Index", *Finance Research Letters*, Vol. 49, July 2022, p. 103164.

$$= \frac{D_i^{t+1}(x_{i+1}, y_{i+1})}{D_i^t(x_i, y_t)} \times \left[ \frac{D_i^t(x_{i+1}, y_{i+1})}{D_i^{t+1}(x_i, y_t)} \times \frac{D_i^t(x_{i+1}, y_{i+1})}{D_i^{t+1}(x_i, y_t)} \right]^{\frac{1}{2}}$$

$$= TEC(x_{t+1}, y_{t+1}, x_t, y_t) \times TP(x_{t+1}, y_{t+1}, x_t, y_t) \quad (3-2)$$

（三）实证结果分析

1. 效率分析

本部分运用 DEA-Solver-Pro5.0 软件，选取投入导向型的超效率-DEA 模型，比较和排序 2010—2020 年中国 31 个省份（不含港澳台地区）"幼有所育"相关资源配置效率水平的基本情况，对"幼有所育"资源配置效率进行研究，结果如表 3-3 所示。

表 3-3　　　2010—2020 年中国 31 个省份（不含港澳台地区）
学前教育资源配置超效率-DEA 评价结果

| 省份 | 2010年 | 2011年 | 2012年 | 2013年 | 2014年 | 2015年 | 2016年 | 2017年 | 2018年 | 2019年 | 2020年 |
|---|---|---|---|---|---|---|---|---|---|---|---|
| 北京 | 0.567 | 0.574 | 0.523 | 0.634 | 0.617 | 0.603 | 0.712 | 0.783 | 0.757 | 0.932 | 0.766 |
| 天津 | 1.003 | 0.891 | 0.823 | 0.773 | 0.783 | 0.735 | 0.688 | 0.716 | 1.354 | 0.853 | 0.856 |
| 河北 | 1.085 | 0.952 | 0.987 | 0.503 | 1.011 | 1.063 | 0.812 | 0.965 | 0.894 | 0.861 | 0.864 |
| 山西 | 0.806 | 0.807 | 0.921 | 0.832 | 0.867 | 0.845 | 0.820 | 0.791 | 0.840 | 0.857 | 0.801 |
| 内蒙古 | 0.761 | 0.706 | 0.681 | 0.733 | 0.741 | 0.792 | 0.700 | 0.913 | 0.791 | 0.792 | 0.702 |
| 辽宁 | 1.001 | 1.061 | 0.989 | 0.944 | 0.840 | 0.854 | 0.766 | 1.042 | 1.174 | 0.961 | 0.938 |
| 吉林 | 1.172 | 1.104 | 0.981 | 1.054 | 1.262 | 0.910 | 0.844 | 1.001 | 0.762 | 0.756 | 0.767 |
| 黑龙江 | 0.984 | 1.022 | 1.032 | 1.001 | 0.956 | 1.028 | 0.939 | 0.924 | 0.871 | 0.779 | 0.802 |
| 上海 | 0.706 | 0.667 | 0.659 | 0.582 | 0.591 | 0.598 | 0.611 | 0.617 | 0.672 | 0.661 | 0.675 |
| 江苏 | 0.977 | 0.944 | 0.93 | 0.947 | 1.272 | 0.763 | 0.746 | 0.749 | 0.762 | 0.731 | 0.751 |
| 浙江 | 1.162 | 0.931 | 0.897 | 0.981 | 0.963 | 0.842 | 0.852 | 0.916 | 0.803 | 0.859 | 0.832 |
| 安徽 | 0.904 | 0.833 | 0.783 | 0.802 | 0.765 | 0.731 | 0.727 | 0.933 | 0.854 | 0.832 | 0.923 |
| 福建 | 1.031 | 0.952 | 0.894 | 0.944 | 0.874 | 0.846 | 0.871 | 0.952 | 1.061 | 0.951 | 0.826 |
| 江西 | 1.079 | 1.021 | 1.045 | 0.955 | 1.022 | 1.002 | 0.952 | 1.038 | 0.983 | 0.943 | 0.941 |
| 山东 | 1.232 | 1.081 | 1.001 | 1.041 | 1.004 | 1.064 | 0.972 | 1.005 | 0.953 | 1.012 | 0.953 |
| 河南 | 1.193 | 0.963 | 1.063 | 0.954 | 0.92 | 0.931 | 1.056 | 1.231 | 1.012 | 1.003 | 1.021 |
| 湖北 | 0.757 | 0.744 | 0.719 | 0.723 | 0.78 | 0.853 | 0.797 | 0.822 | 0.811 | 0.816 | 0.823 |
| 湖南 | 1.271 | 1.358 | 1.001 | 1.012 | 1.046 | 0.932 | 0.901 | 0.925 | 0.956 | 0.894 | 0.854 |
| 广东 | 1.776 | 0.979 | 1.121 | 1.001 | 1.111 | 0.981 | 0.921 | 0.976 | 0.901 | 0.882 | 0.905 |
| 广西 | 1.204 | 1.026 | 1.034 | 0.881 | 0.862 | 0.937 | 0.945 | 0.919 | 0.893 | 0.891 | 0.837 |
| 海南 | 1.046 | 1.141 | 0.973 | 1.202 | 1.051 | 0.832 | 0.696 | 0.708 | 0.692 | 0.662 | 0.658 |

续表

| 省份 | 2010年 | 2011年 | 2012年 | 2013年 | 2014年 | 2015年 | 2016年 | 2017年 | 2018年 | 2019年 | 2020年 |
|---|---|---|---|---|---|---|---|---|---|---|---|
| 重庆 | 1.134 | 0.912 | 0.886 | 0.866 | 0.916 | 0.966 | 0.907 | 0.897 | 0.867 | 0.836 | 0.756 |
| 四川 | 1.069 | 1.393 | 0.928 | 0.894 | 0.919 | 0.861 | 0.831 | 0.834 | 0.793 | 0.721 | 0.751 |
| 贵州 | 1.166 | 0.971 | 0.961 | 0.911 | 0.883 | 0.871 | 0.836 | 0.821 | 0.701 | 0.701 | 0.685 |
| 云南 | 0.874 | 0.822 | 0.773 | 0.743 | 0.722 | 0.696 | 0.681 | 0.653 | 0.630 | 0.604 | 0.583 |
| 西藏 | 1.073 | 1.011 | 0.992 | 0.829 | 0.761 | 0.781 | 0.664 | 0.614 | 0.543 | 0.486 | 0.434 |
| 陕西 | 0.911 | 0.827 | 0.761 | 0.741 | 0.787 | 0.824 | 0.847 | 0.853 | 0.794 | 0.741 | 0.736 |
| 甘肃 | 0.762 | 0.714 | 0.663 | 0.646 | 0.636 | 0.632 | 0.622 | 0.586 | 0.552 | 0.537 | 0.537 |
| 青海 | 1.436 | 0.952 | 0.897 | 0.827 | 0.831 | 0.616 | 0.671 | 0.682 | 0.606 | 0.644 | 0.608 |
| 宁夏 | 0.934 | 0.911 | 0.845 | 0.765 | 0.774 | 0.662 | 0.606 | 0.572 | 0.551 | 0.596 | 0.619 |
| 新疆 | 0.591 | 0.514 | 0.573 | 0.562 | 0.583 | 0.633 | 0.538 | 0.534 | 0.601 | 0.583 | 0.542 |
| 均值 | 1.021 | 0.929 | 0.882 | 0.848 | 0.876 | 0.828 | 0.791 | 0.838 | 0.820 | 0.786 | 0.766 |

表3-3的结果表明，2010—2020年，中国各省份"幼有所育"资源配置效率整体偏低且呈逐年下降趋势。同时，各地区"幼有所育"资源配置不平衡问题也很突出，相较于东部地区，中部地区的"幼有所育"资源配置效率值整体更高，而西部地区的"幼有所育"资源配置不充分问题极为突出，远低于中国平均"幼有所育"的资源配置效率水平。可见，各地区"幼有所育"资源配置的不充分与不均衡问题，已经成为制约中国"幼有所育"高质量发展的巨大挑战。

2. Malmquist 指数分析

在考察资源配置效率的基础上，进一步分析历年来中国"幼有所育"资源配置效率的变化趋势，有助于对中国"幼有所育"资源配置情况作出全面深刻判断。对此，本部分基于2010—2020年中国31个省份（不含港澳台地区）"幼有所育"资源配置的面板数据，利用 Malmquist 指数模型方法，使用 DEAP 2.1 软件，对2010—2020年各省份平均 Malmquist 指数及其分解进行计算，具体如表3-4所示。

表3-4　2010—2020年中国31个省份（不含港澳台地区）的平均 Malmquist 指数及其分解

| 省份 | 技术效率变化 TEC | 技术进步 TP | 纯技术进步 PEC | 规模效率 SEC | 全要素生产率 TFP |
|---|---|---|---|---|---|
| 北京 | 1.023 | 0.943 | 1.043 | 0.991 | 0.973 |

续表

| 省份 | 技术效率变化 TEC | 技术进步 TP | 纯技术进步 PEC | 规模效率 SEC | 全要素生产率 TFP |
|---|---|---|---|---|---|
| 天津 | 1.014 | 0.923 | 1.000 | 1.012 | 0.931 |
| 河北 | 1.001 | 0.964 | 1.000 | 1.001 | 0.962 |
| 山西 | 1.043 | 0.892 | 1.022 | 1.013 | 0.913 |
| 内蒙古 | 1.013 | 0.901 | 1.013 | 1.004 | 0.911 |
| 辽宁 | 1.018 | 0.913 | 1.007 | 1.012 | 0.922 |
| 吉林 | 1.024 | 0.884 | 1.002 | 1.020 | 0.904 |
| 黑龙江 | 1.014 | 0.877 | 1.001 | 1.014 | 0.871 |
| 上海 | 1.038 | 0.954 | 0.983 | 1.051 | 0.980 |
| 江苏 | 0.979 | 0.952 | 0.976 | 1.023 | 0.956 |
| 浙江 | 0.982 | 0.951 | 0.984 | 1.000 | 0.922 |
| 安徽 | 1.026 | 0.883 | 1.010 | 1.017 | 0.903 |
| 福建 | 1.000 | 0.944 | 1.000 | 1.002 | 0.944 |
| 江西 | 1.001 | 0.883 | 1.003 | 1.001 | 0.886 |
| 山东 | 0.994 | 0.907 | 1.001 | 0.993 | 0.895 |
| 河南 | 1.002 | 0.893 | 1.002 | 1.007 | 0.892 |
| 湖北 | 1.031 | 0.912 | 1.031 | 1.001 | 0.931 |
| 湖南 | 1.003 | 0.864 | 1.000 | 1.002 | 0.862 |
| 广东 | 1.005 | 0.908 | 1.001 | 1.000 | 0.903 |
| 广西 | 1.004 | 0.862 | 1.000 | 1.001 | 0.868 |
| 海南 | 1.003 | 0.844 | 1.000 | 1.003 | 0.842 |
| 重庆 | 1.003 | 0.883 | 1.000 | 1.004 | 0.887 |
| 四川 | 0.996 | 0.891 | 1.001 | 1.000 | 0.892 |
| 贵州 | 1.007 | 0.844 | 1.000 | 1.001 | 0.841 |
| 云南 | 1.033 | 0.894 | 1.013 | 1.026 | 0.923 |
| 西藏 | 1.124 | 0.856 | 1.001 | 1.127 | 0.956 |
| 陕西 | 0.993 | 0.923 | 1.002 | 1.002 | 0.927 |
| 甘肃 | 1.053 | 0.871 | 1.034 | 1.030 | 0.924 |
| 青海 | 1.020 | 0.852 | 1.001 | 1.001 | 0.855 |
| 宁夏 | 1.101 | 0.877 | 1.012 | 1.012 | 0.896 |

续表

| 省份 | 技术效率变化<br>TEC | 技术进步<br>TP | 纯技术进步<br>PEC | 规模效率<br>SEC | 全要素生产率<br>TFP |
|---|---|---|---|---|---|
| 新疆 | 1.103 | 0.913 | 1.045 | 1.043 | 0.997 |
| 均值 | 1.021 | 0.899 | 1.006 | 1.013 | 0.911 |

从表3-4可知，2010—2020年中国"幼有所育"资源配置的全要素生产率情况并不理想，全要素生产率的均值为0.911，小于1。TFP的总体下降，可能与技术进步（TP）的数值偏小有关。此外，技术效率变化、纯技术进步和规模效率的均值分别为1.021、1.006和1.013，均大于1，足以说明中国"幼有所育"全要素生产率深受技术进步因素影响。

## 二 问题检视

（一）中国托育服务高质量发展面临的主要问题及其分析

1. 顶层设计不合理

当前，中国托育服务高质量发展尚未形成合理的顶层设计，严重影响了"幼有所育"高质量发展。[①] 顶层设计不合理，具体表现为政策引导不足、发展目标不明确、各部门间权责划分不清晰以及法律法规缺位等，并引发托育服务高质量发展进程中的一系列问题。一是自党的十九大以来儿童托育问题逐步受到重视，如北京、广州等地方已上报儿童托育服务的相关项目和文件，但总的来说，大多数地区未形成结合本地实际入托需求的供给方案，因而托育服务发展缓慢。二是由于缺乏托育服务具体实施的相关法律法规与行业标准，监管缺位低效，大量盈利导向的违规托育机构扰乱性侵入市场，破坏了公共托育服务机构发展的市场环境秩序，并极大损害了消费者对公共托育服务机构的信任感，阻滞了托育服务高质量发展。三是由于利好政策不完善，具备相当专业能力、财力等的人才或机构对深入托育服务领域发展持观望态度，这无疑也极大制约了托育服务的高质量发展进程。

2. 供给机制不健全

几千年来，中国信奉与实施的是以家庭为主的儿童照顾模式，父母及祖辈等家庭成员则是这一模式的核心服务供给主体。中华人民共和国成立

---

① 杨菊华：《理论基础、现实依据与改革思路：中国3岁以下婴幼儿托育服务发展研究》，《社会科学》2018年第9期。

后,这种以家庭为主的儿童照顾模式备受工业化、市场化与新型城镇化的深入推进衍生的系列经济社会变革冲击。例如,一方面,家庭夫妇自我发展与生育需求间、子女期望与祖辈照顾能力不足间的冲突增加,加大了家庭对儿童照料服务的需求;另一方面,中国家庭外的儿童照料服务起步较晚,存在供给水平低、供给质量差与获取成本高等短板,极大激化了人们对专业托育服务需求与公共托育服务供给不足之间的矛盾。国家卫生健康委公布的针对2021年3岁以下婴幼儿托育服务需求调查结果表明,中国4200万名3岁以下婴幼儿中仅5.5%可以入托,而其余约94.5%婴幼儿的家庭中,具有强烈入托需求的家庭占84%。可见,中国托育服务供给能力相当不足,供给机制相当不健全。①

3. 法律法规不完善

完善法律法规是推进"幼有所育"高质量发展的基本条件,对母婴保健服务、托育服务发展具有重要意义。母婴保健服务是基本公共卫生服务中针对妇女生育安全与儿童健康的重要内容,虽然近年来中国政府已经越来越重视母婴保健服务建设,但相关法律法规建设未能根据经济社会需求作出及时性与积极性的调整,关于婴幼儿出生、儿童照顾与教育等方面的法律法规建设没有得到足够重视,导致中国母婴保健服务、托育服务无法有效发展。特别是伴随中国人口生育政策调整和健康中国战略推进,健康生育需求不断增加,健康生育供需矛盾越发尖锐,以至于以完善法律法规为基础保障的母婴保健服务、托育服务与学前教育发展已经是"幼有所育"高质量发展工作的重中之重。因此,必须深化"幼有所育"法律法规完善工作,整合母婴保健服务、托育服务等内容,构建系统、规范与全程的优生优育服务链。

4. 高质量人才培育机制不完善

人才培育是保障"幼有所育"高质量发展的不竭源泉,然而,截至2020年,中国高等院校等教育机构鲜有针对婴幼儿照料开设的专业课程,仅71家高等院校提供了早期教育课程,且多以师资相对薄弱的专科学校与职业学院为主,以致人才培养数量与质量保障不足,造成了数以百万计的托育服务专业人才空缺。同时,中国针对婴幼儿照顾与教育的教师资质门槛低,各地区、各领域的从业标准模糊不统一,进一步加剧了中国"幼有所育"专业人才供给不充分与不均衡问题。

---

① 姜勇、蓝素芬:《我国各省学前教育资源的均衡性与充分性分析——基于2013—2018年省级层面的"面板数据"》,《教育发展研究》2021年第Z2期。

## (二) 中国学前教育高质量发展面临的主要问题及其分析

### 1. 资源配置效率低且不均衡

资源配置效率低且空间不均衡是中国学前教育高质量发展面临的重要挑战。由来自实证结果的全要素生产率值可知，中国学前教育资源配置效率值并不理想，主要因为各地区的学前教育配置相关的技术创新力不足，未形成有效的资源配置优化政策与模式，进而造成中国学前教育资源配置效率低、资源供给能力差的局面。不平衡体现为空间不均衡与城乡不均衡，空间不均衡具体表现为中国资源配置效率水平呈现中部地区>东部地区>西部地区的基本特征，本质原因是资源供给的侧重失衡，以致供给困难、收益低下而资源配置优先度低的经济发展落后地区，往往存在严峻的学前教育机构举步维艰等问题。相应地，相比城镇地区，农村经济水平发展相对滞后，因而也难以得到有效的学前教育资源供给。因此，从"幼有所育"高质量发展角度来看，提高资源配置效率、促进区域与城乡资源配置均衡，稳步推进学前教育高质量发展，是各界需长期关注的重要议题。

### 2. 社会政策公平性需进一步提高

深化"基本公共服务均等化"建设，推进民生领域的社会政策公平性，是促进社会保障公平的重要举措。近年来，中国学前教育领域的相关社会政策公平性已有极大改善，但城乡、地区和人群间的质量与不公平状况依旧突出。所不同的是，过去的差别是有和无之间的差别，而目前的差别是质量水平方面的差别。也就是说，尽管人人皆能享受到"幼有所育"中学前教育方面的基本保障和服务，但需要进一步深化社会政策改革，弥合相关学前教育服务保障的质量差距。

### 3. 制度体系不完善

党的十八大以来，中国社会福利水平得到极大改善，在学前教育领域的公共服务保障建设力度持续加大，总的来说，中国学前教育服务发展水平距离人民群众的现实需求与发达国家学前教育情况还有不小的差距，特别是学前教育制度化水平不足、制度体系不完善的问题还很突出。这种制度体系不完善即表现为地方政府的重视程度不高，未在相关领域建立稳定的财政预算体系，因而不足以有效支撑高质量的学前教育保障体系建设。同时，也未形成统一规范的学前教育建设行动体系，缺乏相关政策制定与实施的专门领导机构，以致制度建设体系存在协调难等问题。

## 第四节　中国社会保障"幼有所育"高质量发展的实现路径

### 一　中国社会保障"幼有所育"高质量发展的目标向度

（一）"幼有所育"高质量发展的方向

中国是具有1.13亿学龄前儿童的人口大国，他们的身心健康成长是千家万户十分关切的重要议题。习近平总书记在党的二十大报告中明确提出"加快义务教育优质均衡发展和城乡一体化，优化区域教育资源配置，强化学前教育普惠发展"，确立了中国"幼有所育"高质量发展的基本方向。所谓"幼有所育"，即为0—6岁儿童提供高质量、低成本与更公平的相应托育服务与学前教育，因而"幼有所育"的高质量发展，与人民群众切身利益、国家与民族未来息息相关。这也表明，"幼有所育"高质量发展始终要瞄准"以人民为中心"的方向，针对托育服务与学前教育无法充分与均衡满足人民群众需求的矛盾，必须深入推进托育服务与学前教育的供给侧结构性改革，有效优化相关资源配置效率，提高针对0—6岁婴幼儿的保育和教育服务供给能力，进而为满足人民群众更高水平的托育服务与学前教育需求提供普惠与质量兼备的有效保障，以提升人民群众的幸福感与获得感。这既是本章的主要研究指向，也是"学有所教"高质量发展的主要方向。

（二）"幼有所育"高质量发展的目标

1. 普惠共享

国家"十四五"规划提出要"完善普惠性学前教育"，这为"幼有所育"高质量发展确立了普惠共享的重要目标。普惠共享具备"面向广大群众""获取成本低""有一定质量保障"三点特征，在"幼有所育"高质量发展中，即旨在让0—6岁儿童都能享有公平而有质量的托育服务与学前教育，让每个家庭都能真正获得学前教育带来的益处。当前，要实现普惠托育目标，应重点关注更高层次与水平的普惠共享，努力推进"幼有所育"朝着"优质普惠"的高阶段发展。具体而言，"优质普惠"应考虑如下目标：一是提高托育机构的师资队伍学历水平与专业对口水平，确保教师队伍的高质量与高对口率；二是保障教师与婴幼儿间的互动质量与保育水平；三是增加生均经费水平，且更注重经费在软件方面的投入力度，优先用于教师待遇改善与机构管理水平提高。

2. 协调均衡

协调均衡是资源分配上的协调与均衡状态，旨在确保各类托育服务与学前教育资源能够在不同地区间、城乡间达到一种相对公平、合理的分配状态，以此促进资源的优质利用与发展。这就要求做到以下四个方面：一是缩小地区与城乡间的幼儿入托入园率，即提高托育服务与学前教育供给量，并形成有效供给保障机制；二是缩小地区与城乡间的托育服务与学前教育质量差距，提高全国优质均衡发展水平；三是减少公办与民办托幼机构的待遇水平与地位差异；四是提高城乡托育服务与学前教育的一体化水平，并将各级各类托育服务与学前教育整合于统一发展体系。

3. 开放多元

开放多元既是"幼有所育"高质量发展的重要前提，也是实现"幼有所育"高质量发展的重要目标。开放与多元是组合关系，开放是指实现针对个人从学前阶段到义务教育阶段等成长历程的各子保障体系间的有机衔接。多元是指各相关主体的多元参与，重点表现为供给主体多元，为满足人民群众日趋多元的托育服务与学前教育需求，必须推进以政府为核心的一元主体到政府、家庭、社会与市场等多元主体协同并举的格局。

4. 可持续发展

可持续发展最初是经济发展结合"绿色"理念所提出的概念。托育服务与学前教育的可持续发展有两层含义：一是针对托育服务与学前教育发展中面临的诸多问题与解决之法，推进人、社会、环境间的协调统一发展，包括让人民均衡享有优质托育服务与学前教育的价值追求。二是托育服务与学前教育发展的可持续，包括相关资源投入与配置的可持续。对照这一目标下的"幼有所育"高质量发展追求，中国托育服务与学前教育发展仍面临财政支出不足、专业人才供给短缺等保障系统的可持续发展问题。这就需要将"可持续发展"列为"幼有所育"高质量发展的重点建设目标。

5. 全面保障

从生命历程视角来说，母体胚胎发育是个体发展的萌芽阶段，该阶段下的母婴健康保障至关重要。早在1995年，中国就正式实施了首部专门保护妇女儿童健康权益的法律——《中华人民共和国母婴保健法》，并开宗明义指出了该法律旨在"保障母亲和婴儿健康，提高出生人口素质"。然而，在现有"幼有所育"保障体系中，并未将该阶段纳入民生保障体系，仅覆盖了0—6岁儿童的托育服务与学前教育。因而应当把孕产期保健服务也纳入"幼有所育"保障体系，实施全面性的"幼有所育"高质量发展。具体而言，一是要加强政策引导与统筹引领，充分调动社会力量特别是普惠性机构参与"幼有所育"发展积极性。二是要在地方政府领导下，切合地方经济发展实际情况，结合本地居民需求特征，有针对性地开展"幼有所育"发展工作。三是确立家庭为主、托育补充的保障模式，并为困难家庭提供必要的保障服务。

## 二 中国社会保障"幼有所育"高质量发展的主要测度

### （一）主要测度指标与高质量发展指数设计

本部分通过大量参考与借鉴面向"十四五"时期的"幼有所育"相关政策规划文件与文献，设计出综合反映中国特色"幼有所育"高质量发展水平的指标体系。表3-5为中国特色"幼有所育"高质量发展指标体系，包括权重、指标及其定义与2020年水平。该指标纵向反映了"幼有所育"的宏观发展水平与微观供给特征，横向体现了母婴保健、托育服务与学前教育等内容的基本情况，进而交叉测度中国特色"幼有所育"高质量发展，因此具有一定的立体性、全面性与有效性特征。具体而言，该指标体系涉及以下指标：托育行业市场化水平、早教行业市场化水平、托育服务实际供给率、公办幼儿园比例每千人口拥有3岁以下婴幼儿托位数、单位妇幼保健院的床位数、5岁以下儿童死亡率、孕产妇死亡率、小学招生数中受过学前教育人数比例、单位学前教育保健医师的在校生数、单位学前教育专业保健员的在校生数、单位学前教育学校的在校生数、单位学前教育专任教师的在校生数。各类指标权重值是按照德尔菲法对全国相关领域的50位专家进行三轮问卷调查得到的最终数值。表3-5还详细介绍了指标定义，即计算方法与中国2020年各指标的数值水平。相关指标主要来自《"十四五"公共服务规划》、《"十四五"学前教育发展提升行动计划》与《健康儿童行动提升计划（2021—2025年）》等政策文件。

表 3-5　　中国特色"幼有所育"高质量发展指标体系

| 类别 | 权重 | 指标 | 定义 | 2020年水平 |
| --- | --- | --- | --- | --- |
| "幼有所育"高质量发展 | 0.10 | 托育行业市场化水平（%） | 托育行业市场规模/国内生产总值 | 0.2 |
| | 0.10 | 早教行业市场化水平（%） | 早教行业市场规模/国内生产总值 | 0.3 |
| | 0.10 | 托育服务实际供给率（%） | 3岁以下入托婴幼儿数/3岁以下婴幼儿数 | 5.5 |
| | 0.10 | 公办幼儿园比例（%） | 公办幼儿园数/总幼儿园数 | 38.4 |
| | 0.20 | 每千人口拥有3岁以下婴幼儿托位数（千人） | 3岁以下婴幼儿托位数/总人口 | 1.8 |
| | 0.05 | 单位妇幼保健院的床位数（张） | 妇幼保健院床位数/妇幼保健院数 | 82 |
| | 0.05 | 5岁以下儿童死亡率（%） | 年内未满5岁儿童死亡人数/活产数 | 7.5 |
| | 0.05 | 孕产妇死亡率（%） | 孕产妇死亡人数/活产人数×10万 | 16.9 |
| | 0.05 | 小学招生数中受过学前教育人数比例（%） | 小学招生数中受过学前教育人数/小学招生数 | 99.5 |
| | 0.05 | 单位学前教育保健医师的在校生数（人） | 学前教育专业保健医师数/学前教育在校生数 | 2178 |
| | 0.05 | 单位学前教育专业保健员的在校生数（人） | 学前教育专业保健员数/学前教育在校生数 | 389 |
| | 0.05 | 单位学前教育学校的在校生数（人） | 学前教育学校数/学前教育在校生数 | 165 |
| | 0.05 | 单位学前教育专任教师的在校生数（人） | 学前教育专任教师数/学前教育在校生数 | 16 |

（二）"幼有所育"高质量发展指数中长期预测目标

本部分结合社会主义现代化建设目标与高质量发展要求，在"幼有所育"高质量发展指标体系基础上，制定出"幼有所育"高质量发展的中长期预测目标，分别列出2035年中期远景目标与2050年长期远景目标。相关目标的具体数值，主要源于结合经济社会发展水平与各类发展规划的预期性测算，具体如表3-6所示。

表 3-6　中国特色"幼有所育"高质量发展中长期预测目标

| 类别 | 权重 | 指标 | 2020年水平 | 2035年目标 | 2050年目标 |
|---|---|---|---|---|---|
| "幼有所育"高质量发展 | 0.10 | 托育行业市场化水平（%） | 0.2 | 0.3 | 0.4 |
| | 0.10 | 早教行业市场化水平（%） | 0.3 | 0.3 | 0.4 |
| | 0.10 | 托育服务实际供给率（%） | 5.5 | 50.0 | 80.0 |
| | 0.10 | 公办幼儿园比例（%） | 38.4 | 45.0 | 60.0 |
| | 0.20 | 每千人口拥有3岁以下婴幼儿托位数（千人） | 1.8 | 6.5 | 10.0 |
| | 0.05 | 单位妇幼保健院的床位数（张） | 82 | 90 | 100 |
| | 0.05 | 5岁以下儿童死亡率（%） | 7.5 | 4.5 | 2.5 |
| | 0.05 | 孕产妇死亡率（%） | 16.9 | 10.0 | 5.0 |
| | 0.05 | 小学招生数中受过学前教育人数比例（%） | 99.5 | 99.8 | 100 |
| | 0.05 | 单位学前教育保健医师的在校生数（人） | 2178 | 1000 | 500 |
| | 0.05 | 单位学前教育专业保健员的在校生数（人） | 389 | 250 | 150 |
| | 0.05 | 单位学前教育学校的在校生数（人） | 165 | 120 | 80 |
| | 0.05 | 单位学前教育专任教师的在校生数（人） | 16 | 12 | 8 |

### 三　中国社会保障"幼有所育"高质量发展的保障措施

#### （一）引导多元主体参与

在公共行政部门，幼儿园、家庭和社会之间就共同的愿景与目标达成一致，幼儿教育领域质量的提高必须概念化。普法教育是高质量的一个重要特征，中国特别注重为每个孩子提供高质量的学前教育。预科班的内容和理念品质是，专注于儿童的发展取向，在健康、语言、社会、科学和艺术五大领域提供适合幼儿发展的多元化教育。需要引入可持续教育，以弥补科学和国家理念与一些家长理念之间的差距。考虑"小学前启蒙""上学的准备""幼儿期的伙伴关系"等概念及其有效性。落实教育部发布的"推进学前与小学科学接口指南"，延缓接口进程，建立学前教育机构与小学合作机制，形成科学接口的教育生态。一是政府要加强需求调查，推动建立城乡居民对公共教育服务需求的表达机制，加强推广和交流，促进家庭教育的发展，形成学前教育"学校—家庭—学校"合作教育体系，达到学前教育的完全普及。二是核心目的是在综合质量管理理论的基础上提高学前教育质量，保证有多个建设主体，如政府、市场、社会组织、幼儿园、教师等，鼓励家庭积极有效参与。建立投入保证体系、教师培训体系、课程资源体系、质量控制体系，从四面八方入手，促进"幼教"高质量发展。三是继续深化改革，解决现有问题，激活教育主体者的创新能力，让创新成为教育发展的第一动力。

### （二）加强各类资源供给能力

加大对儿童保育和学前教育资源的投入力度，优化投资保障体系，提高投资的可持续性，即长寿性，显得尤为关键。要发展各类资源的供给，必须实施如下措施：一是多元发展托儿服务和学前教育的资源供给，实现供给主体的多元化。目前，儿童保育和学前教育经费在中国整体教育财政资源中所占的比重还很小，无论是从比例还是绝对数额来看，都还有很长的路要走。同时，应引导社会资源投资于儿童保育和学前教育。在政府财政资源有限、中央拨款尚未分配的地方，应考虑让家庭自愿适度分担提高儿童保育和学前教育质量的费用。如果多利益攸关方就提高幼儿教育质量的目标达成一致意见，投资的动机将得到加强。二是建立保障托儿服务和学前教育投资的长效机制，探索构建保障全纳幼儿园特别是民办全纳幼儿园财力的机制，以加强制度的可持续发展。一个重点是将包容性教育纳入基本公共服务体系，固定投资渠道和资金来源，确保稳定的资源支持学前教育体系。这一公共服务体系应涵盖城市和农村地区，合理的布局和适当的供需组合能够确保托儿服务和学前教育系统人人共享，供求充足，努力实现到2030年学前教育发展造福儿童、人民和国家的目标。为了确保有一个协调和平衡的系统，增加的资源应优先用于保护农村地区和有需要的城市家庭。对于缺乏儿童保育和学前教育资源的地区，应给予政策优惠和专项资助。

### （三）完善质量激励与约束机制

按照目标系统，需要建立较为完善的托儿服务和学前教育管理体系、一个学校管理系统和输入系统，以及一个高质量的儿童保育和学前教育质量管理系统。具体来说，要完善质量激励约束机制，加大对投入绩效的监管力度。其一，对主体的激励和约束包括：一是对负责任应奖赏的政府人员进行激励，培养专门的、可持续的管理者，实现可持续管理；二是对市场等其他主体的激励，深入研究和探索包容性民办学校的激励约束机制，非包容性学校质量由市场引导，投资质量存在正向激励，但由于信息不对称等因素，仍需要进行规制；三是通过保障待遇，完善师资培训和人本管理，激励幼儿园教师继续为幼儿提供高质量服务。其二，应加强儿童保育和学前教育质量标准的制定，建立以信息技术为依托，旨在提高质量的质量控制体系。其三，必须调整投资方向，以优化资源分配；通过优先对关键人力资源，即教师进行投资，优化要素组合，精简布局，避免资源浪费，以实现供需匹配和高绩效。通过针对人口和政治形势的变化，提高儿童保育和学前教育资源使用的效率。考虑在县（区）级行政区的基础上规划托儿设施和幼儿园的布局，将建设包容性幼儿园纳入城乡公共服务设施的统一规划。对儿童保育和学前教育投资的管制也是影响"幼有所育"实现高质量发展的一个重要因素。

# 第四章 "学有所教"：构建服务全民终身学习的教育体系

## 第一节 "学有所教"高质量发展的理论内涵与分析框架

### 一 "学有所教"高质量发展的理论基础

（一）何为"学有所教"高质量发展

当前，深化教育事业改革，健全完善教育体系，推进中国教育事业高质量发展，充分满足广大群众的学习需求，是中国"十四五"时期乃至未来更长时期的奋斗目标。早在党的十七大报告中，以学为导向的"学有所教"战略构想就已被提出。党的十九大以来，党更加重视"办好人民满意的教育"。党的二十大提出"坚持以人民为中心发展教育，加快建设高质量教育体系，发展素质教育，促进教育公平"。"学有所教"作为一项重要民生事业备受重视，满足人民多层次、多样化的学习需求也成为时代赋予"学有所教"的新追崇。因此，"学有所教"高质量发展，就是要推进教育事业在满足人民群众终身学习上迈出更为优质、坚定的步伐，重点建设"服务全民终身学习的教育体系"。《中国教育现代化（2035）》也将此确立为2035年教育事业发展的主要目标，力争"建成人人皆学、处处能学、时时可学的学习型社会"。因而，"学有所教"高质量发展应是以"人人皆学、处处能学、时时可学"为目标的发展，是通过深化全面覆盖正规教育、非正规教育与非正式教育等教育内容的"服务全民终身学习的教育体系"建设，进而为实现人民均享教育机会和权利、创造高度开放和自由的学习环境、满足人民生命各阶段得以连续衔接学习的需求提供保障。

（二）人力资本理论

在人类社会发展中，劳动资本发挥着无可替代的作用，那么人力资本到底是什么呢？它是抽象的总和，包括劳动者身上具有经济价值的身体素质、技能以及知识。中国古代就对此进行过探索，管仲是中国著名的政治家、经济学家和哲学家，除帮助齐桓公建立霸业外，还是最早提出"商战"的人，他提出"一年之计，莫如树谷；十年之计，莫如树木；终身之计，莫如树人。一树一获者，谷也；一树十获者，木也；一树百获者，人也"。通俗来讲就是，"一年当中最重要的，没有什么能比得上种植稻谷；十年之中最重要的，没什么能比得上种植树木重要；一生的事业，没什么比培养人重要。一年之中能够收获，也只有稻谷了，树木获得的收成要十倍于稻谷，培养一个人获得的收益是稻谷的百倍"。毫不夸张地说，在当时，管仲就已指出了人才的重要性，培养人才是最大的投资。近代的一些古典经济学大师，通过劳动价值学说，认识到了财富创造中的决定性因素是人，虽然当时还未能够形成理论体系，但它确实为人力资本学说奠定了十分重要的理论基础。现代人力资本理论发源于美国等发达资本主义国家，当时的世界经济遭受了两次世界大战的创伤，正在以极快的速度恢复，本书将其称为"战后繁荣"。当时，很多经济学家试图竭尽所能解释战后经济快速增长的背后动因，遗憾的是传统的理论方法在新的现实面前表现得如此苍白无力。不得已，经济学家开始开辟新的路径，探索这个新的复杂的世界。舒尔茨在 1960 年美国经济学会上对人力资本作出了系统的概述，这次事件标志着人力资本理论的诞生，同时舒尔茨也被称为"人力资本之父"。此后，舒尔茨提出教育是人力的投资，正是对人力的不断投资，促进了国家经济的增长。人们通过对人力资本这一稀缺资源的投资，增强自己的核心竞争能力，使自己在生产和消费中能够获得更加有利的地位，主导更多的资源。贝克尔主要在微观层面发展人力资本理论，他认为人力资本不仅包含知识、能力以及才干，还需要将重要的健康和事件包括在内，重视发挥正规教育和职业培训的重要作用。人力资本的提出，在微观和宏观上引起了广泛的关注，在微观上，父母增加了子女的教育投资；在宏观上，国家大力发展职业教育和传统教育，增加人力资本的投资成为国家战略竞争的重要方法和手段。党的十九届五中全会通过的《中共中央关于制定国民经济和社会发展第十四个五年规划和二〇三五年远景目标的建议》明确提出了"建设高质量教育体系"的政策导向和重点要求，实质上就是通过加大人力资本的投资力度，改善人力资本结构，促进人才培养，得人才者得天下。在"十四五"时期"学有所教"高质量发展这一重大民生事业中，完善服务全民终身学习的教育体系、多渠道扩大终身教育资源、更好满足不同群体多元化学习需求，也需立足人力资本理论的科学贯通与运用。

### (三) 教育公平理论

教育公平可以使社会上每个人都获得发展机会，促进教育公平也一直是促进公平的重点与难点。马克思以资产阶级社会教育不公平的现实为出发点，解释了资本主义生产关系下的教育异化的本质，强调了在当时的社会背景下，教育的权利完完全全地把控在资产阶级的手中，教育成为资产阶级统治社会的工具，那么全面、自由和公平的教育并不被统治阶级允许，成为压迫工人和农民阶级的有力武器。换言之，在资本主义社会中，教育的本质是统治阶级在意识形态上的统治工具。然而从历史发展的角度来看，社会发展程度越高，教育的受众范围就会越广，教育的内容就会愈加公平，因此在更加高级的社会中，这种社会教育作用的性质会有更多的改变，能使更多的社会阶级获得更加优质、公平的社会资源，使教育摆脱阶级统治的影响，真正实现"对每个人接受教育的质量的关注，对每个人的智力、体力、技能等素质全面发展的关注"。马克思阐述了教育公平的社会历史性的局限，教育公平在数量和质量"公平"上的转变的历史发展趋势。最终揭示了教育公平和核心价值在于以人为本，最终的目的是实现人的自由全面发展。①

教育的内涵十分丰富，具有多层次、多维度的特点，仅从某一个角度理解教育公平是很艰难的。公平是时代性的，当代的公平包括起点、过程和结果三个环节的公平。具体而言，起点公平的内涵包括每个社会公民的教育权益和机会均等。过程公平的含义是不同家庭背景的公民可以在相应的制度下接受个性化服务的教育过程，最终实现教育的过程公平。教育结果的公平是指在接受相应的教育培训后，按照一定的标准，通过公平竞争获得入学资格，最终进入学校享受相应学科知识的教育机会均等。三个环节的公平是手段，实现人的自由全面发展是目的。

1949 年中华人民共和国成立后，经过 70 多年的艰辛探索，中国的教育事业取得了质的飞跃。教育公平经过了探索时期，寻找其定位，经过改革开放的转变，教育公平开始发展到与法治、民主相结合的转型时期，随着中国经济实力的不断增强，开始向着以人为本的"有质量的教育公平"转变。新时代，中国特色社会主义理论的发展，将教育公平与实践推向了新的高峰，经济基础决定上层建筑，在经济上追求"努力实现更高质量、更有效率、更加公平、更可持续的发展"的同时，教育公平也在追求更

---

① 郝文武：《百年中国共产党对马克思主义教育正义思想的发展与实践》，《教育研究》2021 年第 6 期。

高质量、更加公平的转变。在这样的经济现实与社会现实需求的背景下，立足基本国情，以马克思教育公平理论为基础，以人民为中心作为战略高度，在实现中华民族伟大复兴的战略格局中，以实现人的自由全面发展为理想工作目标，我们必须将教育公平背后的核心价值追求落实到底。

在新时代背景下，"学有所教"不是简单的发展，而是高质量的发展，必须将其作为中国民生教育保障事业的长期重要的工作，根据时代的发展要求，不断追求创新教育公平的内涵，作出正确的历史选择，积极探索教育公平的理论内涵，基于教育公平理论的"学有所教"高质量发展一定会成为"实现人的自由全面发展"的重要保障。

（四）终身教育理论

终身教育理论最早起源于20世纪50年代，之后在社会、学者和政府的推动下，逐步在终身教育的各种理论、思想和制度等方面达成了共识。1956年，法国的立法文件中首次出现了"终身教育"这一概念，保罗·朗格朗（Lengrand P.）在1965年联合国教育、科学及文化组织（UNESCO）（以下简称联合国教科文组织）的国际成人教育会议上作了"终身教育"的主题报告，认为终身教育是从出生的那一刻起一直到生命的终结时为止的不间断的发展，包括教育各发展阶段各个关头之间的有机联系。至1968年，"终身教育"被定义为从出生到死亡的教育，包括胎教、婴幼儿教育、青少年教育、成人教育、老年教育等。1972年，联合国教科文组织出版的《福尔报告》指出，"随着技术进步和社会变革的加速，没有人能够依靠启蒙教育过一生……每个人都有权利并且有必要为促进自身、经济、政治和文化发展而学习"。该报告将终身教育作为发达国家和发展中国家的教育政策的基石。在联合国教科文组织的大力推动下，终身教育的理念为世界各国所重视并且在行动上积极落实，各国在制定基本国策时，都将终身教育作为其重要的考量依据与实现目标。

中国的终身教育理念相比世界要晚了许多，在1997年才开始引进终身教育的理念，但无疑对中国的教育事业及改革影响深远。[①] 理念上的影响包括：一是人们更多的是站在"人"的角度思考问题，极大地影响了中国师生观与教育目的观。二是人们认识到了教育在众多方面的重要性，重新认真思考教育能够带来的价值，以及教育在人的发展、经济增长、社会团结、民主参与、国际合作的重要性，不再仅关注结果，同时也更

---

① 李国强：《保罗·朗格朗与终身教育理论——兼论西方终身教育理论对我国教育现代化的启示》，《教育研究》2017年第6期。

加重视过程，教育评价标准的多元化趋势更加明显。三是改变了人们以往的价值体系观，重新思考教育的本质、原则和功能，真正开始明白终身教育的内涵，激发了重新学习的动力，促进了社区教育、老年教育等非校园教育的发展。四是教学方法和学习方法得到了更新，引导人们注重自我学习，自己监督自己，自己鼓励自己，自己对自己的学习负责。终身教育理论引起整体上的教育改革进程，具体来说，一是推动了中国终身教育的立法工作，二是推动了中国在制定和推行终身教育政策方面的工作，三是中国教育体系得到了极大的改善。

显而易见的是，在中国教育理论与实践的改革中，终身教育占有极高的地位。习近平主席在2014年的联合国"教育第一"全球倡议行动一周年纪念活动中提出，中国将"努力发展全民教育、终身教育，建设学习型社会"。党的十九届四中全会提出要建立全民终身学习的教育体系。其中的意义不言而喻，中国将以终身教育理论为指导，促进"学有所教"在更高水平与更高质量上的发展，推进高质量的全民终身学习体系建设，实现社会主义现代化教育强国的伟大目标，必然需要建设全民的终身学习理论。

## 二 "学有所教"高质量发展的必要性与重点建设内容

### （一）"学有所教"高质量发展的必要性

教育是提高人民综合素质、促进人的全面发展的重要途径，是民族振兴、社会进步的重要基石，是对实现中华民族伟大复兴具有决定性意义的事业。"学有所教"是党从人民的不同需求出发提出的命题，旨在满足人民基本学习、提升教育资源品质、优质学习、终身学习和公平学习等不同需求，体现了中国共产党对公平性、公益性、终身性和普惠性的教育发展的理念。党的十八大以来，在以习近平同志为核心的党中央的领导下，教育改革开始了纵深发展，一批批具有典型性、引领性的改革措施的实行收到了明显的效果，各级教育工作开始了普及化，并且取得了良好的效果，进而不断完善教育体系，大力促进教育工作。

在新的目标下，习近平总书记提出"学有所教等方面不断取得新进展"，并且提出了将"必须多谋民生之利、多解民生之忧，在发展中补齐民生短板、促进社会公平正义"作为前提条件。"学有所教"高质量发展，不仅需要教育自身的"以教为本"的发展，更多的是需要站在人民的立场，为办好人民满意的事情而进行的高质量发展，正因如此，"学有所教"的高质量发展才具有特色鲜明的社会保障的性质，除为满足人民学习需求外，同时还为人民接受更好的教育提供了保障。《中国教育现代化（2035）》所确立的 2035 年主要发展目标，首先在"建成服务全民终身学习的现代教育体系"的段落中继续采用"建成人人皆学，处处能学，时时可学的学习型社会"来叙述，"学有所教"高质量发展中包含"人人皆学、处处能学、时时可学"的准则，除了强调加速个人发展和社会发展的所有教育内容，还要增强普通教育与职业教育，以及包含所有教育内容在内的通才教育的德育、劳育、体育和智育，以上内容的基本内涵必须顺应时代的要求，根据时代的要求不断进行调整。①"人人皆学"，强调在教育面前人人平等，均享有平等地接受教育的机会和权利，权利主体包括全体人民；"处处能学"体现了在空间上学习的自由，在正规环境和非正规环境中，都享有学习的权利，具有高度的开放性；"时时可学"是指时间上的延续性，任何时候，在人的生命的各个阶段都可以享有学习的权利，具有连续性的特征。

总而言之，"学有所教"具体体现在：一是构建服务全民终身学习的教育体系，该体系应具有"人人皆学、处处能学、时时可学"的特点。二是顺应时代的需要，根据社会发展的大势培养适应社会发展需要的人才，这体现了党在新的历史交汇点作出的伟大决策，是中国特色社会主义伟大事业强有力的实现途径，是民心所向，是时代的选择，是保障人民幸福美好生活的题中之义，这与社会民生建设的目标和作出的承诺高度一致。

（二）城乡义务教育协调发展

义务教育在公共服务中具有十分显著的地位，是免费的教育，在城乡社会一体化发展中占据着决定性地位。经济基础决定上层建筑，生产力决定生产关系，随着中国社会经济的发展，人们思想观念逐渐转变，中国的义务教育的质量逐渐得到提高，但仍存在巨大的差距，城乡发展不均衡，由于历史和社会发展规律，乡镇始终落后于城市。城乡义务一体化发展是为了解决城乡教育巨大的差距以及消除因巨大的差距而引起的次生问题。在《国家中长期教育改革和发展规划纲要（2010—2020 年）》（以下简称《纲要》）中明确提出了在城乡一体化的义务教育发展机制创建之后，党的十九大报告和《中共中央 国务院关于建立健全城乡融合发展体制机制和政策体系的意见》均非常重视关于城乡一体化的义务教育发展机制，最终实现城乡义务教育一体化的发展。把城市、农村与城镇当作一个整体是城乡教育的核心理念，经过对义务教育资源的全面整合，实施对城市、

---

① 闫志利、韩佩冉：《构建服务全民终身学习的教育体系：价值取向与实践逻辑》，《职业技术教育》2020 年第 13 期。

城镇与农村的变革，具体如下：一是整合三者之间的资源，实现整体意义上的效率最大化，最终实现帕累托最优。二是使三者区域的学生和教师享受公平的权利，完善基础设施建设，提高师生待遇水平。需要特别解释的是，这里的公平权利并不是完全意义上的平等，而是一种相对的平等，由于经济发展规律的限制，三者之间存在差距，尤其是城市和农村，另外，不同的地域对人才的需求各不相同，要按需分配不同区域的资源。三是城乡对人才的需求不同，一方面要缩小两者的差距，另一方面要根据需要培养所需要的人才。城乡教育一体化具有多重意义，一方面可以缩小城乡之间的差距；另一方面可以改善城乡之间的经济结构，促进城乡产业结构的升级，甚至可以打破城乡二元经济结构，增强社会的阶级流动，推动城乡合作，促进城乡的人力、物资之间的动态交流，这样便能构成一幅城乡资源的动态均衡、双向沟通、良性互动的美好图景，最终消除由地域、经济发展规律、基础设施建设等引起的教育不公平，实现城乡教育的良性发展，更加协调，更加均衡，差距更小。因此，根据"学有所教"高质量发展构建"服务全民终身学习教育体系"的内在要求，"学有所教"高质量发展的重点建设内容应当是城乡教育的一体化发展。

（三）完善职业教育和培训体系

人民群众的需求不断提高，教育方面的需求也同样在提高，建立服务全民终身学习教育体系在这一背景下显得十分迫切。终身学习的内容包含各种不同的教育类型，其中包括正规教育、职业教育和培训教育，在正规教育方面国家积极建设，已经取得了一些成就，而职业教育和培训教育与正规教育之间存在明显的差距，因此必须建设并且完善职业教育和培训教育体系，进而推动"学有所教"的高质量发展。2010年国务院颁布《纲要》，明确提出必须使职业教育更具现代化，终身教育体系建设必须包含职业教育。2016年，联合国教科文组织发布的《关于职业技术教育与培训（TVET）的建议书》指出，职业技术教育与培训教育是根据工作的实际需要而建设的，是终身教育的重要组成部分，此外，职业教育与培训教育在人们教育的中后阶段。从终身教育的视角出发我们不难发现，国际职业教育发展的基本定位是把职业学校教育同各种各样的培训归纳到统一的体系之中。"完善职业教育和培训体系"已经清楚地说明了中国在职业教育发展中既要向国际社会看齐，又要积极探索本国的特色。完善职业教育和培训体系主要有两个方面的内容：一是促进职业教育和培训教育的一体化，使两者既可以保留各自的特点，又可以相互学习、相互补充，满足中国对劳动力方面的需求。二是完善职业教育体系，让想学习技能的人们可以有学习的通道，提供相应的便利，建立相应的平台。现实中，中国的职业教育和培训教育的发展基础极为薄弱，职业院校的资源较差且分散、基础设施不完善、利益主体复杂、办学条件不容乐观，职业教育和培训管理难以辨别且相关地方存在交叉，不能够有效提升劳动者的学习需求。在这种情况下，必须在终身学习的总体规划下，提升职业教育和培训体系，更加有效地促进普通教育、继续教育的交流与沟通，实现其有效链接，满足劳动者提高个人素质、市场需要相应人才的需求，这是"学有所教"高质量发展的应有之义。

（四）城乡新增劳动力高中阶段和高等教育

当下，中国教育取得了巨大的进展，中国各级各类教育的规模均处于世界前列，教育的普及程度和人力资源的开发与世界发达国家的差距变小，教育促进社会经济发展的能力不断增强，极大地促进了教育现代化。党的十九大报告明确提出，为了更好地满足人们对过上美好生活的多样化需求、经济发展等各种需求，我们必须普及高中阶段教育，促进高等教育更好地发展，使城乡劳动力普遍接受高中教育，尽可能使更多的人接受高等教育。因此，城乡提高高中阶段和高等教育的入学率和教学质量是"学有所教"高质量发展的重点内容之一。

（五）提高教师素质

毫无疑问，当前中国教育学校基础设施建设得到了明显改善，那么教师是提高教育质量的决定因素，如何提高教师素质成为当下教育界新的亟须解决的问题。党的十八大以来，中国共产党十分关注教师队伍的建设与发展，党和国家出台了一系列旨在提高教师素质的政策文件。《中华人民共和国国民经济和社会发展第十四个五年规划和2035年远景目标纲要》明确要"完善教师管理和发展政策体系，提升教师教书育人能力素质"。因此，在终身学习的前提下，努力完善教师素质保障体制建设、逐渐提高各种类型的教师素质水平，是新时代"学有所教"高质量发展与中华民族屹立于世界民族之林、实现"两个一百年"奋斗目标的应有之义。

（六）完善资助体系

虽然不能保证教育的绝对公平，但是我们必须保证中国教育的相对公平，让每个困难家庭的学生不因为经济因素无法入学，不因为家庭经济因素中途辍学，阻断贫困的代际传递，这是中国建设资助体系的目的，是中国在实践教育公平方面的伟大进步，彰显了中国特色社会主义。中国学生资助体系对象主要是高校学生、中职学生、普通高中生、义务教育阶段学生与学前教育学生。形式各种各样，其中包括勤工助学、学费减免、国家助奖学金以及校内资助等，这些举措都旨在学生接受基本教育。"学习型"社会是"学有所教"高质量发展的要求，使人们可以"全面学、人人学、处处学、时时学"，根据这一目标，资助对象不仅包括正规教育的学生，还应当将非正规教育、非正式教育的学习对象纳入资助体系，使他们能够获得接受教育的机会，后者是中国资助体系不太关注的内容，应当引起高度关注。

### 三 "学有所教"高质量发展的分析框架

（一）"服务全民终身学习"分析框架

构建"人人皆学，处处能学，时时可学"的全民终身学习教育体系是"学有所教"高质量发展的目标，更进一步要求为适应社会发展和实现个人价值的每个社会成员的学习提供保障，可见，这是一项巨大的系统工程，包含各级各类的教育。本部分提出如图4-1所示的"服务全民终身学习"分析框架，该分析框架由三种不同种类的要素构成，"服务全民终身学习"位于该框架的核心位置；由"服务全民终身学习"衍生出"人人皆学，处处能学，时时可学"；最外圈是对教育类型提出的分类，包括"正规教育""非正规教育""非正式教育"。

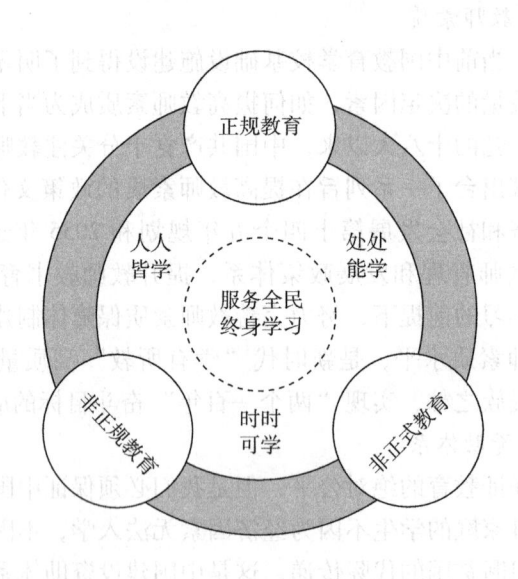

图4-1 "服务全民终身学习"分析框架

(二)"学有所教"高质量发展研究内容与分析框架解释

本部分重点聚焦"服务全民终身学习的教育体系"建设中的正规教育、非正规教育与非正式教育三个方面。在人力资本理论、终身教育理论与教育公平理论的基础上,首先,对中国服务全民终身学习的教育体系的正规教育、非正规教育与非正式教育发展状况展开分析;其次,聚焦微观层面,实证分析个体接受终身教育、开展终身学习的影响因素与机理,进而为城乡教育一体化、职业教育与培训体系完善、高中阶段和高等教育入学率的提高、资助体系、教师队伍建设等教育事业发展的关键工作提供借鉴,以此为政府建设服务全面终身学习的教育体系提供科学政策建议。

## 第二节 中国共产党"学有所教"社会保障的历史脉络

### 一 建党百年"学有所教"社会保障发展的制度变迁

(一)新民主主义革命时期(1921—1949年)

新民主主义革命时期,中国共产党在教育领域开启了中国式的探索,中国共产党逐渐取得了教育的领导权,对教育的实践工作进行了积极的探索,探索过程是持续不断的,建党初期进行了工人学校实践。

第一,在大革命时期进行了农校实践,在土地革命时期开办中小学,在抗日战争时期创办了军事学校,在解放战争结束接管了国民党占领区的学校系统。从中我们不难发现,中国共产党在各个时期都注重民族教育,根据不同时期的矛盾采取不同的教育政策,始终站在民族和人民的角度发展教育事业。

第二,推动了广大工农群众的思想解放。毛泽东同志在大革命时期经过广泛调研,在其著作《湖南农民运动考察报告》中深刻地揭示了封建地主阶级牢牢地掌握了乡村文化的垄断权,"农民在文化建设中处于非常不利的被动地位,而这一切都是封建地主阶级造成的,这是因为封建地主阶级的文化是建立在剥削农民的基础上得来的,封建地主的文化是在压迫广大农民阶级血汗的基础上得来的"。同时这句话启迪了我们深刻的革命意识,那就是让广大的工农阶级获得受教育的权利,打破地主阶级和资产阶级对文化教育的垄断地位,这是大革命时期直到中华人民共和国成立中国共产党发展教育事业的落脚点。1931年,中华苏维埃共和国第一次全国代表大会在江西瑞金召开,通过了《中华苏维埃共和国宪法大纲》,明确规定了中华苏维埃是广大工农群众的代表和利益捍卫者，因此必须保证他们的合法权利，其中包括受教育权；此外，工农群众享受受教育权，其费用是由国家承担的。1944 年，在陕甘宁边区开展了大量的扫盲运动，通过半日学校（一天中一半时间工作，一半时间学习）、夜校以及识字班等形式开展了社会教育，有 3 万多人参加，在当时，这一数字十分可观。

第三，不断在艰苦的环境中探索教育管理的规律以促进教育的发展。历史表明，中国共产党的教育领导方式经历了"组织""管理""治理"三阶段的转变，是从幼年走向成熟的过程。① 1921—1931 年是中国共产党教育领导"组织"阶段，这段时间中国共产党主要针对的是工人，1921 年 8 月，中国劳动组合书记部成立，地点在上海，这是因为上海是当时中国经济最发达的城市之一，工人力量比较强大。1922 年 5 月，李立三同志在安源铁矿组建了工人俱乐部，同时编撰了《安源工人补习学校章程》。1930 年 3 月，中国共产党建设了工人俱乐部，俱乐部在今天的石首市调关镇，接受苏维埃共和国的领导，积极完成中华苏维埃政府颁发的任务。1931—1949 年是中国共产党教育领导"管理"阶段，1931 年中华苏维埃成立了临时中央政府，首都设在江西瑞金，临时中央政府为了更好地开展教育工作，组建了中央教育人民委员部，领导当时红区的社会和学校教育，在方针政策方面进行指导。1934 年，教育委员部不仅制定了新的有关教育的法规，同时也丰富了相关教育法规，从中可以发现受到苏联的影响比较大，经过后期整理，25 篇法规统一整编为《苏维埃教育法规》。

第四，在反帝反封建的斗争实践中不断探索，最终形成了新民主主义教育论。毛泽东同志发表了题为《新民主主义论》的演说，其中将中国在新民主主义时期的教育实践概括为新民主主义教育论。新民主主义教育论具有新民主主义性质，但必须是无产阶级领导的，教育应当包含反封建、反帝国及其走狗官僚资产阶级的内容，同时既要有本民族特色，还应该吸取西方平等、科学特色，新民主主义教育论深刻地反映了当时的政治、经济、文化，是政治、经济、文化在教育领域的集中反映，是马克思主义中国化在教育领域的体现，是新民主主义时期在教育领域斗争经验的抽象的理论概括总结，包含党的宗旨和性质，从中可以发现党一心为民的初心和使命。

（二）社会主义革命和建设时期（1949—1978 年）

社会主义革命和建设时期，中国的教育事业既有进步也有挫折，对中

---

① 吴德刚：《中国共产党教育事业百年历史经验》，《教育研究》2021 年第 12 期。

国的教育事业进行了探索，教育事业也发挥了自己在促进经济建设中的作用，完成了教育阶段的过渡，即从新民主主义阶段过渡到社会主义阶段。在这一时期取得了进步，也走了许多弯路，但最终成功，并且找到了具有中国特色的社会主义教育发展道路。

战争之后百废待兴，各级各类教育在战争后的废墟上得到了重建。国家建设需要许多高端的人才，然而当时的中国人才急缺，广大人民的文化水平不高，提高当时人们的科技文化水平成为重中之重。首先，效仿苏联开始培养高端人才，开展了针对高校的改革，对急需的专业进行院校调整，这一行动也为中国当今院校的基本格局奠定了基础。其次，改革中小学教育任务已经完成。中央人民政府政务院在1953年11月颁布了《关于整顿和改进小学教育的指示》，小学在教育体系中处于基础性的地位，消除了小学教育不合理的部分，1954年6月，针对中学教育进行改革，中央人民政府政务院实行了《关于改进和发展中学教育的指示》，详细地提出了如何对中学教育进行发展以及改革，要求中学不单纯地输送毕业生，对毕业生有了更高的要求，包括身体健康、思想觉悟高以及文化素质高。最后，特别强调了中国教育的阶级属性，中国教育的阶级属性是工农属性，理应为工农服务，不能使工农丧失接受教育的权利。1950年4月，北京实验工农速成中学成立，这是中国第一所旨在快速提高工农阶级科技文化素养的中学，具有极高的创新性。

发挥教育在经济建设中的作用。1949年12月，教育部在北京召开了第一次全国教育工作会议，其中提到了要对旧教育采取科学的、循序渐进的和合理的方式，对不合理的成分进行改造、整顿，接管其中的合理成分，改革不合理成分中的制度和学年制度，实现婴幼儿教育、小学教育、中学教育和高等教育的有效衔接。中央人民政府政务院在1951年10月颁布了《关于改革学制的决定》，为社会主义教育制定了基本的方向措施，为全面建设社会主义，我们的教育理念应当是"两条腿走路"，开始进行名为"两种教育制度、两种劳动制度"的实验，开始探索并且推行生产劳动与学习结合的新模式，以及进行教育教学的改革，都取得了很大的成就。中国在探索式社会主义建设过程中的决策偏斜对中国的教育事业产生了部分影响。对此，为纠正错误提出了"调整、巩固、充实、提高"的八字方针，实行了一系列改革调整措施，及时调整和制止在教育领域的"左"倾主义，使教育事业走向了正轨。然而在走向正轨后不久，中国的教育事业因为"文化大革命"的影响遭受了极其严重的损失，教育事业的发展是波浪式前进和螺旋式上升的。

实践产生理论，理论是对实践的高度概括，社会主义教育在探索中不断提取经验，最终上升到了理论高度，毛泽东同志根据马克思主义理论的指导，结合从实践中摸索的经验教训，对中国在教育工作的一整套极其重大的问题进行了思考，并且提出了自己的解决方案和措施，实现了教育性质转变为社会主义性质，取代了新民主主义的教育性质，确定了教育方针，培养了具有社会主义思想觉悟的人才，使教育在社会发展中的作用越发突出。

（三）改革开放和社会主义现代化建设新时期（1978—2012年）

"文化大革命"结束后，中国教育面临历史转折，邓小平同志改革了教育领域中不合理的成分，结束了中国在教育领域中的混乱局面，使教育事业的发展走上了正轨。党的十一届三中全会提出应当将社会主义现代化建设作为中国共产党的重点工作，这一决定开启了社会主义现代化建设新时期，并且大会强调了中国的教育应当为中国的现代化服务，这是教育改革的出发点。

中国教育事业百废待兴，振兴教育成为一个十分重大的工程。"两个估计"错误地将知识分子划归到资本主义的阵营，高考开始停滞，教育秩序混乱，中国共产党作出重要决定开始整顿以上三种错误，为中国教育事业的发展指明了道路。1982年，党的十二大提出要对社会主义教育进行全面改革并且促进其发展，中共中央给予了高度重视，1984年开始了研究生院的建设，当时包括清华大学、北京大学和武汉大学等22所院校。1989年，中国青少年发展基金会联合共青团中央实施了著名的希望工程，目的在于帮助贫困地区失学少年儿童完成学业，救助经济困难地区的失学儿童继续入学完成学业。截至2019年9月，中国希望工程累计收到资金152.29亿元，帮助了599.42万名学生，建设了20195所希望小学。1992年，党的十四大召开，标志着中国特色社会主义教育已经进入了改革和发展的深水区。面对21世纪新的机遇和挑战，未来完成100多所高等院校和一系列重点学科，中国于1995年启动了"211工程"，紧随其后，1999年，"985工程"在中国启动，千禧之年到来，信息化教育逐渐普及，开始让每所学校都有自己的计算机和良好的通信，通过一系列的教育工程，中国初步建立了中国特色社会主义教育体系。

中国是世界大国，中国的教育制度必须从这一实情出发。党在社会主义现代化建设新时期颁布了许多重大的教育政策，这些政策促进了中国教育体制的建立，中国的教育体制与中国的其他体制是紧密联系的。中共中央在1985年5月印发了《中共中央关于教育体制改革的决定》，对于不同种类不同层级的教育进行一系列系统的改革，必须从教育体制着手，这样才能彻底改变中国落后的教育现状，消除中国教育体制中的弊端。到了1993年2月，中共中央、国务院颁布了《中国教育改革和发展纲要》，这份文件从战略层面指出了中国教育在数量、质量和增长速度上的目标规划，为不同等级不同种类的教育发展提出了具体可供执行的方针政策。中共中央、国务院在2010年7月颁布了《国家中长期教育改革和发展规划纲要（2010—2020年）》，该文件具有十分重要的意义，这是21世纪中国颁布的第一个教育规划，对中国教育发展和改革具有纲领性的作用。

构建了综合的教育管理体制。"责任共担，适度分权"是社会主义现代化建设新时期教育管理的主要特点，这一特点与经济政治改革是相适应的，简政放权的策略被运用于教育管理体制的改革中，带来了新的管理方式。1985年公布的《中共中央关于教育体制改革的决定》提到了如何处理政府与学校、中央与地方在教育领域的关系问题，具体方案是教育的权力由中央转移到地方，从政府转移到学校。1993年颁布的《中国教育改革和发展纲要》提出要逐步降低政府在教育领域的比例，允许社会组织、私人办学，但是要坚持政府在教育领域的主导地位。进入21世纪以来，中国在教育领域的管理和领导形式上发生了极大的改变，越来越彰显"以人为本"的核心价值理念，从经营创收转变到以公共服务为主的治理体系之中。

根据时代要求发展适合中国的新时代教育理论，探寻适合中国国情的中国特色社会主义现代化道路，始终是中国共产党自成立以来面临的深刻问题。中国共产党在教育方面的探索，一部分是实践，另一部分是理论。"时代是思想之母，实践是理论之源。"以马克思主义作为思想基础，结合中国的国情和实际，尊重教育领域的发展规律，这是中国共产党一脉相承的工作作风，是与时俱进的保证。中国共产党人都在这一原则下提出了一系列关于中国教育事业发展的整体思想和策略，邓小平同志于1983年在北京景山学校题语："教育要面向现代化，面向世界，面向未来。"江泽民同志于1994年在全国教育工作会议上指出将教育摆在优先发展的地位，从战略上提出了教育应当优先发展，经济的发展应当依靠人才和科技的进步，不仅要提高社会全体公民的科学文化水平，还要提高全民的思想品德素质。胡锦涛同志于2010年7月在全国教育工作会议上概括了"教育事业科学发展论"，立足于中国的基本国情，实现中国教育事业科学合理的发展，切实推进中国教育的现代化。

（四）中国特色社会主义新时代（2012年以来）

党的十八大的召开宣告了中国特色社会主义现代化建设进入了新时代，同样，中国的教育事业也走到了新的发展阶段，并且取得了许多值得为人称道的成绩，这些成绩的取得与中国特色社会主义有着十分重要的关系，我们要努力办好符合人民利益的教育，积极发挥教育在中华民族发展中的重要性。

第一，建设教育强国是实现中华民族伟大民族复兴的必要途径。中国共产党一直以来都十分重视教育，甚至提出教育在民族振兴过程中发挥着基础性的作用和决定性因素。在学前教育方面，为解决进幼儿园难且贵的问题，21世纪10年代，中共中央接连开展了三次且每次持续时间为三年的学前教育行动，超额完成了使80%的人享受到普惠和85%的人能够普及的目标；在基础教育上，要将工作主要放在贫困地区相对较差的学校，帮助完善基本的办学条件；在高等教育方面，中共中央、国务院努力减少与世界发达国家之间的差距，明确提出把构建一流大学和学科作为中国重大的发展战略，2017年，中国颁布了《统筹推进世界一流大学和一流学科建设实施办法（暂行）》，这是"985工程"和"211工程"后的一个重要措施，"双一流"高校的建设有利于提高中国高等教育的综合实力，缩小与世界发达国家之间的差距。此外，中国共产党为了使教育的发展能够让更多的人更加公平地得到实惠，促使人民群众都能享受满意的教育，在职业教育、终身教育、老年教育和残障人教育等方面推行了一系列的改革和方针政策。

第二，在建设强国中构建新时代中国特色社会主义教育体系。党的十八大以来，从重要的战略部署出发，中国先后颁布了许多关于发展中国教育事业的文件，包括促进教育公平、发展职业教育、深化改革和现代化等许多丰富的内容，极大促进了中国教育事业的发展，中国教育的普及率已经达到甚至超过了发达国家的平均水平，中国教育事业已经步入了稳健发展阶段。各阶段教育的毛入学率都在连续增加，学前教育前三年目前达到了83.4%；其中增长最快的是高等教育，已经达51.6%，高等教育已经开始普及；小学学前三年净入学率为99.9%，初中阶段毛入学率为102.6%，高中阶段毛入学率为89.5%，九年义务教育巩固率达到94.8%。此外，目前中国国家财政性的教育经费总额第一次超过了4万亿元，每年增加8%左右；为了更好地使义务教育普及化，专门进行建档立卡，时时刻刻地关注辍学人员，帮助他们重新学习，目前已经帮助3.91亿名贫困生，资助金达7739亿元；2020年全国中小学联网率由2015年的69.3%

上升到 99.7%；中国新增的有超过一半的劳动力享受过高等教育，人均受教育年限大概为 13 年。这些数据证明了中国特色社会主义制度的优越性，同时也表明中国在教育上的努力。

第三，在高质量教育体系的框架下完善中国的教育治理体系。党的十八大以来，教育领导方式在"治理"的层面进入了一个新的阶段和水平。党的十八届三中全会发表了《中共中央关于全面深化改革若干重大问题的决定》，确认了在深化各领域改革过程中的总体目标是"完善和发展中国特色社会主义制度，推进国家治理体系和治理能力现代化"。这标志着中国教育管理体制由"治理"取代了"管理"，这种变化体现在以下几个方面：一是"管办评"相互分离使主体责任更加明确；二是结合"放管服"使办学更加具有活力；三是政校社一体化有利于三者结合发挥更大的作用；四是由单一化的教育管理主体向多元化的教育主体转变，教育管理体制更加民主，教育管理过程中的互动性代替强制性，管理方式合作性代替控制性。

党的十九大以来，教育领导方式取得了新的发展。这主要体现在以下几个方面：一是紧紧把握落实党的教育政策，培养品德优良、能力突出和身体健康的社会主义建设者，建设立德树人的体制机制，建设更加良好的师德师风，教育改革成果由更多的人更公平地共享；二是教育领域再次深入改革，建设能够服务全民终身学习的教育体系，为人民的全面发展提供保障性的基础制度体系；三是推进城乡一体化和使基本公共教育服务更加均等化，如果教育不能优先发展，不能使教育更加公平，那么各级政府就要承担责任；四是集中力量让人民满意教育，建设共建共治共享的社会机制，激励社会的主动性，使终身学习的途径拓宽，学习型社会的建设要符合中国的国情，满足人民群众多样化多层次的要求。一百年匆匆而过，在这一百年的时光中，中国共产党一直探索真理的普遍性和特殊性问题，不断将马克思主义中国化，致力于理论创新，其间产生了毛泽东思想、邓小平理论、"三个代表"重要思想、科学发展观和习近平新时代中国特色社会主义思想，这些思想都对中国教育管理产生了深刻的影响，习近平总书记在 2018 年的全国教育大会上指出"九个坚持"，回答了如何养才、育才和人才的才能为谁的根本问题；在党的二十大报告中，习近平总书记对如何全面提高人才自主培养质量提出了战略部署和行动指南。这一重要论述具有非常重要的现实意义，是中国共产党在中国教育事业实践探索中的又一次深化认识，是中国共产党在教育实践上的理论再次创新，是习近平新时代中国特色社会主义思想的重要内容。

## 二 建党百年"学有所教"社会保障发展的历史成就

建党百年历史中,教育始终是中国共产党进行革命斗争和革命建设极其重要的内容和组成部分,在党的带领下,教育建设和改革遭受了一些波折,但是得到了发展和创新。① 从中国现实来说,中国既是人口大国,又是社会主义国家,为保障人民受教育权利,我们建设了世界上规模最大的教育体系,摸索了一条具有鲜明中国特色的教育发展道路。一方面,促进了中国教育事业的发展;另一方面,使中国的教育更加公平,中国教育现代化水平不断提高,教育服务质量不断上升,极大促进了中国教育事业的发展。教育实践产生了十分重要的理论成果,这些理论成果具有十分重要的现实指导意义,教师队伍和教育管理水平更上一层楼,教育理论和思想具有深厚的中国特色。

### (一)建成了世界上规模最大并且具有鲜明中国特色的社会主义教育体系

中华人民共和国成立后,尤其是改革开放以来,中共中央高度重视教育事业的发展,将教育放在了十分突出的位置,并且得到了良好的落实。同时,中共中央特别善于利用社会力量,已经形成了一整套连贯的教育体系,大中小学教育、学前教育连贯成为一体,各项各类教育得到了均衡发展,既可以享受到普通教育也可以享受到职业教育,既可以享受到公办教育也可以享受到民办教育,既可以出国教育也可以让外国友人来中国留学,既可以享受到学历教育也可以享受到非学历教育,建成了是非分明的中国特色社会主义现代化的教育体系。

### (二)探索了中国特色社会主义教育发展之路

坚持中国共产党的领导是中国特色社会主义教育发展道路的重大特色,必须在党的领导下进行教育事业的建设,保证教育的社会主义方向不动摇,在建设教育事业时必须依靠人民、为了人民。党的百年教育事业依靠了几代人艰苦卓绝的努力,尤其是中华人民共和国成立和改革开放之后,造就了中国教育事业的繁荣,中国不再是以前的"穷国办大教育",现在的中国是"中国办强教育",这一历史性转变我们已经完成了。国家把教育摆在了优先发展的位置,全社会形成并且自觉实践了"再苦不能苦孩子、再穷不能穷教育"的理念。

---

① 周洪宇:《中国共产党领导教育的百年历程与历史经验》,《国家教育行政学院学报》2022年第1期。

## （三）形成了中国特色社会主义教育制度

一方面，在教育经费筹集上，我们建立和完善了"以政府投入为主、多渠道筹措教育经费的体制"，取得了明显的成效。最为突出的是中国的教育经费占财政经费支出的4%；另一方面，教育结构、教育布局和整个学校教育体系更加完善，各类教育有序展开。此外，教育管理体制不断增强活力，政府在教育办学中占主导地位，社会主体有效链接，形成公办教育和民办教育相互补充、相互发展的新格局。

## （四）促进教育公平取得重大进展，各级各类教育事业得到全面发展

党的百年历史中，致力于让更多的人享受到教育，并且取得了良好的成绩，按照计划落实完成了扫除文盲和九年义务教育，基本保障了适龄儿童和青少年的受教育权利，教育规模在各个方面得到了扩张。2020年全体在校师生数量达2.89亿人，专任教师数量达1792.18万人。

## （五）提高了服务经济建设和社会发展水平，培养了现代化建设需要的大批人才

党的百年历史中，十分注重养才，人才是最重要的资源，尤其是在改革开放后中国实行了人才强国战略，深刻地认识到人才资源在所有的资源体系中占据主导地位，既要创新人才培养的方式，又要建立选拔人才的机制，让人才在公平的环境中成长。高等教育是主要培养场所，百年来为中国培养了数以亿计的人才，这些人才有的成为领域顶尖人才，有的默默无闻，努力奉献自己，为实现第一个百年奋斗目标奉献自己的力量。当下有超过一半的新增劳动力接受过高等教育，平均受教育年限达13.8年。

## （六）锻造了一支热爱教育事业的专业教师队伍和管理队伍

"文化大革命"时期对待知识分子的政策较为偏激，改革开放以来全社会充分认识到知识教育的重要性和作用，加大对教育的资金投入力度，不断提高教师的待遇和地位，基本形成了一支在思想道德上有相对觉悟、在工作能力上突出、在结构上合理的专业化教师团队和学校管理上的专家。2020年，在各级各类学校中，有1792万名专任教师，是改革开放初期的2倍左右。一代又一代教师的艰苦奋斗、默默工作奠定了中国教育制度改革与发展的基础和保障。

## 第三节 中国"学有所教"高质量发展的实证分析与问题检视

### 一 中国"学有所教"高质量发展的实证分析

本章首先从宏观视角针对中国服务全民终身学习的教育体系的正规教育、非正规教育与非正式教育发展状况展开分析,其次聚焦微观层面,实证分析个体接受终身教育、开展终身学习的影响因素与机理,以此为政府建设服务全民终身学习的教育体系提供科学政策建议。

(一)变量选择与数据获取

党的十八大以来,中国教育事业发展取得巨大进步,逐步迈入服务全民终身学习的教育事业发展之路。构建中国服务全民终身学习的教育体系,从规模层面分析中国各级各类教育事业发展水平,整体揭示中国服务全民终身学习的发展情况与趋势,对深入推进"学有所教"高质量发展具有重要指导意义。基于服务全民终身学习的"人人皆学,处处能学,时时可学"特征,将服务全民终身学习的教育体系从形式上划分为正规教育、非正规教育与非正式教育三个部分,其中,正规教育主要体现为小学、初中、高中与高等教育阶段的学习,具体涉及学校数、在校生数两类指标;非正规教育主要体现为中等职业教育、高等教育、成人高等教育、普通高等教育、成人初等和中等学校教育;非正式教育主要体现为利用网络进行学习的情况,指标为网络应用使用率与网络应用人数。表4-1对中国服务全民终身学习的教育体系作出了具体介绍。

表4-1 中国服务全民终身学习的教育发展变量

| 类别 | | 指标 |
|---|---|---|
| 正规教育 | 小学 | 小学学校数(万所) |
| | | 在校生数(万人) |
| | 初中 | 初中学校数(万所) |
| | | 在校生数(万人) |
| | 高中 | 高中学校数(万所) |
| | | 在校生数(万人) |
| | 高等教育 | 高等教育学校数(万所) |
| | | 普通本专科在校生数(万人) |
| | | 研究生在校生数(万人) |

续表

| 类别 | | 指标 |
|---|---|---|
| 非正规教育 | 中等职业教育 | 中等职业学校结业生数（万人） |
| | | 职工技术培训机构结业生数（万人） |
| | | 农村成人文化技术培训学校结业生数（万人） |
| | | 其他培训机构结业生数（万人） |
| | 高等教育 | 研究生课程进修班结业生数（万人） |
| | | 自考助学班结业生数（万人） |
| | | 普通预科班结业生数（万人） |
| | | 进修及培训结业生数（万人） |
| | 成人高等教育 | 成人高等教育在校生数（万人） |
| | 普通高等学校教育 | 普通高等学校在校生数（万人） |
| | 成人中等学校教育 | 成人中等学校在校生数（万人） |
| | 成人初等学校教育 | 成人初等学校在校生数（万人） |
| 非正式教育 | 网络应用 | 网络应用使用率（%） |
| | | 网络应用使用人数（万人） |

注：相关数据从《中国统计年鉴》《中国教育统计年鉴》《全国教育事业发展统计公报》《中国互联网发展状况统计报告》获取。

从微观视角出发，分析个体终身学习的影响因素与机理。使用 2018 年中国家庭追踪调查数据，被解释变量依据正规教育、非正规教育与非正式教育的划分，分别以"学历"（采用 1—8 的形式，依次为文盲/半文盲、小学、初中、高中/中专/技校/职高、大专、本科、硕士、博士）体现个体的正规教育、非正规教育情况，以"使用互联网学习频率"（采用 1—7 的形式，依次为未使用过互联网、从未使用互联网学习、几个月 1 次、一个月 2—3 次、一周 1—2 次、一周 3—4 次、几乎每天）体现个体终身学习情况，解释变量为个体所在省份的公共教育支出（考虑到教育经费使用的滞后性，以及回归的内生性，采用 2017 年中国各地区的一般公共预算教育经费数据），并以个体年龄、性别（男=1，女=0）、婚姻状况（已婚=1，未婚=0）、健康状况（采用 1—5 的形式，数值越高，表示个体健康状况越好）、记忆力（采用 1—5 的形式，数值越高表示记住的事情越多，记忆力越好）、政治身份（共产党员=1，否则=0）、工作状况（在业=1，否则=0）与收入地位（采用 1—5 的形式，数值越高，表示个体收入在本地越高）等为控制变量。此外，考虑到不同省份在经济、文化与教育发展政策上的差异，可能影响回归结果有效性，实证中还控制了省级层面的地区效应。

（二）计量模型选择

在计量分析中，一是对服务全民终身学习的教育体系开展系统分析，对中国 2017 年与 2020 年的正规教育、非正规教育与非正式教育的基本情况作出比较分析。二是采用经典的普通最小二乘法，对个体终身学习的影响开展分析。所用计量模型如下：

$$Y = a + x_i\beta_1 + control_i\beta_2 + \varepsilon \tag{4-1}$$

式中，$Y$ 为被解释变量，在分析个体正规教育、非正规教育情况的影响因素时 $Y$ 表示个体学历情况，在分析个体非正式教育的影响因素时 $Y$ 表示个体使用互联网学习频率；$x$ 为个体所在省份的一般公共预算教育经费，为降低其异质性，对该变量作对数处理；$control$ 为个体年龄、性别、户籍、婚姻状况、工作状况与收入水平等控制变量，其中收入水平同样采取对数形式。实证分析前，仅保留有效样本。

（三）实证结果分析

表 4-2 为 2017 年、2020 年中国正规教育与非正规教育基本情况。可以看出，2017 年、2020 年中国正规教育与非正规教育发生了一定变化，正规教育中除小学学校数外，数值都得到了提高；非正规教育中，除中等职业学校结业生数、职业技术培训机构结业生数、农村成人文化技术培训学校结业生数、普通预科班在校生数、成人初等教育结业生数外，均在数值上有所提高。显然，这足以说明中国正规教育建设取得了积极性成就。而在非正规教育上，伴随中国教育制度的完善与国民整体教育需求的提高，高层次的非正规教育明显得到显著发展，而低层次的非正规教育发展也伴随相应需求的降低而式微。总的来说，顺应时代变化下的经济发展水平提高与人民学习需求增加，中国正规教育与非正规教育发展水平成效显著，且结构越趋合理。

表 4-2　2017 年、2020 年中国正规教育与非正规教育基本情况

| 类别 | | 变量 | 2017 年 | 2020 年 | 趋势 |
| --- | --- | --- | --- | --- | --- |
| 正规教育 | 小学 | 小学学校数（万所） | 16.7 | 15.8 | - |
| | | 在校生数（万人） | 10093.70 | 10725.35 | + |
| | 初中 | 初中学校数（万所） | 5.19 | 5.28 | + |
| | | 在校生数（万人） | 4442.06 | 4914.09 | + |

续表

| 类别 | | 变量 | 2017年 | 2020年 | 趋势 |
|---|---|---|---|---|---|
| 正规教育 | 高中 | 高中学校数（万所） | 1.38 | 1.46 | + |
| | | 在校生数（万人） | 2378.49 | 2499.65 | + |
| | 高等教育 | 高等教育学校数（所） | 2631 | 2738 | + |
| | | 普通本专科在校生数（万人） | 2753.58 | 3285.29 | + |
| | | 研究生在校生数（万人） | 263.95 | 313.95 | + |
| 非正规教育 | 中等职业教育 | 中等职业学校结业生数（万人） | 406.39 | 383.46 | - |
| | | 职工技术培训机构结业生数（万人） | 4280.08 | 3331.18 | - |
| | | 农村成人文化技术培训学校结业生数（万人） | 2970.36 | 2132.19 | - |
| | | 其他培训机构结业生数（万人） | 1020.24 | 1026.7 | + |
| | 高等教育 | 自考助学班在校生数（万人） | 13.25 | 19.91 | + |
| | | 普通预科班在校生数（万人） | 4.54 | 4.31 | - |
| | | 进修及培训结业生数（万人） | 899.67 | 1939.08 | + |
| | 成人高等教育 | 成人高等教育在校生数（万人） | 544.14 | 777.29 | + |
| | 成人中等学校教育 | 成人中等学校在校生数（万人） | 3.89 | 3.95 | + |
| | 成人初等学校教育 | 成人初等学校在校生数（万人） | 12.67 | 5.32 | - |

表4-3为2017—2021年中国非正式教育基本情况，分别列出了中国基础类、商务交易类、网络娱乐类与公共服务类应用软件的使用率与人数情况。其中，基础类包括即时通信、搜索引擎、网络新闻、在线办公，商务交易类包括网络支付、网络购物、网上外卖、在线旅游，网络娱乐类包括网络视频、网络直播、网络游戏、网络音乐与网络文学，公共服务类包括网约车与在线医疗。考虑到基础类的具体内容，可以认为基础类软件应用率越高、人数越多，中国非正式教育情况越好。同时，网络使用本身也是一项学习过程，通过观察各年份各类软件使用变化情况，也可以为中国非正式教育情况提供基本判断。从2021年数据可以看出，基础类的即时通信使用率最高，为97.5%，约100666万人。公共服务类的在线医疗使用率最低，仅为28.9%，约29788万人。同时，比较2017—2021年应用使用情况发现，基础类应用中，极能代表中国非正式教育情况的搜索引擎与网络新闻虽然使用人数显著提高，但使用率有所降低，可以理解为中国网民使用规模壮大，但非正式教育比例反而降低。

表 4-3　　　2017—2021 年中国非正式教育基本情况　　单位：%、万人

| 变量 | | 2017 年 | 2018 年 | 2019 年 | 2020 年 | 2021 年 |
|---|---|---|---|---|---|---|
| 基础类 | 即时通信 | 93.3 | 95.6 | 99.2 | 99.2 | 97.5 |
| | | 72023 | 79172 | 89613 | 98111 | 100666 |
| | 搜索引擎 | 82.8 | 82.2 | 83 | 77.8 | 80.3 |
| | | 63956 | 68132 | 75015 | 76977 | 82884 |
| | 网络新闻 | 83.8 | 81.4 | 80.9 | 75.1 | 74.7 |
| | | 64689 | 67473 | 73072 | 74274 | 77109 |
| | 在线办公 | — | — | — | 34.9 | 45.4 |
| | | | | | 34560 | 46884 |
| 商务交易类 | 网络支付 | 68.8 | 72.5 | 85 | 86.4 | 87.6 |
| | | 53110 | 60040 | 76798 | 85434 | 90363 |
| | 网络购物 | 69.1 | 73.6 | 78.6 | 79.1 | 81.6 |
| | | 53332 | 61011 | 71027 | 78241 | 84210 |
| | 网上外卖 | 44.5 | 49 | 44 | 42.3 | 52.7 |
| | | 34338 | 40601 | 39780 | 41883 | 54416 |
| | 在线旅游 | 48.7 | 49.5 | 41.3 | 34.6 | 38.5 |
| | | 37578 | 41001 | 37296 | 34244 | 39710 |
| 网络娱乐类 | 网络视频 | — | 87.5 | 94.1 | 93.7 | 94.5 |
| | | — | 72486 | 85044 | 92677 | 97471 |
| | 网络直播 | 54.7 | 47.9 | 62 | 62.4 | 68.2 |
| | | 42209 | 39676 | 55982 | 61685 | 70337 |
| | 网络游戏 | 57.2 | 58.4 | 58.9 | 52.4 | 53.6 |
| | | 44161 | 48384 | 53182 | 51793 | 55354 |
| | 网络音乐 | 71 | 69.5 | 70.3 | 66.6 | 70.7 |
| | | 54809 | 57560 | 63613 | 65825 | 72946 |
| | 网络文学 | 48.9 | 52.1 | 50.4 | 46.5 | 48.6 |
| | | 37774 | 43201 | 45538 | 46013 | 50159 |
| 公共服务类 | 网约车 | 44.5 | 47 | 40.1 | 36.9 | 43.9 |
| | | 34346 | 38947 | 36230 | 36528 | 45261 |
| | 在线医疗 | — | — | — | 21.7 | 28.9 |
| | | | | | 21480 | 29788 |

表4-4列出了基于回归分析得出的公共教育支出对正规教育、非正规教育与非正式教育情况的实证结果。可以看出，公共教育支出能显著提高总样本、城镇样本与农村样本中个体的正规教育、非正规教育，系数值分别为1.444、1.569、1.076，呈现公共教育支出在城镇效果大于农村的特征。在非正式教育中，总样本与城镇样本的系数均显著，分别为1.011、1.071，而农村样本并未通过显著性检验，表明公共教育支出对农村居民的非正式教育影响十分有限。总的来说，公共教育支出有助于促进个体层面的正规教育、非正规教育与非正式教育的发展，但也存在城乡不均衡问题。因此，在构建服务全民终身学习的教育体系时，应当进一步加大整体性公共教育支出力度，同时也要注重支出均衡，特别关注农村地区居民的学习环境效果改善。

表4-4 个体正规教育、非正规教育与非正式教育的影响因素分析

| 变量 | 正规教育、非正规教育 | | | 非正式教育 | | |
| --- | --- | --- | --- | --- | --- | --- |
| | 总样本 | 城镇样本 | 农村样本 | 总样本 | 城镇样本 | 农村样本 |
| 公共教育支出 | 1.444*** (0.243) | 1.569*** (0.268) | 1.076* (0.593) | 1.011** (0.440) | 1.071** (0.506) | 1.431 (1.082) |
| 年龄 | −0.041*** (0.000) | −0.044*** (0.001) | −0.035*** (0.001) | −0.074*** (0.001) | −0.078*** (0.001) | −0.066*** (0.001) |
| 性别 | 0.195*** (0.013) | 0.078*** (0.019) | 0.328*** (0.017) | 0.137*** (0.024) | 0.089** (0.036) | 0.198*** (0.030) |
| 婚姻 | −0.048*** (0.017) | −0.009 (0.025) | −0.077*** (0.022) | −0.435*** (0.031) | −0.291*** (0.046) | −0.569*** (0.040) |
| 健康 | −0.012** (0.006) | −0.027*** (0.009) | 0.004 (0.007) | −0.010 (0.010) | −0.006 (0.016) | −0.006 (0.012) |
| 记忆力 | 0.175*** (0.005) | 0.189*** (0.008) | 0.129*** (0.006) | 0.220*** (0.009) | 0.258*** (0.014) | 0.151*** (0.012) |
| 政治身份 | 1.105*** (0.022) | 1.196*** (0.029) | 0.747*** (0.032) | 1.208*** (0.040) | 1.316*** (0.055) | 0.796*** (0.058) |
| 就业状况 | −0.055*** (0.016) | 0.039* (0.023) | −0.023 (0.022) | −0.056* (0.029) | 0.096** (0.043) | −0.119*** (0.040) |
| 收入地位 | −0.005*** (0.000) | −0.007*** (0.001) | −0.001 (0.001) | 0.004*** (0.0007) | 0.004*** (0.001) | 0.005*** (0.001) |

续表

| 变量 | 正规教育、非正规教育 | | | 非正式教育 | | |
|---|---|---|---|---|---|---|
| | 总样本 | 城镇样本 | 农村样本 | 总样本 | 城镇样本 | 农村样本 |
| 常数项 | −22.18*** (4.526) | −24.33*** (5.000) | −15.93 (11.06) | −12.17 (8.204) | −13.35 (9.443) | −20.58 (20.20) |
| 地区效应 | 是 | 是 | 是 | 是 | 是 | 是 |
| $R^2$ | 0.393 | 0.401 | 0.367 | 0.351 | 0.345 | 0.349 |
| 样本量 | 29573 | 15128 | 14445 | 29573 | 15128 | 14445 |

注：括号内为标准误；*表示$p<0.1$，**表示$p<0.05$，***表示$p<0.01$。

## 二 问题检视

当前，中国"学有所教"高质量发展所面临的问题主要表现为以下几点。

### （一）发展基础条件薄弱

相较于国家勾勒出的服务全民终身学习的教育体系建设的宏伟愿景，中国基础条件与之形成了鲜明反差。一是学校教育基础不深。2021年版《中国统计年鉴》显示，中国2020年文盲率为2.67%，文盲人口高达3775万人，且义务教育巩固率、高中入学率与大学入学率仍具有相当大的提升空间，以致中国的服务全民终身学习的教育体系建设存在"起点低""储备少"等挑战。二是服务全民终身学习的教育体系建设的社会力量不足。这里所指的社会力量，即全社会积极主动学习的积极性不足，以公民阅读情况为例，中国2020年成年居民的综合阅读率仅为81.3%，相比世界主要发达国家，中国缺乏全社会积极学习的储备基础。可见，无论是学校教育基础还是全社会积极学习基础，中国服务全民终身学习的教育体系建设存在发展基础薄弱问题。

### （二）政策法规建设进程缓慢

规范政策法规是世界主要发达国家推进学习型社会建设的宝贵经验，也是中国建设服务全民终身学习的教育体系、促进"学有所教"高质量发展的基本保障。然而，尽管早在21世纪初，教育部就已经起草了终身教育法，但该立法成效甚微，随之杳无音信。直至2017年，终身教育法制定仍处于讨论阶段。全国仅上海、福建两地制定了相应终身学习教育体系政策法规。此外，终身教育法距离服务全民终身学习的教育体系的建设目标也有较大差距，一是相关法律保障尚未全面覆盖学前教育、成人教育、职业教育等领域，二是尚未完善针对全社会学习力量参与服务全民终身学习的教育体系的相关立法。可见，中国在建设服务全民终身学习教育体系上存在政策法规建设缓慢的问题，极大地延缓了"学有所教"高质量发展进程。

（三）学习组织发展不充分、不均衡

服务全民终身学习的教育体系建设应统筹各级各类学习组织，以锻造学习型社会的基础框架，然而，尽管中国各级各类学习组织极其丰富，但人均资源相当稀缺，远低于国际标准水平。而且，中国各级各类学习组织发展大多集中在城镇、东部发达地区，具有鲜明的空间非均衡特点，同时满足全民终身学习的教育体系建设目标的学习组织结构也并不合理，整体存在空间结构失衡与功能结构失衡等问题。

（四）现代技术支持不足

服务全民终身学习的教育体系建设，具有"人人皆学、处处能学、时时可学"的特点，这对利用数字技术等现代化手段提出了必然要求。然而，中国数字技术在教育领域的支持力度还很不足，统计数据表明，截至2020年底，中国互联网接入的普及仅停留在义务教育阶段，且功能单一，远未发挥数字技术赋能教育的真正潜能。现代技术支持的不足，使中国居民在接受正规教育、非正规教育与非正式教育上缺乏有效技术保障，因而推进服务全民终身学习的教育体系建设相当艰难。[①]

## 第四节 中国社会保障"学有所教"高质量发展的实现路径

### 一 中国社会保障"学有所教"高质量发展的目标向度

（一）"学有所教"高质量发展的目标

教育在民族振兴和社会进步中占有重要的基础性地位，虽然会消耗当代的一些资源，但是在未来可以得到更加丰厚的回报。党的十六大报告指出"形成全民学习、终身学习的学习型社会"，党的十八大报告指出"完善终身教育体系，建设学习型社会"。党发展教育事业是一个连续的过

---

① 朱成晨：《学习型社会与终身教育体系建设：信息化时代的省思》，《电化教育研究》2018年第10期。

程,这一过程离不开全体社会和全党人民的共同认识和努力,开始了探索实践的过程。尤其是在党的十八大召开以后,形成了以习近平同志为核心的党中央的领导,在发展教育事业上取得了"质"的突破,同时党的十九大报告提出了新时代教育的发展总目标,作出了"加快建设学习型社会"的新部署。《中共中央关于坚持和完善中国特色社会主义制度 推进国家治理体系和治理能力现代化若干重大问题的决定》以习近平总书记关于教育的重要论述为指导,强调民生保障中的"构建服务全民终身学习的教育体系",特别强调教育优先发展的战略,一定要办好人民满意的放心的教育,清晰地要求"加快发展面向每个人、适合每个人、更加开放灵活的教育体系,建设学习型社会"。党的二十大报告进一步提出"加快义务教育优质均衡发展和城乡一体化,优化区域教育资源配置,强化学前教育、特殊教育普惠发展,坚持高中阶段学校多样化发展,完善覆盖全学段学生资助体系。统筹职业教育、高等教育、继续教育协同创新,推进职普融通、产教融合、科教融汇,优化职业教育类型定位"。这些战略举措有助于推进城乡教育一体化、职业教育与培训体系发展,完善高中阶段和高等教育资助体系,建设优良的教师队伍,弥补正规教育、非正规教育的短板。以上这些都是中国在"学有所教"高质量发展方面的重要内容目标,完成了这些目标,我们才能建设"人人皆学,处处能学,时时可学"服务全民终身学习的教育体系。

(二)"学有所教"高质量发展的方向

1. 服务终身学习

在发展终身教育的基本方向时,我们的目标是实现"学有所教"的高质量发展。终身教育的概念可以追溯到1919年由英国成人教育委员会作出的《关于成人教育的报告》,该报告明确了成人教育具有终身性的特点,终身教育理念渐具雏形。耶克斯利在1929年正式将终身教育概念化,将其定义为"人的生命终止才能完成的教育"。联合国教科文组织在1965年,由当时的终身教育局局长保罗·朗格朗(Paul Lengrand)进一步总结凝练,批判了将人的一生分为两半,一半的时间用来学习,另一半的时间用来工作,教育应当是贯彻了人的生命的,将人的一生分为两段是不正确的,在这一理念的指导下,出版了《终身教育问题》《成人教育与终身教育》《终身教育引论》等书籍,科学详细地论述了终身教育对于个人和社会的重要性。保罗·朗格朗之后引发了世界范围内关于终身教育的实践和理论研究的潮流,在《学会生存:教育世界的今天和明天》中,埃德加·福尔(Edgar Faure)描述了终身教育让世界更加美好的美丽图景，戴夫（Dave）的《终身教育的基础》，标志着终身教育理论走向成熟，克罗普雷（Cropleyed）则推动了终身教育的实践，向各国呼吁终身教育，并将《迈向终身教育体系》投寄到各国。为了加快建设终身教育体系，联合国教科文组织在 1996 年发表了《教育：财富蕴藏其中》一文。终身教育理念到 20 世纪 70 年代初才被中国引入，在初期我们主要是向西方发达国家学习借鉴，其中包括终身教育的概念、重要性和实践经验。1993 年，中共中央、国务院共同发布了《中国教育改革与发展纲要》，这标志着中国第一次将终身教育上升到了国家政策的高度，1995 年，全国人大通过了《中华人民共和国教育法》，这表明将终身教育上升到了国家的法律层面。紧随其后，学术界掀起了对终身教育研究的热潮，开始在理论上探讨终身教育贯彻到各级各类教育的途径，相继阐述了"电化教育是终身教育的有效途径""高等学校应承担起终身教育的历史责任""社区教育是终身教育的有效途径""现代远程教育是推进终身教育的必要选择""继续教育是构建终身教育体系的必由之路"等主张。近年来，中国对终身教育的研究和实践已经进入了稳定健康的发展阶段，终身教育的学习价值取向开始逐渐明晰，但是我们必须承认，在各级各类的教育中如何贯彻终身教育的价值基础仍未达成明显的共识，这在一定程度上限制了中国终身教育的发展。

2. 终身教育对象

埃德加·福尔于 1972 年在《学会生存：教育世界的今天和明天》中论述了终身教育在人的生存和发展中的重要作用，并且提出了"学习应该贯穿人的一生，教育应包括社会的全部"。戴维强调了终身教育包括我们医生中的所有教育，正规的与非正规的，正式的与非正式的。在学术界的共同努力之下，学习者成为终身教育理论和实践的中心。1976 年，在内罗毕召开的联合国教科文组织会议上，提出了要保障学习者的权利，学习者的突出地位要在终身教育的过程中得到保障，并且主张用"终身学习"替代"终身教育"，学习的主体应当是全体公民。布希尔（Boshier）认为学习是人潜在的人权，是人的生命中再正常不过的事情了。凯博曼（Chapman）等提出，很多国家的教育机构已经无法满足人们对教育方面不断增长的需求，这种情况严重影响了人们更好地参与社会生活，导致了教育不能发挥在促进经济发展中的应有作用。

要明确学习者在推动"学有所教"高质量发展中的主体地位，"人"才是推进终身教育实践的最终目的，这一观点一经发表即风靡世界。吴咏诗指出，关于终身教育的理念，能够给社会各个主体和国家政府一些显著性的影响，应当使学校成为"学习组织"而不是"教育组织"，最终使中国成为"学习型社会"。终身学习的"学习"应当是一种社会化的行为方式，其中包括有指导的自主学习、完全的自由的学习和被迫的接受性学习等不同方式，郭倩指出，"覆盖全部知识、贯穿于人的一生"是终身学习的一大特点，在加强人的全面发展中具有十分重要的意义。桑宁霞等提出，当前中国社会无论是从哪个方面都处在快速变革发展阶段，在推进终身学习的过程中中国面临着十分复杂的内外部环境，外部是西方文化的冲击，内部是大众文化和网络文化的流行带来的影响。通过大量的调查研究发现，人们在终身学习的过程中，在工作、学习、自我调节、陶冶情操、自我和社会认同等不同方面产生了极强的"获得感"。

3. 主客体统一

通过推进终身教育的理论和实践发展，我们逐渐构建了学习型社会，它是一种社会存在，是终身教育与终身学习的有机结合体。赫钦斯（Hutchins）在1968年第一次论述并且证明了学习型社会的重要意义，提出了"对所有成年人，为其提供定时、定制的成人教育是不够的"，而是应当"建设一个朝向价值转换及成功的学习型社会"。联合国教科文组织在1972年提出了应当把"教育功能扩充到各个方面的社会"作为学习型社会的价值定位，并且使"每个公民在任何情况下均可自由取得学习、训练和培养自己的各种手段"。彼得·圣吉（Peter Senge）在1990年构建了"学习型组织"的概念，预判了"未来能够使各阶层人员全心投入，并能持续学习的企业将是出色的企业"。贾维斯（Jarvis）提出，"能够为所有社会成员的一生提供充分的学习机会，通过终身学习，使每个人都能充分发展自己的潜能，达成自我实现的目标"，是学习型社会建设的目的。

中国在2010年的《纲要》中指出，"到2020年基本实现教育现代化，基本形成学习型社会"，进一步加强对于学习型社会的理论研究和实践上的推进。杨晨等认为，学习型社会应当包括社会全体成员，给予每个社会成员终身学习的机会，发挥学习在促进经济发展中的作用，要构建学习型组织，如学习型企业、学习型政府以及学习型社区等各种学习型主体，使学习型社会具有"人人皆学，时时能学，处处可学"的基本特点。曾文婕等提出，中国正在逐步深化学习型社会的认识过程，应当坚持用"大教育观"代替以前的局限性的教育观，增加对学习机会方面的供给；积极运用新的技术改变传统的学习和教育模式，多层次、多方面促进学习型社会的平稳建设。连续不断地提高人们的综合素质是建设学习型社会的价值所在，学习型社会的价值追求应当是"人生的真正价值的培养和实现""人和社会的全面和谐发展"。

4. 各类教育的整合

通过对学习型社会及其构成要素终身教育和终身学习等不断深入研究和实践的开展，建设终身教育体系已经成为多国的政策共识。捷尔比（Gelpi）认为，从当今内容上看，终身教育与成人教育、学校教育和学前教育融为一体。从时间发展来看，一个人从出生到死亡先接受学前教育，之后是学校教育，最后是成人教育，这三者是相互连接、相互贯通的，它们构成了终身教育体系，是一个人教育的全过程，人从一生下来，便接受了教育，直到死亡，教育也就停止了。范德济（Vanderzee）提出，建立能够使民众学习的支持体系是建设终身教育体系的重中之重，保障每个工人都有学习的权利，引导公民对自我的完善。贾维斯（Jarvis）指出，终身教育除了成人教育与学前教育，还包括回流教育、社区教育和继续教育等多种教育类型。本特松（Bengtsson）指出，从纵向上看终身教育，应该使各类教育加强协调合作；从横向上看终身教育，应该加强不同部门之间的合作互信。联合国教科文组织在 2015 年颁布了《教育 2030 行动框架》，提出要激发社会主体的活力，建立公私之间与公共和民间之间的合作伙伴关系。中国在探索终身教育体系上理论和实践都取得了很大成就。孙诚认为，终身教育的思想理念必须贯彻到各级各类的教育体系之中，努力加强终身教育体系的建设，使各级各类的教育成为一个有机整体，富有层次性、关联性与内在的一致性。[①] 在刘晖和汤晓蒙看来，受制于中国的国情，我们在构建终身教育体系中现实与理想之间的差距依然比较大，我们应该扩大终身教育体系的概念内涵，实现各级各类教育的有机统一。[②] 王芳芳和刘翀认为，很长一段时间以来，人们只是机械地将正规教育之外的教育等同于终身教育，这其实是弄混了它们之间的概念，终身教育包括正规教育和非正规教育。[③] 杨岭强调要加强职业教育，认为职业教育在终身学习以及对人的可持续发展中发挥着十分重要的作用。[④] 党的十九届四中全会要求"构建服务全民终身学习的教育体系"，以"教育体

---

① 孙诚:《我国农村劳动力就业现状、挑战与有效措施》，《职教论坛》2018 年第 7 期。
② 刘晖、汤晓蒙:《试论各级各类教育融入终身教育体系的时序》，《教育研究》2013 年第 9 期。
③ 王芳芳、刘翀:《我国特色终身教育体系的构建原则、困境与对策》，《中国成人教育》2019 年第 2 期。
④ 杨岭:《职业教育融入终身教育体系的路径研究》，《职业技术教育》2020 年第 4 期。

系"概括"终身教育体系",这其实是"大教育观"的重要体现,并提出要"发挥网络教育和人工智能优势,创新教育和学习方式,加快发展面向每个人、适合每个人、更加开放灵活的教育体系,建设学习型社会"。党的二十大更进一步明确提出"加快建设高质量教育体系,发展素质教育,促进教育公平"。这是中国"以人为本"的发展理念的重要体现,显著地体现了各级各类教育的综合价值,是世界终身教育在中国这片土地的实践与理论的升华。

## 二 中国社会保障"学有所教"高质量发展的主要测度

### (一) 主要测度指标与高质量发展指数设计

本部分通过大量参考与借鉴面向"十四五"时期的"学有所教"相关政策规划文件与文献,设计出综合反映中国特色"学有所教"高质量发展水平的指标体系。由于本章的中国特色"学有所教"高质量发展的重点是建设服务全民终身学习的教育体系,该体系具有"人人皆学、处处能学、时时可学"的特征,是对正规教育、非正规教育与非正式教育的全面覆盖。因此,本部分遵循以人为本、政府主导、因地制宜、科学可靠与操作可行等原则,从正规教育、非正规教育与非正式教育三个方面出发,设计中国特色"学有所教"高质量发展指数体系。各类指标权重值为按照德尔菲法对全国相关领域的 50 位专家进行三轮问卷调查得到的最终数值,并列出 2020 年该指数体系下的中国"学有所教"高质量发展水平,具体如表 4-5 所示。

表 4-5　　　　　中国特色"学有所教"高质量发展指数

| 类别 | 权重 | 指标 | 指标来源 | 2020年水平 |
| --- | --- | --- | --- | --- |
| "学有所教"高质量发展 | 0.200 | 教育支出占总公共预算支出比重(%) | 《国家中长期教育改革和发展规划纲要》 | 14.8 |
| | 0.050 | 学前教育毛入学率(%) | 《"十四五"公共服务规划》 | 85.2 |
| | 0.050 | 义务教育巩固率(%) | 《"十四五"公共服务规划》 | 95.2 |
| | 0.050 | 高中阶段教育毛入学率(%) | 《"十四五"公共服务规划》 | 91.2 |
| | 0.050 | 高等教育毛入学率(%) | 《中国教育现代化(2035)》 | 54.4 |
| | 0.100 | 劳动年龄人口平均受教育年限(年) | 《"十四五"公共服务规划》 | 10.8 |
| | 0.100 | 技能劳动者人口占就业人口总量比重(%) | 《"技能中国行动"实施方案》 | 26 |

续表

| 类别 | 权重 | 指标 | 指标来源 | 2020年水平 |
|---|---|---|---|---|
| "学有所教"高质量发展 | 0.100 | 国民图书阅读率（%） | 《全国国民阅读调查报告》 | 59.1 |
| | 0.100 | 全国人均图书馆藏书量（册） | 《中国图书馆学会"十四五"发展规划纲要（2021—2025年）》 | 0.84 |
| | 0.025 | 国民人均纸质书阅读量（册） | 《全国国民阅读调查报告》 | 4.7 |
| | 0.025 | 国民人均电子书阅读量（册） | 《2020年度中国数字阅读报告》 | 3.29 |
| | 0.100 | 在线教育行业市场规模占GDP比重（%） | 《中国在线教育行业十四五发展规划及未来远景目标建议报告（2021—2027年）》 | 0.25 |
| | 0.025 | 在线教育渗透率（%） | 《中国在线教育行业十四五发展规划及未来远景目标建议报告（2021—2027年）》 | 33 |
| | 0.025 | 50岁及以上居民互联网化率（%） | 《中国互联网络发展状况统计报告》 | 35 |

（二）"学有所教"高质量发展指数中长期预测目标

本部分结合社会主义现代化建设目标与高质量发展要求，在"学有所教"高质量发展指标体系基础上，制定出"学有所教"高质量发展的中长期预测目标，分别列出2035年中期远景目标与2050年长期远景目标。相关目标的具体数值，主要源于结合经济社会发展水平与各类发展规划的预期性测算，具体如表4-6所示。

表4-6　　中国特色"学有所教"高质量发展中长期预测目标

| 类别 | 权重 | 指标 | 2020年水平 | 2035年目标 | 2050年目标 |
|---|---|---|---|---|---|
| "学有所教"高质量发展 | 0.200 | 教育支出占总公共预算支出比重（%） | 14.8 | 16.0 | 18.0 |
| | 0.050 | 学前教育毛入学率（%） | 85.2 | 90.0 | 95.0 |
| | 0.050 | 义务教育巩固率（%） | 95.2 | 98.0 | 100.0 |
| | 0.050 | 高中阶段教育毛入学率（%） | 91.2 | 95.0 | 99.0 |
| | 0.050 | 高等教育毛入学率（%） | 54.4 | 60.0 | 70.0 |
| | 0.100 | 劳动年龄人口平均受教育年限（年） | 10.8 | 12.0 | 14.0 |
| | 0.100 | 技能劳动者人口占就业人口总量比重（%） | 26 | 40 | 60 |

续表

| 类别 | 权重 | 指标 | 2020年水平 | 2035年目标 | 2050年目标 |
|---|---|---|---|---|---|
| "学有所教"高质量发展 | 0.100 | 国民图书阅读率（%） | 59.1 | 65.0 | 70.0 |
| | 0.100 | 全国人均图书馆藏书量（册） | 0.84 | 1.00 | 1.50 |
| | 0.025 | 国民人均纸质书阅读量（册） | 4.7 | 5.5 | 6.0 |
| | 0.025 | 国民人均电子书阅读量（册） | 3.29 | 4.50 | 6.00 |
| | 0.100 | 在线教育行业市场规模占GDP比重（%） | 0.25 | 4.00 | 6.00 |
| | 0.025 | 在线教育渗透率（%） | 33 | 60 | 80 |
| | 0.025 | 50岁及以上居民互联网化率（%） | 35 | 50 | 70 |

## 三 中国社会保障"学有所教"高质量发展的保障措施

### （一）加速推进终身教育立法保障建设

构建中国的终身教育体系的一个必要措施是加快终身教育立法工作的实行。"政策研究的终极性的建议就是立法"，能够为终身教育体系的建设提供强有力保障的只有立法，其中包括学分认定的规范保障、经费保障、队伍保障和组织保障等。我们可以借鉴国外的有关终身教育立法的先进经验，发现美国、日本和韩国三个国家都在行政体制内部建立了自上而下的实施和管理机构，这在一定程度上扩展了教育机构的职责与能力。在学习主体上，终身教育面向所有的社会大众，为每个公民提供各类学习契机。在学习内容上无所不包，从理论知识到生活中的常识技能。三个国家在终身教育方面的实践给我们极大的启发，美国构建了完备的终身教育机构；从中央到地方，日本鼓励社会团体成立非营利的市民组织；韩国在高等学校专门创建了终身教育专业，全身心地培养关于终身教育方面的人才。三个国家的立法实践为中国在这方面的建设提供了一定的经验，促进了中国关于终身教育的专项立法活动的开展，同时也推进了相关配套的法案立项。有鉴于此，中国也应该加速完善相关法律法规，全方位促进终身教育体系中的法律体系建设。

### （二）加强终身教育政策的顶层设计与底层跟进

终身教育体系的建设离不开终身教育政策体系化的支撑，因此，必须加强终身教育政策顶层的相关设计工作，从中国的现实国情出发，再次完善终身教育相关机制，在中央层面建立中国终身教育领导机构，全面领导并且统一管理中国的终身教育事业，统一安排中国终身教育体系的建设，并且负责有关终身教育的政策，促进人大在终身教育方面的立法工作，使各级各类的教育事业均衡协调发展，使中国的终身教育能够有机协调地发展，相互补充，最终实现"1+1>2"的效果。在领导机构的统一部署下，应继续跟进更加具体的教育政策，完善各个地方和不同职能部门的责任。例如，2016年颁布的《教育部关于推进高等教育学分认定和转换工作的意见》指出，要推进高等学校内部之间的学分的认定与转换，但是并未作出明确的规定，如哪个组织机构负责、什么时间应该推行学分的认定与转换制度等，仅提出了学校之间的学分认定与转换，但是未明确提出具体的措施，那么这项政策所想要达到的目的必然无法很好地实现。基于此，当时的中国学者应该加强对于学分认定与转换的相关研究，逐步跟进，促进学分认定与转换政策的推行，同时结合国外的先进经验，促进学分认定与转换政策的精细化。此外，中国在中小学教育、成人教育、社区教育和老年人教育等相关政策的制定和实行中坚持民主的原则，鼓励多主体参与，但是由于体制建设不健全，极大阻碍了激发各个社会主体建设终身教育体系的积极性。

（三）准确认知构建服务全民终身学习体系的意义

中国构建针对全民的终身学习教育体系对世界的终身教育无论是在理论上还是在实践上都具有十分重大的意义，构建服务全民终身学习的教育体系的意义是什么？其实可以转换成"为什么建设"或者"为谁而建"的问题，解决这个问题，我们可以使全社会达成广泛的共识，凝聚建设服务全民终身学习的教育体系的强有力的力量，不断领悟习近平新时代中国特色社会主义思想，其发展理念应该是"以人民为中心"，最高的价值主体应该是人民，强调"服务"性在教育中的作用，同时强调"全民"性在终身学习中的作用，坚持发展依赖人民和由人民共享的机制。不断加深"服务"在教育中的含义，确认教育规律要服务如何发展人的规律的理念，增强各种不同的教育机构在终身教育建设中的作用，发挥教育在促进中国可持续发展中的应有作用。要牢牢树立"大教育观"，不断加深领悟"教育体系"的内涵，促进中国教育事业纵向与横向的联通，深刻挖掘教育体系的总体价值，促进社会各个成员的终身学习，推动人的全面可持续发展。

（四）科学评价服务全民终身学习体系的建设基础

立足已经取得成就的国民教育体系建设的实践构建能够使全民享受到终身学习的教育体系，科学评价国民教育体系建设现状可精准回答构建服务全民终身学习教育体系"基础怎样"的问题。1978年以来，中国极大地推动教育事业的发展，已经逐渐形成了大众化的高等教育、普及化的基础教育和具有一定规模的职业教育的新形势。但不得不承认的是，不同等级、不同类型的教育服务质量还是有很大提升空间的，不同形式和不同类型的教育之间的衔接程度不高，无法满足全体社会成员的终身学习需求。城乡、地区之间的教育发展显示出的极大差距，直接导致了教育不公平。此外，理论的供给满足不了实践的需求，不同类型和层级的教育的衔接方式不尽合理，无法持续满足一个人一生的学习需要。随着现代信息技术的迅猛发展，全民终身学习的各个方面都发生了很大的改变。例如：学习的方式由线下转移到了线上；以前的学习是被动地学习，现在是主动地学习；等等。这就需要变革中国的教育服务，同时我们必须改革教育服务的评价体系，了解不同等级和不同类型终身学习的需求状况，以便"固根基、扬优势、补短板、强弱项"。

（五）明确服务全民终身学习的教育体系构建主体及责任

全民终身学习教育体系的建设责任具体是由什么来确定的呢？我们要根据一个人一生当中所要经历的所有的教育类型和教育方式，才能解决教育体系应当由谁来建立的问题。随着现代信息技术的发展，人们关于终身学习的内容和方式方法发生了很大的变化。根据需求—供给的理论原理，我们必须通过数据调查，清晰地确定拥有不同特征的民众终身教育的需求，这可以从他们的动机、身份转换以及对教育主体的依赖程度确定，据此可以确认服务全民终身学习教育体系中的建设主体，确定主体在服务全民的终身学习中的具体的责任、实施的路径和方式方法。通过明晰各类教育服务主体各种服务内容的实施状况，找出各具特色的主体的相互贯通的机理和协调机制，进一步整合各类教育主体，让全体社会成员享受到终身学习服务，在最大限度上使各种类型和各种形式的教育发挥整体效应，实现"1+1>2"的整体效应的效果，合理地运用"看不见的手"和"看得见的手"，将"固基础、强优势、补短板、强弱项"作为所应遵循的原则，突出政府应该加强投入的重点领域，激发社会主体的积极性，引导各主体对服务全民终身学习教育体系建设加大资金投入力度。

（六）精心设计服务全民终身学习的教育体系的构建框架

想要精确回答全民终身学习的教育体系应该"建设什么"，必须更加仔细地构建大体的框架和详细的内容。我们必须充分发挥中国的社会主义制度的优越性，顺应社会的发展大趋势，不断满足人民对于终身学习的需求，促进教育现代化的目标建设，不断建设其内容。具体来说，服务全民终身学习的教育体系由教育的运行体系和治理体系两个部分组成。其中，教育结构、规制、经费筹措体系构成了"教育治理体系"的三个维度，并且确定了相对应的建设内容。在此基础上，我们要对各种各样的教育的关联和耦合特征进行深入的研究，不断对其进行协调统筹，并使其发挥整体的效用，为全民终身学习提供更加优质的服务。立足现代新兴的信息技术，以及广大民众在终身学习方面的各种变革，不断更新各种层级和各种类型教育服务的方法，继续推进教育方面的创新（包括理念层面、体制层面和方式方法层面的创新），使建设服务全民终身学习的教育体系能够把住时代的脉搏。

（七）精准谋划构建服务全民终身学习的教育体系的策略

谋划构建服务全民终身学习的教育体系的策略，目的在于精准回答"怎么建"的问题。我们国家的教育体系具有"后发外生型"的特点，中国的教育体系发展历史较晚，所以主要向西方发达国家借鉴经验。当今中国的经济社会发展较快，信息技术发展迅速，已经走在了世界的前列，必须构建符合自己特色的服务于全民终身学习的教育体系，想要达成这一目标，首先必须从中国五千年的历史文化中汲取营养，其次应该立足于中国基本国情，明确历史使命。虽然构建服务全民终身学习的教育体系非常复杂，涉及面广且内含要素较多，需要综合社会各主体的力量协调推进，但这恰恰是中国特色社会主义制度集中力量办大事的优势。必须坚持习近平新时代中国特色社会主义思想，发挥社会主义集中力量办大事的优势，尽可能地谋划和落实推进中国服务全民终身学习的教育体系的行动方案，制定详细科学的实践进度表和路径图，不断实现教育体系的理论、实践和制度创新，进而实现中小目标，逐渐构建具有中国特色的教育体系，增强中国在国际上的话语权，为世界终身教育体系的建设提供中国方案。

# 第五章 "劳有所得"：劳动就业与收入分配高质量发展

## 第一节 "劳有所得"高质量发展的理论内涵与分析框架

### 一 "劳有所得"高质量发展的理论基础

（一）"劳有所得"高质量发展概念

何为"劳有所得"？"劳"是指劳动，即就业问题，"得"是指收入，即分配问题。劳有所得的意思便是劳动者通过辛勤劳作，就能得到与其权利相称的报酬，以实现平等劳动、获得平等薪资。所谓"劳有所得"，有"劳"才有"得"，这不仅体现在以就业为核心的"有所劳"的问题上，也体现在针对在职劳动者收入分配的"有所得"的问题上。高质量发展是经济发展到一定程度后，从量到质的必然结果，实质上是在一定的生态尺度下，促进社会福利的发展，也就是"劳有所得"的高质量发展，实际上就是在一定的资源条件下，经济不断发展，进而带动人民福祉的增进。民生之本在于就业，劳有所得的根基在于就业质量。在此背景下，如何合理地分配劳动力，实现就业高质量发展，充分调动广大人民的劳动潜能，关系到提高民生福利、促进社会主义现代化的顺利进行。就业质量是衡量社会公平正义的重要指标，对人民获得感的衡量也有重要意义。从中国国情出发，高质量发展力求与中国特色社会主义的本质要求相契合，即满足人民日益增长的美好生活需要，促进人的全面发展，实现全体人民共同富裕。高质量发展"高"在何处？其"高"不仅要体现在社会生产系统的高效率上，还要体现在共享和包容的分配系统上，即生活品质的"高"。为实现中国特色社会主义的本质要求，结合现阶段中国经济发展和人民美好生活的现实需要，站在"以人为本"的发展观的视角上，重新定位经济发展中人、物、生产、分配等主体间的相互关系。高质量发展理念在收入分配环节中强调分配权利、机会及规则的合理性,注重分配结果的公平,同时坚持效率和公平的辩证统一,以真正实现发展成果普惠于民,实现个体自由全面发展。

(二) 西方经济学劳动就业理论

西方经济学劳动就业理论以资本主义市场经济规律为基础,其顺应失业与就业问题而产生。主张减少国家干预,让市场自由竞争。他们认为政府过多介入只会加剧问题。这种观点虽然在当时看来十分正确,但过分乐观地认同了市场的自我调控能力,而忽视了其背后的灾难性危机。[①] 为解决经济危机带来的大量失业问题,刺激消费需求和投资需求成为必要。因此主张政府介入,对消费和投资领域进行宏观调控以刺激有效需求。从消费的角度来看,消费倾向的降低也会导致有效需求的降低,需要对消费倾向进行引导。当市场出清、社会总需求得以满足时,社会才能实现充分就业;反之,生产过剩则会导致经济危机,劳动者被迫失业现象将会频发。市场在充分竞争的情况下,价格和工资将由供求关系决定。如果工资可以在自由调节的同时又能确保劳动力市场始终保持平衡,那么就可以规避大规模失业现象,只会出现由工作变动导致的摩擦性失业,以及由不愿意接受当前的薪资导致的自发失业。在此基础上,提出了政府对工作合同的干预,以保证薪酬的灵活性、提高就业率。与此同时,开展劳动力就业培训,通过发展职业介绍机构缓解寻找工作匹配度低的困难。

(三) 马克思主义收入分配理论

在研究分配问题时,马克思认为不能离开生产去谈分配,生产与分配间存在辩证关系,提出在社会发展过程中,生产和分配是一个事物的两个方面,且生产决定分配对象、分配形式。因此对于分配问题,应从生产的角度出发探讨解决之道,其中生产条件的分配决定了劳动产品的分配,而生产方式决定了工具和工人的分配。

首先,马克思指出生产关系可以通过分配关系部分表现出来,由此,在生产过程中劳动者之间的关系可以从其分配关系中得以部分体现。在生产关系中,生产资料所有制为最基本和首要的内容,因此,生产资料的归

---

① John M. Gowdy, "The Revolution in Welfare Economics and its Implications for Environmental Valuation and Policy", *Land Economics*, Vol. 80, No. 2, May 2004, pp. 239–257.

属，即所有制形式，便决定了消费资料的分配方式。① 与此同时，分配对生产具有反作用，对劳动工具和劳动者等生产条件的分配是生产活动的必要环节之一，能否做到科学分配，可以通过影响劳动者生产积极性，影响到劳动资源的使用和价值的创造，进而扩展到对产品生产的影响。因此，既不能仅单纯从分配的角度来考虑分配，也不能将生产束于高阁而忽略分配。由此，提出按劳分配的方式是适合社会主义初级阶段，将生产与分配辩证统一的分配形式。在《哥达纲领批判》中，马克思针对社会主义形态，提出了他对未来社会主义分配政策的构想，他首先规定了社会是分配的主体，且商品经济在未来社会已经不复存在，生产资料公有制成为主流，通过个人劳动组成社会劳动，劳动者可以用自己的劳动换取等值的生活消费品，即社会是个人消费品的主要分配主体，承担着按劳动规模分配个人消费品的职能。其次，马克思进一步提出劳动时间是分配尺度的决定因素，劳动时间成为衡量个人劳动量的重要标准，马克思劳动者存在个体差异，不同劳动者的个人能力、智力与体力都存在差别，指出不同等的劳动能力是天然生成的，故而劳动者所能提供的劳动时间也各不相同，即使在相同劳动时间内，个体所能提供的劳动量也存在差异，马克思提出，劳动要被用作衡量标准，就必然由劳动的时间和强度来决定，并且要把所参考的劳动时间定为社会的平均劳动时间，而非个体劳动时间。在具体的按劳分配形式上，马克思创造性提出了劳动券的概念，劳动券是社会劳动成员从社会领取，可以证明其劳动量的凭证，且社会劳动成员可以此凭证向社会兑换消费等额劳动量的消费资料。另外，劳动量中需要除去劳动成员为公共基金而付出的那部分劳动。对于需要扣除的部分劳动量，马克思在《哥达纲领批判》中将其分为要满足社会再生产的部分、促进基础设施建设的部分和社会保障部分。可见，马克思所构想的按劳分配制度的科学性与先进性，"多劳多得，少劳少得"的原则在全社会普遍适用且对于激发劳动者生产劳动积极性具有促进作用。按需分配是马克思为社会主义高级阶段提出的分配方式新设想。随着社会的不断进步，生产关系和生产方式不断发生新变革，分配方式也应同频发展，更符合社会发展新要求的先进分配方式的出现将成为现实需要。对于分配，应将其放入历史范畴进行理解，当社会主义发展到共产主义阶段时，社会成员不再需要依靠劳动谋取生存，社会资源极为富足，生产力高度发达，不再存在强迫性社会分工，

---

① 赖靖雷、吴靖：《新时代脱贫攻坚的政治经济学分析——基于马克思分配理论的视角》，《上海理工大学学报》（社会科学版）2022年第1期。

追求美好幸福生活成为社会成员的首要追求。这一社会主义阶段已经超越资本主义社会，马克思对资本主义的分配方式与制度进行了批判，并系统阐述了按需分配这一美好愿景的实现形式与条件等问题，对未来社会主义社会的分配方式进行构想。当然，按需分配并不等于无标准地随意分配，也不意味着平均主义，而是在科学分析每位社会成员的需求下进行的合理资源配置，是马克思为共产主义社会这一特殊的历史时代构想的平等分配方式。马克思主义分配思想在科学社会主义历史上具有重要地位，其始终是社会主义国家解决分配问题的指导纲领与最高追求。

（四）新时代中国特色社会主义和谐劳动关系理论

始终坚定不移地坚持中国共产党的领导是成功构建中国特色和谐劳动关系的根本，以守护劳动关系各主体的根本利益为出发点，从而构建规范有序、公正合理、互利共赢、和谐稳定的劳动关系。

坚持中国共产党的领导是构建中国特色和谐劳动关系的必然要求。历史经验表明，中国劳动关系的发展离不开中国共产党的领导，反过来看，构建中国特色和谐劳动关系对巩固中国共产党执政地位具有重要作用。中国共产党在劳动关系上的领导体现为组织制定有关劳动关系的各项法律法规，建立协调劳动关系的机构组织。党的十九大报告强调"党政军民学，东西南北中，党是领导一切的"，党组织被纳入劳动关系主体。始终坚定不移地坚持中国共产党的领导，不仅有利于维护劳动关系的稳定，也有利于实现劳动关系的利益平衡和合作共享。党的二十大关于加强党的全面领导的论述，充分表明党的十九大以来的五年、党的十八大以来的十年，我们在政治、经济、生态、文化、社会、内政外交国防、治党治国治军等方面的辉煌成就，都是在党的全面领导下取得的。离开了党的全面领导，就不会有经济社会的高质量发展。这是党总结的一条重要经验，必须长期坚持和发展。

中国特色和谐劳动关系的构建基于劳动关系主体的根本利益一致。劳动关系的主体除劳动者与企业法人外，还包括工会组织、党组织、政府等协调组织。中国经济体制从先前的计划经济转而成为如今的市场经济，在劳动关系性质方面，无论是计划经济下单一的劳动关系还是市场经济下多元主体的劳动关系，其归根结底都焕发着社会主义色彩，并不会因为经济体制的改变而转变其社会主义性质。另外，在各个劳动关系主体中，工人阶级以及广大劳动人民的社会主人翁的地位没有改变。在社会经济建设与发展的过程中，劳动关系中的利益冲突和不同程度的问题都不可避免地发生，但由于劳动关系主体中，各方的根本利益保持一致，这些矛盾与冲突仍然是可沟通、可协商、可协调、可合作的非对抗性人民内部矛盾。

总之，始终清楚中国共产党的执政地位，坚持中国共产党的长期领导，是构建中国特色和谐劳动关系的必要前提。同时，还要不断发挥政府职能，加强劳动关系的法治建设和保障，坚持系统治理。另外，劳动关系的和谐发展要求平衡企业与劳动者之间的关系，在保证企业发展的同时保障劳动者权益，以促进中国特色和谐劳动关系的规范有序、公正合理、互利共赢、和谐稳定。

## 二 "劳有所得"高质量发展的必要性与重点建设内容

### （一）"劳有所得"高质量发展的必要性

财富源于劳动，劳动是百姓致富之根本。改革开放以后中国进入了社会主义市场经济并深入发展，居民收入也逐渐具有多样化来源，经营性收入、投资收入、财产性收入等都在逐步提高，但结合现阶段社会发展现实，劳动报酬仍然是广大人民群众收入的主要来源。近几年，中国初次分配中劳动报酬的比例不断降低，而一般劳动者的工资增长速度很慢，这已经成为目前中国收入分配中存在的一个突出问题。收入分配问题与人民群众的可支配收入息息相关，与人民的生活息息相关，若放任不管，不仅会阻碍经济的正常运转，削弱社会的创造力，而且不利于社会的和谐稳定，与社会主义共同富裕的目标背道而驰。"劳有所得"的高质量发展，是创造更美好生活、构建和谐社会的源泉。要使"劳有所得"的光荣与所有劳动者共享，就必须构建一个合理的分配制度，使"劳有所得"更加公正。

### （二）劳动就业高质量发展

劳动是人类的本性，它既能满足人们的生存需要，也能帮助人们实现自我价值。劳动是体面和公平正义的劳动，劳动者也因劳动而体面，获得尊重。在中国仍处于社会主义初级阶段的现实背景下，对于绝大多数的劳动者而言，现阶段劳动仅是其维持生计的工具。改革开放以来，中国进入市场经济，劳动关系也发生了根本性改变，因此当时存在许多亟须解决的现实问题，如怎样让劳动者更为体面地劳动、公平正义地获得其劳动所得，以及如何提高劳动者就业质量等。即无论经济体制与劳动关系如何改变，经济发展与和谐劳动关系的建立都应该回归到劳动者本身。因而，进一步完善有关劳动的法律法规，既是保障劳动者体面劳动和尊重劳动者自身价值的必然要求，也是实现公平正义劳动的法治前提。如今，中国特色社会主义已然进入新的发展阶段和历史时代，新时代社会发展目标要求我们改变以往高速发展目标转而实现高质量发展。中国社会的主要矛盾也随之发生改变，这些改变为分析和解决新时代就业问题提供了现实基础。提高就业质量，实现充分就业，已成为现在和今后中国就业政策的一个重要目标。客观上，社会经济的快速发展使人们对美好生活的需求有所增强，而就业作为人们主要的生活资料来源，与人们的幸福感紧密相连，因此，在新时代提高人们的幸福感，离不开与提高人们的就业质量的必然联系。在此基础上，党的十九大报告指出"中国经济已由高速增长阶段转向高质量发展阶段"，表明今后中国要把实现更高质量和更充分的就业作为就业工作的中心，还表示在社会主要矛盾转化的背景下，就业领域的主要矛盾也发生了变化，从单纯注重就业数量阶段转变到注重就业质量的新阶段。特别强调的是高质量就业的发展，这表明提高就业质量是当前经济转型、优化产业结构和发展高质量社会保障的核心问题。一是实现更高质量就业与提高经济和社会发展的质量是齐头并进的，有利于增强人们在共建共享中的获得感。经济社会的发展带动人民生活水平逐步提高，人民对质量的需求也相应提高，因此在获得就业机会的同时，就业质量也是人民纳入考虑的重要因素。二是中国特色社会主义需要追求公平、公正的发展，而实现更高质量的就业对其具有催化作用，能够提高就业质量是增进民生福祉、凝聚人心的活力源泉。因此，发展高质量的就业和提供公平的就业环境是有效促进社会公正和平等的基本保障。

（三）收入分配高质量发展

高质量的收入分配是指以发展为主导的分配理念，把人类的全面发展和全体人民的共同富裕作为中心，使生产力与生产关系、经济效益和社会公平正义相结合，使发展更为系统、整体和协调，以不断满足人民日益增长的美好生活需要。高质量的收入分配要求必须具备两个基本条件：一是在价值生产中要合理地配置和使用各种资源，特别是要达到更全面、更高水平的就业。二是要兼顾效率与公平，合理地兼顾劳动、资本和政府的利益，以增加有效的社会需求，从而促进价值的实现。收入分配对人民生活至关重要，是改善人民生活、实现经济发展成果与人民共享的最直接与最重要的途径。高质量的收入分配要以发展为导向，在发展中保障和改进人民生活，在发展中不断提高人民的福祉；强调经济、社会和人的全面发展，强调"以人为本"的发展观和实现共同富裕是发展的出发点和落脚点；在不断调整和完善生产关系的同时解放和发展生产力，使生产关系适应生产力的发展；强调在经济、政治、文化、社会、生态等方面都要重视经济效率和社会公正，切实解决发展的不均衡和不充分问题。在新时代，构建高质量的收入分配制度，既是对社会主要矛盾转化的回应，也是开启全面建设社会主义现代化强国新征程不可或缺的前提条件。公平与效率的统一是中国高质量收入分配的重要理论依据。高质量的收入分配注重公平和正义，力求实现公正分配。

## 三 "劳有所得"高质量发展的分析框架

### （一）"劳动就业—收入分配"分析框架

"劳有所得"高质量发展的重要内容主要包含劳动就业高质量与收入分配高质量。就业是民生之本，解决好就业质量问题是劳有所得的根基所在。其中，实现更高质量的就业和更充分的就业是劳动就业高质量发展的核心环节。在中国发展背景下，高质量发展的最终目的是满足人民日益增长的美好生活需要，促进人的全面发展，从而实现全体人民共同富裕。"劳有所得"高质量发展不仅要体现在劳动就业等生产环节，更要体现在建成共享包容的分配体系等收入环节；在收入分配环节坚持效率和公平的辩证统一，强调分配权利、机会及规则的合理性，强调分配结果的公平性，同样是"劳有所得"高质量发展的重要内容，如图5-1所示。

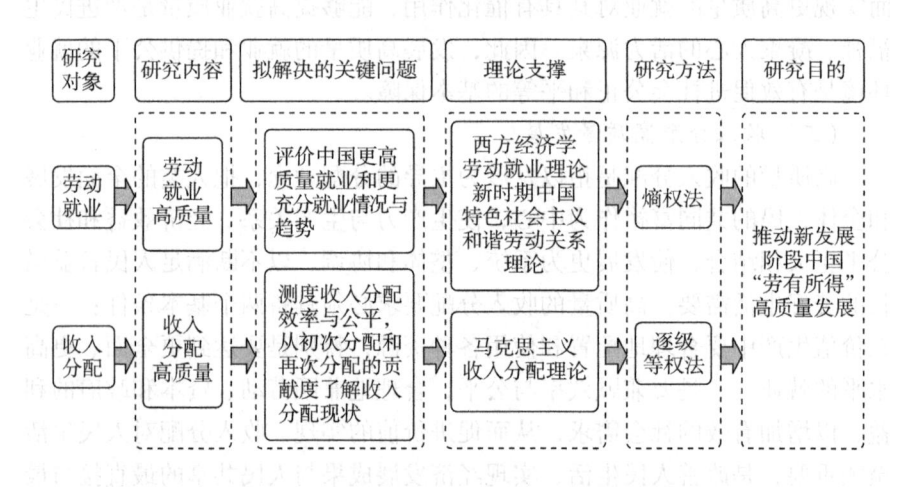

**图 5-1 "劳有所得"高质量发展分析框架**

### （二）"劳有所得"高质量发展研究内容与分析框架解释

"劳有所得"高质量发展重点在于劳动就业和收入分配两个部分。通过建立合理可量化的测度评价指标体系，对当前中国就业质量和充分就业情况进行动态监测评价，明晰中国就业质量和充分就业达到何种水平，找到中国实现更高质量和更充分就业的薄弱环节，为今后劳动就业高质量发展提供思路。另外，为促进收入分配高质量发展，必须构建一个体现效率、促进公平的收入分配评价指标体系。建设该评价指标体系，对促进收入分配不断向高质量发展演变至关重要。由此初次分配与其他分配将作为指标体系，从效率和公平的维度出发，评估中国收入分配现状和变化趋势，并运用逐级等权法等计量模型，分析几次分配中各自的贡献程度，从而了解中国收入分配效率公平的程度，为"劳有所得"高质量发展如何制定经济政策、展开宏观调控提供对策建议。

## 第二节 中国共产党"劳有所得"社会保障的历史脉络

### 一 建党百年"劳有所得"社会保障发展的制度变迁

（一）以分配土地为核心的革命阶段（1921—1948年）

自中国共产党成立之初，就将"消灭资本家私有制，没收机器、土地、厂房和半成品等生产资料，归社会公有"写入了党的第一大纲领，在党的二大、三大、四大的文件中多次提出限田限租、废除厘金和重税，并提出"'团体契约'、集体协商，争取同工同酬"的主张。[①] 1925年10月，中共中央执委会扩大会议第一次提出没收土地，并且认识到"假使土地不没收交给农民，假使几万万中国农民因而不能参加革命，政府必定不能巩固政权，镇压军阀的反革命"。此后，这一阶段的主要分配政策即政府给各个积极群体分土地，让农民不再像以前一样受压迫，无法获取应有的报酬。当然，根据历史时代的不同，土地分配的形式也存在差别。土地革命时代，给农民分的土地来自强制没收地主的土地。到了抗日战争时代，土地分配政策调整为"停止没收地主土地""废除苛捐杂税""减租减息"，解放战争时代按照"五四指示"，通过反奸、清算、减租、减息、退租、退息的方式，获取地主的土地。[②] 1947年，《中国土地法大纲》规定"分配接收的地主的牲畜、农具、房屋、粮食及其他财产给缺乏这些

---

① 王赞新：《我国70年收入分配制度发展的历史进路与理论逻辑》，《湖湘论坛》2019年第3期。

② 邱卫东、高海波：《新中国70年来的共富实践：历程、经验和启示》，《宁夏社会科学》2019年第2期。

财产的农民及其他贫民,并分给地主同样的一份"。1949年,又强调在解放区要先减租减息、发动群众,再分配土地。土地分配政策在很大程度上激发了农民参与革命、建立根据地的热情,是中国共产党领导的革命事业取得成功的有力保障。

除农民这一劳动主体外,部队和中央机关工作人员以及军民企业工人的收入分配也值得重视。国家对这一群体选用分配制的形式,即以财政兜底,根据财政情况,提供免费的基础生活用品给革命工作人员。对于中央苏区、各根据地及各解放区的兵工、机械、被服、制药及银行、贸易等军民用企业的工人,其分配制度为实物货币混合制,即从单一供给制发展为部分供给、部分工资制。其中,要根据实际情况和劳动者个人的需要,在指定的范围内按标准提供物品;工资制部分则根据工人进行了多少劳动量、劳动质量的高低以及当时的实际情况来确定。除供给制与实物货币混合制外,工资制也是当时重要的分配制度之一。在工资制下,劳动的工人的所有收入均取决于其进行了多少劳动以及劳动质量的高低,部分企业的工资制通过小米进行计数,之后再支付劳动者货币作为薪酬。中国幅员辽阔,各个地区的分配制度都会有所不同,但是根据地区的实际情况来看,无论是供给制、实物货币混合制还是工资制,都是大致平均的、略微不同的分配体制,都具有军事共产主义性质和战时特点,在战争频繁、物资困难的条件下,既能保障工人的战时最低生活需求,也能在一定程度上激发工人的劳动积极性。

(二)以集中化、低水平和平均化为特点的初创阶段(1949—1977年)

中华人民共和国成立初期,中央面对一系列严峻问题:资源短缺,通胀加剧,工业的近代化、农业产量增长受到极大的威胁,大量的城市劳工失去了工作。在战争中,工厂接连关闭,外贸骤减并受到封锁。国家经济萧条,存在各种不同的收入分配模式,存在巨大的贫富差距,基尼系数高达0.558。[①] 虽然在政治方面,大多数劳动者已经得到了解放,在国家事务上能够自己当家做主,但他们依旧面临严重的贫困问题。在如此严峻的内忧外患下,中国共产党要顺应社会生产力发展,将中国从战时创伤和经济萧条中解救出来,促进国民经济的转型与发展,赋予其社会主义的本质内涵。到1956年底,中国基本把生产资料私有制改造为社会主义公有制,

---

① 胡鞍钢、王洪川:《中国人类发展奇迹(1950—2030)》,《清华大学学报》(哲学社会科学版)2017年第2期。

顺利实现从新民主主义到社会主义的过渡，实现了中国社会发展的巨大变革，开创了前所未有的时代，迈向了建设伟大社会主义的道路。20世纪50年代，在中国共产党的领导下，一个坚实可靠的中央政府再次出现，充分强调了国家在国际交往中的主权。确立了按劳分配原则，这一制度的确立和实施，为劳动人民当家作主、逐步实现共同富裕打下坚实基础。20世纪50年代初，中国收入分配制度得到不断完善，始终把收入分配制度的重心放在按劳分配上。党的八大提出要解决"人民对于经济文化迅速发展的需要同当前经济文化不能满足人民需要的状况"这一社会主要矛盾。这些措施无论是在经济文化方面还是政治地位方面都给予了劳动人民极大的激励，激发了人民群众推进经济的恢复和生产力发展的积极性，激起了人民群众共建社会主义社会的热情，社会民生福祉不断提高。这一时期，中国GDP从1949年的358亿元增长到1957年的1069.3亿元，年均增长14.66%，居民人均收入从1949年的66.1元增加到1957年的168元，年均增长12.37%，居民收入增长与经济发展同步。①② 中国实践表明，收入水平降低的趋势与平均主义的出现并不一定会因按劳分配的实行而出现，在正确的政策执行下，按劳分配原则与其相应的收入分配原则将极大发挥并兼具其本身的效率与公平。但是，自20世纪50年代中后期起，中国收入分配制度无法始终坚持通过实践达到真正的效率与公平，这是因为中国根据发展现状而提出的战略要求，以及初始阶段不能完整而全面地认识和理解社会主义建设的规律。这种不足主要体现在两个方面：一方面，出于对国内外经济社会环境的理解，为快速实现工业化以及现代化，在中华人民共和国成立初期，中国共产党始终坚持优先发展重工业的战略目标。从历史来看，中国是农业大国，但是长期缺乏坚实稳固的农业基础、缺乏工业发展、市场长期受阻，在经济文化如此落后的中国，资本密集型的重工业难以获得足够的物质基础，由此可见，优先在中国发展重工业是极其艰巨的。但为了顺应优先发展重工业的国家战略，必须采取一系列向工业倾斜的政策，使政府能够顺利掌握生产资料的配置权，以保证生产要素尽可能优先低价配置给重工业领域；必然既要确保为社会主义建设逐步积攒所需要的资源、资金，又要推动人民生活水平的提高，在此要

---

① 郑有贵主编：《中华人民共和国经济史（1949—2012）》，当代中国出版社2016年版，第16页。
② 国家统计局国民经济综合统计司编：《新中国六十年统计资料汇编》，中国统计出版社2010年版，第43页。

求下，对社会主义建设发展策略进行调整。可以说，在制造业实现飞速增长的情况下，中国人民生活水平和资源都得不到保障，在较低的水平上起步发展，到 20 世纪 70 年代，制造业发展迅速，但是造成了一种发展不平衡的矛盾。另一方面，中国作为经济文化长期落后的国家实行社会主义建设本身就是一个巨大的挑战，是中国共产党面临的重大历史课题。在此基础上，毛泽东同志于 1956 年提出了马克思主义中国化的"第二次结合"，即再次将马克思列宁主义的基本原理同中国革命具体实际相结合，民主革命时期的结合带领中国共产党迎来新民主主义革命的胜利，同样，在社会主义革命建设时期，第二次结合有助于我们发现社会主义建设的重要经验。但是，在这一初始发展阶段，中国共产党缺乏经验，还未深刻地认识到社会主义建设的基本规律，尤其是客观经济规律，不能避免建设探索中的差错，此外，受到国内外的压力，在指导思想方面，不能循序渐进，存在急于求成的问题，不能全面地考虑到现实情况，存在脱离实际的弊端，导致中国按劳分配政策和收入分配政策得不到很好的贯彻与实行，并逐渐展现出集中化、平均化和低水平的特点。

在经济不发达的农村地区，《关于实行粮食的计划收购与计划供应的决议》《农村粮食统购统销暂行办法》等文件自 1953 年起相继出台。这些文件规定，不能通过市场自由进行农产品的交易，取而代之的是由国家统一进行收购与供给，在此基础上，国家便直接控制了农民的收入来源。至 1957 年末，家庭个体经营体制基本被取代。随之而来的是集体经营体制，农户加入高级社的比例超过了 96%，高级社社员按工作量获取相应报酬。① 由于集体经营体制缺乏有效的激励，劳动者的生产积极性受挫，农业生产存在效率低的情况，同时为了补给工业发展，需要从农业生产中扣除，农民的收入越发微薄。统计数据表明，1952—1978 年，中国农业补给工业的金额达到 5100 亿元，约占农业净产值的 30%，同期农民人均可支配收入的增长率仅达到 2.3%，经济发展与人民收入增长极不同步。② 在城市地区，私营部门的消失便伴随着绝大多数工人成为国有或集体企业和单位的雇员，他们的工资按照国家的标准和规范，与公职人员一起参与收入分配。1956 年的《国营企业、事业和机关工资等级制度》规

---

① 《当代中国》丛书编辑部：《当代中国的农业》，当代中国出版社 1992 年版，第 110 页。
② 《人民生活实现历史性跨越 阔步迈向全面小康——新中国成立 70 周年 经济发展成就系列报告之十四》，2019 年 8 月 9 日，国家统计局，https://www.stats.gov.cn/sj/zxfb/202302/t20230203_1900408.html。

定，以等级为标准，对就业人员进行工资的发放。另外，行政机构决定按等级发放工资及从业人员等级调动这一改变，进一步加强了政府对城市工人收入的控制。在当时的社会背景下，职工工资处于较低水平，1957—1978 年，国有企业高层职工的平均年薪只有 661 元，城市集体单位的年薪为 571 元。此外，据统计，1957 年城镇居民人均可支配收入为 254 元，1978 年上升到 343 元，平均每年实际增长 0.8%。纵观这一时期收入分配政策的发展和进程，其历史优势是显而易见的。第一，劳动分配制度的实行和由此产生的收入分配政策保证了人民群众物质利益的主人翁地位，实现了分配领域的历史性变革。第二，收入分配政策通过鼓励生产组织和生产者在生产领域发挥积极和对抗作用，从而促进了社会主义生产力发展和经济增长，有力地补充和支持了国家优先发展重工业的战略，推进国家现代化建设进程。第三，收入分配政策最直接的影响和最大的优点，是在经济增长和发展的基础上保持了全国亿万人民的基本收入和生活，并确保其始终缓慢增长。但这一时期的分配政策的缺点也同样显著和严峻。一是中国不良的平均主义倾向开始滋生并不断扩展，最终变成了"大锅饭"模式。这种现象的出现并不是因为收入分配制度和政策本身，但大部分是由当时"不患寡而患不均"的传统观点造成的。平均主义的根源在于农民的心态是一种平均分配一切财富的心态，是一种"共产主义"心态。平均主义与马克思主张的社会主义大相径庭。二是意识形态和思想观念上存在"左"的倾向。从 20 世纪 50 年代中后期开始，党内出现了一种错误倾向，即将按劳分配原则和有差别的工资制度与"资产阶级法权"相提并论，更有甚者主张重新采用国家统一供给的制度，以此替代现有的工资制度。1958 年《中共中央关于在农村建立人民公社问题的决议》强调，公社的分配原则是"按劳分配"，但也肯定供给制，认为这种制度在一定程度上能够提高农民集体生活所获得的幸福感。同年，《关于企业实行部分供给部分工资制的初步意见（草案）》公布，规定在某些地方试行部分供应和部分工资制度。收入分配平均主义的趋势一直持续到改革开放前夕，这在很大程度上造成了激励机制的畸形化，并使其发挥的作用大打折扣，不利于提高人民群众的生产积极性，限制了人民生活水平的提高，经济活动的效率也随之降低。另外，尽管收入分配总体上分布相当均匀，但城市和农村地区的差距较大。统计数据显示，1978 年中国城乡人口的人均收入比为 2.57。此外，城市和农村地区在提供物质产品方面的差异进一步扩大了实际收入差距。

（三）以帕累托改进为目标的调整阶段（1978—1991 年）

20世纪70年代中后期，经济衰退现象日益明显，高度集中的计划经济体制已难以继续，中国社会即将迎来大规模的变革。面对长期执行的计划经济的基本框架无法立即改变的事实，科学运用按劳分配原则和消除平均主义的弊端成为理论和政策的突破口。邓小平同志早在1975年就已明确提出反对平均主义。1978年5月5日，《人民日报》发表了邓小平同志审阅的题为"贯彻执行按劳分配的社会主义原则"的文章，彻底否定了按劳分配是资产阶级产生的基础说法，明确否定了平均主义分配。邓小平同志在《坚持按劳分配原则》一文中，针对当时的收入分配问题指出："按劳分配就是按劳动的数量和质量分配。只能是按劳，不能是按政，也不能是按资格。"1978年12月，邓小平同志在中央工作会议上发表讲话，即应该让一些人和地区先富起来，以先富带动后富，达到共同富裕。在此基础上，党的十一届三中全会更加明确地要求自觉实行按劳分配原则，拒绝平均主义，推动人民群众生活水平的提高与生产的发展保持增速一致。中国的收入分配政策针对帕累托改进的目标应迅速进行调整。

随着经济体制的逐步改革，中国从农村地区开始推动政策的创新与调整。邓小平同志在1962年就指出："农业本身的问题，现在看来，主要还得从生产关系上解决。这就是要调动农民的积极性。现在看来，不论工业还是农业，非退一步不能前进。"1979年9月，党的十一届四中全会通过的《中共中央关于加快农业发展问题的决定》，承诺在生产小组统一管理和核算的基础上，实行以生产为基础的付款小组合同。但在当时，"分田单干"的做法仍被明令禁止，"工作和报酬"的实际分离仍然限制人们的工作积极性。从20世纪80年代开始，才允许多种管理形式和多种报酬形式同时存在，包产到户、包干到户才得以实行。中央政府于1982年1月1日出台的第一个一号文件确定"联产就需要承包"。随后，包产到户、包干到户做法迅速在全国蔓延。到1982年底，全国93%的生产队都采用了"双包"，家庭联产承包责任制得到全面落实。此时中国农民第一次获得了经济"剩余权"的权利，因为他们的收入与他们对劳动力的贡献直接相关。农业管理体制和分配方式的变化，推动了农民积极参与生产活动，实现了劳动产量的增多，使中国的粮食总产量在1984年达到4亿吨①，改善并大幅提高了农民的生活。1978—1984年，家庭联产承包责任

---

① 国家统计局国民经济综合统计司编：《新中国六十年统计资料汇编》，中国统计出版社2010年版，第30页。

制对农村生产增长的贡献为46.89%，占所有农村改革总贡献的96.4%。

农村政策的调整和农村经济的快速发展在全国范围内起到了积极的示范作用。1984年10月，党的十二届三中全会决定加快以城市为重点区域的整个经济体制改革，会议通过的《中共中央关于经济体制改革的决定》（以下简称《决定》）强调平均主义思想是实现按劳分配原则的严重阻碍，平均主义的蔓延必然会破坏社会的生产力。《决定》要求在城市地区实行以承包为主的经济责任制，企业被赋予决定职工工资和奖金的自主权。1985年1月，《国务院关于国营企业工资改革问题的通知》指出，在国有大中型企业中，要实行按企业经济效益比例发放职工工资的办法。这一政策的深入贯彻与落实，加上20世纪80年代中后期在国有企业实行的承包制，大大提高了劳动生产率和企业的经济效益，使职工的生活水平得到了极大提升。1987年，党的十三大在系统阐述社会主义初级阶段理论时，详细规定了中国共产党在这一时期的收入分配政策，表示既要帮助善于经营的企业和诚实劳动的个人先富起来，适当拉开收入差距，又要防止贫富不均，差距悬殊，保持共同富裕方向，在提高效率的同时体现社会公平。基于深入优化激励机制的目标，并以此提高经济效益，会议首次提出了"以按劳分配为主体，以其他分配形式为补充"的分配制度，并重申了债券利息、股票红利和经营风险补偿等非劳动收入的合法性。这在一定程度上拓宽了个人收入的来源，并为后来实施基于要素的分配法提供了理论基础和实践研究。

可以看出，这一时期需要解决的主要重点和难点包括：一是消除分配领域长期存在的平均主义；二是克服国家集体利益为上而忽略微观主体利益的倾向，促进人民生活条件的改善；三是逐步引入不同的分配方式，促进收入分配政策与市场机制的结合，减少对效率的长期抑制，坚持效率优先的目标。证据显示，一些解决平均主义的分配措施，提高了资源配置的效率和经济社会发展的潜力，并大大改善了人民的生活水平。统计数据显示，1978—1991年，国内生产总值从3678.7亿元增加到22050.3亿元，城乡居民人均纯收入翻了两番，恩格尔系数分别下降6.4%和14.9%。此外，城乡收入的差距也在缩小，特别是在1978—1985年，差距系数从2.57进一步缩小到1.86。然而，20世纪80年代中后期，乡村工业化得到了良好的发展，在这一时期，非公有制经济逐步被推进，价格双轨制因制度变革而产生。受到这些因素的影响，居民收入差距逐渐扩大，根据现有数据可知，1985—1992年，中国基尼系数增加了9%左右，从这以后，中国的收入分配不公开始成为一道发展难题。邓小平同志在改革开放初期就强调,"社会主义的目的就是要全国人民共同富裕,不是两极分化。如果我们的政策导致两极分化,我们就失败了"。①

（四）以适应社会主义市场经济为主旨的赓续阶段（1992—2011年）

1992年,邓小平南方谈话再一次为中国的市场改革开辟了道路,打破了市场经济站在社会主义对立面的错误传统观念,社会主义的目标,即共同富裕,被重点提出。同时,党的十四大进一步确立建立社会主义市场经济体制改革目标,认为经济体制必须契合社会主义基本制度。最开始,中国的收入分配政策是将效率摆在首位,在保证效率的基础上体现公平,将效率与公平放在同一水平上,既要体现效率,也要保证公平。中国收入分配改革有两个重点工作：一是收入分配制度要与社会主义市场经济发展要求相契合。二是创新和实施收入分配政策。由此,中国开始了围绕建立和完善社会主义市场经济体制的一系列创新发展。

在这之后,一方面,随着市场在资源配置中的作用越来越突出,以前,按劳分配和按要素分配是"主体—补充"的框架,但现在已经变成了"主体—共立"的模式,实现了与分配有关的要素的多样化。党的十四届三中全会首次确定了"以按劳分配为主体,多种分配方式并存"的社会主义基本分配制度,并允许多样生产要素参与收入分配。党的十五大确立了"公有制为主体、多种所有制经济共同发展"的社会主义初级阶段的基本经济制度,鼓励和支持其他各生产要素参与收入分配。随着要素市场的发展,党的十六大实现了生产要素种类的进一步多样化,参与管理,并说明生产要素如何参与分配。党的十七大再次申明要创造条件,使更多人能够从收入分配中获得收入。这一系列政策坚持按劳分配,并赋予按贡献参与收益的非劳动要素的法律意义,拓宽人民群众获得收入的途径。据统计,1995—2011年,城镇居民的人均收入年均增长率为12.03%,而农村居民的人均收入年均增长率为10.55%。另外,收入分配政策的关注点也得到了进一步完善,既保障了在市场经济下体现效率,又彰显了在社会主义制度下实现公平。世界银行统计,21世纪初,在世界上120个国家和地区中,中国的收入不平等位居第36名。对于收入差距的现实问题,党的十四大强调"兼顾效率与公平",党的十六大进一步提出"初次分配注重效率,再分配注重公平"。党的十七大又重新思考了初级分配领域的公平问题,提出初级分配与再分配必须处理好公平与效率的关系,要实现两者的有机融合。此外,为了有效降低收入分配差距不断扩

---

① 邓小平:《邓小平文选》（第三卷）,人民出版社1993年版,第110—111页。

大的趋势，还陆续颁布和完善了一系列再分配政策。党的十四届三中全会首次把社会保障制度列为社会主义市场经济框架的五大环节之一，逐步建立和完善了各类保险。党的六大以后，社会保障制度的覆盖面进一步扩大，兼顾城镇和乡村、每位公民，体系完善，得到较快发展，努力为城乡家庭特别是低收入家庭提供基本的生活保障。

这一阶段中国的经济体制改革非常重要且关键，必须坚持市场化改革的前进方向，确定经济体制改革实现的最终目标。在市场经济的发展过程中进行了重要创新：一是深入推进按劳分配与市场经济相结合，考察要素部门与社会主义的相容性，在推动经济建设中鼓励和招揽各个生产要素的积极参与。二是慢慢从注重效率变为注重公正，构建和完善科学合理的收入分配格局。收入分配政策的市场化发展及其创新，充分凸显了经济体制改革的激励作用，各种生产要素充满活力，随着经济的增长，居民收入也随之增加。比如，1992—2011年，中国经济驶入快车道城乡居民中年人均收入分别接近8.2%、6.2%，居民生活实现总体富裕。但也要看到，这段时间改革发展的红利并未完全惠及所有人，收入分配失衡加剧并逐渐凸显。数据显示，中国基尼系数在1994年突破了国际警戒线，且在此之后便一直处于高位，而与其他国家或地区相比，中国2011年的失衡程度也是第1位的。劳动力配置也出现了逐步失衡。收入分配失衡的主要原因可概括为三个：一是市场失灵。根据生产要素参与配置的机制，经济活动的主体由于要素的丰富程度和要素的数量不同而获得不同的收入。二是强资本、弱劳动力的配置。现有的市场分配制度的特点更加不利于劳动者与资本进行博弈。三是再分配政策的逆向调节效应。由于中国制度不完善，社会保障水平不高，城乡收入差距有一定程度的扩大。

（五）以人民共享发展成果为核心的深化阶段（2012年以来）

以党的十八大为标志，我国进入了中国特色社会主义新时代，始终强调发展成果由人民共享，这是社会主义的本质要求，是社会主义制度优越性的集中体现，也从根本上体现中国共产党时刻奉行全心全意为人民服务的宗旨。实际上，虽然现阶段收入差距的扩大得到了一定程度的抑制，但收入分配的差距仍然较大。党的十八大报告明确指出，中国如今面临发展不平衡的主要问题，有必要集中精力解决巨大的收入分配差距问题，并稳步走向共同繁荣。党的十八届五中全会将"共享"提升到新发展理念的高度。党的十九大报告指出："我国社会主要矛盾已经转化为人民日益增长的美好生活需要和不平衡不充分的发展之间的矛盾。"其中的"不平衡"涵盖了广泛的含义,区域、职业收入差距大就是其中之一,就像该报告指出的,"城乡之间的发展和收入分配差距仍然很大"。党的二十大报告指出,"发展不平衡不充分问题仍然突出",而农村的任务最为艰巨和繁重。当前,人们物质层面的需求得到较大改善和满足,但人们对精神世界的追求与精神文化供给的不平衡不充分问题还比较突出,城乡之间精神文明建设融合发展不足还广泛存在。因此,推动社会文明程度持续提升,必须科学认识新时代中国社会主要矛盾的转化,着力解决好发展不平衡不充分问题,更好满足人民群众多样化、多层次、多方面的精神文化需求,丰富人民精神世界、增强人民精神力量。

党的十八大以来,收入分配政策首先侧重增加人民的收入和促进共同繁荣。一是坚持按劳分配的主体地位。按劳分配能够有效地保障和推动公平正义和人民收入的增加。随着经济水平的提高,劳动者应得的薪酬却没有与之一起提高。对此,党的十八大再次强调党的十七大提出的"提高居民收入增长与经济发展同步、提高劳动报酬增长与劳动生产率提高同步,提高居民收入在国民收入分配中的比重、提高劳动报酬在初次分配中的比重"的收入分配政策。之后,国务院批转《关于深化收入分配制度改革的若干意见》,该文件在多个方面提出了相关政策落实的详细措施,包括改善就业环境、提高职工技能、完善企事业单位劳动报酬制度等。党的十九届四中全会主张保护劳动者,通过劳动应获得相应收入,要提高劳动者特别是最基层劳动群众的报酬。二是坚持和完善按生产要素分配机制。按生产要素分配对促进社会繁荣、扩大"经济蛋糕"具有积极影响,是增加经济经营者收入的重要工具。党的十八届三中全会进一步扩大了参与分配的具体范围,第一次将"知识"纳入生产要素的领域,对市场进行深度定位,强调市场在资源配置中要始终发挥决定性作用,居于主导地位,从而形成了行业的市场机制。"十三五"规划提出,"优化劳动力、资本、土地、技术、管理等要素的配置,完善市场评价要素贡献并按贡献分配的机制"。随着信息时代的到来,信息技术发生深刻变革,已经融入人们生活的方方面面,作为生产经营活动的新要素,数据非常重要,不可缺少。根据经济社会发展的趋势与现实需要,党的十九届四中全会第一次将数据纳入生产要素的行列,这进一步刺激了相关经济运营商的积极性和热情。

同时,收入分配政策旨在促进均衡分配,确保公平分配。一是统一分配安排。党的十八大提出,按照具体标准规范收入分配,保护劳动者的合法收入,提高收入低的劳动者的收入,调整超额收入,坚决取缔非法收入。之后，中国共产党和政府根据基本国情需要，出台了一系列具体政策来规范秩序。2014年，中国明确规定了中国人民银行和上市公司长期经理人的收入的最高限度。二是加紧调节再分配。党的十八大报告指出，"加快健全以税收、社会保障、转移支付为主要手段的再分配调节机制"。①《关于深化收入分配制度改革的若干意见》提出了集中财力保障和改善民生、促进教育公平、加强个人所得税监管、大力发展社会慈善组织的具体安排。此外，有针对性的扶贫政策也是促进减贫和缩小分配差距的重要措施。为了推动扶贫的持续推进，"咬住"深度贫困，2013年，党中央提出精准扶贫的战略目标。针对现阶段的工作陆续发布了四个中央一号文件，强调必须推动有针对性的扶贫政策的实施。2000年，中国的贫困发生率为10.2%，到2015年，这一数据下降到5.7%。在此基础上，国务院特别制定了2020年的总体目标，即7000多万农村贫困人口实现脱贫，并提出了多项具体实施策略。

随着收入分配政策的推行，中国向共同富裕更进了一步，实现了社会公平，保障了人民群众的根本利益，实现了全面建成小康社会的伟大目标，向共同富裕的道路迈进。党的十九届四中全会将现阶段的收入分配制度提升到了社会主义基本经济制度战略高度，更加突出了这一制度的优势。统计结果表明，2014—2020年，人均国民收入增长率一直保持在6%以上，与经济增长基本同步。收入失衡有所缓解，尽管2017年的基尼系数提高了，但整体来说自2012年以来持续下降。工资占比相比2012年的47.66%略有上升，到2017年，已经增加到51.75%。2008年，扶贫工作取得了重大成果。2012—2020年，中国农村贫困人口减少了9000多万，其间，累计减贫率达到94.4%，贫困率从10.2%降至0.6%。2018年，世界银行高度评价了中国前所未有的减贫速度和规模。

## 二 建党百年"劳有所得"社会保障发展的历史成就

（一）贫困人口大幅减少，创造世界减贫史上的"中国奇迹"

实现共同富裕是社会主义自始至终的一个基本要求。为实现这一目标，中国共产党始终坚持开展消除贫困和改善人民生活水平的工作，并用这一指标指导收入分配制度的改革。基于这一民生需求，在中国共产党的

---

① 胡锦涛：《坚定不移沿着中国特色社会主义道路前进 为全面建成小康社会而奋斗——在中国共产党第十八次全国代表大会上的报告（2012年11月8日）》，人民出版社2012年版，第36页。

领导下，在各个阶段下人民群众努力奋斗，中国的扶贫工程取得了显著成效。回顾中国从过去启动大规模扶贫开发到现在，农村绝对贫困人口减少了8亿多人。据统计，1986—2000年，平均每年约639万贫困人口实现了脱贫；2001—2010年，平均每年有超过673万贫困人口得以脱贫。党的十八大之后，中国迈入脱贫攻坚阶段，为了打赢脱贫攻坚战，在制度保障方面，党中央和各级部门制定了较完善的精准扶贫政策，具有较强的科学性、有效性。通过执行和落实这些具体扶贫政策，2013—2018年的6年里，平均每年减贫1373万人，农村地区发生贫困的概率明显减少。2019年，中国已经有约95%的贫困人口脱贫，90%以上的贫困县脱贫。2020年，中国脱贫攻坚战取得了伟大胜利，全面建成小康社会的伟大目标得以实现，中华民族彻底解决了影响重大且在历史上长期存在的绝对贫困问题。在中国共产党的带领下，我们取得了脱贫攻坚的重大成果，在人类脱贫攻坚的历史上写下了绚丽的篇章。统计显示，中国对世界脱贫减贫的贡献巨大。更值得骄傲的是，在联合国千年发展中"将生活在极端贫困中的人数减半"的目标上，中国是世界上第一个也是唯一一个在目标日期前实现的国家。在扶贫方面，中国取得了突出性的成效，极大推动了世界减贫的进展。

（二）收入分配格局深入优化，拥有全球规模最大中等收入群体

中国收入分配制度改革面临的一个重大考验即推动收入分配格局的合理化。党的十八届三中全会表示，要努力提高中等收入群体占中国总收入群体的数量，直面并解决中国现阶段存在的区域收入差距较大、行业收入差距较大等突出问题，针对收入分配制度改革，第一次鲜明地提出逐步构建"橄榄"形分配格局的新目标。"橄榄"形分配格局是指要逐步增加中等收入人群的比例，使其占据主导地位，并降低低收入与高收入人群的比例。"橄榄"形收入分配格局具有较强的稳定性，既能减少收入分配差距，有效防止贫富分化，又能推动收入水平的提高，逐步实现共同富裕。近年来，随着中国不断推进收入分配制度改革，收入分配模式与结构得到优化，低收入群体的比例下降，中等收入群体的比例保持稳定增长。2002—2013年，中等收入群体的比例从10%增加到18%；2016年，中等收入群体的比例迅速增加至29%；到2019年底，中国中等收入人口数量占全国人口的30%左右，约占世界中等收入人口的40%。现有研究显示，如果中国经济的增长速度能够持续保持在6%的水平，到2035年，中国中等收入群体的比例将达到44.3%。随着中国收入分配制度的持续创新与调整，中国中等收入群体发展迅速，数量持续增长，未来，随着收入分配

制度的进一步深化改革与完善，中等收入群体的数量将日益增多。

（三）居民收入水平显著提高，稳步实现"两个同时、同步"增长目标

改革开放以来，中国经济增速不断加快，不断提高居民的收入水平。人均国民可支配收入从开始的 385 元增加到 2020 年的 72447 元，增加了 187 倍；人均可支配收入从 171 元增加到 32189 元，同样增加了 187 倍；且这一阶段，居民财产性收入快速增长，2020 年居民人均财产净收入为 2791 元，占其所有可支配收入的 8.7%。除此之外，虽然中国是一个发展中国家，但中国国民收入现已上升至世界中高收入国家水平。党的十八大报告首次提出"努力实现居民收入增长和经济发展同步，劳动报酬增长和劳动生产率提高同步"的"两个同步"战略部署。基于这一部署，党的十九大报告指出，中国已经迈入全体人民逐步实现共同富裕美好需要的全新时代，再次强调"坚持在经济增长的同时实现居民收入同步增长，在劳动生产率提高的同时实现劳动报酬同步提高"。党的二十大报告将实现全体人民共同富裕纳入中国式现代化的本质要求，并对扎实推进共同富裕作出重要战略部署。党的十八大以来，中国国内生产总值和居民人均可支配收入以基本相同的速度增长。2013—2020 年，国内生产总值增长率持续保持在 6%—7%；同样地，居民人均可支配收入增长率一直在 5%—8%，同期的劳动生产率和工作报酬基本同步增长。

（四）收入差距逐步缩小，充分诠释发展成果由人民共享

鉴于中国处于社会主义初级阶段，围绕这一基本国情面临的矛盾和挑战，自 2021 年起，党中央提出了共同发展的构想。在新发展观的指导下，经济社会领域收入分配工作特别是民生领域得到了较大发展，取得了较大的成效。完善收入分配制度，致力于改善民生，切实落实人类共享发展成果的新时代发展观念。在推进政策的改革与实践过程中，为缓解收入分配差距过大的问题，党中央出台了一系列政策文件和改革举措，并取得了显著成效。近年来，中国已经能够改善收入差距，收入差距持续缩小。《中国统计年鉴》的数据表明，自 2012 年起，人均可支配收入的基尼系数持续下降。2012—2017 年，从 0.474 降到 0.467。同样地，城乡收入差距也有所缩小。2013—2020 年的统计数字显示，城乡居民可支配收入与人均收入增速从 2013 年的 2.865 下降到 2020 年的 2.64。此外，与城市居民相比，农村居民人均可支配收入的增速加快，收入差距从 4.33 下降到 3.63。这些现象证明了中国收入分配差距逐步缩小，体现了人类共享发展成果的新发展观。

## 第三节 中国"劳有所得"高质量发展的问题检视

### 一 中国劳动就业高质量发展的实证分析

本节针对中国"劳有所得"高质量发展中劳动就业的高质量发展问题进行充分讨论。通过构建更高质量和更充分就业评价指标体系，并运用熵权法，测算各级指标权重，从就业质量和充分就业两个方面对中国当前劳动就业发展水平进行测度，并从就业能力、就业结构、就业保护、就业机会、就业报酬、就业机会等方面为深化劳动就业高质量发展提供研究思路。

（一）变量选择与数据获取

就业作为一种经济活动，是指劳动者与生产资料相结合，完成社会工作，从而获得报酬或企业收入，其中包括就业的数量和质量。就业数量反映的是能够结合生产资料并获得相应收入的工人人数；就业质量反映的是工人与生产资料相结合，从事社会工作的劳动条件的质量。就业质量的高低不仅关系到劳动者权益的保障，而且对就业的数量具有直接影响。

高质量就业可以在宏观和微观层面进行研究。在宏观层面上，就业质量是衡量一个国家（地区）所有工人的工作条件的质量，可以通过反映该地区工人工作条件不同要素的统计数据来证明。在微观层面上，就业质量是衡量社会工作背景下个体劳动者提供的工作条件的质量。这些包括工资水平、社会福利的可用性和水平、工作时长、工作强度、对工人权益的保护、工人的工作满意度、职业发展空间和社会评价。评估就业质量应从以下内容出发：一是劳动者的就业能力是否较强。较强的就业能力是指工人在入职前受过教育或培训并拥有人力资本的积累，所以当他们参与到生产过程中时，可以实现高生产率。二是工人能否得到公平和足够的劳动报酬。公平薪酬可以描述为，员工通过雇佣关系可以获得公平的、稳定增长的薪酬，所获的薪酬能够改善其现有家庭生活条件，并帮助其实现自我价值。然而，工资水平与社会生产力水平密切相关，若想工资能够提高或工作条件得以改善，必须提高劳动生产率。三是工人能否获得充分的社会保护。充分的社会保护是指劳动者拥有充足的、必要的、由法律制度手段保障的社会保护，如社会保险覆盖面大、社会保险状况良好等。四是是否拥有和谐稳定的劳资关系。和谐稳定的劳资关系是指规范且加以改善的关系，劳动者作为社会个体其自身权利和劳动权都应该得到充分有效的保护。这种保护也要求建设和谐稳定的劳资关系。凯恩斯在《就业、利息和货币通论》一书中首次提出了"充分就业"的概念,它意味着向任何愿意接受工作的人提供一定工资水平的工作。充分就业并不意味着全部就业,其中也存在失业现象,但充分就业下的失业是指任何结构性的、职业性的和周期性的失业,即由职业变化、技术变化、产业结构变化、劳动年龄人口变化和需求的偏好变化而造成的短暂性失业。评估充分就业应从以下内容出发:一是人力资源是否开发和利用充分。对人力资源的充分开发利用,是指在对宏观经济政策进行选择时能够考虑到实现充分就业的目标,为有能力、有意愿的劳动者提供工作机会。确保劳动者及时获得工作和失业后及时就业。二是是否有良好的劳动力市场环境。良好的劳动力市场环境是指劳动力供给满足市场劳动力需求,劳动力市场机制在保障劳动者就业中发挥重要作用,失业率和平均失业周期保持在社会可接受的范围内。三是是否有良好的就业环境。一个良好的就业环境是指社会经济能够持续发展,从而为劳动者提供更多的就业机会,进一步优化就业结构,缩小城乡就业差距,为农村剩余劳动力就业提供便利。

(二)计量模型选择

针对更高质量就业和更充分就业的评价指标体系,本章构建了由2个一级指标、6个二级指标和19个三级指标组成的评价指标体系,如表5-1所示。首先运用熵权法,通过Matlab软件测算各级指标权重的参考值,然后运用专家头脑风暴法确定指标权重。本章在此评价体系的基础上计算出就业指数,即评价体系的加权和,通过就业指数反映高质量就业和充分就业的情况,从而客观评价中国更高质量就业和更充分就业现状。另外,该就业指数还具有以下特征:在重视就业质量的同时关注就业数量,即充分就业情况;评价内容具有综合性和年度对比性;反映全国各年度整体就业水平的变化趋势,且具有现实与目标的差值预判功能。就业指数计算公式如下:

$$QFE_t = W_{11} \times EAB_t + W_{12} \times ESA_t + W_{13} \times EPR_t + W_{21} \times EOP_t + W_{22} \times EST_t + W_{23} \times EMA_t \tag{5-1}$$

表5-1　　　更高质量和更充分就业测度评价指标体系

| 更高质量和更充分就业指数（QFE） | 一级指标 | 二级指标 | 三级指标 | 标准 | 权重 |
| --- | --- | --- | --- | --- | --- |
| 更高质量和更充分就业指数（QFE） | 就业质量（QOE） | 就业能力（EAB） | 人均受教育年限（年） | ≥12 | 0.100 |
| | | | 高级职业技能获取证书比例（%） | ≥0.4 | 0.050 |

续表

| 一级指标 | 二级指标 | 三级指标 | 标准 | 权重 |
|---|---|---|---|---|
| 更高质量和更充分就业指数（QFE） | 就业质量（QOE） | 就业报酬（ESA） | 居民收入增长与经济增长同步率（%） | ≈1 | 0.025 |
| | | | 工资增长与劳动生产率增长同步率（%） | ≈1 | 0.025 |
| | | | 劳动报酬占初次分配比重（%） | ≥0.55 | 0.050 |
| | | | 居民收入占再分配比重（%） | ≥0.65 | 0.050 |
| | | | 区域收入差距（%） | ≤1.5 | 0.025 |
| | | | 行业收入差距（%） | ≤1.5 | 0.025 |
| | | 就业保护（EPR） | 人均周工作小时数偏离度 | ≈1 | 0.075 |
| | | | 失业参保率（%） | ≈1 | 0.025 |
| | | | 工伤参保率（%） | ≈1 | 0.025 |
| | | | 工会会员占城镇就业比率（%） | ≥0.9 | 0.025 |
| | 充分就业（FOE） | 就业机会（EOP） | 劳动参与率（%） | ≤0.7 | 0.075 |
| | | | 私营企业和个体就业占城镇就业比重（%） | ≥0.8 | 0.050 |
| | | | 城镇女性就业占城镇就业比重（%） | ≈0.5 | 0.025 |
| | | 就业结构（EST） | 非农就业比重（%） | ≥0.9 | 0.100 |
| | | | 城镇就业比重（%） | ≥0.7 | 0.100 |
| | | 就业市场（EMA） | 城镇登记失业率（%） | ≤4.5 | 0.075 |
| | | | 城镇新增就业完成率（%） | ≥1 | 0.075 |

（三）实证结果分析

本章指标计算所采用的数据均来自《中国统计年鉴》《中国劳动统计年鉴》《中国工会统计年鉴》等官方统计资料，并根据表5-1所示指标标准和权重，以上述公式计算出2011—2020年中国更高质量和更充分就业指数（见表5-2）。结果显示，2011—2020年，中国更高质量就业和更充分就业指数由0.7235上升至0.7664，上升0.0429，表明中国推动高质量就业和充分就业的实践工作正在稳步推进。

表5-2　2011—2020年中国更高质量就业和更充分就业指数

| 年份 | 就业质量指数 | 充分就业指数 | 更高质量就业和更充分就业指数 |
|---|---|---|---|
| 2011 | 0.5667 | 0.8804 | 0.7235 |
| 2012 | 0.5793 | 0.8817 | 0.7579 |
| 2013 | 0.5740 | 0.8972 | 0.7658 |
| 2014 | 0.5845 | 0.9009 | 0.7609 |

续表

| 年份 | 就业质量指数 | 充分就业指数 | 更高质量就业和更充分就业指数 |
|---|---|---|---|
| 2015 | 0.6016 | 0.9082 | 0.7664 |
| 2016 | 0.6082 | 0.9043 | 0.7563 |
| 2017 | 0.6149 | 0.9008 | 0.7579 |
| 2018 | 0.6194 | 0.9121 | 0.7658 |
| 2019 | 0.6157 | 0.9061 | 0.7609 |
| 2020 | 0.6241 | 0.9087 | 0.7664 |

如图5-2所示，就业质量指数计算结果显示出，2011—2020年中国就业质量指数从0.5667上升至0.6241，但仍然有部分年份处于0.6水平以下，10年来上升0.0574，表明中国整体的就业质量指数小幅上升并在不断提高，且自党的十八大以来，变化显著，但总体水平存在进步空间。充分就业指数计算结果显示出，2011—2020年中国充分就业指数从0.8804上升至0.9087，上升0.0283，且自2011年起指数均大于0.8且保持较高水平，表明中国近十年来充分就业的目标基本实现。

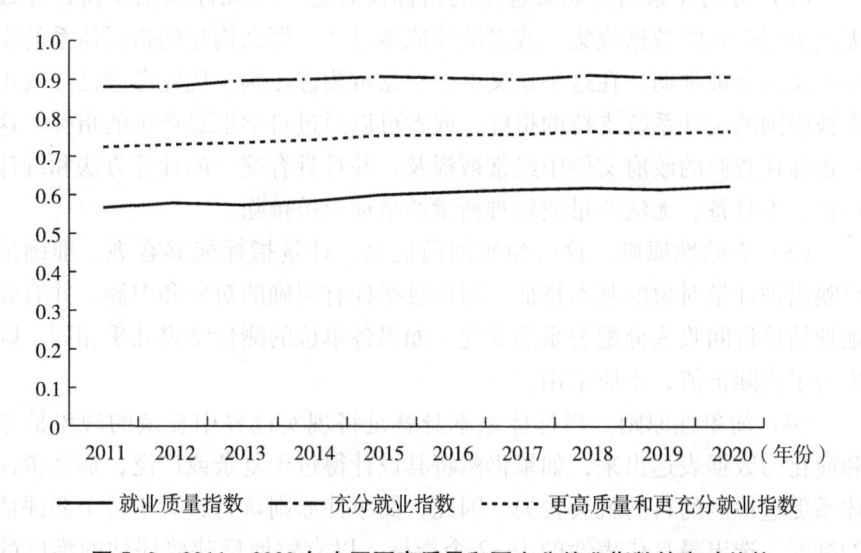

图5-2 2011—2020年中国更高质量和更充分就业指数的变动趋势

## 二 中国收入分配高质量发展的实证分析

本章针对中国"劳有所得"高质量发展中收入分配的高质量发展问题进行充分讨论。通过构建收入分配评价指标体系，并采取"逐级等权法"确定评价指标权重,由此从初次分配效率、初次分配公平、再次分配公平三个维度对中国当前中国收入分配效率与公平的情况进行测度,并从当前初次分配和再次分配的贡献度了解收入分配现状,为后续持续深化收入分配高质量发展提供研究思路。

(一)变量选择与数据获取

利用原有分配和再分配的公平和效率标准原则,参照指标选择的一般规律选择评估指标,并将其分为效率与公平两个维度,建立收入分配评估指标体系。收集公开的数据,如统计年鉴和政府公报,并对指标值的变化趋势进行描述性统计分析。

指标选取原则如下。

(1)一致性原则。这一原则要求所选择的指标在塑造反映效率和促进公平的收入分配的行动方向上是一致的,而那些与其他指标不能很好配合的指标被淘汰。通常一个数据观测值会对应几个类似的指标,或者同一个指标会包含几个数据观测值。在这种情况下,通过仔细考虑权衡和使用统计方法进行选择,最终挑选出最具代表性的指标并将其纳入体系。

(2)可测性原则。如果选定的指标没有适当的统计基础支持,导致无法进行有效的数据收集,或者统计成本过高,那么构建的指标体系的实际意义就会被削弱。在这个意义上,根据可测性原则,优先考虑已经或正在被中国的统计系统支持的指标,或者可以通过科学汇总产生的指标。这些指标在我们的政府文件中经常被提及,并且具有统一的计算方法和统计口径。不具备、无法衡量或较难衡量的指标应被排除。

(3)有效性原则。这一原则的前提是,计量指标能够客观、准确地反映出被计量对象的基本特征,即计量指标有明确的对象和内涵,并有效地评估单位间收入分配关系的变化。如果各单位的测量结果几乎相同,则失去了实际价值,不应采用。

(4)简单性原则。指标体系本身就是将现实世界中复杂的现象抽象和简化为数据表达出来,如果仍然将其设计得过于复杂或广泛,那么指标体系促进检测的目的就会丧失。因此,简单性原则认为,对于每个要评估的维度,选出最具代表性的1—2个指标,以有效地反映要评估的维度的关键方面。

为了选择体现效率和促进公平的收入分配指标,应首先考虑收入分配的两个方面:一是初次分配,二是后续分配。第一层次分为效率维度和公平维度;第二层次分为效率措施("要素生产/使用效率"和"要素配置效率")和公平措施("初始公平""过程公平""结果公平")。在此基础上，产生了一套评估收入分配的指标池，以反映效率和公平（见表5-3）。

表5-3 体现效率、促进公平的收入分配评价指标池

| 第一层次 | 第二层次 | 初次分配指标 | 后续分配指标 |
|---|---|---|---|
| 效率维度 | 要素生产/使用效率 | 劳动生产率、专利申请授权总量、专利申请授权总量占全球专利申请量的比重、资本存量、资本存量增长率、资本产出比、资本形成总额、资本形成总额增长率、税收总额增长率、全要素生产率、国内生产总值增长率、国内生产总值增长率、人均国内生产总值、人均国内生产总值增长率、人均国内生产总值、人均国内生产总值增长率，及第一、第二、第三产业产值的比重 | — |
| | 要素配置效率 | 劳动参与率、就业总量增长率、农民工数量占农村劳动力数量比重、城镇就业比重、非公单位就业比重、非农产业就业占比等 | 养老保险平均替代率等 |
| 公平维度 | 初始公平 | 人力资本积累等 | 社会保险覆盖率等 |
| | 过程公平 | 劳动报酬增长率、居民收入增长率、全国居民人均财产净收入占可支配收入比重、个人所得税支出占国内生产总值比重、非公有制企业总产值占全国企业总产值的比重、个人所得税收入占政府税收总额比重等 | 财政社会保障和就业支出占国内生产总值的比重、社会保障和就业支出占财政支出的比重、财政教育支出占国内生产总值的比重、公共财政预算教育经费占地区财政支出的比重、财政医疗卫生与计划生育支出占国内生产总值的比重、医疗卫生支出占财政支出的比重、医疗卫生支出占卫生总费用的比重、保障房支出占国内生产总值的比重、保障房支出占财政支出的比重、社会福利支出占国内生产总值的比重、社会福利支出占财政支出的比重、社会救助支出占国内生产总值的比重、社会救助支出占财政支出的比重 |
| | 结果公平 | 居民消费占国内生产总值的比重、基尼系数、城乡居民人均可支配收入比、城乡居民人均消费支出比等 | 全国居民人均转移净收入占可支配收入比重、转移性收入对总收入差距的贡献率 |

从表 5-3 所示的指标池中挑选出具体可行的评价指标，以建立一个体现效率、促进公平的收入分配评价指标体系。指标选取的标准是代表性、完整性和互变性、指标数据变化合理以及数据没有长期趋势。在体现效率、促进公平的收入分配评价指标体系中，本部分选取了三个评价维度的 20 个具体评价指标（见表 5-4），指标的性质，即 "+" 或 "-"，反映了指标值的变化方向与收入分配状况评价方向是否一致。例如，衡量收入分配效率的指标，如果其数值的增加与效率的增加同向，则为 "+"；反之，如果其数值的减少与效率的增加同向，则为 "-"。作为收入分配公平性的指标，该指标类型的衡量要遵守与效率指标相同的规则。此外，所有指标的数值都是按年度计算的。

表 5-4　　体现效率、促进公平的收入分配评价指标体系

| 评价维度 | 指标名称 | 指标单位（性质） | 计算周期 |
| --- | --- | --- | --- |
| 初次分配效率 | 劳动生产率 $a_1$ | 元/人（+） | 年度 |
| | 专利申请授权总量增长率 $a_2$ | %（+） | 年度 |
| | 资本存量增长率 $a_3$ | %（+） | 年度 |
| | 税收总额增长率 $a_4$ | %（-） | 年度 |
| | 全要素生产率 $a_5$ | —（+） | 年度 |
| | 国内生产总值增长率 $a_6$ | %（+） | 年度 |
| | 人均国内生产总值增长率 $a_7$ | %（+） | 年度 |
| | 劳动参与率 $a_8$ | %（+） | 年度 |
| | 就业总量增长率 $a_9$ | %（+） | 年度 |
| | 城镇就业比重 $a_{10}$ | %（+） | 年度 |
| 初次分配公平 | 人力资本存量 $b_1$ | 年（+） | 年度 |
| | 非公有制企业总产值占全国企业总产值的比重 $b_2$ | %（+） | 年度 |
| | 个人所得税收入占政府税收总额比重 $b_3$ | %（-） | 年度 |
| | 劳动报酬占国内生产总值的比重 $b_4$ | %（+） | 年度 |
| | 基尼系数 $b_5$ | —（+） | 年度 |
| | 城乡居民人均可支配收入比 $b_6$ | —（+） | 年度 |
| 其他分配公平 | 社会保险覆盖率 $c_1$ | %（+） | 年度 |
| | 财政社会保障和就业支出占国内生产总值的比重 $c_2$ | %（+） | 年度 |
| | 财政教育支出占国内生产总值的比重 $c_3$ | %（+） | 年度 |
| | 财政医疗卫生与计划生育支出占国内生产总值的比重 $c_4$ | %（+） | 年度 |

(二) 计量模型选择

本部分采用"逐级等权法"确定指标权重，将收入分配评价的20个指标拟合为体现效率、促进公平的收入分配状态指数，并基于国家数据，对中国收入分配状况进行纵向描述，反映其对效率和公平的促进作用、其趋势与变化以及其对最终指数得分的贡献。

1. 具体指标及其数据的描述性统计分析

为全面反映自2011年以来收入分配在促进效率和公平方面的表现和趋势，采用指数法构建促进效率和公平的收入分配状态指数。对收入分配评价指标体系中反映效率和促进公平的20个指标所对应的数据进行归一化处理，将得到的20个指标的数值相加，形成各年度的指数值。20个具体指标的缩写表述见表5-4。$I_i$用于表示体现效率、促进公平的收入分配状态指数，如式（5-2）所示：

$$I_i = \gamma_j a_{ji} + \delta_{ki} + \varepsilon_m c_{mi} \tag{5-2}$$

式中，$i = 2011, 2012, \cdots, 2020$；$j = 1, 2, \cdots, 10$；$k = 1, 2, \cdots, 6$；$m = 1, 2, \cdots, 4$。

2. 确定评价指标权重

本部分运用逐级等权法，构建一个体现效率、促进公平的收入分配状态指数。逐级等权法是指数构建研究中常用的指数构建方法，特别是对于构建没有客观权重的复杂指数。其基本思路首先是将传统的指数要素按研究范畴进行分解，其次按照指数研究的大类别进行重新分类，形成一个指数指标体系，再次对不同的类别赋予平等的权重，最后形成一个逐级赋权，供指数使用。

在"体现效率、促进公平的收入分配状态指数"的构建过程中，反映收入分配状况的指标初步分为六类：初次分配效率指标、初次分配公平指标、再分配效率指标、再分配公平指标、综合性收入分配效率指标和综合性收入分配公平指标。在最后的指数中，六类指标中的每一类都占有1/6的权重。首先，各个具体指标又被纳入这六大类中，每个指标在所属类中平均分配大类指标权重（见表5-5）。其次，根据指标定义确定具体的数据来源，进而收集、总结和比较数据，并依现有数据确定创建指数的基准年。最后，将基准年的不同指标值标准化为100，并根据其他年份与基准年的关系确定各年的指数。

表 5-5　体现效率、促进公平的收入分配评价指标权重

| 评价维度/英文缩写 | 指标数量（个） | 指标权重的计算公式 | 指标权重 |
| --- | --- | --- | --- |
| 初次分配效率/a | 10 | $\frac{1}{10} \times \frac{1}{3}$ | $\frac{1}{30}$ |
| 初次分配公平/b | 6 | $\frac{1}{6} \times \frac{1}{3}$ | $\frac{1}{18}$ |
| 其他分配公平/c | 4 | $\frac{1}{4} \times \frac{1}{3}$ | $\frac{1}{12}$ |

将计算结果代入体现效率、促进公平的收入分配状态指数如式（5-3）所示：

$$I_i = \frac{1}{30}a_{ji} + \frac{1}{18}b_{ki} + \frac{1}{12}c_{mi} \qquad (5-3)$$

式中，$i = 2011, 2012, \cdots, 2020$；$j = 1, 2, \cdots, 10$；$k = 1, 2, \cdots, 6$；$m = 1, 2, \cdots, 4$。

3. 体现效率、促进公平的收入分配状态指数值及其趋势变化

首先，对 20 项指标的量纲和数量级进行正规化处理，实现横向可比性。根据表 5-4，指标值与收入分配状态评价方向一致的指标有 18 项，不一致的有 2 项，即正向指标 18 项、负向指标 2 项。其次，将权重与历年的正规化后的指标值相乘，并对三个维度的全部指标值进行加总。最后，对三个维度的指标值总和再次加总，得到年度体现效率、促进公平的收入分配状态指标值。计算的全部结果如表 5-6 所示。

表 5-6　体现效率、促进公平的收入分配状态指数值中三个评价维度的贡献度

| 年份 | 体现效率、促进公平的收入分配状态指数值 | 初次分配效率 | | 初次分配公平 | | 其他分配公平 | |
| --- | --- | --- | --- | --- | --- | --- | --- |
| | | 10 项评价指标值合计数 | 对最终指数值的贡献度（%） | 6 项评价指标值合计数 | 对最终指数值的贡献度（%） | 4 项评价指标值合计数 | 对最终指数值的贡献度（%） |
| 2011 | 0.2784 | 0.2784 | 39.75 | 0.1394 | 15.53 | 0.1774 | 1.46 |
| 2012 | 0.4616 | 0.2646 | 35.41 | 0.1699 | 20.46 | 0.1246 | 4.19 |
| 2013 | 0.5315 | 0.2599 | 32.14 | 0.1967 | 27.30 | 0.1762 | 6.42 |
| 2014 | 0.5734 | 0.2561 | 30.21 | 0.2262 | 29.59 | 0.2293 | 9.11 |
| 2015 | 0.6137 | 0.2463 | 29.47 | 0.2507 | 35.74 | 0.2421 | 16.26 |

续表

| 年份 | 体现效率、促进公平的收入分配状态指数值 | 初次分配效率 | | 初次分配公平 | | 其他分配公平 | |
|---|---|---|---|---|---|---|---|
| | | 10项评价指标值合计数 | 对最终指数值的贡献度(%) | 6项评价指标值合计数 | 对最终指数值的贡献度(%) | 4项评价指标值合计数 | 对最终指数值的贡献度(%) |
| 2016 | 0.6431 | 0.2134 | 27.63 | 0.2614 | 40.64 | 0.3088 | 25.21 |
| 2017 | 0.6684 | 0.1942 | 24.99 | 0.2645 | 48.17 | 0.3351 | 29.88 |
| 2018 | 0.7146 | 0.1733 | 23.43 | 0.2947 | 56.63 | 0.3418 | 36.93 |
| 2019 | 0.8304 | 0.1651 | 21.92 | 0.3041 | 68.41 | 0.3943 | 45.37 |
| 2020 | 0.7461 | 0.1279 | 21.44 | 0.3367 | 78.73 | 0.4761 | 48.62 |

### (三) 实证结果分析

根据表 5-5 指标运用式（5-2）计算中国 2011—2020 年更高质量和更充分就业指数。结果显示，2011—2020 年，体现效率、促进公平的收入分配状况指数值从 2011 年的 0.2784 稳步增长到 2019 年的 0.8304；然而，该指数值在 2020 年回落到 0.7461，仅达到 2017—2018 年的水平。对其原因进行分析，发现与初次分配效率和初次分配公平这两个评估维度相对应的指标合计数总数大幅减少，而与分配公平的其他维度相对应的指标合计数总数大幅增加，但不足以弥补前两个维度的减少。初次分配效率维度对应的指标合计数减少了 0.0372，从 2019 年的 0.1651 减少到 2020 年的 0.1279。相比之下，对应于其他分配公平维度的指标合计数从 2019 年的 0.3943 增加到 2020 年的 0.4761，增加了 0.0818。

观察三个评估维度对收入分配状态指数值的贡献可以发现，效率和公平的作用从关注效率转向关注公平，从关注初次分配公平转向同时关注初次分配和其他分配公平。初次分配和其他分配的贡献明显增加，而初次分配效率的贡献明显下降。

## 三  问题检视

### (一) 中国劳动就业高质量发展面临的主要问题及其分析

#### 1. 从就业能力来看，部分劳动者就业能力不足

走中国特色新型工业化道路，优化产业结构，持续推进传统产业升级对提高劳动者就业能力提出强烈要求。此外，要推动第三产业的发展，加大对服务业岗位的建设力度，就意味着社会十分需要出现大量的掌握现代服务的技术性人才，从而与服务业岗位的增加相匹配。但从目前中国实际

情况来看，还存在大量劳动者的综合素质不高的情况，大部分还不能满足劳动力市场日益增长的综合需求，尤其是技能需求。目前，中国经济发展方式发生转变、产业结构不断调整和升级，在这一关键阶段，对劳动者就业能力的要求日益提高，不能满足产业需求的低能力水平的劳动者将面临更为艰难的就业前景。比如，部分高校毕业生虽然接受过高水平的知识培训，但综合素质不高，技能水平不匹配，将面临更加严重的就业问题。

2. 从就业报酬来看，劳动者工资水平不高且收入差距过大

从中国的发展现状来看，中国劳动者的工资水平并未与经济增长速度保持一致增速，可以看到的是，中国劳动者的薪酬水平明显偏低。从国民收入分配格局的演变来看：首先，20 世纪 90 年代，中国国民收入的初始分配是相对稳定的，但从 21 世纪初开始发生了重大变化。其次，21 世纪以来国民收入初始分配格局的变化大致可分为两个不同的阶段：2007 年是前一阶段的开始，即资本部门收入份额上升，劳动部门收入份额下降；而后一阶段相反，即资本部门收入份额下降，劳动部门收入份额上升。再分配数据显示，中国 2011 年的居民收入与国民收入分配的比值约为 57%；2020 年，居民收入占国民收入分配的比例仍不足 60%，且呈现持续下降的趋势。这些年，政府为了提高居民收入，做出了许多努力，并持续调整国民收入分配模式。但是，在国民收入分配的宏观结构中，收入分配向资本要素和公共部门靠近的趋势并未得到根本扭转，从总体上看，仍然不利于劳动力部门。从城乡收入差距来看，2020 年中国城乡居民人均可支配收入之比为 2.56，比 2011 年的峰值 3.13 下降了 18.21%。2012—2014 年，这一比例下降得更快，但自 2015 年以来下降速度有所放缓。从区域间的收入差距来看，《中国统计年鉴（2020）》中城镇居民人均可支配收入的数据显示，上海的最高，为 7.64 万元，黑龙江的最低，为 3.11 万元，上海是黑龙江的 2.46 倍；农村居民人均可支配收入的数据显示，上海的最高，为 3.49 万元，甘肃的最低，为 1.03 万元，上海是甘肃的 3.39 倍。可见，中国东部地区比起其他地区人均可支配收入较高，且城镇和乡村之间仍然存在较大的收入差距。行业收入差距方面，《中国统计年鉴（2020）》非私营单位就业人员平均工资的相关数据显示，最高的行业是信息传输、软件和信息技术服务业，达 177544 元，最低的行业是农、林、牧、渔业，平均工资仅有 48540 元，两个端点的行业收入差距为 2.66 倍，可以看出，中国的行业之间仍然存在较大的收入差距。

3. 从就业保护来看，劳动关系和谐程度仍需提高

国家统计局在 2021 年发布，2020 年全国各类企业就业人员的周平均

工作时间为46.9小时，在40小时及以上的企业的比例在48.0%以上，特别是一些住宿和餐饮业工作人员每周工作时间已经超过60小时。一些企业忽视了劳动过程中企业工作环境因素的作用，有些工人只能在不舒适的环境中工作，并且极大概率染上职业病，中国每年新的职业病的出现频率也呈快速上升的趋势。中国在建立社会保障制度方面取得了较大的进步，但覆盖面不足，保障水平低的问题依然严重。此外，中国还存在劳资关系协调机制不健全的现状，需要进一步完善劳动监察局的纠纷调解机制和执法机制，劳动合同的覆盖率，尤其是中小企业的覆盖率还不高，要建立和谐的劳动关系任重而道远。

4. 从充分就业来看，就业总量压力依然较大

之后的发展阶段中，中国的劳动年龄人口仍将保持在9亿以上，每年必须在城镇就业的新成长劳动力将超过1500万人，登记失业人数将达到近1000万人，每年必须转移一定数量的农村剩余劳动力。城镇地区的就业增长占据了中国绝大部分的比例，必须增加城市就业，这是解决中国相关就业问题的重要环节。统计数据表明，2020年中国的城镇化率已经达到了63.89%，但与发达国家相比，依旧低于平均水平，城市地区吸收农村剩余劳动力的潜力尚未完全发挥出来。2018年，中国第三产业工人占比只有46.3%，与发达国家相比，这个数值较低。第三产业是吸纳就业的主要产业，其缓慢发展不可避免地导致了工作岗位的短缺。近年来，以外向型制造业产业工人和进城务工人员为主的"存量劳动力"的就业问题突出，而农村剩余劳动力的增加和以大学毕业生、退伍军人为主的"增量劳动力"的供给压力并没有缓解，中国劳动力供不应求的总压力依然存在。

（二）中国收入分配高质量发展面临的主要问题及其分析

1. 加强统计能力建设，提高数据的有效性

中国的国土面积和经济规模都非常大，这就意味着统计工作的开展具有复杂性，统计任务艰巨。然而，与发达国家相比，中国的相关制度和工作质量依旧存在很大的差距。因此，必须继续推进统计能力建设，包括推进统计体制改革、利用大数据等先进信息化技术，获取及时有效且科学合理的数据。

2. 考虑地区差异，灵活运用评价指标体系

一个经济体的目标增长方式也是使该经济体的生产成本最小化的增长方式，而这是由该经济体的要素禀赋结构决定的。根据中国的基本国情，中国的收入分配体制机制必须建立在促进社会公平、实现效率的基础上。

然而，中国幅员辽阔，各个地区的资源禀赋、发展程度以及社会结构都有很大的不同，在构建收入分配指标体系时要根据实际情况的不同进行调整，在实施过程中不能机械地套用，而应保持灵活性，允许不同区域根据自己的条件，基于评价指标池，在选择个别指标和个别指标值方面有所不同。

3. 科学设置目标值，加强指标与政策的联动

基于所收集的中国收入分配各年历史数据，并对其进行分析得出的变化特性、所呈现的特定模式以及数据的边界限制，加上世界上其他国家的历史数据来考虑，在宏观层面全面分析与相应指标的关系，以保证各个指标的目标值具有较强的客观性与科学性，从而真正起到促进社会公平、实现收入分配高效率的重要作用。此外，指标数据的演变有助于观察收入分配在体现效率和促进公平方面的总体表现，把握体现效率、促进公平的收入分配制度建设的进展，回顾收入分配为适应质量发展的要求而发生的变化，诊断构建体现效率、促进公平的收入分配体系存在的问题等。当然，关于指标体系和指标分析所反映的问题，必须有相应的"政策工具箱"，中央和地方政府可利用相应的措施和手段，推动构建体现效率、促进公平的收入分配制度。因此，必须加强对收入分配政策与效率的研究，建立合理的收入分配评价指标体系，为各级政府工作的开展提供指导意见。

4. 将评价指标纳入中央和各地方收入分配工作的考核指标

根据中央、地方以及各部门提交的实际观察数值，定期或不定期评估和衡量国家和地方的收入分配制度的推进、收入分配现状和相关工作的进展，根据目标导向，评估其能否促进公平、提高效率，找出存在的主要问题，为目前和未来阶段确定优化和改进的方向。此外，根据目前全国和地方的收入分配建设现状，给出分类指导，以差异化的方式实施体现效率和促进公平的收入分配状态评估和优化，稳步推进国家和地方的收入分配制度建设，为构建体现效率、促进公平的收入分配制度提供坚实、牢固、可靠的基础。

（三）新发展阶段"劳有所得"高质量发展面临的其他困境

随着数字经济时代的到来，社会上催生出一大批新兴职业。新职业产生于社会职能的进一步深入分工，能够有效调节并充实所有的收入分配机制，有利于推动国民经济的发展，满足人民日益增长的美好生活需要。就业政策的支持、数字技术的赋权、就业观念的转变是其发展的现实基础。在智能机器人等先进技术的推动下，产生了许多与其相关的新职业，如人

工智能工程技术人员、人工智能训练师、智能制造工程技术人员等。这些新职业的出现，为人工智能产业的快速增长和数字化产业基础设施建设的拓展提供了重要动力。区块链在诸多领域有着广泛的应用场景，包括数字货币、金融、会计审计、供应链、仓储物流、医疗、国际反恐以及预防跨国犯罪等，也催生了区块链工程技术人员、区块链应用操作人员等新职业，带来了大量的工作岗位。基于大数据的发展，未来企业需要推进数字化转型的进程，其核心技术就是云计算。与其相关职业的出现能够吸纳一大批熟练掌握相关技术的人才投身于推动企业数字化、信息化发展的事业。目前，大数据的应用日益深入并广泛渗入各行各界，如工业、政务、电信、交通、金融、医疗、教育等领域，并逐渐扩展到生产、物流、供应链等基础业务，进而发明出了大量基于大数据技术的应用，可以看出，大数据已经渗透到了人们生活与发展的各个方面。虽然大数据与各类业务深度融合的发展导致一些传统职业的消亡，但其推动了更多以前不存在的新型职业的产生并蓬勃发展。目前，这些新兴职业的发展时间不长，还没有比较牢固的成长基础，劳动中的各个环节发生了较为深刻的变化，包括劳动的主体、进行劳动的形式以及劳动者社会保障等方面，传统的工会组织和劳动者权益保障模式面临转型和现代化。

## 第四节　中国社会保障"劳有所得"高质量发展的实现路径

### 一　中国社会保障"劳有所得"高质量发展的目标向度

（一）"劳有所得"高质量发展的方向

目前，中国已经进入社会主义发展新阶段，这就意味着中国经济的发展面临新命题，不仅强调速度增长的快慢，更多地关注发展的质量。同时在就业方面不再单纯地关注就业率的增长，更多地要求实现更高质量的就业。推动高质量就业对于实现人民获得感以及社会公平正义意义重大。首先，实现更高质量的就业能够推动经济可持续发展，有利于增强人民获得感。随着经济社会的发展，人们的基本物质需求得到保障，因而不仅满足于获得就业的机会，更多地需要从高质量就业中增强获得感与幸福感。例如，近年来新生代农村劳动力向城镇转移，其不仅考虑工作机会的获得，而且更多地考虑工作环境的适宜度、工作稳定性、发展前景等。自改革开放以来，人民的物质生活普遍得到改善，为了全面建成小康社会，打好脱贫攻坚战，必须重视中低收入、贫困群体的物质需求以及获得感。2021年，中国实现了全面建成小康社会的伟大目标，标志着中国进入逐步实现共同富裕的新征程，人民群众的物质需求基本得到满足。但人民在处于相对贫困阶段时，会更多地关注物质生活之外的因素，因此必须强调人民获得感这一重点。其次，实现更高质量就业有利于维护社会公平正义。面对实现共同富裕的伟大目标，以及国家人民对公平正义的关切，必须提高就业质量，从而改善人民生活，实现人民的利益，促进人民幸福、社会和谐发展。在"劳有所得"领域，尤其要构建和谐劳动关系，促进社会和谐稳定发展。因而，实现更高质量就业，保证人民群众就业机会的公平，既是有效推动社会公平正义的重要保障，也是今后中国特色"劳有所得"高质量发展的重点方向。

（二）"劳有所得"高质量发展的目标

就业为人民群众提供了物质保障，是其生存与发展的基石。在现代社会结构和生产制度下，不同的人有不同的特质和分工，在社会化生产中处于不同的功能位置并发挥各自的作用，工作是个体生命全过程的重要组成部分。从投入产出的适配性来看，"劳"就是劳动、就业，"得"就是收入、分配，投入的劳动应该与获得的收入对标。从过程规范性上讲，"劳有所得"的前提是促进就业，提高就业质量，重点过程是维护劳资双方合法权益，促进良好合作关系。从目的合理性上讲，最终结果是实现合理分配收入，实现人民的获得感，充分体现社会公平。目前，中国正处于经济增速放缓阶段，面临较为复杂的内生性问题，风险挑战依然较大。而就业作为保障民生的基石，高质量就业能够促进社会稳定，而就业波动将会影响人民生存与发展，不利于社会和谐发展。党的十八大以来，为了提高就业率，党和国家出台了一系列的政策措施，促进公平竞争就业机会、保障劳动者权益，推动劳动就业与收入分配相匹配，不断缓解经济结构与劳动力结构不对应的矛盾，缩小收入分配差距，强调社会公平。

## 二 中国社会保障"劳有所得"高质量发展的主要测度

（一）主要测度指标与高质量发展指数设计

"劳有多得"高质量发展是新时代使命的根本要求，也是"劳有所得"自我演进发展的内在遵循，更是改革发展的根本出路。必须加快推动高质量发展指标体系的形成，充分发挥其在推动高质量发展中的地位和作用。其中，更高质量和更充分就业能充分反映出当前中国劳动就业相关工作的基本要求，既与中国劳动就业高质量发展一脉相承，也与中国当前根本矛盾相适应。从劳动就业角度出发，对其进行测度评价，建立起了量化的指标体系，才能更加明确"劳有多得"高质量发展的进展情况。而在建设"劳有多得"高质量发展的战略目标过程中，建设体现效率和促进公平的收入分配体系是其中必不可少的环节。随着经济发展新阶段的到来，推动收入分配的效率与公平是实现"劳有多得"高质量发展的必然要求。为实现对新时代"劳有所得"高质量发展的动静态测度和精准预测，在深刻理解"劳有所得"高质量发展的基本内涵上，结合《"十四五"就业促进规划》《"十四五"公共服务规划》《人力资源和社会保障事业发展"十四五"规划》《中华人民共和国国民经济和社会发展第十四个五年规划和2035年远景目标纲要》，构建了涵盖劳动、就业、收入、分配在内的17个二级指标的中国"劳有所得"高质量发展指标体系，并根据《中国统计年鉴》《中华人民共和国国民经济和社会发展统计公报》《中国民政统计年鉴：中国社会服务统计资料》的相关数据对各项指标的目标值进行测算，具体指标设计如表5-7所示。

表5-7　　　　中国"劳有所得"高质量发展指标体系

| 类别 | 权重 | 指标 | 指标来源 | 2020年水平 |
|---|---|---|---|---|
| "劳有所得"高质量发展指标体系 | 0.08 | 城镇新增就业（万人） | 《"十四五"就业促进规划》 | 1186 |
| | 0.05 | 城镇调查失业率（%） | 《"十四五"就业促进规划》 | 5.2 |
| | 0.05 | 城镇就业占比（%） | 《"十四五"就业促进规划》 | 61.6 |
| | 0.05 | 全员劳动生产率增长（%） | 《"十四五"就业促进规划》 | 2.5 |
| | 0.08 | 劳动报酬占比（%） | 《"十四五"就业促进规划》 | 52.1 |
| | 0.05 | 开展补贴性职业技能培训（万人次） | 《"十四五"就业促进规划》 | 2700 |
| | 0.05 | 参加各类补贴性职业技能培训人数（万人次） | 《"十四五"公共服务规划》 | 1800 |
| | 0.05 | 劳动年龄人口平均受教育年限（年） | 《"十四五"就业促进规划》 | 10.8 |
| | 0.05 | 新增劳动力受过高等教育比例（%） | 《"十四五"就业促进规划》 | 53.5 |
| | 0.05 | 城镇登记失业率（%） | 《人力资源和社会保障事业发展"十四五"规划》 | 4.24 |
| | 0.05 | 劳动人事争议调解成功率（%） | 《人力资源和社会保障事业发展"十四五"规划》 | 70.6 |
| | 0.05 | 劳动人事争议仲裁结案率（%） | 《人力资源和社会保障事业发展"十四五"规划》 | 96.2 |

续表

| 类别 | 权重 | 指标 | 指标来源 | 2020年水平 |
|---|---|---|---|---|
| "劳有所得"高质量发展指标体系 | 0.05 | 劳动保障监察举报投诉案件结案率（%） | 《人力资源和社会保障事业发展"十四五"规划》 | 99 |
| | 0.08 | 基尼系数（%） | 《中华人民共和国国民经济和社会发展第十四个五年规划和2035年远景目标纲要》 | 46.8 |
| | 0.08 | 居民人均可支配收入（元） | 《中华人民共和国国民经济和社会发展第十四个五年规划和2035年远景目标纲要》 | 32189 |
| | 0.05 | 城乡居民人均可支配收入比（%） | 《中华人民共和国国民经济和社会发展第十四个五年规划和2035年远景目标纲要》 | 39 |
| | 0.08 | 居民人均可支配收入实际增速（%） | 《中华人民共和国国民经济和社会发展第十四个五年规划和2035年远景目标纲要》 | 8.1 |

## （二）"劳有所得"高质量发展指数中长期预测目标

本部分结合社会主义现代化建设目标与高质量发展要求，在"劳有所得"高质量发展指标体系基础上，制定出"劳有所得"高质量发展的中长期预测目标，表5-8中共有17项指标，权重值是本书课题组按照德尔菲法对全国50位专家进行三轮问卷调查得到的最终结果，赋值权重计算到小数点后三位。分别列出的2035年中期远景目标与2050年长期远景目标以2005年以来的相关数据建立预测模型统计所得，对于之前没有相关数据的指标，根据上述相关"十四五"规划对于指标的目标，结合经济发展总水平给出预测结果，如表5-8所示。

表5-8　　中国"劳有所得"高质量发展中长期预测目标

| 类别 | 权重 | 指标 | 2020年水平 | 2035年目标 | 2050年目标 |
|---|---|---|---|---|---|
| "劳有所得"高质量发展指标体系 | 0.08 | 城镇新增就业（万人） | 1186 | 1000 | 980 |
| | 0.05 | 城镇调查失业率（%） | 5.2 | 5.0 | 5.8 |
| | 0.05 | 城镇就业占比（%） | 61.6 | 70.0 | 75.0 |
| | 0.05 | 全员劳动生产率增长（%） | 2.5 | 3.0 | 3.5 |
| | 0.08 | 劳动报酬占比（%） | 52.1 | 58.0 | 65.0 |

续表

| 类别 | 权重 | 指标 | 2020年水平 | 2035年目标 | 2050年目标 |
|---|---|---|---|---|---|
| "劳有所得"高质量发展指标体系 | 0.05 | 开展补贴性职业技能培训（万人次） | 2700 | 3500 | 4200 |
| | 0.05 | 参加各类补贴性职业技能培训人数（万人次） | 1800 | 2500 | 3000 |
| | 0.05 | 劳动年龄人口平均受教育年限（年） | 10.8 | 11.2 | 11.5 |
| | 0.05 | 新增劳动力受过高等教育比例（%） | 53.5 | 60.0 | 65.0 |
| | 0.05 | 城镇登记失业率（%） | 4.24 | 3.68 | 3.20 |
| | 0.05 | 劳动人事争议调解成功率（%） | 70.6 | 80.0 | 85.0 |
| | 0.05 | 劳动人事争议仲裁结案率（%） | 96.2 | 97.0 | 98.0 |
| | 0.05 | 劳动保障监察举报投诉案件结案率（%） | 99 | 100 | 100 |
| | 0.08 | 基尼系数（%） | 46.8 | 42.0 | 38.0 |
| | 0.08 | 居民人均可支配收入（元） | 32189 | 40000 | 45000 |
| | 0.05 | 城乡居民人均可支配收入比（%） | 39 | 50 | 65 |
| | 0.08 | 居民人均可支配收入实际增速（%） | 8.1 | 8.5 | 8.8 |

## 三 中国社会保障"劳有所得"高质量发展的保障措施

### （一）坚持就业优先战略和积极就业政策

所谓就业优先，就是把促进就业放在经济社会发展的首要位置。我们需要实施更加积极的发展战略，加大对就业的投入力度，以此创造更多的就业机会，完善人力资源的协同发展机制，充分开发利用现有劳动力和潜在劳动力，在推动经济社会发展的整个过程中，必须始终强调就业的重要作用，推动就业质量的提升。坚持就业优先战略，首先需要发挥党政部门的主体作用，在重要工作议事日程中纳入相关事项，推动完善就业高效发展体系，在政府绩效考核的标准中添加促进就业发展的重要指标，并将指标落实到部门。其次需要社会各组织、相关部门积极地参与到战略实施的过程中，积极响应党政机关的号召，增强大局意识，推动组织与组织之间、部门与部门之间的协调配合，把推动就业融入日常工作开展的全过程，充分发挥自身优势，推动组织部门内部相关制度的制定，以此促进就业。此外，更需要各级人力资源社会保障部门充分发挥主动性。作为专管就业创业工作的部门，积极主动地发挥部门的职能，制定相关政策，充分发挥中国人力资源的优势，推动合理的人才流动方向，根据现存的基本情况有效地进行资源配置，完善收入分配制度，积极推动就业政策的施行。

需要推动就业政策与现有其他政策相协调，与各项配套措施相适应，达到整体大于部分的作用效果，主动落实积极的就业政策，加大政策的投入与执行力度，简化各项政策的程序，最大限度地让人民群众享受就业政策的福利，为需要就业的人提供便利。需要监督各级部门的政策执行效果，将就业政策落实效果加入地方政府的考察标准。在执行过程中，以目标为导向，根据具体实施情况，在执行过程中保持敏锐性，及时对发生的问题进行处理与解决，将需要执行的政策落到实处。实时关注多变的就业发展趋势，提前制定政策，随时应对现实挑战。

（二）开展职业技能培训和鼓励创业带动就业

要推动就业高质量发展，必须开展并加强职业技能培训，以此促进就业，缓解现有就业结构方面存在的问题。作为职业技能培训中的重要组成部分之一，创业培训能够有效提高劳动者的创业能力。在当前就业竞争压力大的情况下，推动劳动者创业意味着创造更多的就业机会，在一定程度上能够有效缓解劳动者的就业压力。鼓励劳动者在各个行业领域开展创业活动，以推动创业就业的发展。

一方面，需要改进支持自主创业的政策。政府应该从鼓励人民群众自主创业开始，通过在税收、小额贷款、社会保险补贴、商业和企业管理等方面为需要创业的人提供便利，通过降低创业的准入标准，降低创业投入成本和过程中的风险，为创业创造有利环境。制定覆盖面广泛的优惠政策，拓宽扶持创业的种类、范围，为全体创业人员提供帮助。另一方面，应推动就业观念教育。随着国有企业改革、经济结构调整和事业单位分类改革，中国对就业岗位的需求越来越大，针对这一现状，需要进一步推动非公有制经济组织就业以及灵活就业，在就业方式以及职业类型日益多样化的现实背景下，劳动者应该平等地看待各类工作，主动适应就业环境的变化，或者找工作，或者创业，以各种形式开展自己的业务，如派工、家政服务、大企业业务外包等。

（三）提供全方位公共就业服务

随着"互联网+"、大数据的深入发展，对提供全方位的公共就业服务提出了要求。针对信息不对称这一重要问题，要建立智能就业服务平台，解决劳动力与工作岗位的错配问题。将失业人员在档案中登记注册，在固定的时间里主动联系并针对个人情况的不同提供不同类型的服务，定期提供后续服务。为失业人员登记注册提供更多的途径，并为其申请享受相应的失业保险提供便利，取消户籍限制，放松申请失业保险的时间限制，并结合网络服务平台的使用，全面实现网上申请领取。为能力水平不足的就业困难者提供有针对性的、不收费的就业服务，通过开展职业培训提高就业技能，以此推动就业困难者就业。实施社会保障和就业补贴政策，开发更多具有公共服务性质的工作岗位，鼓励企业吸纳就业困难人群。

（四）破除妨碍人力资源社会性流动的体制机制弊端

首先，要明确地方政府的政策底线，进一步拉动公共服务由人民共享，不产生新的"推力"，否则会对经济社会造成不利影响。其次，农民工户籍制度和公民身份改革具有国家性质，能够推动社会稳定发展，其作为典型的公共物品，具有正外部性。因此，中央政府应该进行高层次的设计，扩大财政管理的范围，和地方政府分担与农民工公民身份相关的额外开支，增加中央政府的责任。

（五）完善政府、工会、企业共同参与的协商协调机制

不断加强"完善劳动关系协调机制"的高层次设计和战略安排，在全国范围内实施劳动合同制度，引入集体协商和集体合同制度，健全政府、工会、企业三方劳动关系协调机制；"完善劳动关系纠纷调解机制"。通过制定法律、管理劳资关系的机构和机制，并深入开展建立和谐劳资关系的活动，企业能够规范劳动者就业，改善劳动安全环境，注重和强调劳动者的身体健康与心理健康，合理提高劳动者工资，从而有效预防和解决劳动争议，构建和谐劳动关系。建立相关体制机制，有利于劳资协商，劳动者基于自身应有的权益，及时有效地与公司沟通和协商，使劳资纠纷在公司内部得到妥善处理，从而避免冲突和悲剧的发生。

（六）坚持按劳分配原则和完善按要素分配的体制机制

坚持按劳分配原则，就是根据劳动者的劳动程度分配相对应的劳动所得。人民群众通过使用劳动力会产生相应的必要价值和绝对剩余价值，因此必须归属劳动者。完善按要素分配的制度机制，意味着须建立要素贡献流向要素所有者的制度机制。坚持按劳分配原则，完善按要素分配体制机制，目的在于实现劳动的贡献流向劳动者，资本的贡献流向资本所有者。新时代经济社会发展对现有体制改革提出了要求，要建立和完善国有资本授权经营体制，深化国有企业改革，发展混合所有制经济，鼓励和探索生产资料个体所有制形式。对新时代经济体制改革的重点有一个辩证的认识，在理论与实践方面，都具有重要的价值和意义。

在《资本论》中，马克思清楚地分析了劳资对立的理论来源：剩余价值由劳动者劳动产生，但剩余价值的生产以及再生产是由于资本的剥削，出现了劳动者不能参与剩余价值的分配问题，而其全部被资本瓜分。

在中国特色社会主义发展初期,劳资关系存在一个很重要的问题,即不能保证收入的初次分配的公平,对于经济社会的发展,劳动者并不能公平合理地获得与享受其伟大成就。首先,要坚持按劳分配原则,完善按要素分配的体制机制,不能只要求劳动人民提高其生产效率,相应地要提高其所应得的报酬,使各个要素共同享受经济发展成果。其次,劳动报酬的计量不仅包括生产一线工人的报酬,在新技术革命的条件下,应更多地考虑技术和管理方面的工作,马克思认为这些要素的劳动是生产劳动,他们获得的收入应被视为劳动报酬,而应以较高的比例支付,是复杂的劳动,充分反映了他们劳动的贡献。最后,马克思在分析当时资本主义工资的决定时认为,工资代表着劳动力商品的价值,工资的决定会受到历史因素和道德因素的影响。随着中国特色社会主义进入新时代,社会主要矛盾发生改变,人民对美好生活的需要日益增长,要求也越来越高,因此,如今劳动力的生产活动必须投入更多的时间与价值,对于衡量劳动力价值的标准,应该包括更多要素,如教育、保健和住房的费用。我们应该改善企业的股权结构,完善企业的薪酬制度,着力改善劳资分配的问题,让劳动者参与产品价值的分配,并保证其获得应有的报酬,保证初次分配的公平与效率。

# 第六章 "病有所医":医疗保险与医疗服务高质量发展

## 第一节 "病有所医"高质量发展的理论内涵与分析框架

### 一 "病有所医"高质量发展的理论基础

(一)何为"病有所医"高质量发展

实现"病有所医"高质量发展的关键在于建立健全基本医疗保障制度。总体来看,中国医疗保障制度内容的基础是医疗救助,主体部分是基本医疗保险,补充拓展部分是大病保险。具体来说,医疗救助是国家为医疗困难人群提供社会救助的一种方式,它具有一个基本功能。基本医疗保险包括城镇职工基本医疗保险和城乡居民基本医疗保险,其覆盖面最广。大病保险是对基本医疗保险的有益补充,因为它能够在基本医疗保险报销的基础上为患者报销高额医疗费用。为了促进"病有所医"的高质量发展,有必要准确明晰这一概念的基本含义。在"十四五"时期,本书认为"病有所医"的高质量发展将需要实现从数量到质量的转变。把全民覆盖作为前提,通过一系列的方式方法、方针政策,健全兼具效率与公平、可行与便利、具有可持续发展性的基本医疗保障制度。

(二)健康生态学模型理论

生态学在生物科学领域最早出现并应用,其观点强调个人行为重点受环境的影响。后来由于多学科的发展融合,在公共卫生、行为科学、预防医学领域被广泛应用,并以此为基础衍生出其他生态学模型,如健康生态学、社会生态学等。健康生态学将健康领域和生态学理论相结合,优势在于其理论指出了影响健康的多层次因素问题,并且认为一切层次的因素都能够相互联系与影响,并相互作用于个人、人与人之间、社区、组织、政府等。

健康生态学模型结构共分为五个层次。核心层即第一层为个人特质，主要包括先天性的相关指标，如性别、年龄等；第二层为个人的行为特点；第三层为人际网络，主要包括与家人和朋友的关系等；第四层为生活和工作条件，包括家庭的经济收入、生活水平、职业类型等指标；第五层为政策环境，这一层主要包括宏观层面的指标（见图6-1）。

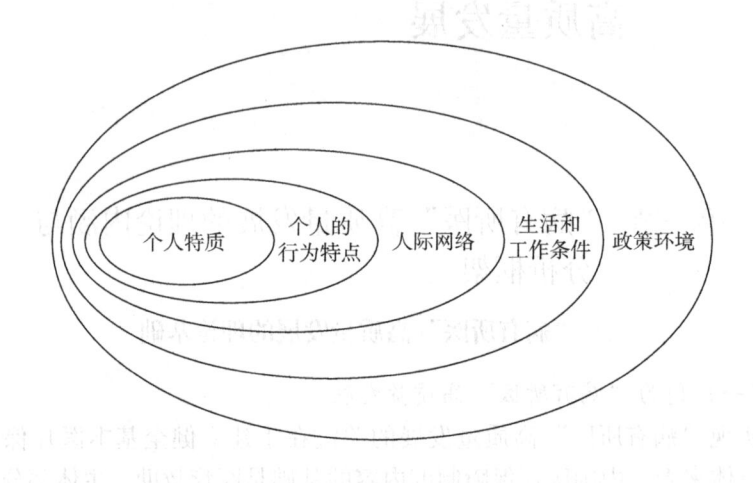

图6-1 健康生态学模型理论

（三）大数定理

"大数定理"是概率论历史上的第一个极限定理，是概率论和数理统计学的基本定律，属于弱大数定律的范畴。它是一个描述随机变量序列的算术平均值向每个随机变量的数学期望值的算术平均值收敛的规律。其法则倾向于在随机事件的重复中显示出几乎不可避免的模式规律。简言之，这个定理是给定一个随机事件进行大量重复的恒定试验，随机事件的频率大约等于它的概率。它具有随机性中存在某种必然性的特点。大数定理研究的是随机现象统计规律性的一类定理，当我们大量重复某一相同的试验时，其最后的试验结果可能会稳定在某一个数值的左右。就像掷骰子一样，当我们一直地掷，掷个成千上万次，我们会发现，骰子每个点数朝上的次数都会稳定在某一个数值左右。此外，还有著名的蒲丰投针实验等。这些试验都给我们传达了一个共有的信息，那就是大量重复试验最终的结果总会较为稳定。可稳定性怎么定义？如何用数学语言把它表示出来？其中是否存在什么规律性？是偶然一次的还是必然的？这些问题其实都是大数定理要研究的。

1713年伯努利提出大数定理，几百年来数学家不断努力研究，大数定理发展迅速，大数定理体系目前已经相对完善。此外，大数定理在保险业中的运用也十分广泛。长期以来的实践表明，风险单位数量越多，实际损失的结果就会越接近从无限单位数量得出的预期损失结果。为此，保险人就可以较为精准地预测危险，合理确定保险费率，使收取的保险费与损失赔偿及其他费用的开支在保险期限内相平衡。大数定理是近代保险业得以建立的数理基础。保险公司分析承保标的发生损失的相对稳定性是用个别情形下存在的不确定性将在大数中消失的这种规则性。依据大数定理，保险公司承保的每类标的数目必须达到一定数量；否则，缺少一定的数量基础，就不能产生所需要的数量规律。

（四）信息不对称理论

信息不对称理论是指不同群体对市场经济相关信息的了解程度有所差异。那些消息灵通的人往往会在市场环境中占据相对有利的地位，而那些消息不灵通的人处于相对不利的地位。该理论认为，在市场上，卖家比买家拥有更多关于商品的信息。消息灵通的一方可以向消息不灵通的一方提供可靠信息，并从市场中获益。买方和卖方之间了解信息较少的一方将力图从另一方获得信息。弥补信息不对称的问题，市场信号在一定程度上可以做到。20世纪70年代，阿克罗用其"柠檬"模型分析了二手车市场，开创了逆向选择理论。在二手车市场上，只有卖方知道汽车的实际质量，而买方只知道汽车的平均质量，所以买方愿意根据平均质量来付款；而在任何给定的二手车价格下，车况最差的车主最迫切想将他们的车卖出；这些车况最差的车被买家买回家后，才会慢慢发现它的缺陷；一段时间后，卖家可接受的旧车均价会下降，其他拥有最少缺陷的汽车车主会认为把它们留给自己比在此时将车卖出更划算；这表明留在市场上出售的汽车的平均质量会越来越差。

由此认为，当价格不断下跌时，会存在逆向选择效应：所持有产品的质量高于平均水平的卖者会撤出交易市场，只有所持有产品质量较低的卖者才会进入市场。将此模型在整个商品市场拓展开来，逆向选择突出了劣质产品在市场上的负面影响：它们以较低的价格出售，这会排挤高质量的产品，破坏消费者对市场的信心，导致市场萎缩，最终降低整个社会的福利水平。可是，生产者和消费者都可以找到更好的方式来沟通和寻求信息。首先，制造商可以提供担保或凭借广告效应来提醒消费者注意优质产品。其次，可以建立独立的质量监督和认证机构，帮助消费者识别劣质产品。最后，可以采用合同补救措施（约束交易双方行为的合同）和声誉补救措施（允许能够提供优质产品的制造商获得额外关于声誉方面的利润）。以此类推，如果制造商的声誉受到质疑，制造商必须损失一部分的利润（这将使声誉成为一个重要的信号）。

## 二 "病有所医"高质量发展的必要性与重点建设内容

### （一）"病有所医"高质量发展的必要性

#### 1. 人口老龄化加速

国家统计局发布的《第七次全国人口普查公报》显示，在过去10年中，60岁及以上人口增加了48.62%，占总人口的18.70%。人口老龄化的加速给基本医疗保险制度的完善带来了一些挑战，其中包括以下几点。首先，中国有大量的老年人，他们的整体健康状况并不好，即大多数人患有一些基础疾病，还有大量的失能和半失能老年人，他们获得的医疗资源有限，需要高额的医疗费用，这都导致了此类人群将面临更高的健康风险。其次，老年人口规模的不断扩大加深了其与医疗保险基金可持续发展间的矛盾[1]，依据国家目前实施退休人员不用缴费的政策以及人口老龄化的趋势，医疗保险基金面临巨大压力。[2] 最后，在农村医疗资源不足的情况下，农村人口仍然越来越倾向回村养老，导致农村地区人口老龄化的情况越来越严重。

#### 2. 新业态从业人员增多

新业态从业人员是指灵活受雇为个体劳动者的员工，包括以无雇主、多雇主和新标准劳动关系为特征的新就业形态的从业人员。随着国家关于新业态就业政策的进一步出台，未来新业态从业人数有望快速增长。新业态从业人员在参与现行基本医疗保障制度时面临如下困难：首先，在市场因素的影响下，新业态从业人员的工作大多缺少稳定性，工作机遇与资金收入存在较大波动性，难以持续支付医保。其次，以当前《中华人民共和国劳动法》与医疗保障体系的现行规定，购买城镇职工基本医疗保险需要新业态从业人员与企业之间确立劳动关系，而这点较难认定。这些系统的不完善规定以及投保人自身的工作因素会影响他们购买城镇职工医保

---

[1] 丁继红、游丽：《基本医疗保险对老年人灾难性卫生支出的影响研究》，《保险研究》2019年第12期。
[2] 郑秉文：《"十四五"时期医疗保障可持续性改革的三项任务》，《社会保障研究》2021年第2期。

的稳定性，从而降低他们的医疗保障质量并且给医疗保险基金的良好运行带来一定的风险因素。

3. 流动人口规模较大

2019年底，中共中央办公厅、国务院办公厅印发的《关于促进劳动力和人才社会性流动体制机制改革的意见》提出，全面放宽城镇常住人口300万—500万人的大城市落户条件。改革意见一经落实，造成了大量农村居民涌入城市，导致流动人口结构进一步变化，而这一变化给基本医疗保险制度带来一定困境。一方面，由于劳动力从农村转移到城市地区，城市人口进一步增长。同时，老年人随子女迁入城市，增加了城市中老年人的数量，这进一步增加了人们对城市医疗服务的需求，对城市医疗服务的供给提出了更高的要求。另一方面，异地就医结算关系到不同地区参保人的权益，其中也包括流动人口。不同地方的医疗信息系统缺乏互联互通，医疗服务所在地和参保地的报销政策不同，可能会给基金的监管带来困难，并带来医疗服务不规范、过度医疗等问题。

4. 疾病谱发生极大变化

目前，随着中国经济的高速发展，越来越多的民众由乡村和较边缘的城镇转移至大城镇和部分核心城市工作、学习与生活。另外，国家经济的高速增长也使民众的收入有了较大提升，与此同时对大众的生活方式与身体健康也产生了较大的影响。人民生活质量与生活水平的增长虽然极大地增加了整个社会人们的平均寿命，但也带来了一些问题，如影响中国居民寿命的因素由原先的传染病逐渐向慢性病转移。有数据显示，目前，中国患有慢性病的人数高达3亿，中国死亡人数也有八成是源于慢性病的。更值得令人关注的是，越来越多的年轻人也开始受到各类慢性病的困扰，如高血压、糖尿病等病症已经呈现年轻化趋势。在这样的现状下整个社会会因为这些问题产生更重的负担。从医疗费用的角度来看，因慢性病导致的医疗费用占卫生总费用的比例已经下降至30%以下，但是慢性病所需的支出依然在家庭医疗支出中占有超过30%的比例，这有可能形成城乡居民的巨大风险。疾病种类的变化要促使中国在未来医疗保障管理服务的模式方面进行革新，重点要突出怎样更好地推动现代健康管理以及如何构建行之有效的慢性病综合防治体系。

5. 健康需求不断升级

随着城市和农村居民生活水平的提高、预期寿命的增加，特别是在公共卫生事件暴发后，城市和农村居民的健康已成为社会关注焦点。①② 具体到卫生领域，城市和农村人口的需求已经从获得基本的卫生保障和服务转向更加公平、高效和高质量的卫生保障。因此，中国的医疗保险制度需要保障民众更加多样化、个性化、多层次的需求，这又需要在深化基本医疗保险制度改革的同时，推进生育护理保险改革和长期护理保险试点，大力推动互助保险、商业保险和慈善公益性医疗保险服务的发展。

（二）医疗保险高质量发展

1. 积极推进重大疾病医疗保险保障建设

中国现有的重大疾病医疗保险费存在欠缺的问题。中国目前逐渐步入老龄化社会，老年人口众多，并且由于人们生活条件的改善，人口的预期寿命在不断增加，因此人们对重大疾病的治疗需求也将增加。然而，目前治疗重大疾病的费用对许多家庭来说是一个沉重的负担。当下，中国的医保很难覆盖重大疾病的费用，尽管主要的商业保险公司已经推出了各种商业重大疾病保险，但目前的参与度很低。与发达国家商业保险费用占公共卫生费用的10%的份额相比，中国仅占2%，表明中国的商业保险发展还有很长的路要走。另外，中国商业重疾险的保障范围一般只到70岁，随着中国老龄化的加速，70岁的保障范围很可能无法满足人们对重疾治疗的需求，而且中国相关企业和单位对补充商业保险的宣传力度不够，导致很多人对这种商业保险认识不足。因此，目前中国的重疾健康保险需要与时俱进，更好地满足当今公众的具体需求。

2. 大力推进异地就医政策

实现"病有所医"高质量发展的关键是做到医保的流动性、公平性和可持续性，以保障人民群众在医疗保险方面的基本权益，提高人民群众的幸福感和生活满意度。在某种程度上，异地就医政策可以满足其要求。具体来说，推动医保高质量发展，既要调整政策本身，加强精细化管理；也要进一步深化医保制度改革，配合高质量发展目标，推进医疗服务体系和信息平台建设。然而，由于社会经济和人口因素，这项政策还未得到完全落实。并且，由于社会经济结构和人口结构的不断变化，地区医疗资源发展不平衡、不充分，不同群体之间医疗水平差距大，医保基金风险加大等问题逐渐显现，迫切需要从制度层面推动医保改革、发展医

---

① 李立清、龚君：《农村贫困人口健康问题研究》，《湖南社会科学》2020年第2期。
② 李立清、李燕凌：《经济欠发达地区中老年农民健康问题研究》，《统计与决策》2011年第6期。

保制度。①

异地就医直接结算是中国医保制度深化改革的结果，其发展是渐进的。随着中国卫生改革进入关键期，在国家层面进行深化改革以制度建设为重点是有必要的。一是积极推进基本医疗保险的省级统筹。坚持在条件允许的地区推进基本医疗保险省内统筹，逐步整合基本医疗保险制度，确保全省基本卫生和医疗服务的公平性、可及性和针对性。通过统一的基本医疗保险制度和统一的管理，国家可以通过财政协调逐步解决医疗保险的核算问题。二是国家可以对人民进行理念引导，改变人们参与基本医疗保险的方式。大量的人口迁移导致人口与家庭的分离表明，目前的医疗保险制度不能满足被保险人需求的情况，迫切需要改变。可从基于户籍的保险政策入手进行调整，以覆盖整个人口。三是医疗保险的覆盖水平需要统一。建立统一的国家医疗保险目录是解决支付医疗费用在不同地方面临不同待遇问题的基本办法。可以建立基本医疗保险目录为契机，将三大基本医疗保险目录合并，完善其动态调整机制。

异地就医直接结算是适应社会经济环境变化的一项积极的基本医保改革。其设计和发展也符合政策的演进逻辑：以发展高质量的医疗保险为价值取向，重点解决不同地区人们就医的实际困难；并利用信息技术平台和大数据技术提供平台与技术支持，促进公共服务的精细化管理，提高服务效率。此外，随着医保改革的深入和外部因素的变化，基本医保政策也从结算区域、结算对象、结算范围等方面不断调整。但是，如果我们只看技术和管理层面，仍然很难从根本上解决中国医疗保障体系发展的困境。异地就医直接结算的最终目的是在公平和便利的价值基础上提高医疗保险的质量。这不仅需要在技术管理层面对政策进行参数化调整，还需要对制度体系进行深入的推动。比如，要整合基本医保制度，加大医保统筹力度，从根本上改变参保方式，协调发展"三医"制度。

3. 大力发展以商业医疗保险为代表的补充性医疗保险

深化中国医疗保障制度改革，旨在构建以基本医疗保险、医疗救助、商业健康保险及慈善捐赠、医疗互助多方共同发展的多层次医疗保障体系。然而，由于各类保险的资金来源和性质不同，有必要明确不同保险种类在医疗保障体系中的定位，最终完善多层次医疗保障体系。一方面，对比基本医疗保险和医疗救助的区别可以看出，医疗保险来自被保险人、企

---

① 郑功成：《面向 2035 年的中国特色社会保障体系建设——基于目标导向的理论思考与政策建议》，《社会保障评论》2021 年第 1 期。

业和公共财政的多方支付，而医疗救助只来自财政支持。医疗保险本质上是一种可以长期预测并且较为稳定和规范的保障，其支付规则反映了权利和义务、缴费和收益间的匹配。而医疗救助帮助那些因为疾病导致贫困的人民，与医疗保险不同，它是一种基于底层的保险形式。医疗保险应该根据统一规范的治疗规则支付所有符合条件的被保险人的医疗费用，其余部分由个人自费。对于那些生活困难的人，应该按照个人医疗负担的比例，申请医疗救助来突破医疗保险目录的限制，再次提供保险保障。另一方面，从技术手段上看，基本医疗保险和商业健康保险虽然可以覆盖更多的低风险群体，而真正需要保护的高风险群体可能被排除在产品设计之外。政府应逐步通过政策的引导作用，以税收补贴的形式解决保险公司一定的资金压力来确保更多的人被医疗保险覆盖，并以高效的市场机制弥补国家层面实施的社会医疗保险的不足，实现商业健康保险的市场利益和社会利益的平衡。

（三）医疗服务高质量发展

1. 大力推动分级诊疗模式建设

实现分级诊疗的前提是重视基层首诊，这在先进国家和地区的实践中已经得到证明，并在中国制度设计中得以体现。因此，分级诊疗能否达到预期的政策效果，首先取决于基层首诊的实现程度。① 实现基层首诊的关键是基层医疗卫生机构的医务人员要获得广大人民群众的高度信任。在医疗卫生机构等级制盛行的情况下，人们无法准确了解卫生机构的所有信息，难以评估它们的医疗质量，对基层医疗卫生人员也没有足够的信任，这就会导致供需不匹配和缺乏针对性等一系列问题。鉴于此，值得进一步探讨中国分级诊疗的方向。需要明确的是，中国分级诊疗的重点应该是满足人民需求，特别是在中国迈向高质量发展的今天，满足人民群众对美好生活的需要，这就要求中国切实保障"病有所医"高质量发展。

对于现有的医疗体系，中国需要进行根本性改变，走向分级诊疗模式不能简单地照搬国外，因为照搬不一定符合中国的国情，而是要找出符合中国特色的分级诊疗模式。可以预见的是，这将在很多方面遇到困难，如资金成本高、困难大、需要多方支持等，但未来中国分级诊疗的发展仍有很多选择。首先，应在制度层面大力推行，努力创造更有利的条件，鼓励

---

① 申曙光、张勃：《分级诊疗、基层首诊与基层医疗卫生机构建设》，《学海》2016 年第 2 期。

有名气的医生下基层,巩固基层医疗。其次,针对民众更多样化的服务需求,应实施医改,促进医疗机构的多元化建设。最后,保持公立医院提供医疗服务的主体地位,同时下放区域性公立医院,允许各类医疗机构在布局上良性竞争、充分发展。无论如何,我们必须坚持以人为本的理念,践行高质量医疗服务的要求。

2. 大力推动区域公共卫生服务资源整合

缩小城乡差距一直是中国政府面临的难题,同时也是制约医疗服务高质量发展的关键因素。因此,要实现医疗服务高质量发展首先要大力推动区域公共卫生服务资源的整合,以缩小城乡之间的差距。政府在明确各类医疗机构职能定位和分工的基础上,为乡镇和农村医疗机构提供相应的物资和设备,加强基础设施建设。在整合乡、村卫生资源的同时,对不符合卫生医疗服务市场和医疗发展要求的医疗机构,应结合当地居民的需求和医疗机构的服务类型从医疗服务规模和结构等方面进行安置与重建,从而建立起完整的农村预防、医疗和康复医疗服务体系。此外,从供给端,扩大农村群体健康筛查的覆盖范围和其检查的范围,控制公共卫生项目的种类和数量,并结合农村城镇化建设,使公共卫生服务惠及更多的农村居民。

另外,针对农村居民的医疗服务需求,建立健全卫生系统的人力资源培训体系,加大农村高水平医疗人才的培训与资金投入力度,逐步提高农村卫生人力资源中高水平人才的比例。要充分发挥城市医疗优势,建立长期为农村地区医疗人员进行指导与输送医疗物资及人才资源的援助机制,在此过程中,要充分重视互联网优势,运用互联网、大数据等方式加强城市与农村在医疗方面的通力合作。并且,要制定一定的激励制度,如在职称评定、教育培训、岗位设置等方面给予一定的政策优惠,鼓励更多的城市优秀医疗人才去农村贡献力量。

3. 积极推进社会办医政策建设

目前,中国的私立医院普遍还没有达到可以与公立医院同等竞争的地位。[1] 公立和非公立卫生机构的发展非常不平衡,会对卫生服务的效率、公平性和可及性产生非常不利的影响。[2] 因此,必须促进社会办医机构的

---

[1] 毛咪咪、徐怀伏:《公立医院改革背景下社会办医的发展状况和政策建议》,《中国医院》2016年第5期。

[2] 何达等:《发展社会办医,促进卫生体系的服务效率与公平性》,《中国卫生资源》2017年第2期。

持续规范和健康发展,以提高卫生服务的质量和效率,提高资源的利用率。需要加强对社会医疗机构的监管和质量管理,增加私立医院的就诊人数。政府将出台政策,鼓励私人资本关注医疗服务的质量和效率,而不是医院的数量和规模,这将对可持续发展产生更大影响。民营医院也应注重提高医疗服务质量,以吸引患者,增加就诊量。① 在此方面,政府应完善医疗质量管理信息发布制度,宣传医疗质量管理的重要性,并运用互联网、大数据分析等新的监管手段,提高医疗服务的质量和水平。② 另外,为解决人们对社会办医机构的信任危机,政府可以通过政策方面的引导,促进社会办医机构加入医联体,提升医疗资源的利用效率;并在市场和社会的机制下,鼓励公立医院转变思维能够与社会办医机构通力合作,实现共赢。③

4. 坚持不懈、协同推进"三医"(医疗、医保、医药)联动制度

为推动中国医疗服务的高质量发展,构建中国特色医疗保障体系,需要进一步丰富"三医"联动工作的内涵,加大实施整合、创新和发展合作的力度。新时代医疗保险的改革和发展必须具有全局性、整体性、系统性和合作性的特点。医保、医疗和医药是紧密相联的,医保制度不能与其他两者分开。高质量的医保体系不仅取决于自身的调整优化,也取决于其他两者体系的同步优化。因此,有必要加快中国医疗卫生系统和医药供应系统的改革,让医生遵守职业道德,履行救死扶伤的责任,医保体系更加合理,医药供应系统稳步运行的同时追寻更合理的利益。这无疑是基本医疗保险、商业医疗保险、慈善保险等各级医疗保险制度持续健康发展的重要和必要前提,也是解决医患矛盾、促进居民健康的重要条件。

在政策落实的基础上,在医保领域,需要创新医保保障机制,构建全面协商、共同出资、共管共享的多元化医保治理模式。在这方面,所有可能涉及利益相关者的政策都需要与所有利益相关者进行协商。此外,当发生传染病等公共卫生突发事件时,应适当协调医疗保险基金和公共卫生服务基金的使用,促进"三医"联动。总之,中国实践表明,如果没有医疗服务和医药流通的有效合作,医保制度就会失去稳定的基

---

① 朱小平:《新医改背景下我国社会办医政策实施效果分析》,《中国医院》2018 年第 7 期。
② 赵洪文等:《四川省社会办医现状及发展策略研究》,《现代预防医学》2019 年第 6 期。
③ 岜怡:《我国社会办医发展中存在的问题及治理策略研究》,《中国全科医学》2016 年第 13 期。

础；没有医保制度的支持，医疗和医药行业的发展必然会受到限制。[①] 相关部门应实现多主体合作共赢，造福全体人民，保障人民群众全生命周期的健康服务。

5. 健全药品供应保障制度

推进医疗服务高质量发展需要进一步健全药品供应保障制度。调整药品和医用耗材集中采购的出入境准则，采取谈判模式调整采购清单。在"十四五"时期，应充分发挥药品和医用耗材在医疗改革中的重要作用。通过集中采购系统，药品价格过高的现象将得到遏制，医疗服务本身的价值将得到恢复。通过建立和实施以质量为基础的采购信用评价体系，不断扩大高质量、高需求的药品和医用耗材的采购，并在采购目录中移除低质量、低需求的药品和医用耗材。可以通过国家联盟实施谈判采购，最大限度地降低价格；考虑到不同地区对药品和医疗用品的具体需求，可以让各地依据实际情况在区域内实施谈判采购，从而提升各地区医疗保险部门参与改革的参与度。从供应条件和病人的感受方面来定义采购条件，并对采购目标进行多维度和整体评估。因此，除了考虑药品和医用耗材的供应条件，还应评估药品和医用耗材供应的盈利能力等，重点关注其是否符合标准。此外，还应定期开展研究，从病人的角度分析该模式的具体影响，以便选择最合适的药品和医疗设备。

## 三 "病有所医"高质量发展的分析框架

（一）"理念—结构—主体"分析框架

1. 制度理念目标

鉴于居民日益增长的健康需求与医疗保险供给不平衡不充分之间的矛盾，在新的发展阶段，要实现医疗保险的高质量发展，就必须树立医疗保险公平分配和可持续发展的制度理念。医疗保障制度的目标应从基本到适度，从局部到全面，从形式上的公平到真正的公平，从制度的扩展到效率的提高。这些目标源于将医疗保障的基本原则贯穿医疗保障体系建设的整个过程。这些目标的转变代表了新时代医疗卫生事业发展进入了新阶段，并获得了新的内涵，其本身就具备保护健康、维护公正、提高效率的理念。

第一，必须尊重、维护和发展医疗保障的基本和首要原则，以确保公平和促进其可持续性。平等是卫生部门和整个卫生管理系统所要追求的价

---

① 郑功成：《健康中国建设与全民医保制度的完善》，《学术研究》2018年第1期。

值。注重公平是健康促进的一个核心价值。医疗保险是卫生部门的一个重要组成部分，它为被保险人报销医疗费用，确保病人得到治疗，并在维护和促进健康方面发挥重要作用。因此，公平是医疗保障理念的执着追求。目前的城乡居民医疗保险整体上在城乡地区已经基本实现了公平，如果要实现实质性的公平，则需要进一步搭建城乡之间、不同地区之间的医疗资源桥梁，缩小社会经济发展间的差异，同时探讨实现全民医保的统一。除公平外，医疗保障基金的保障也取决于医疗保障基金的可持续性发展。总之，公平和可持续性是医疗保障的目标和理念。

第二，要顺应新时代的新发展，党的十九大报告提出了"保障适度"的目标，应及时创新调整医保制度使其符合保障适度的目标，从而实现医疗卫生发展成果的全民共享。在保障方面，我们经历了一系列观念上的变化，确定保障水平的机制也变得更加合理。与社会保障水平类似，医疗保障水平也要转变为适度保障。此前，新医改之前的医疗卫生发展和医疗保障目标是人人享有基本医疗服务和基本医疗保险，而新时代的医疗卫生强调全民、全方位、终身的健康管理服务。因此，健康保障的目标应该从现有的质量提升到更高质量。在提高保障水平和实现适度覆盖的同时，在财政可持续的前提下，应更加重视高效和便捷的管理服务。

2. 制度结构内容

医疗保障包括具体的系统要素，如治疗、融资、支付和监督。所有系统要素的最佳组合和科学配置是高质量医疗保险的内在前提条件。《中共中央 国务院关于深化医疗保障制度改革的意见》提出，力争到2030年建成以基本医疗保险为主体，以医疗保障为托底，以补充医疗保险、商业健康保险、慈善捐赠、医疗互助为核心的多层次健康保障体系。需要完善医药服务供给和医疗保障服务两个支撑。首先，筹资运作和待遇保障是系统前端和后端的两个环节，决定了医保资金的来源和去向，而支付是这两个环节的纽带。其次，基金监管保证了医疗保障基金的安全和可持续运行，确保医疗保障体系不受风险影响。此外，尽管医疗保障被定义为一个支持系统，但它们是被保险人获得医疗保障的"最后一公里"，并在一定程度上与融资和待遇相结合。最后，医药服务的供给既作为医疗保险制度的外部环境，又作为医疗保险的支付对象，它最终会影响到医疗服务的供应。如果说医疗保险通过医疗服务解决了"看病贵"的问题，那么医疗服务的提供本身就解决了"看病难"的问题。总之，这四个机制和两个支持系统是一种互为依托、相互作用的关系，只有通过科学配置才能形成系统的合力。

3. 制度责任主体

由于医疗保障制度的特点是第三方支付，医疗保障制度中的责任方和利益方是被保险人、保险公司和医疗服务机构。其重点应该放在不同的责任主体间的协作发展、实现各利益相关者间的互利共赢方面（见表6-1）。第一，被保险人是医疗保障制度的目标群体。为解决民众看病具有较大负担的问题，医疗保障制度向被保险人提供保障性服务。医疗保险制度的总体成败取决于被保险人对医疗保险制度的满意程度、他们对该制度的看法以及医疗保险制度解决高额医疗费用问题的方式。健康中国的建设关系到公民的健康，其基础是解决人民日益增长的健康需求与不平衡不充分的现有医疗制度之间的冲突。很明显，医疗保障的高质量发展存在于制度主体之间。有必要改善被保险人的满意度和满足感，达到管理他们的健康行为、改善他们的健康状况的目的，以满足人口日益增长的健康需求。如果没有高效的医疗和药品供应方，医保制度也会成为"无源之水"。因此，为保证医疗保险的高质量发展，有必要建立有效的激励和约束机制，通过卫生、医疗和医疗保险体系之间的积极协同，提高医疗和医药支持医疗保险的能力。

表 6-1　医疗保障高质量发展的制度责任主体及发展方向

| 责任主体 | 功能角色 | 发展方向 |
| --- | --- | --- |
| 被保险人 | 制度需求主体 | 提高参保个体对医疗保障的获得感和满意感，回应人民群众日益增长的健康需求 |
| 保险公司 | 制度供给主体 | 提升医保管理和经办机构的能力建设，助推医保的高效率发展 |
| 医药服务机构 | 制度功能载体 | 增强有效的激励和约束机制，强化医疗、医药对医保的支撑作用 |

第二，医疗保障管理机构主要参与医疗保险的提供。医疗保障管理和代理机构负责设计、管理和提供医疗保险系统。它们的作用渗透到医疗保险制度的整个链条和各个方面，在一系列政策的实施过程中，它们的管理能力和效率指导着整个制度的方向。然而，在实践中，这一机构很可能被"忽视"，这就是为什么高质量的医疗制度的发展必须关注医疗保险管理机构的能力建设，并在设计机制、物质资源、人力资源和技术工具等方面提供充分支持，以进一步提高医疗管理和服务的效率。

第三，医疗服务和治疗是医疗保障系统完成使命的手段。医保在保护人们的健康方面承担着重要责任，但医保不能单独发挥作用，必须通过医疗服务和药品，特别是医疗服务来实现。没有高效的医疗供应方，医疗保险根本无法向前发展。因此，医保的高质量发展需要建立必要的奖惩以限制行为的机制，并充分依托医疗、医药和医保间的良性协同。

（二）"病有所医"高质量发展重点研究内容及分析框架解释

本书"病有所医"高质量发展重点研究内容共包括两个部分，分别为医疗保险和医疗服务。在医疗保险部分，本书将基于大数定理，利用灰色 GM（1，1）模型对以中国基本医疗保险基金的结余进行预测，以解决医疗保险的可持续性问题，为下一步的政策制定提供参考；在医疗服务部分，本书将基于信息不对称理论、健康生态学模型理论，利用 OProbit 回归等模型对分级诊疗制度的健康效应进行评估，从而全面分析分级诊疗制度的健康提升效应（见图6-2）。

| | 研究内容 | 拟解决的关键问题 | 理论支撑 | 研究方法 | |
|---|---|---|---|---|---|
| 医疗保险 | 医疗保险金的结余发展趋势预测 | 分析医疗保险金的可持续性问题，为政策制定提供参考依据 | 大数定理 | 灰色GM（1，1）模型 | 病有所医：高质量发展 |
| 医疗服务 | 分级诊疗的制度效应评估 | 分析分级诊疗制度的健康促进效应，实证分析其因果关系 | 信息不对称理论 健康生态学模型理论 | OProbit回归模型 | |

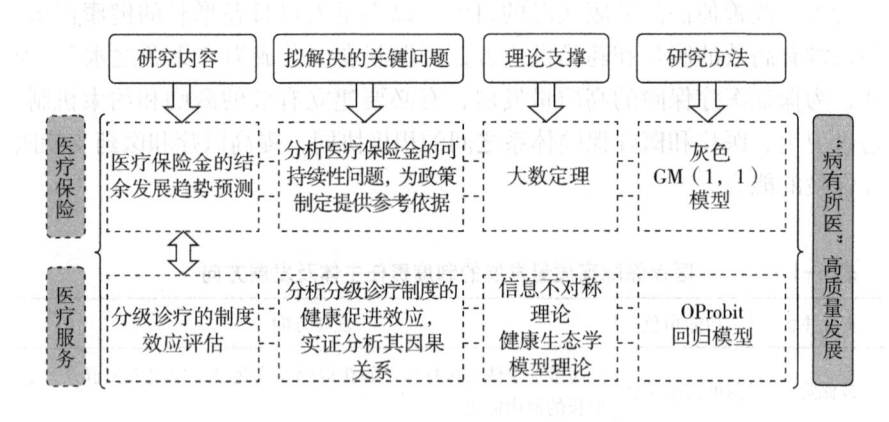

图6-2 "病有所医"高质量发展重点研究内容

## 第二节 中国共产党"病有所医"社会保障的历史脉络

### 一 建党百年"病有所医"社会保障发展的制度变迁

（一）新民主主义革命时期（1921—1948年）

中国共产党成立之初就关注到在中国发展社会保障的重要性。自中国共产党成立，便更多的是依靠工人阶级的力量。1927年后，中国共产党人提出了利用土地保障来争取农民阶级的想法。1945年，在党的七大会议中，毛泽东同志作出了《论联合政府》报告，其中明确指出：将采取调节劳资间利害关系的政策。一方面，工人的利益得到了保护，工人的利益通过实行 8—10 小时工作制、酌情提供适当的失业和社会保障福利得到了保护。另一方面，通过合法的经营，国有企业、私营企业和合作社的合法盈利能力也得到了保障。无论是国有企业还是私营企业，工人和管理人员都能共同发展工业生产。抗日战争结束后，毛泽东同志指出："新的民主主义国民经济的指导方针应紧密围绕发展生产、经济繁荣、公私兼顾、劳资两利的共同目标。所有偏离这一共同目标的准则、政策和方法都是错误的。"① 在解放区实施的所有社会社保政策都是根据这一总目标制定的。其中，1948 年东北解放区制定的《东北公营企业战时暂行劳动保险条例》，甚至成为中国第一部社会保障法《中华人民共和国劳动保险条例》的基础。

（二）社会主义革命和建设时期（1949—1977 年）

1949 年，中国有 5.42 亿人口，人均国内生产总值只有 23 美元，医疗支出占 GDP 的比例不到 1%，人口的平均寿命尚不足 40 周岁。中国于 1954 年颁布的首部《中华人民共和国宪法》集中体现了公有制经济的地位。在农业上，要大力发展以土地集体所有制为基础的人民公社制度；在工业上，实行国营企业制，中国从此进入了社会主义计划经济时期。

1978 年中国实行改革开放政策时，中国人均 GDP 为 381 美元，卫生支出仅占其中的 3%，用于医疗的人均支出为 11.5 元，个人支出占卫生总支出的 20%。人均预期寿命由中华人民共和国成立初期的 35 周岁提高到 68 周岁，30 多年增加了 33 岁。同期，美国人均 GDP 超过 1.5 万美元，卫生支出占其中的 9%，用于医疗的个人支出占 GDP 近三成，人均预期寿命接近 73 周岁。德国人均 GDP 接近 1 万美元，卫生支出占其中的 8%，用于医疗的个人支出占 10%，人均预期寿命为 73 周岁。英国人均 GDP 约为 7000 美元，医疗支出占其中的 5%，用于医疗的个人支出占 10%，人均预期寿命为 73 周岁。显然，当时中国的经济发展水平和国家卫生投入远低于发达国家，但卫生投入和产出的绩效高于美国、德国和英国。

其间，国家高度重视公共卫生和福利，主要通过城市地区的公共财政拨款和农村地区的集体经济合作来提供公共卫生的初级保健服务。在供给方面，公立医院首先在城市地区建立。1949—1955 年，实行统一收入、统一支出制度；1956—1960 年，实行差额补贴；1961—1978 年，实行定向补贴制度，允许医疗机构提高药品价格。1969 年，农村地区合作医疗导致了"赤脚医生"的现象。在需求方面，政府机关和机构提供公共资

---

① 陶大镛：《新民主主义经济论纲》，北京师范大学出版社 2002 年版。

助的医疗服务，企业通过劳动保险提供医疗服务，农村居民提供合作医疗。在1974年的世界卫生大会上，中国在农村合作医疗和流行病防治方面的成就引起了广泛关注，被世界卫生组织和世界银行称为"发展中国家解决卫生经费的唯一典范"。总之，只要坚持公平原则和国民健康理念，公有制和计划经济就能促进初级卫生保健的发展。

（三）改革开放和社会主义现代化建设新时代（1978—2011年）

1978年，党的十一届三中全会报告提出，改革存在跟不上生产力快速发展的生产关系和上层建筑。因此，在社会主义现代化建设中，农村实行家庭联产承包责任制，城市扩大企业自主权。1993年，党的十四届三中全会提出了"建立社会主义市场经济体制"的发展目标。经过30年的改革开放，中国人均GDP已接近4000美元，与1979年的419元美元相比增长了60多倍。卫生支出占其中的5%，个人医疗支出占38%（2001年为60%）。中国人均预期寿命达到74周岁，比过去30年增加了6周岁。同期，美国人均GDP超过4.8万美元，卫生支出占GDP的11%，个人医疗支出占卫生总支出的10%，人均预期寿命接近78周岁；德国人均GDP接近3.8万美元，卫生支出占GDP的8%，个人医疗支出占卫生总支出的不足10%，人均预期寿命为80周岁；英国人均GDP约为3.5万美元，卫生支出占GDP的8%，个人医疗支出占卫生总支出的不足1/10，人均预期寿命超过80周岁。很明显，其间，中国的卫生投入产出绩效有所下降。中国学者从树海对1997—2002年数据进行了实证分析，结果表明，公共卫生和基本医疗服务的总体表现均呈下降趋势。2002年，世界卫生组织（WHO）对191个成员国的总体卫生绩效状况进行了评估和排名，中国排在第144位，低于苏丹（第134位）和海地（第138位），可后者的人均国内生产总值远低于中国。那么，在发展社会主义市场经济的体制改革中，公共卫生事业何去何从？如何满足人民群众日益增长的医疗需求？

1979年，卫生部、财政部和国家劳动总局发布了《关于加强医院经济管理试点工作的意见》，提出要逐步做到医院资金全额管理，定额补助，结余留用，以鼓励医院和医务人员增加工作量，缓解看病难的问题。医院鼓励医生开出更多更好的药，以增加他们的收入。1980年，卫生部颁布文件，允许个体开业行医。

1985年，逐渐出现了国家控制定价和市场定价的新模式。医疗机构在计划体制下收费，在市场体制下采购，这让他们陷入了困境。作为回应，国务院批准并转移了卫生部制定的《关于卫生工作改革若干政策问题的报告》。沿着国有企业改革的道路，提出了"扩大医院经营自主权，提高医院效益"的改革政策，并引入承包责任制，允许医生、护士等利用业余时间开展有偿医疗服务。公共卫生支出占卫生总支出的比例从1985年的40%下降到2000年的15%。在同一时期，由于国家下放了财政资源，大多数农村地区的卫生和医疗服务的发展缺乏资金。随着公社集体经济体系的解体，以及年轻知识分子和农村居民向城市工作的趋势，1989年的一项调查显示，合作医疗的覆盖率从90%下降到4.8%。

2000年，个人医药支出占卫生支出总额的60%，疾病造成的贫困现象十分普遍，根据世界卫生组织排序，中国的医疗卫生垫底。2002年，中国部分居民出现了重症急性呼吸综合征，使中国农村地区疾病控制的薄弱和医疗机构的缺陷暴露出来。这使政府增加了公共卫生投入，以重建农村地区的疾病控制系统。医疗体制市场化的势头仍在继续，一轮又一轮的医疗体制改革基本沿袭了国有企业的改革实践，逐步下放权力，促进其自主经营（见图6-3），但是医疗改革依然存在许多问题。

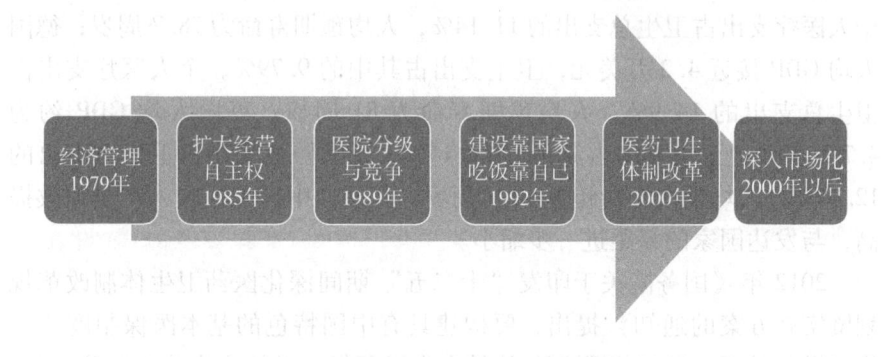

**图6-3 中国医改关键词和时间顺序**

2005年后，国务院根据国内外各部委的学术机构和研究机构的建议，启动了新的四年医疗改革计划的设计。2009年3月17日，《中共中央 国务院关于深化医药卫生体制改革的意见》提出，要建立具有中国特色的医疗卫生体系，包括公共卫生、基本医疗、药品供应和医疗保障的最高设计。逐步实现人人享有基本医疗卫生服务的目标，推动基本医疗安全体系建设是其主要任务之一。"四梁八柱"的最高层次设计还包括管理体制、运行机制、多元化投入、价格机制、法治建设、监督制约、人才保障和信息系统建设，以及公共卫生服务体系、医疗服务体系、医疗保障体系、药品供应保障体系四个关键体系改革。随后，基层卫生医疗机构得到了发展，卫生领域的信息化取得了进展，公共卫生标准得到了提高，公立医院的服务能力得到了增强。然而，公立医院在取消药品和消耗品附加费并限制药品比例的同时，还借助医疗联合体来转移基层医疗的资源，加剧了看病难的困境。在补贴医生的同时过度开药的现象继续存在，公立医院的医疗费用迅速上升，看病难仍然是一个社会问题。

2011年11月，中国正式实施《中华人民共和国社会保险法》。该法第72条规定，"统筹地区设立社会保险经办机构"；第73条规定，"社会保险经办机构应当建立健全业务、财务、安全和风险管理制度"，由此明确了医疗保险的法定代理人及其职责。

(四) 中国特色社会主义新时代（2012年以来）

在过去的十年，中国人均GDP超过9000美元，比2009年的3837.9美元增长了1倍多。卫生支出仅占其中的6%以上，而个人医疗支出降至三成左右。人均预期寿命为77.6周岁，在十年前的基础上提高了2.5周岁。同期，美国人均GDP超过5.6万美元，卫生支出占其中的16.8%，个人医疗支出占卫生总支出的11.14%，人均预期寿命为78.7周岁；德国人均GDP接近4.2万美元，卫生支出占其中的9.79%，个人医疗支出占卫生总支出的14.9%，人均预期寿命为81周岁；英国人均GDP约为4.7万美元，卫生支出占其中的11.14%，个人医疗支出占卫生总支出的12.41%，人均预期寿命超过80.7周岁。其间，中国卫生投入产出绩效提高，与发达国家的差距进一步缩小。

2012年《国务院关于印发"十二五"期间深化医药卫生体制改革规划暨实施方案的通知》提出，要构建具有中国特色的基本医保制度"三横三纵"体系。2013年强调加快健全全民医保，继续推进公立医院改革。2014年《国务院关于加快发展现代保险服务业的若干意见》下发，加快发展商业保险，助力医改。

2018年5月，为解决中国卫生的现存问题，国家医疗保障局（以下简称国家医保局）成立。其主要职责之一是"推动建立以市场为主导的社会医药服务价格机制，建立价格信息监测和信息发布体系"。国家医保局开展了以下工作：一是价格谈判和集中采购。2018年9月15日开始谈判，使17种药品价格相比平均零售价降低了56.7%。二是统一标准。不到一年时间，医保业务代码标准动态维护窗口上线运行，统一了疾病诊断、医疗服务、药品、医疗耗材等15个业务代码，为医保智能监管、疾病分组定价和支付方式改革奠定了坚实基础。2020年国家将基本医疗保险、工伤保险和生育保险药品目录中适用门诊治疗、使用周期较长、疗程费用较高的 153 种药品纳入"双通道"管理，并根据国家药品监督管理局药品批准文号和谈判药品变化调整情况进行调整。2021 年，国家医保局、财政部下发《关于建立医疗保障待遇清单制度的意见》，并发布了《国家医保待遇目录（2020 年版）》，这标志着医保待遇目录制度迈出了重要一步。2020 年，中国明确"1+4+2"框架，以制度建设为主线推动医保制度改革。2021 年，中国逐步将城市与农村的医疗保险制度向趋同的方向改变。

综上所述，在 2009 年之前，中国已经完成了从职工到城乡居民的社会医疗保险的制度框架。2021 年，基本医疗保险已经覆盖 13.6 亿人，覆盖面保持在 95% 以上，成为新医改的亮点。更重要的是，开辟了贯彻落实中国共产党的"共建、共治、共享"社会治理格局的新局面。

## 二 建党百年"病有所医"社会保障发展的历史成就

### （一）基本医疗保险覆盖范围不断扩大

1994 年，城镇职工医疗保险试点工作启动时，有 400 万人参加了城镇职工医疗保险，其中职工 374 万人，退休人员 26 万人。自 1998 年在全国范围内推行城镇职工医疗保险以来，参保人数大幅增加。到 2020 年底，参加医疗保险的城镇职工人数达到 3.4455 亿人，包括 2.5429 亿名在岗职工和 9026 万名退休人员（见图 6-4）。自 2007 年试点以来，城镇居民医保参保人数迅速增长。到 2020 年，中国大陆人口约为 14 亿人，总人数为 10.17 亿人。因此，中国的基本医疗保险的覆盖率为 97.23%。根据这一数字，约有 3874 万人未被纳入城乡居民医疗保险计划或未被纳入医疗保险计划。

此外，新型农村合作医疗参保人数从 2005 年的 1.79 亿人增加到 2010 年的 8.36 亿人，然后下降到 2016 年的 2.75 亿人。在参合率方面，从 2005 年的 75.66% 提高到 2016 年的 99.36%。[1] 这表明，无论是从制度还是参保人数来看，中国都已经基本实现了基本医疗保险的全覆盖。[2]

---

[1] 李燕凌、李立清：《新型农村合作医疗农户参与行为分析——基于 Probit 模型的半参数估计》，《中国农村经济》2009 年第 9 期。

[2] 李立清、李燕凌：《新型农村合作医疗制度改革的基本经验总结》，《中国卫生经济》2010 年第 11 期。

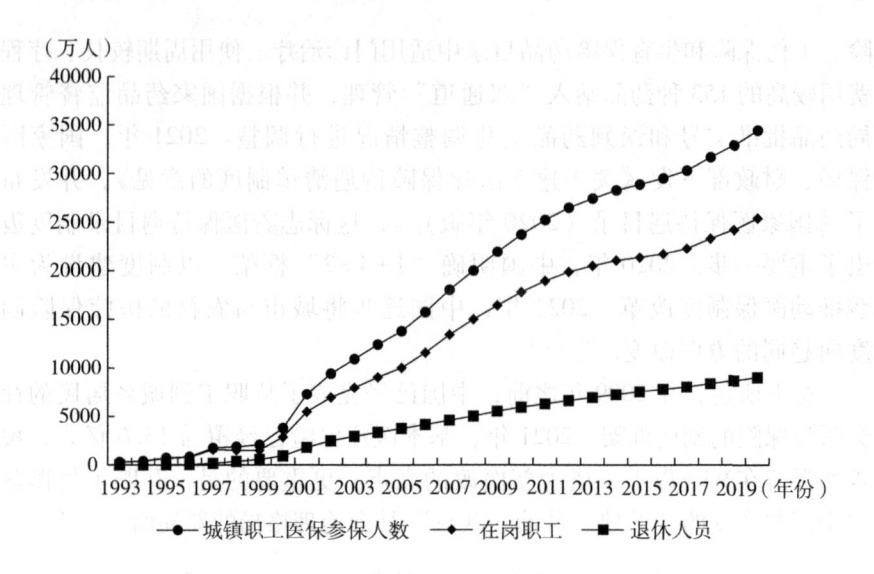

图 6-4　1993—2019 年城镇职工基本医疗保险参保人数

表 6-2　　　　　2005—2020 年城乡居民基本医疗保险参保情况

| 年份 | 城镇居民医保参保人数（万人） | 新农合参加人数（万人） | 参合率（%） | 城乡居民医保参保人数（万人） |
| --- | --- | --- | --- | --- |
| 2005 | 0 | 17900 | 75.66 | 17900 |
| 2006 | 0 | 41000 | 80.66 | 41000 |
| 2007 | 4291 | 72624 | 86.20 | 76915 |
| 2008 | 11826 | 81518 | 91.53 | 93344 |
| 2009 | 18210 | 83309 | 94.19 | 101518 |
| 2010 | 19528 | 83560 | 96.00 | 103088 |
| 2011 | 22116 | 83163 | 97.48 | 105279 |
| 2012 | 27156 | 80531 | 98.26 | 107687 |
| 2013 | 29629 | 80209 | 98.70 | 109838 |
| 2014 | 31451 | 73627 | 98.90 | 105078 |
| 2015 | 37689 | 67029 | 98.80 | 104718 |
| 2016 | 44860 | 27516 | 99.36 | 72376 |
| 2017 | — | — | — | 87359 |
| 2018 | — | — | — | 102778 |
| 2019 | — | — | — | 102483 |
| 2020 | — | — | — | 101676 |

（二）城乡居民医保财政补助和个人缴费标准不断提高

表6-3显示，在新农合实施初期，中央政府和地方政府的补贴采取"补贴平摊"方式，但政府对新农合财政补贴和个人筹资水平较低。自2011年以来，新型农村合作医疗的财政补贴逐步增加，中央财政承担的责任更大。自2011年以来，中央和地方政府分别提高了西部地区80%和20%的补助标准、中部地区60%和40%的补助标准，东部地区的补助标准则根据各省份的具体情况确定。从个人缴费来看，个人缴费最低标准也逐年提高。2003—2007年的个人最低缴费标准保持不变（每年10元），但财政补助标准增加了1倍。自2007年开始城镇居民医保试点以来，城镇居民医保和新型农村合作医疗的政府补助标准和个人缴费水平基本一致。个人缴费标准由2007年的每年10元提高到2021年的每年320元。

表6-3　　　　2003—2021年城乡居民基本医疗保险筹资水平　　　　单位：元

| 年份 | 财政补助标准 | 中央财政补助标准 | | 地方财政补助标准 | | 个人缴费标准 |
|---|---|---|---|---|---|---|
| | | 西部地区 | 中部地区 | 西部地区 | 中部地区 | |
| 2003 | 20 | 10 | | 10 | | 10 |
| 2004 | 20 | 10 | | 10 | | 10 |
| 2005 | 20 | 10 | | 10 | | 10 |
| 2006 | 40 | 20 | | 20 | | 10 |
| 2007 | 40 | 20 | | 20 | | 10 |
| 2008 | 80 | 40 | | 40 | | 20 |
| 2009 | 80 | 60 | | 40 | | 20 |
| 2010 | 120 | 60 | | 60 | | 30 |
| 2011 | 200 | 124 | 108 | 76 | 92 | 50 |
| 2012 | 240 | 156 | 132 | 84 | 108 | 60 |
| 2013 | 280 | 188 | 156 | 92 | 124 | 70 |
| 2014 | 320 | 220 | 180 | 100 | 140 | 90 |
| 2015 | 380 | 268 | 216 | 112 | 164 | 120 |
| 2016 | 420 | 300 | 240 | 120 | 180 | 150 |
| 2017 | 450 | 324 | 258 | 126 | 192 | 180 |

续表

| 年份 | 财政补助标准 | 中央财政补助标准 | | 地方财政补助标准 | | 个人缴费标准 |
|---|---|---|---|---|---|---|
| | | 西部地区 | 中部地区 | 西部地区 | 中部地区 | |
| 2018 | 490 | 356 | 282 | 134 | 208 | 220 |
| 2019 | 520 | 380 | 300 | 140 | 220 | 250 |
| 2020 | 550 | 404 | 318 | 146 | 232 | 280 |
| 2021 | 580 | 428 | 336 | 152 | 244 | 320 |

注：2003—2006 年为新农合数据，2007 年及以后为新农合和城镇居民医保的共同数据。

资料来源：相关年份数据源自《关于做好新型农村合作医疗工作的通知》以及《关于做好城镇居民基本医疗保险工作的通知》。

（三）医疗保险保障能力不断增强，待遇水平稳步提高

1993 年城镇职工医疗保险试点开始时，基金收入为 1.44 亿元，基金支出为 1.33 亿元，基金累计结余为 4300 万元，而到 2020 年，城镇职工医疗保险的收入、支出和累计结余分别增加到 15732 亿元、12867 亿元和 2542.4 亿元。2020 年城镇职工医保基金累计结余是 2002 年的 56.4 倍，是 2006 年的 7.4 倍。《中国卫生和计划生育统计年鉴》（2006—2017 年）数据显示，新农合基金支出从 2005 年的 61.75 亿元增加到 2016 年的 1363.64 亿元，增长了 21 倍。城镇居民医保支付住院费用占比 60% 左右，而实际情况更接近 55%。2017 年，城镇职工医保和城镇居民医保基金支付住院费用的比例分别为 80% 以上和 70% 左右，均明显高于 2009 年水平。1998 年城镇居民医保基金刚建立时，统筹基金的最高支付限额约为 1000 元。2010 年，统筹基金的最高支付限额为当地职工年平均工资的 4 倍左右；城镇职工医保、城镇居民医保和新农合基金的最高支付限额已提高到当地职工年平均工资、居民可支配收入和全国农民人均纯收入的 6 倍以上。无论是从住院治疗的报销比例还是从最高支付限额来看，基本医疗服务都得到了极大改善。

（四）商业补充型医疗保险不断发展

任何生命都无法避免疾病的风险，健康是人类生活中最普遍、最重要的追求。医疗保险是消解人们对疾病的恐惧和提高全民健康素质的基本制度保障。[①] 作为实现共同富裕的必要条件，国家健康目标的方向决定了未

---

① 郑功成：《中国医疗保障制度改革与发展》，《中国人民大学学报》2020 年第 5 期。

(万元)

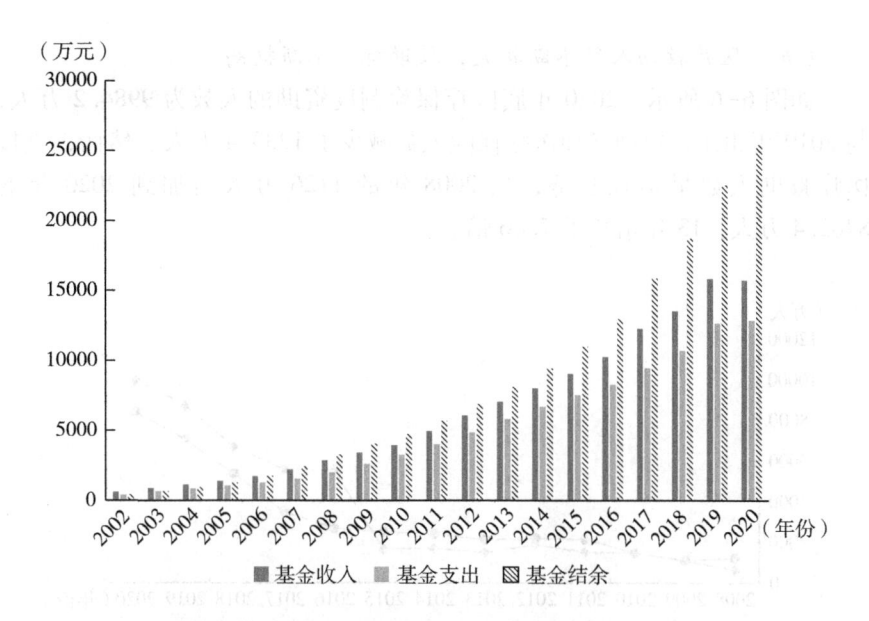

图 6-5　2002—2020 年基本医疗保险基金收支情况

来医疗保险制度建设和发展的主要任务是建立全方位、多层次的医疗保险体系。目前，中国已初步建立起以医疗救助为基础、基本医疗保险为主体、商业健康保险为补充的医疗保险制度，但仍存在发展不平衡、不充分的结构性缺陷。① 其主要表现为基本医疗保险制度不完善，补充医疗保险发展缓慢，定位不明确，不同制度之间协调性差，保障重叠，特别是商业医疗保险发展缓慢，远未发挥应有的保护作用。本书以惠民保为例，对中国具有代表性的商业医疗保险进行以下简要分析。惠民保于 2015 年首次在深圳推出"重特大疾病补充医疗保险"。由于其低保费和高保额的特点，当年的参保人数达到了 264 万人。此后，在深圳市政府和医保局的大力推动下，到 2020 年底，参保人数已经达到 780 万人。深圳市重特大疾病补充医疗保险成为持续时间最长的惠民保产品。截至 2021 年 1 月 31 日，保险公司已向 8.9 万人支付了共计 11.1 亿元，每人平均得到赔付 12500 元。而在 2020 年，受新冠疫情等因素的影响，在 23 个省份 82 个地区 179 个地级市推出了 111 个受益保险产品，参保人数超过 4100 万人，总保费收入超过 50 亿元。2021 年惠民保更是发展迅速，仅在上半年，参保人数和保险费就超过了 2020 年的全年水平。

---

① 申曙光：《我们需要什么样的医疗保障体系?》，《社会保障评论》2021 年第 1 期。

### (五) 医疗救助人数不断扩大，救助标准不断提高

如图 6-6 所示，2020 年底医疗保险制度资助的人数为 9984.2 万人，与 2019 年相比，资助参加医疗保险人数减少了 1233.4 万人。然而，直接医疗救助人数呈增长趋势，从 2008 年的 1126 万人增加到 2020 年的 8402.4 万人，13 年增长了 7.86 倍。

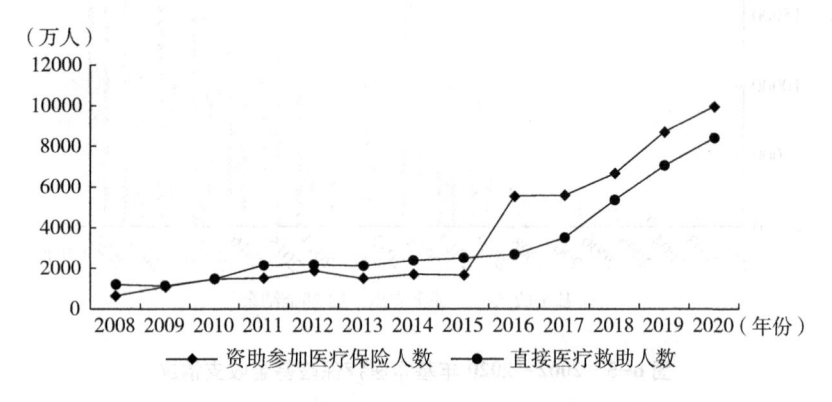

图 6-6  2008—2020 年城乡医疗救助发展情况

表 6-4 显示，2005 年用于资助农村居民参加新农合的资金为 0.95 亿元，人均补助水平 14.52 元/年；2008 年用于资助农村居民参加新农合的资金为 7.10 亿元，用于资助城镇居民参加医保的资金为 3.89 亿元，两项人均补助水平为 26.97 元/年，相较于 2005 年人均资助水平提高了 85.74%。而到 2020 年，资助城乡居民参加医保的资金达到了 189.06 亿元，是 2008 年的 17.2 倍；人均补助水平为 225.00 元/年，比 2008 年提高了 734.26%。从直接医疗救助支出来看，2005 年为 4.81 亿元，2020 年增加到 352.36 亿元。

表 6-4    2005—2020 年医疗救助基金支出情况

| 年份 | 资助参加城镇居民医保支出（亿元） | 资助参加新农合支出（亿元） | 资助参加医疗保险支出（亿元） | 资助参加医疗保险人均补助水平（元/年） | 直接医疗救助支出（亿元） | 人均直接医疗救助支出（元/人次） |
| --- | --- | --- | --- | --- | --- | --- |
| 2005 | — | 0.95 | 0.95 | 14.52 | 4.81 | 241.18 |
| 2006 | — | 2.59 | 2.59 | 19.66 | 16.96 | 842.28 |
| 2007 | — | 4.80 | 4.80 | 19.06 | 34.91 | 925.88 |

续表

| 年份 | 资助参加城镇居民医保支出（亿元） | 资助参加新农合支出（亿元） | 资助参加医疗保险支出（亿元） | 资助参加医疗保险人均补助水平（元/年） | 直接医疗救助支出（亿元） | 人均直接医疗救助支出（元/人次） |
|---|---|---|---|---|---|---|
| 2008 | 3.89 | 7.10 | 10.99 | 26.97 | 48.81 | 405.69 |
| 2009 | 5.86 | 10.50 | 16.37 | 31.75 | 80.77 | 708.30 |
| 2010 | 7.61 | 13.96 | 21.57 | 35.49 | 104.23 | 704.61 |
| 2011 | 10.52 | 22.02 | 32.54 | 51.03 | 146.91 | 685.24 |
| 2012 | 11.65 | 25.83 | 37.48 | 63.76 | 166.31 | 765.12 |
| 2013 | 14.41 | 30.04 | 44.45 | 69.90 | 180.46 | 848.68 |
| 2014 | 16.15 | 32.30 | 48.45 | 72.05 | 204.13 | 852.20 |
| 2015 | 17.73 | 36.76 | 54.48 | 87.69 | 214.57 | 852.87 |
| 2016 | — | — | 63.35 | 113.94 | 232.75 | 863.26 |
| 2017 | — | — | 74.00 | 210.40 | 266.09 | 863.27 |
| 2018 | — | — | 102.67 | 191.50 | 297.02 | 756.56 |
| 2019 | — | — | 158.91 | 225.40 | 334.23 | 554.05 |
| 2020 | — | — | 189.06 | 225.00 | 352.36 | 419.36 |

（六）分级诊疗制度不断完善，基层医疗服务能力不断提高

为了设计和推广分级诊疗体系，通过在不同地区的不断研究，中国已经探索出几种不同类型的模式。① 以厦门、镇江为代表的第一类模式，以慢性病管理为突破口，让多家基层医疗机构承担起管理居民健康的责任，引导居民对慢性病进行自我管理，有效保障了患者的生命健康。第二类模式以北京、江苏、深圳为代表，以创建医联体为基础，即在城市以三级医院为龙头创建医联体；在农村以县医院为龙头，全面实施区市一体化，利用人、财、物、管理和服务来实现区域医疗。第三类模式的医疗合作组织存在于安徽和四川，是以慢性病、多发病、流行病为基础，制定疾病分类和治疗标准指南，明确各级服务的功能定位、治疗和转诊原则、医疗卫生流程和设施，建立服务转移机制。第四类模式以上海和杭州为代表，以参与式的全科医疗服务模式为基础，为居民提供健康评估、健康管理以及通过保险优先获得专科等一系列福利，并明确了社区卫生服务的基本内容和

---

① 高和荣：《健康治理与中国分级诊疗制度》，《公共管理学报》2017年第2期。

服务标准，为居民提供家庭医疗服务等多类服务。第五类模式是以青海、宁夏为代表的医保主导模式，一方面对医院服务实行差异化价格水平；另一方面鼓励医疗机构进行功能的调整，引导患者合理就医。国家卫生健康委员会（以下简称国家卫生健康委）数据显示，中国在建立分级诊疗制度方面取得了巨大进展。特别是近年来，经过大规模的投资和建设，基层医疗机构数量增加，医疗设备和设施得到极大改善，基层医疗服务能力得到提高。

（七）异地就医直接结算的覆盖人群不断扩展，覆盖范围不断扩大

异地就医政策覆盖的范围已经从省内发展到跨省，覆盖对象从住院患者发展到门诊患者。在政策覆盖面方面，所有流动人口和农民工都被纳入其中，使1亿多农民工更容易获得基本医疗保险。其中，继2018年全面实施跨省住院直接结算后，上海、浙江、江苏、安徽三省一市率先进行改革，开通跨省异地门诊直接结算系统，为该地区人民的异地就医带来极大方便，此外，西南五省和京津冀地区也紧跟其后，作为试点地区开通了门诊直接结算系统，收获颇丰。到2021年2月1日，又将山西等15个省份加入国家普通门诊医疗费用跨省直接结算制度的试点省份，进一步扩大跨省直接结算制度的试点范围。

## 第三节 中国"病有所医"高质量发展的问题检视

### 一 中国医疗保险高质量发展的实证分析

中国基本医疗保险制度是社会保障制度体系的重要组成部分，是保障参保人基本医疗需求，减轻个人就医经济负担的重要制度安排。近年来，中国医疗保险基金出现收支不平衡现象，这给医疗保险的持续性发展带来不利影响。基本医疗保险是中国医疗保障领域的重点及核心内容，提升基本医疗保险的兜底性和持续性是"病有所医"高质量发展的核心要义。基于此，本部分利用灰色GM（1，1）模型对中国"十四五"时期的医保收支结余进行预测，以期为制定医保政策、实现"病有所医"高质量发展提供参考。

（一）变量选取与数据来源

数据资料源于2009—2021年《中国卫生健康统计年鉴》、《中国劳动统计年鉴》和国家医保局公布的《全国医疗保障事业发展统计公报》。基于现有数据资料，在未考虑今后政策调整的前提下，参照2020年基本医

疗保险组成成分，收集职工医疗保险、生育保险、城乡居民医疗保险、城镇居民医疗保险、新型农村合作医疗的基金收入和基金支出等指标数据，并对相应险种数据进行合并运算，使各年基本医疗保险组成成分一致。基于最新的医疗保险制度整合方式及基金收支情况的历史发展趋势，对未来基本医疗保险基金收支情况进行预测。

（二）计量模型选择

灰色系统理论认为，虽然数据是复杂的、杂乱无章的，但系统是一个整体且是有序的。灰色预测模型就是通过灰色理论将毫无规律的原始数据进行累加，生成较为规律的数据，从而找出系统内在的特征及逻辑。[①] 本书研究通过构建灰色 GM（1，1）模型，对中国医疗保险基金结余进行预测分析，运用 Stata 软件进行数据的统计分析和处理。

第一步，先进行级比的检验并对建模的可行性进行分析。将时间序列设置为：

$$X^{(0)} = (x^{(0)}(1), x^{(0)}(2), \cdots, x^{(0)}(n)) \tag{6-1}$$

式中，$n$ 为有 $n$ 个观测值。然后进行级比 $\sigma(k)$ 的计算和判断，只有当所有的 $\sigma(k)$ 全部落入计算范围内才可以进行模型的建立。级比的计算和判断公式为：

$$\sigma(k) = \frac{x^{(0)}(k-1)}{x^{(0)}(k)} \sigma(k) \in \left( e^{-\frac{2}{n+1}}, e^{\frac{2}{n+1}} \right) \tag{6-2}$$

通过数据处理。对原数列 $X^{(0)}$ 进行一次累加，AGO（累加生成）为 $x_k^{(1)} = \sum_{i=1}^{k} x_i^{(0)}$，$k = 1, 2, \cdots, n$。当 $-a < 0.3$ 时，模型可进行中长期的预测；当 $0.3 < -a < 0.5$ 时，可以用来进行短期预测；当 $0.5 < -a < 1.0$ 时，则模型需要进行校正；当 $-a > 1.0$ 时，则不能使用 GM（1，1）模型进行预测。

第二步，构建数据矩阵 **B** 及数据向量 **Y**，分别为：

$$B = \begin{pmatrix} -\frac{1}{2}[x^{(1)}(1) + x^{(1)}(2)] & 1 \\ -\frac{1}{2}[x^{(1)}(2) + x^{(1)}(3)] & 1 \\ \vdots & \vdots \\ -\frac{1}{2}[x^{(1)}(n-1) + x^{(1)}(n)] & 1 \end{pmatrix} \tag{6-3}$$

---

[①] 丁海峰等：《基于灰色 GM（1，1）模型的上海市卫生总费用预测研究》，《医学与社会》2020 年第 6 期。

$$Y = \begin{pmatrix} x^{(0)}(2) \\ x^{(0)}(3) \\ \vdots \\ x^{(0)}(n) \end{pmatrix} \quad (6-4)$$

设 $\hat{a}$ 为待估参数量，$\hat{a} = \begin{pmatrix} a \\ \mu \end{pmatrix}$，利用最小二乘法求得 $\hat{a} = (\boldsymbol{B}^\mathrm{T}\boldsymbol{B})^{-1} \times \boldsymbol{B}^\mathrm{T} \times \boldsymbol{Y}$。

建立模型并求解生成值与还原值。依据公式求解，可得到预测模型：$\hat{X}^{(1)}(k+1) = \left(x^{(0)}(1) - \dfrac{\mu}{a}\right)\mathrm{e}^{-ak} + \dfrac{\mu}{a}$ ($k = 0, 1, 2, \cdots, n$)，由累减可以求得还原值为 $\hat{x}^{(0)} = [\hat{x}^{(0)}(1), \hat{x}^{(0)}(2), \cdots, \hat{x}^{(0)}(n-1)]$。

GM（1，1）模型精度等级如表 6-5 所示。

表 6-5　　　　　　　　GM（1，1）模型精度等级

| 模型精度等级 | $P$ | $C$ | $\varepsilon$（avg） |
| --- | --- | --- | --- |
| 1 级（好） | >95% | <0.35 | ≤0.01 |
| 2 级（合格） | >80% | <0.50 | ≤0.10 |
| 3 级（勉强） | >70% | <0.65 | ≤0.20 |
| 4 级（不合格） | ≤70% | >0.65 | >0.20 |

（三）实证结果分析

根据 2020 年基本医疗保险组成成分，对 2009—2020 年相应险种进行合并并分析现状。在基金收入支出规模方面，2020 年全国基本医疗保险基金收入为 24846.1 亿元，是 2009 年基金收入的 5.23 倍，年均增长速度为 16.2%；基金支出为 21032.1 亿元，是 2009 年基金支出的 5.52 倍，年均增长速度为 16.8%。基本医疗保险基金收入支出规模逐步扩大，职工医疗保险基金收入年均增长速度为 16.1%，基金支出年均增长速度为 16.6%；城乡居民医疗保险基金收入年均增长速度为 21.8%，基金支出年均增长速度为 22.3%。各险种基金支出年均增长速度均高于基金收入年均增长速度，基本医疗保险收入、支出年均增长速度相差最大（见表 6-6）。

在基金结余方面，全国基本医疗保险基金当期结余稳步增加，2020 年基金当期结余 3814.0 亿元，是 2009 年基金当期结余的 4.06 倍，结余率呈下降趋势。职工医保基金当期结余逐年增加，比重增幅不大，但权重

表 6-6　2009—2020 年中国基本医疗保险组成险种的收入与支出

单位：亿元

| 年份 | 职工医疗保险 | | 生育保险 | | 城乡居民医疗保险 | | 新型农村合作医疗 | |
|---|---|---|---|---|---|---|---|---|
| | 收入 | 支出 | 收入 | 支出 | 收入 | 支出 | 收入 | 支出 |
| 2009 | 3420.3 | 2630.1 | 132.4 | 88.3 | 251.6 | 167.3 | 944.3 | 922.9 |
| 2010 | 3955.4 | 3271.6 | 159.6 | 109.9 | 353.5 | 266.5 | 1308.3 | 1187.8 |
| 2011 | 4945.0 | 4018.3 | 219.8 | 139.2 | 594.2 | 413.1 | 2047.6 | 1710.2 |
| 2012 | 6061.9 | 4868.5 | 304.2 | 219.3 | 876.8 | 675.1 | 2484.7 | 2408.0 |
| 2013 | 7061.6 | 5829.9 | 368.4 | 282.8 | 1186.6 | 971.1 | 2972.5 | 2909.2 |
| 2014 | 8037.9 | 6696.6 | 446.1 | 368.1 | 1649.6 | 1437.0 | 3025.3 | 2890.4 |
| 2015 | 9083.5 | 7531.5 | 501.7 | 411.5 | 2109.4 | 1780.6 | 3286.6 | 2933.4 |
| 2016 | 10273.7 | 8286.7 | 521.9 | 530.6 | 2810.5 | 2480.4 | 1538.2 | 1363.6 |
| 2017 | 12278.3 | 9466.9 | 643.0 | 744.0 | 5653.3 | 4954.8 | 816.5 | 754.1 |
| 2018 | 13538.0 | 10707.0 | 781.0 | 762.0 | 6971.0 | 6277.0 | 875.0 | 839.0 |
| 2019 | 15845.0 | 12663.0 | 0 | 0 | 8575.0 | 8191.0 | 0 | 0 |
| 2020 | 15731.6 | 12867.0 | 0 | 0 | 9114.5 | 8165.1 | 0 | 0 |

注：2009—2018 年职工医疗保险、城乡居民医疗保险数据来自历年《中国劳动统计年鉴》，生育保险、新型农村合作医疗数据来自历年《中国卫生健康统计年鉴》；2019—2020 年数据来自国家医疗保障局公布的《全国医疗保障事业发展统计公报》，城乡居民医疗保险已包含整合的新型农村合作医疗，职工医疗保险已包含生育保险。

较高；基金结余率呈下降趋势，但均高于同年基本医疗保险、城乡居民医保基金结余率。城乡居民医保基金当期结余受整合政策影响较大，呈波动变化，整体较 2009 年有所增长，但结余率呈下降趋势，2019 年结余率仅为 4.5%，是新医改以来最低的一年（见表 6-7）。

表 6-7　2009—2020 年中国基本医疗保险基金的当期结余情况

| 年份 | 基本医疗保险 | | | | 职工医疗保险 | | | | 城乡居民医疗保险 | | | |
|---|---|---|---|---|---|---|---|---|---|---|---|---|
| | 收入（亿元） | 支出（亿元） | 当期结余（亿元） | 结余率（%） | 收入（亿元） | 支出（亿元） | 当期结余（亿元） | 结余率（%） | 收入（亿元） | 支出（亿元） | 当期结余（亿元） | 结余率（%） |
| 2009 | 4748.6 | 3808.6 | 940.0 | 19.8 | 3552.7 | 2718.4 | 834.3 | 23.5 | 1195.9 | 1090.2 | 105.7 | 8.8 |
| 2010 | 5776.8 | 4835.8 | 941.0 | 16.3 | 4115.0 | 3381.5 | 733.5 | 17.8 | 1661.8 | 1454.3 | 207.5 | 12.5 |
| 2011 | 7806.6 | 6280.8 | 1525.8 | 19.5 | 5164.8 | 4157.5 | 1007.3 | 19.5 | 2641.8 | 2123.3 | 518.5 | 19.6 |

续表

| 年份 | 基本医疗保险 | | | | 职工医疗保险 | | | | 城乡居民医疗保险 | | | |
| --- | --- | --- | --- | --- | --- | --- | --- | --- | --- | --- | --- | --- |
| | 收入(亿元) | 支出(亿元) | 当期结余(亿元) | 结余率(%) | 收入(亿元) | 支出(亿元) | 当期结余(亿元) | 结余率(%) | 收入(亿元) | 支出(亿元) | 当期结余(亿元) | 结余率(%) |
| 2012 | 9727.6 | 8170.9 | 1556.7 | 16.0 | 6366.1 | 5087.8 | 1278.3 | 20.1 | 3361.5 | 3083.1 | 278.4 | 8.3 |
| 2013 | 11589.1 | 9993.0 | 1596.1 | 13.8 | 7430.0 | 6112.7 | 1317.3 | 17.7 | 4159.1 | 3880.3 | 278.8 | 6.7 |
| 2014 | 13158.3 | 11392.1 | 1766.2 | 13.4 | 8484.0 | 7064.7 | 1419.3 | 16.7 | 4674.3 | 4327.4 | 346.9 | 7.4 |
| 2015 | 14981.2 | 12657.0 | 2324.2 | 15.5 | 9585.2 | 7943.0 | 1642.2 | 17.1 | 5396.0 | 4714.0 | 682.0 | 12.6 |
| 2016 | 15144.3 | 12661.3 | 2482.9 | 16.4 | 10795.3 | 8817.3 | 1978.3 | 18.3 | 4348.7 | 3844.0 | 504.6 | 11.6 |
| 2017 | 19390.6 | 15919.3 | 3471.3 | 17.9 | 12920.8 | 10210.4 | 2710.4 | 21.0 | 6469.8 | 5708.9 | 760.9 | 11.8 |
| 2018 | 22165.1 | 18585.4 | 3579.7 | 16.2 | 14319.1 | 11469.4 | 2849.7 | 19.9 | 7846.0 | 7116.0 | 730.0 | 9.3 |
| 2019 | 24420.0 | 20854.0 | 3566.0 | 14.6 | 15845.0 | 12663.0 | 3182.0 | 20.1 | 8575.0 | 8191.0 | 384.0 | 4.5 |
| 2020 | 24846.1 | 21032.1 | 3814.0 | 15.4 | 15731.6 | 12867.0 | 2864.6 | 18.2 | 9114.5 | 8165.1 | 949.4 | 10.4 |

注：数据均由表 6-6 原始数据合并整理所得。

表 6-8 为 2021—2025 年中国基本医疗保险基金的结余预测结果，图 6-7、图 6-8 分别为 2009—2025 年中国各险种基金收支预测和结余预测。

表 6-8　2021—2025 年中国基本医疗保险基金的结余预测结果

| 年份 | 基本医疗保险 | | | | 职工医疗保险 | | | | 城乡居民医疗保险 | | | |
| --- | --- | --- | --- | --- | --- | --- | --- | --- | --- | --- | --- | --- |
| | 收入(亿元) | 支出(亿元) | 当期结余(亿元) | 结余率(%) | 收入(亿元) | 支出(亿元) | 当期结余(亿元) | 结余率(%) | 收入(亿元) | 支出(亿元) | 当期结余(亿元) | 结余率(%) |
| 2021 | 29193.5 | 24833.7 | 4359.8 | 14.9 | 18414.1 | 14824.3 | 3589.8 | 19.5 | 10819.7 | 10052.6 | 767.1 | 7.1 |
| 2022 | 32618.1 | 27849.5 | 4768.6 | 14.6 | 20332.3 | 16353.9 | 3978.4 | 19.6 | 12370.6 | 11592.7 | 777.9 | 6.3 |
| 2023 | 36444.3 | 31231.6 | 5212.7 | 14.3 | 22450.2 | 18041.3 | 4408.9 | 19.6 | 14143.6 | 13368.8 | 774.8 | 5.5 |
| 2024 | 40719.3 | 35024.3 | 5695.0 | 14.0 | 24788.7 | 19902.8 | 4885.9 | 19.7 | 16170.9 | 15416.9 | 754.0 | 4.7 |
| 2025 | 45495.8 | 39277.7 | 6218.1 | 13.7 | 27370.8 | 21956.4 | 5414.4 | 19.8 | 18488.7 | 17778.8 | 709.9 | 3.8 |

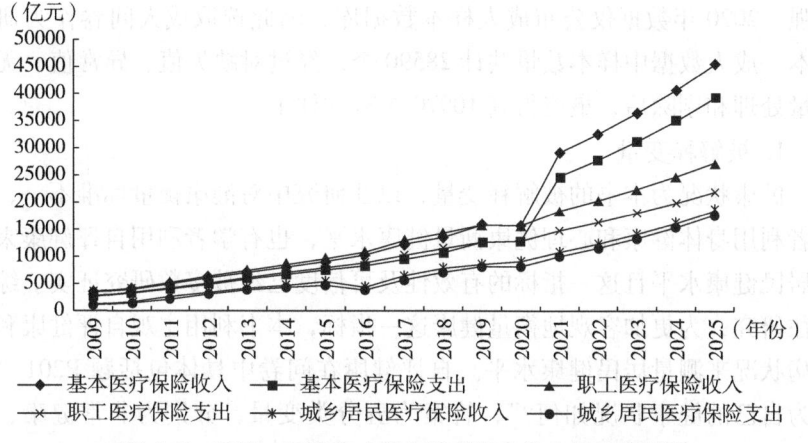

图 6-7　2009—2025 年中国各险种基金收支与收支预测

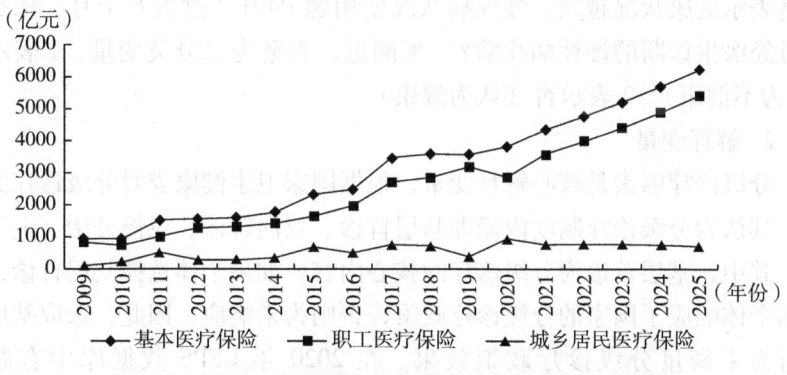

图 6-8　2009—2025 年中国各险种基金结余与结余预测

## 二　中国医疗服务高质量发展的实证分析

2015 年，中国首次提出分级诊疗制度，其核心内涵是缓解中国"看病难""看病贵"的难题，促进医疗资源下沉，合理配置医疗资源，提升居民的健康水平。然而，从现实来看，中国分级诊疗制度并未发挥预期效果，基层医疗资源闲置，三级医院人满为患。基于此，本书重点分析分级诊疗的健康促进效应，为早日实现健康中国战略，促进医疗服务高质量发展提供政策依据。

（一）变量选择与数据获取

本书使用的数据源自 2020 年中国家庭追踪调查数据（China Family Panel Studies，CFPS），该数据收集时间始于 2010 年，由北京大学中国社会科学调查中心实施，其调查范围涵盖全国 25 个省份，样本量大，代表性强。2020年数据仅公布成人样本数据库,因此选取成人问卷作为研究样本。成人数据中样本数量共计28590个,经过对缺失值、异常值、无效变量处理和剔除后,最终得到10970个有效样本。

1. 被解释变量

健康状况为本书的被解释变量,以往研究中对健康衡量标准不一,有学者利用身体健康和心理健康衡量健康水平,也有学者利用自评健康来代表居民健康水平且这一指标的有效性及可信度已经被多数研究证实。综合以往研究,为更加客观地衡量健康这一指标,本书利用主观自评健康和慢性病状况来测量居民健康水平。自评健康在问卷中具体包括题P201"您认为自己的健康状况如何?",答案为五分类变量,分别为非常健康、很健康、比较健康、一般、不健康,1表示非常健康,5表示不健康,分值越高表示健康状况越差。慢性病状况使用题P401"过去6个月,您是否患过经医生诊断的慢性病疾病?"来测量,答案为二分类变量,1表示是(认为不健康),2表示否(认为健康)。

2. 解释变量

分级诊疗因素是核心解释变量,根据国家卫生健康委对分级诊疗的定义,其认为分级诊疗制度内涵即基层首诊、双向转诊、急慢分治、上下联动。其中,基层首诊为分级诊疗的核心内容,如果个体选择基层首诊,则表面个体响应了国家的分级诊疗政策,否则为未响应。因此,选取基层首诊行为来衡量分级诊疗政策效果。在2020年CFPS数据库中有题目P601"您一般去哪里看病?",本书选择将社区卫生服务中心/乡镇卫生院、社区卫生服务站/村卫生室、诊所的受访者赋值为1,即认为其落实了分级诊疗政策;选择综合医院和专科医院赋值为0,即认为其未落实分级诊疗政策。在控制变量方面,选取个人层面变量主要包括性别、年龄、文化程度、婚姻状况、户口类型、是否有医保等变量,同时考虑到个体健康水平还与生活方式密切相关,因此把是否吸烟、是否一周饮酒3次、体育锻炼频率等变量一同纳入模型。样本的描述性统计如表6-9所示。

表6-9　　　　　　　　　变量的描述性统计

| 变量名称 | 变量定义 | 观测值 | 均值 | 标准差 |
| --- | --- | --- | --- | --- |
| 被解释变量 | | | | |
| 自评健康 | 非常健康=1,很健康=2,比较健康=3,一般=4,不健康=5 | 10970 | 2.572 | 1.032 |

续表

| 变量名称 | 变量定义 | 观测值 | 均值 | 标准差 |
| --- | --- | --- | --- | --- |
| 慢性病状况 | 未患病=0，患病=1 | 10970 | 0.061 | 0.238 |
| 解释变量 | | | | |
| 分级诊疗 | 否=0，是=1 | 10970 | 0.549 | 0.498 |
| 控制变量 | | | | |
| 性别 | 女=0，男=1 | 10970 | 0.498 | 0.500 |
| 年龄 | 单位：岁 | 10970 | 30.983 | 8.351 |
| 户口类型 | 农业户口=1，非农业户口=2 | 10970 | 1.276 | 0.447 |
| 婚姻状况 | 未婚=1，在婚=2，同居=3，离异=4，丧偶=5 | 10970 | 1.753 | 0.635 |
| 文化程度 | 文盲=1，小学=2，中学=3，大学=4，研究生=5 | 10970 | 2.342 | 0.582 |
| 是否有医保 | 否=0，是=1 | 10970 | 0.850 | 0.357 |
| 体育锻炼频率 | 较少=1，一般=2，较多=3 | 10970 | 1.285 | 0.635 |
| 是否吸烟 | 否=0，是=1 | 10970 | 0.258 | 0.438 |
| 是否一周饮酒3次 | 否=0，是=1 | 10970 | 0.096 | 0.294 |

（二）计量模型选择

本书被解释变量居民的健康状况为五分类变量和二分类变量，因此本书将设定不同的计量模型对分级诊疗与居民健康之间的关系进行分析。针对五分类变量，本书设定如下 Ordered Probit 回归模型：

$$Health_i^* = \alpha + \beta Healthcare_i + \gamma Z_i + \varepsilon_i \tag{6-5}$$

式中，$Health_i^*$ 为居民健康水平的潜变量；$Healthcare_i$ 为分级诊疗情况；$Z_i$ 为对居民健康状况产生影响的控制变量；$\varepsilon_i$ 为随机扰动项。针对二分类变量，本书设定如下 Probit 回归模型：

$$Pr(Y_i = 1) = \varphi(\alpha + \beta Healthcare_i + \gamma Z_i + \varepsilon_i) \tag{6-6}$$

式中，$i$ 为居民；$Y_i$ 为居民 $i$ 的健康；$Healthcare_i$ 为分级诊疗情况；$Z_i$ 为纳入模型的控制变量；$\varepsilon_i$ 为随机扰动项；$\beta$ 和 $\gamma$ 均为相关变量的系数。

（三）实证结果分析

实证结果显示，分级诊疗政策的健康效应显著，分级诊疗政策实施可以有效提升居民的健康水平。具体来看，在自评健康方面，不加入控制变量时，分级诊疗的实施可以使自评健康向好的方向变化 0.114 个单位，加入控制变量后，这一结果变化 0.098 个单位。同样，在慢性病状况方面，分级诊疗政策可以有效抑制慢性病的患病比例，在不加入控制变量时，分级诊疗可以使慢性病状况向好的方向提升 0.397 个单位，加入控制变量后，这一数值上升为 0.429。综上所述，分级诊疗可以有效提升居民的健康状况，其中对慢性病改善的程度要大于自评健康，具体结果如表 6-10 所示。

表 6-10　　　　　　分级诊疗对居民健康的影响实证分析结果

| 变量 | 模型（1）自评健康 | 模型（2）自评健康 | 模型（3）慢性病状况 | 模型（4）慢性病状况 |
| --- | --- | --- | --- | --- |
| 分级诊疗 | -0.114*** (0.021) | -0.098*** (0.022) | -0.397*** (0.039) | -0.429*** (0.041) |
| 性别 |  | -0.131*** (0.025) |  | -0.030 (0.049) |
| 年龄 |  | 0.029*** (0.002) |  | 0.028*** (0.003) |
| 户口类型 |  | 0.047* (0.024) |  | -0.028 (0.046) |
| 婚姻状况 |  | 0.013 (0.020) |  | 0.026 (0.036) |
| 文化程度 |  | 0.067*** (0.018) |  | 0.006 (0.034) |
| 是否有医保 |  | 0.016 (0.030) |  | 0.118* (0.063) |
| 体育锻炼频率 |  | -0.054*** (0.016) |  | 0.025 (0.031) |
| 是否吸烟 |  | -0.023 (0.029) |  | 0.080 (0.005) |
| 是否一周饮酒3次 |  | -0.061 (0.037) |  | -0.079 (0.069) |
| $N$ | 10970 | 10970 | 10970 | 10970 |
| Adj $R^2$ | 0.0011 | 0.0237 | 0.0213 | 0.0558 |

注：括号内为标准误；*表示 $p<0.1$，**表示 $p<0.05$，***表示 $p<0.01$。

## 三　问题检视

（一）中国医疗保险高质量发展面临的主要问题及其分析

1. 医疗保险异地就医结算仍旧困难

随着中国经济的发展与交通运输业的进步，大量人员离家进入其他城市工作生活，在需要使用医疗服务时难以享受当地医保政策进行核销与结算，使这类人员看病就医时所花费的经济成本与时间成本大大增加，客观上造成了看病就医难的情况，与中国实现医保高质量发展，"增强公平性、适应流动性、保证可持续性"，保障人民群众基本医疗保险权益，提升人民群众获得感和幸福感的目标相悖。同时，中国目前客观存在各地医疗水平差距较大的现状，随着人民群众生活水平的提高，人们希望获得更好的医疗保障。所以大量人员由医疗水平低的地区前往医疗水平高的地区看病，也产生了异地就医的情况。现有医疗保险制度在异地报销时，报销比例相比本地较低，加重了人民群众的医疗成本。同时，异地医保结算流程较多，如办理转院手续或提前进行备案，这无形中增加了医患的时间成本与金钱成本。在目前各地医疗水平存在客观差异的现状下，要想人们都得到良好的医疗救治，目前中国异地就医结算流程与政策还存在一定问题，需要更多统筹规划与流程精简。

2. 重特大疾病医疗保险补充仍旧缺乏

中国现有重特大疾病医疗保险补充在医疗保险层面有所欠缺。随着中国老龄化程度的不断提高，以及科学技术的发展带来的平均年龄的不断上涨，目前重特大疾病医疗需求也在不断升高。但目前重特大疾病的治疗与后续费用对于很多家庭来说负担较重。目前，中国医疗保险难以覆盖因重特大疾病产生的费用，虽然中国各大商业保险公司也推出了多种商业重特大疾病保险，但普及率较低。由此可见，中国商业保险费用的增加还有一段路要走。同时，中国商业重特大疾病保险的保障年龄一般只到70岁，而随着中国老龄化程度加深，70岁的保障年龄显然已经不能满足人们对重特大疾病医疗的需求，而中国相关企业和单位对于补充商业保险的推广力度不够，这就导致很多人对于此类商业保险的认识不足，所以目前中国重特大疾病医保需要与时俱进，更好地与人民群众的具体情况和需求做好匹配。

（二）中国医疗服务高质量发展面临的主要问题及其分析

1. 面临新冠疫情等重大突发公共卫生事件的考验

中国现有的基本医疗保险制度还不能满足重大疫情或者其他突发事件造成的应急保障需求。突发公共卫生事件给中国的基本医疗保险制度带来了重大挑战，主要表现在以下几个方面。首先，医疗保险基金和公共卫生筹资的责任并不明确。现有的有关重大疫情和传染病防控的法律法规没有明确规定医保基金和公共卫生基金的负担范围和比例，使本应由公共卫生基金支出的费用实际从医保基金中支出，从而加大了医保基金的支付压力。① 其次，在公共卫生突发事件中，现有的大部分应急政策具有临时性的特点，从可持续发展的角度来看，无法长期执行。此外，目前关于传染病预防和控制的法律法规比较零散，主要集中在传染病的预防、控制和监测的费用方面，医疗费用仅作为一个"附带"问题被简单规范。

2. 医疗保障深化改革的社会风险日益扩大

中国的医疗保障改革涉及许多利益主体，并且具有涉及范围广、平衡难度大、管理链条长的特点，致使进行医疗保障改革困难重重。特别是随着医疗改革的深化，利益相关者的不同需求变得更加明显，深化改革的社会风险变得更大，改革需要加倍努力。值得一提的是，党的十八大以来，建立医疗保险制度的关键不再是普惠性问题，而是在巩固普惠性的同时实现制度的公平性和可持续性，这就需要不断地进行渐进式改革和进一步调整，但这不可避免地会遇到来自利益群体和利益地区的巨大困阻。深化改革的关键是要克服这种困阻。例如，在深化职工医保改革中，取消个人账户、退休人员缴费、增加个人缴费等改革建议将对现有成员的既得利益产生重大影响。这种利益格局是由系统设计不成熟而产生的路径依赖。此外，深化中国医保制度改革的主要任务是平衡日益固化和不平衡的利益关系。如何克服这种根深蒂固的利益障碍，从利益或福利权益不平衡的状况转变为区域之间、城乡之间、群体之间相对平衡和公平的状况，是现阶段需要妥善应对的重大挑战。

## 第四节　中国社会保障"病有所医"高质量发展的实现路径

### 一　中国社会保障"病有所医"高质量发展的目标向度

（一）"病有所医"高质量发展的方向

1. 更加注重城乡公平

全民覆盖是社会保障和基本医疗保险的首要原则。医疗保障的发展过程经历了"广泛覆盖"到"全覆盖"，从制度的"全覆盖"到人群的

---

① 孙淑云：《健全重大疫情医疗救治费用协同保障机制的逻辑理路》，《甘肃社会科学》2020年第5期。

"全覆盖",但仍存在一定的公平性不足问题。① 社会保障改革应将公平性作为重点,只有医疗保障水平高,才能让人民具有幸福感与安全感。②"十四五"时期,要继续坚持基本医疗保险依法对全民进行覆盖的原则,并破除部分参保人员落户、就业等制度性障碍,同时还需要特别关注弱势群体的需求,实现全民平等享有基本医疗保障。其中,必须缩小城乡、地区和人口群体之间的差距,以发展医保。因此,在实现全民医保制度的改革道路上,应逐步扭转原有制度在不同区域及群体间的分割情况,以提高制度的整体实施效率,维护制度的公平性。以进一步缩小职工医保和居民医保之间的待遇差距为例,可以通过在职工医保待遇相对不变的情况下,适当提高居民关于门诊和住院报销比例的相关待遇,二者相互协调发展,为两个制度的最终融合奠定基础。

2. 制度保障可持续性

让医疗保险系统在一定的风险容忍度下保持收入和支出的动态平衡。可以通过立法来明确公众、市场和个人在基本医疗保险制度中的责任和义务,并改进激励和制裁措施。建立合理的医疗保险和治疗的融资标准,以确保两者之间的最佳匹配。为基本医疗保险制度的危机管理做好准备,制订应急计划,使医疗保险制度能够抵御突发公共事件的影响,保护公众的基本利益。另外,有少量盈余的平衡预算是国家健康保险计划的一个基本目标,中国要以少量盈余的基金作为发展保障,巩固制度保障的可持续性。

例如,在德国,立法允许各医疗保险机构基金结余预留至少 40%的月度支出作为储备金,最多不超过一个月的支出,任何多余的余额可以直接返还给参保人,或者通过增加支付项目和引入新的医疗形式(家庭医生、综合治疗等)来为被保险人谋福利,这反过来又使保险公司更具吸引力。根据韩国法律,储备基金必须至少积累一个财政年度保险福利费用的 5%,直至达到该财政年度必要保险费用的一半。这意味着,韩国的保险基金余额被限制在 0.6—6.0 个月。两国的医保基金结余都不高,但制度稳定,可以为中国提供借鉴。截至 2019 年底,全国基本医疗保险基金(含生育保险)累计结余 2769.7 亿元,而国家基本医疗保险基金(含生

---

① 彭浩然、岳经纶:《中国基本医疗保险制度整合:理论争论、实践进展与未来前景》,《学术月刊》2020 年第 11 期。
② 林闽钢:《"十四五"时期社会保障发展的基本思路与战略研判》,《行政管理改革》2020 年第 12 期。

育保险）年支出为 2085.4 亿元，即现有基金结余可保障 16 个月的全民医保。造成这种情况的原因有两个：一是职工医保个人账户余额不共济，被保险人之间缺乏有效的对等关系；二是医保协调程度低，导致资金分散在几个不同地区，造成不同地区的基金支付能力不同。因此，"十四五"时期应以略有基金结余为方向，促进基金的健康可持续运转，并提高全国的统筹协调水平。

3. 强化医疗保障法治化

在深化改革和优化制度安排的条件下，要加快医疗保险法律制度建设的步伐，加快医疗保险的具体立法，不断提高医疗保险的法律水平。"十四五"时期，我们将加快通过医疗保障法，为整个医保制度建立法律基础，启动《中华人民共和国社会保险法》的实质性修改，出台关于基本医疗保险、医疗救助、商业健康保险、慈善医疗救助等行政规定，初步建立起医疗制度的对应法律框架。随着医疗保险制度的不断发展，迫切需要立法来规范和限制医疗服务以及实践中与医疗保险有关的行为。在有法可依的基础上，加大医疗保险的执法力度，逐步建立一支专业、成熟的医疗保险执法队伍，依法打击欺诈和骗保行为，引导全社会增强医疗保险法治意识和责任意识。只有社会保险法律体系趋于完善，确保社会保险在法律轨道上运行①，才能有效规范社会保险行为，为社会保险制度的良性运行和协调发展提供保障。但由于立法工作不可能一蹴而就，可以在短期内先制定和颁布较为迫切的政策规范，同时允许地方政府因地制宜地出台相应暂行规定，为将来中国出台全国性的医疗保险法提供实践参考。

（二）"病有所医"高质量发展的目标

随着经济高速增长向高质量发展的转变，以及人口老龄化的加速和疾病的发展，居民对卫生服务的需求更倾向全周期的全面健康保障。显然，目前提供的卫生服务保障的质量和结构仍远未实现这一目标。迫切需要有一个新的概念来进行相关定位，也迫切需要对其进行改造和升级，从质量和效益方面来满足不同群体的需求。在这种情况下，学者纷纷提出了对"病有所医"的理解以及其未来的发展向度，认为医疗工作应在"病有所医"的前提下向"病有良医"的新目标迈进。2019 年，深圳将率先出台"病有所医"的政策。这意味着"病有所医"不只是在学术范围内进行探讨，在现实的探索阶段也将步入正轨，这将是新时代高质量医疗卫生体系

---

① 林闽钢：《"十四五"时期社会保障发展的基本思路与战略研判》，《行政管理改革》2020 年第 12 期。

发展的必由之路。

## 二 中国社会保障"病有所医"高质量发展的主要测度

（一）主要测度指标与高质量发展指数设计

总的来说，中国已经完成了医疗保险制度建设的第一阶段，并在全国范围内基本实现了"病有所医"。中国现在已经进入了健康保险制度发展的第二阶段，目的是实现"病有良医"。因此，未来医疗保险制度建设和发展的主要任务是建立多层次的医疗保险制度，实现医疗保险管理的现代化。同时，为了实施健康中国战略，满足日益增长的医疗服务需求，我们必须发展以健康为导向的健康保险制度。医疗保障的最终目标不应局限于治疗疾病以及疾病的愈后，而应从源头上降低各种疾病发生的风险，让人们更多地避免疾病发生，提高社会的人力资本水平和人民的福利。基于中国的国情，发展以健康为导向的医疗保险是一项中长期的工作，在今后一个时期，看得起病是医疗保险发展的主要目标，当然这也不可避免地与"健康促进"的发展交织在一起。从这个意义上说，"病有良医"和"健康促进"的目标之间没有绝对的区别，而是相互包容、因果关联。一方面，"病有所医"是"病有良医"的前提条件；另一方面，"病有良医"是"病有所医"的深层方向。因此，在制定获得医疗服务的保险制度时，应提倡以健康为导向的医疗保险制度，以促进"病有良医"的发展。

具体而言，以健康为导向的"病有所医"高质量发展建设应从以下几个方面着手。

1. 加大宣传广度和力度

通过举办各类线上、线下的健康活动，激发人民群众参与健康活动的热情，使其在日常的工作生活中能够通过所学的健康知识来引导其生活习惯向更健康的方式转变。其中，政府等社会机构在举办健康活动时，要注意活动设计需尽量满足各类群体的需求，从而拉动各类人群参与健康活动，促进全民健康。

2. 推动分级诊疗建设

一方面，要注重基层首诊的基础性作用，通过政策推动公共卫生资源向基层拓展，同时给予人民群众进行基层就诊的医保、价格等优惠，引导较轻症状患者选择基层就诊，从而高效利用医疗健康保障的资源，促进公共卫生服务体系的均衡发展；另一方面，需要多主体的大力支持来促进家庭医生的出现与发展。

### 3. 加强医药服务的监督与管理

药品是治病的关键资源，药品的价格过高而超出患者的支付能力会在一定程度上影响患者的健康情况，如何进行医药的监管，如何提高医保基金的使用效率，如何更好地运用医保的购买能力而降低患者买药压力，针对该类问题，政府可以建立一定的医保服务考核体系去规范医药行业的整体良性发展。

### 4. 推动中医药的蓬勃发展

将西医与中医资源进行整合，同时利用双方优势进行相互补充，不忽视中医在医疗健康方面的养生保健作用。

### 5. 发展健康医疗事业和产业

通过康养结合、医养结合等方式满足人民高标准的健康需求。同时，要关注科学技术与互联网技术在健康医疗方面的作用，支持相关技术与医疗事业和产业相结合；鼓励医疗事业和产业同一些如保险公司等有能力的公司相结合，互相发挥优势，助力健康事业和产业的良好运营。

总之，"病有良医"是"病有所医"目标的继承与发展，同时，以健康为导向的医保是对以"病有良医"为目标的医保的继承与发展。具体的"病有所医"高质量发展指标体系如表 6-11 所示。

表 6-11　"病有所医"高质量发展指标体系

| 指标类型 | 权重 | 指标名称 | 2020 年水平 |
| --- | --- | --- | --- |
| 基础型指标<br>（0.6） | 0.05 | 基本医疗保险参保率（%） | 95 |
| | 0.03 | 基本医疗保险累计结余（亿元） | 31500 |
| | 0.03 | 每千人口拥有职业（助理）医师数（人） | 2.9 |
| | 0.03 | 每千人口拥有注册护士数（人） | 3.34 |
| | 0.01 | 急诊病死率（%） | 0.08 |
| | 0.05 | 观察室病死率（%） | 0.12 |
| | 0.02 | 居民平均就诊次数（次） | 5.49 |
| | 0.02 | 政府卫生支出占总费用比重（%） | 30.40 |
| | 0.03 | 社会卫生支出占总费用比重（%） | 41.94 |
| | 0.03 | 个人卫生支出占总费用比重（%） | 27.65 |
| | 0.01 | 卫生总费用占 GDP 比重（%） | 7.10 |
| | 0.01 | 基层医疗卫生机构（个） | 970036 |
| | 0.03 | 民营医院数量（个） | 23524 |

续表

| 指标类型 | 权重 | 指标名称 | 2020年水平 |
|---|---|---|---|
| 基础型指标（0.6） | 0.02 | 村卫生室（所） | 608828 |
| | 0.02 | 医疗机构门诊诊疗人次（亿人次） | 77.41 |
| | 0.01 | 基层医疗卫生机构诊疗人次（万人次） | 411614 |
| | 0.01 | 医师日均担负诊疗人次（人次） | 6.76 |
| | 0.01 | 医疗机构病床使用率（%） | 67.7 |
| | 0.05 | 城市每千人口医疗卫生机构床位数（张） | 8.81 |
| | 0.05 | 农村每千人口医疗卫生机构床位数（张） | 4.95 |
| | 0.05 | 每千农村人口乡镇卫生院床位数（张） | 1.50 |
| | 0.03 | 基本医疗保险参保率（%） | 95 |
| 发展型指标（0.4） | 0.05 | 互联网医院（所） | 1100 |
| | 0.05 | 健康检查人数（万人） | 43093.82 |
| | 0.03 | 区域公共卫生中心（个） | — |
| | 0.05 | 国家重大传染病防控救治基地（个） | — |
| | 0.02 | 国家经济医学救援基地（个） | — |
| | 0.02 | 国家医学中心（个） | — |
| | 0.03 | 区域医疗中心（个） | — |
| | 0.03 | 中医医院数量（个） | 4426 |
| | 0.03 | 中医药传承中心（个） | — |
| | 0.03 | 中医协同旗舰医院（个） | — |
| | 0.03 | 中医疫病防治基地（个） | — |
| | 0.03 | 中医特色重点医院（个） | — |
| | 0.03 | 体育建设公园（个） | — |

资料来源：本书关于"病有所医"高质量发展指标源自《中国统计年鉴》《中华人民共和国国民经济和社会发展第十四个五年规划纲要和2035年远景目标纲要》《"十四五"公共服务规划》《国家卫生健康委关于印发"十四五"卫生健康标准化工作规划的通知》。

（二）"病有所医"高质量发展指数中长期预测

根据上述"病有所医"指标体系，本书基于现有数据，依据中国经济发展"十四五"规划、医疗卫生事业"十四五"规划、政府工作简报等设定目标，对未来2035年、2050年"病有所医"高质量发展指数预期目标进行中长期预测，具体结果如表6-12所示。

表 6-12　"病有所医"高质量发展指数中长期预测结果

| 指标类型 | 权重 | 指标名称 | 目标值 | | |
|---|---|---|---|---|---|
| | | | 2020 年 | 2035 年 | 2050 年 |
| 基础型指标<br>(0.6) | 0.05 | 基本医疗保险参保率（%） | 95 | 96 | 98 |
| | 0.03 | 基本医疗保险累计结余（亿元） | 31500 | 33500 | 35000 |
| | 0.03 | 每千人口拥有职业（助理）医师数（人） | 2.9 | 3.6 | 3.8 |
| | 0.03 | 每千人口拥有注册护士数（人） | 3.34 | 3.82 | 3.90 |
| | 0.01 | 急诊病死率（%） | 0.08 | 0.07 | 0.06 |
| | 0.01 | 观察室病死率（%） | 0.12 | 0.10 | 0.07 |
| | 0.01 | 居民平均就诊次数（次） | 5.49 | 5.15 | 4.95 |
| | 0.05 | 政府卫生支出占总费用比重（%） | 30.40 | 34.40 | 38.50 |
| | 0.05 | 社会卫生支出占总费用比重（%） | 41.94 | 43.20 | 45.64 |
| | 0.05 | 个人卫生支出占总费用比重（%） | 27.65 | 27.55 | 25.50 |
| | 0.03 | 卫生总费用占 GDP 比重（%） | 7.10 | 8.25 | 9.35 |
| | 0.05 | 基层医疗卫生机构（个） | 970036 | 971500 | 975500 |
| | 0.02 | 民营医院数量（个） | 23524 | 24500 | 26130 |
| | 0.02 | 村卫生室（所） | 608828 | 61050 | 63110 |
| | 0.03 | 医疗机构门诊诊疗人次（亿人次） | 77.41 | 78.15 | 80.30 |
| | 0.03 | 基层医疗卫生机构诊疗人次（万人次） | 411614 | 411850 | 411910 |
| | 0.01 | 医师日均担负诊疗人次（人次） | 6.76 | 6.15 | 5.95 |
| | 0.01 | 医疗机构病床使用率（%） | 67.7 | 68.5 | 69.5 |
| | 0.03 | 城市每千人口医疗卫生机构床位数（张） | 8.81 | 10.40 | 12.50 |
| | 0.02 | 农村每千人口医疗卫生机构床位数（张） | 4.95 | 6.75 | 8.35 |
| | 0.02 | 每千农村人口乡镇卫生院床位数（张） | 1.50 | 2.30 | 3.50 |
| 发展型指标<br>(0.4) | 0.05 | 互联网医院（所） | 1100 | 1800 | 2000 |
| | 0.05 | 健康检查人数（万人） | 43093.82 | 4935.57 | 5823.46 |
| | 0.03 | 区域公共卫生中心（个） | — | 20 | 25 |
| | 0.05 | 国家重大传染病防控救治基地（个） | — | 25 | 35 |
| | 0.02 | 国家经济医学救援基地（个） | — | 25 | 35 |
| | 0.02 | 国家医学中心（个） | — | 3 | 5 |
| | 0.03 | 区域医疗中心（个） | — | 3 | 5 |
| | 0.02 | 中医医院数量（个） | 4426 | 5000 | 5535 |
| | 0.02 | 中医药传承中心（个） | — | 25 | 30 |
| | 0.02 | 中医协同旗舰医院（个） | — | 25 | 30 |

续表

| 指标类型 | 权重 | 指标名称 | 目标值 | | |
|---|---|---|---|---|---|
| | | | 2020年 | 2035年 | 2050年 |
| 发展型指标<br>（0.4） | 0.03 | 中医疫病防治基地（个） | — | 25 | 30 |
| | 0.03 | 中医特色重点医院（个） | — | 150 | 190 |
| | 0.03 | 体育健身公园（个） | — | 1500 | 2000 |

## 三 中国社会保障"病有所医"高质量发展的保障措施

"十四五"时期，发展高质量的基本医疗保险制度，应以制度供给和供给侧结构性改革为重点。在制度供给方面，要建立门诊共济保障机制，促进多人使用同一账户减轻家庭医疗负担；完善跨区域流动人口的医保管理，促进流动人口便捷结算；推动长期护理保险与基本医保制度的互相补充；为人民群众提供多重保障；完善基本医保制度，尤其在关注贫困人口医保情况的同时加快立法工作。从供给侧结构性改革的角度，探索医疗服务价格的动态调整机制，借用数字化手段深化医保支付方式改革，为商业健康保险奠定基础等。

（一）基本医疗保障制度高质量发展的制度供给

1. 建立门诊共济保障机制

《国务院办公厅关于建立健全职工基本医疗保险门诊共济保障机制的指导意见》强调，将门诊费用纳入职工基本医疗保险统筹基金支付范围，允许家庭成员共同使用个人账户实现共济。这是中国城镇职工基本大病保险改革的关键一步，可以高度灵活地使用个人账户中的盈余，规范职工在门诊环节的行为，充分发挥大病医疗保险账户的风险分担功能。建立门诊共济保障机制，应基于两个方面。首先，应建立和扩大门诊医疗保险资金的来源。同时，在一些个人账户累计余额较高的地区，可以考虑将部分个人缴费转入门诊统筹基金，以增加门诊统筹基金的资金收入。并且在改革过程中，政府应注意正确、多维度地解释政策，引导参与者理解改革的重要性和实际意义，减轻改革的阻力。其次，应逐步扩大个人账户支付的范围，以实现合理、健全的医疗模式。通过保障参保职工常见病、多发病、慢性病、特殊病的门诊治疗需求，以家庭医保替代个人医保，参保职工的直系亲属也将获得职工基本医疗保险的保障水平，从而大大减轻因家庭疾病产生的经济负担。此外，政府还可以根据门诊医疗的等级和住院统筹的支付标准,设定一个梯度起付线与封顶线,引导居民审慎就医。

2. 完善跨区域流动人口医保管理

完善区域间异地就医的管理机制,促进医保信息平台间的信息共享。各地要完善流动人口的医保管理就必须以相应的文字明确医疗保险费的支付范围和比例,并且符合条件的医疗机构务必纳入异地就医的管理中,拉平国外医疗服务价格与当地医疗服务价格之间的差距,对医疗服务价格较高地区的患者给予一定补贴,以进一步降低患者的自付费用。开通地方医保信息平台,实现医保信息的交换和共享,优化网上参保服务,提供异地网上直接结算等服务,方便居民。建立一个区域间医疗保险调剂金,以平衡各地区医疗保险基金的收入和成本。为有效应对大量年轻劳动力流失和严重老龄化带来的医保基金缺口,应坚持将部分地区基金结余转移到基金结余压力较大的地区,保持全国医保基金的动态平衡。

3. 推动长期护理保险与基本医疗保障制度有机衔接

随着老龄化进程的加快,社会上存在不少失能、半失能老年人,并且此类人群的数量呈上升趋势,患病老年人的护理成为亟须解决的社会问题,因此有必要在长期护理保险和基本医疗保险制度之间建立一座桥梁。长期护理保险是解决老年健康保险和保障问题的关键。在设计更好的长期护理保险时,一方面,要明确其与基本医疗保险制度的区别,了解它的核心功能即护理,避免因医疗保险和养老保险的重叠重复而产生不合理的费用;另一方面,必须强调疾病保险和养老保险之间的角色分工,并建立一个可信的"治疗+养老+护理"的三方保护链。长期护理保险可参照城乡居民基本养老保险的模式,通过家庭缴费和政府补贴建立护理保险资金池。长期护理保险应按照基本需求项目和特殊需求项目设立赔付项目,对基本需求项目和特殊需求项目设定不同的起点和赔付率。同时,应引入报销机制,将被护理者的护理费以报销的形式支付给护理机构,以避免护理费用转入其他用途,并将充分发挥长期护理保险的作用,以满足人民尤其是流动人口对长期护理服务的需求。

4. 健全重大疫情基本医疗保障制度应急管理机制

建立基本医疗保险制度应急预案,发挥医疗保险制度的基本作用。根据《中共中央 国务院关于深化医疗保障制度改革的意见》,医疗机构在突发情况下,如暴发突发公共卫生事件,应优先救治病人,然后再支付费用。医疗保险机构应尽快向医疗机构预付部分资金,以确保治疗顺利进行。同时,调整医疗机构总体预算指标,单独考虑并及时结算因疫情造成的治疗费用,以减轻医疗机构的治疗压力。此外,还根据疫情的变化灵活调整报销范围，将医疗保险目录中未涵盖但需求量大的药品和医疗服务暂时纳入医疗保险支付目录。优化基本医疗保险管理服务，确保在其他地方就医的患者不会因无力支付医疗保险而在接受治疗方面遇到困难。应开放地方医疗保险管理机构之间的接口，并尽快连接国家医疗保险信息系统，促进医疗保险管理服务的"一网通办"。在应对公共卫生突发事件的过程中，应该为在其他地方寻求治疗的患者建立专门的服务渠道，以便及时处理紧急问题。同时，由于疫情出现的患者，将按照当地的报销政策进行报销，可不执行异地就医协议中的报销比例规定。此外，报销范围将根据疫情的变化灵活调整，医疗保险未覆盖但需求量较大的药品和医疗服务将暂时纳入疾病基金的支付清单。基本医疗保险服务将得到改善，以确保在其他地方就医的患者不会因无力支付医疗保险费用而难以获得医疗服务。

5. 提高医疗救助减贫防贫能力

确定进行医疗救助的具体人员并提供准确的帮助。《中共中央 国务院印发〈乡村振兴战略规划（2018—2022年）〉》明确要求完善医疗救助与基本医保、大病保险的衔接机制，重点对患重大疾病的农民进行救助。因此，当2020年打赢脱贫攻坚战后，已经脱贫的人应立即从救助名单中剔除，重新将其纳入城镇职工或城乡居民的基本医疗保险，这一措施，一方面可以减轻医保基金的压力，另一方面可以提高相关人员的医疗保障水平。同时，应该对贫困人口进行更精确地识别，并根据他们不同的贫困原因制定不同类型的医疗服务标准。扩大医疗资金来源，优化医疗支出结构。鼓励更多的企业、慈善机构等各方捐款，让它们有社会责任感，以捐款、定向资助等多种形式扩大医疗救助资金的来源，同时增加福利彩票等基金的收入，而不是单纯依靠政府财政支持的筹资模式。此外，应协调医疗救助和服务，调整医疗救助的支出结构向更合理方式转变，以促进贫困人口的疾病预防，并继续提供常见病和慢性病的医疗服务。其目的是减缓疾病进程，减少重大疾病的发生率并为需要医疗救助的人员提供帮助。

6. 加快医保立法工作

通过医疗保险法及其补充规定，明确医疗保险制度的制度框架和监管机制。与此同时，《医疗保障法（征求意见稿）》的发布在医保制度改革中具有里程碑的意义，表明医疗保险的立法工作正在逐步付诸实施。下一步，要加快推进医疗保险制度的法治建设进程，细化并完善医疗保障法的内容，清晰界定基本医疗保险制度中各领域的权责划分和运行机制，量化绩效考核、表彰奖励和违规处罚的指标。同时，可以通过补充规定等方式对医疗保障法的基本内容进行进一步解释和说明，建立医疗保险的法律框架。医疗保障法应与其他的相关法律法规紧密协调，以避免法律冲突和空白。在医疗保障法出台之前，国家已经在《中华人民共和国社会保险法》《医疗保障基金使用监督管理条例》等法律文件中明确了医疗保险制度的相关内容。因此，《医疗保障法》应在原有法律法规的基础上，进一步细化条款，补充说明，根据现实实践中出现的新问题、新方向对原有内容进行根本性的修改和调整，并及时增加新的法律条款。

（二）基本医疗保障制度高质量发展的供给侧结构性改革

1. 巩固药品和医用耗材集中带量采购机制

完善药品和医用耗材集中采购数量的进入和退出机制，并定期通过谈判调整采购目录。"十四五"时期，要发挥药品和医用耗材集中采购制度在推进医疗服务改革中的引领作用，通过集中采购制度控制药品价格上涨现象，让医疗服务价值回归服务本身。在采购中建立并实施信用评价体系。不断扩大优质、紧缺药品和医用耗材的范围，将质量差、需求低的药品和医用耗材从采购目录中剔除。不同地区普遍需要的药品和医疗消耗品可以国家联盟的形式进行采购，通过谈判手段从而使价格尽可能地降低。从供应条件和患者感受出发，设定合适的条件，从多角度对采购目标进行综合评估。采购药品和医疗用品的最终使用者是患者，从供应条件上考察药品和医用耗材的经济性、质量、效率，同时对使用采购药品和医疗用品的患者进行定期访问和调查，从患者的角度考察他们的满意程度和使用过程中身体状况的变化等，选出最适宜的药品和医用耗材。

2. 探索医疗服务价格动态调整机制

在"三医"联动的基础上推进医疗服务价格改革，制定医疗服务价格调整方案。《中共中央 国务院关于深化医疗保障制度改革的意见》明确要求建立科学、明确、动态的医疗服务价格调整机制。在"三医"联动的改革进程中，医疗服务的价格调整是关键一环。只有在改善医疗、药品和医疗保险改革的基础上，在进一步降低药品和药品耗材的高额利润的基础上，才能为调整医疗服务价格和优化公共医疗机构的收入结构创造空间。某些医疗服务价格的调整权应下放给各省份，政府应事先制订计划，考虑到地区GDP、人口消费水平和医疗服务价格的比重等多种因素。加强对医疗服务价格的分类和管理，考虑到公共产品和劳动价值。为保护尽可能多的人的基本利益，必须始终尊重公共卫生机构提供的基本卫生服务的指示性价格，以确保患者的总体负担不会增加。一方面，政府应该为需求量大的医疗服务设定一个明确的价格底线；另一方面，它应该增加反映熟练劳动力价值的医疗保健支出份额，并承认医务人员队伍的附加值。此外,应规范市场,为医疗机构提供足够的激励,尤其是相关机构提供的医疗服务价格可以由市场的调节功能发挥作用,进行自主定价。

3. 深化医保支付方式改革

考虑到每个地区的特点和发生疾病的不同情况,对医疗保险的支付方式采取综合办法。一方面,全额支付适用于紧密型医联体。推动卫生部门与医疗机构的集体谈判,建立规范的谈判机制,将医保支付与医疗服务水平和质量挂钩,坚持将医联体内医疗保险基金合理分配给基层医疗机构,从而将患者引向基层医疗机构,有效控制地区医疗机构的管理费用。另一方面,医疗机构根据不同的疾病类型和治疗条件,采用不同的支付方式。对于住院病人,可以采用DRG和DIP等医保支付方式,对于一些需要长期住院的疾病患者,可以让其按照床位计费的医保支付方式进行支付。这可以进一步规范医生的待遇,降低医疗保险公司的支出任意性。对经常易发生的疾病和慢性疾病的门诊病人应根据当地情况按人头付费,符合当地政策与满足对应患者需求,并且医疗保险的战略性购买应逐步从疾病治疗模式向健康管理模式转变。探索将药品支付分开的方法,解决长期存在的"以药养医"的问题。医药分离并不意味着分离医疗机构和药店,而是分离收入和支出机制。它防止医疗机构和医务人员从药品加价中获益,从而有效地限制了不合理的医药费用,让患者不为超额医药费而发愁。

4. 推进医保数字化治理

加强医疗保险信息系统的建设,促进医疗保险信息的交流共享。首先,搭建好医疗信息系统的基础设施是前提,在此基础上尽快建立省级医疗保险数据网络,放开医疗保险公司系统之间的接口,逐步形成全国医保信息"一网通管"[1],同时,对某些医疗机构进行实时监管控制,实时监管其在价格等方面的问题,从而防止价格和保险欺诈。此外,需要重点在安全上进行防御,可以通过多重防火墙、数字身份认证、智能追踪等方式维护医疗保险的数据安全,从而提高数字医疗保险服务的能力,为数字医疗保险的应用保驾护航。[2] 积极推广卫生保健的电子文档,实现卫生保健、医疗保健、医疗信息电子文档的整合,尽快将互联网医疗服务系统与医保信息系统对接,使人们足不出户就能完成网上医疗服务,以及购买药

---

[1] 申曙光:《我们需要什么样的医疗保障体系?》,《社会保障评论》2021年第1期。
[2] Li L., et al., "Does Internet Use Impact the Health Status of Middle-aged and Older Populations? Evidence from China Health and Retirement Longitudinal Study(CHARLS)", *International Journal of Environmental Research and Public Health*, Vol. 19, No. 6, March 2022, p. 3619.

品等一站式医疗等服务。同时，考虑到老年人不熟悉智能设备，要留存部分的线下窗口方便老年人顺利办理医疗服务。①

**5. 发挥商业健康保险基本作用**

人们普遍认为，国家应该提供基本的医疗保障，但由于信息不对称和国家的关注幅度有限，国家在提供公共产品时往往效率不高。随着时代的发展，市场主体能够帮助国家提供一些公共产品，这不仅解放了国家的精力，也在一定程度上使社会服务更加合理和人性化。基本医疗保险制度和商业健康保险并不相互排斥或相互矛盾。充分发挥商业健康保险的基本功能，可以补充基本医疗保障体系，弥补"国家失灵"。商业健康保险机构可以承担起改善城乡居民基本医疗保险和为有能力交付商业保险人群提供更高层次的保障水平。与基本保险不同，商业健康保险更加灵活。因此，在保障居民基本生活的前提下，应鼓励商业医疗保险打破基本保险目录范围，突破病史和年龄的限制，设置多个档次来补充基本保险，并积极推动更多的人民群众提高保障水平，让大病保险充分发挥补充作用，帮助其提高生活质量。具体来看，商业医疗保险主要是通过"三次报销"来进一步减轻重病患者经济压力的。

---

① 李立清：《大数据在健康管理中的应用研究》，《广西社会科学》2021 年第 8 期。

# 第七章 "老有所养":养老保险、养老服务和养老产业高质量发展

## 第一节 "老有所养"高质量发展的理论内涵与分析框架

### 一 "老有所养"高质量发展的理论基础

(一)何为"老有所养"高质量发展

养老保障高质量发展与传统的养老保障相比有其独特的理论要义与价值,具体体现为养老内涵的全新界定、质量提高、重视社会公众及相关服务供给范围拓展四个方面的内容。

1. 更为注重养老内涵的全面界定与解读

传统的社会养老"医、养、护"服务分散,往往面临"医院难以养,养老机构难以医,家庭难以护"的困境,"重供给、轻需求"的传统养老模式已难以适应当前不少老年人步入高龄化生命阶段所要面临的诸多风险现状,如疾病、失智、失能等。因此,如果有限的医疗与养老资源无法得到充分调配与利用,那么老年人很难从养老服务中获取完整而全面抵御风险的养老服务,相应精神方面的幸福感与满意感也会大大降低。而养老保障高质量发展相较于传统社会养老模式能够表现出更为全面的服务内涵、更为综合的功能提升、更为优质高效的资源配置与利用,在"医养结合""护养结合""康养结合"三类养老服务有机结合的形势下,加快推进医疗、护理、康复、经济、服务等全方位、多领域的养老服务融合发展,以及养—医—康—护—临终关怀"五位一体"的养老服务连续性供给,能够为独居、失能、高龄老年人提供精神抚慰与人文照护,对构建与完善福利性的社会养老服务体系具有重要推动力。

2. 更为重视提高养老服务的质量

要推进高质量养老服务体系建设，把"人性化设计、高质量提升、突出附加值"的人本养老服务理念自始至终体现在优质养老服务发展的各个环节。首先，在养老服务机构的参与上，要推动居家养老、社区养老和养老机制的共同参与，"居家—社区—机构"养老服务主体的统筹发展模式，有助于优化和整合养老资源，使老年人在养老方面获得更优质的服务。在养老机制的建设方面要充分展示社区家庭养老的专业指导和引领模式的作用，促进养老服务体系质量和人文效益的全面提升。其次，在养老服务内容的供给上，高质量养老服务的建设不仅要注重提高养老服务内容的质量，如多样化、多层次、多功能的医疗和护理服务，还要高度关注老年人的心理健康，注重保护老年人的尊严和生活质量。最后，在养老服务设施统筹方面，一是要加快城市和农村社区家庭护理和专门护理机构基础设施的整体部署和覆盖；二是在基础设施的选择上，应重视老年人自身的使用和体验，在实用性、专业性和质量方面提出更高的要求。

3. 更加关注社会公众的实际体验

养老服务的高质量发展，不仅要在养老服务模式、内容、方式等方面提高老年人群体的服务质量，还要特别关注公众对此的接受程度和满意度。养老服务高质量发展的根本目标是让老年人及其家庭在社会养老服务体系的支持下拥有强烈的获得感和幸福感，而其最终立足点在于公众对养老服务使用的充分认可和肯定。如上所述，全面发展高质量的养老服务，要高度重视提升政策的科学性，加强政策的落实和执行，重视对服务质量的过程监控，注重政策效果的综合评价和反馈，不断完善供给核心体系，优化传统服务手段，确保老年人能够获取和使用个性化的养老服务资源，可持续地提高老年人及其家人对社会养老服务的满意度。

4. 更为注重拓展养老服务供给范围

目前，中国依照个体生命发展特征将生命历程及社会发展结构化，因此现有的"老有所养"民生保障体系仅关注个体进入老年之后的服务保障。而从全生命周期视角看待中国的民生保障体系时，不难发现在个体晚年生活质量的保障方面出现了一定程度的缺失。中国的社会保障制度特别是养老保障体系作为化解老年人社会风险的重要制度设计，在生者的保障方面完成了诸多行之有效的政策改革与变迁，却尚未对逝者权益的问题引起高度重视。因此理应把相应的临终关怀与殡葬服务等方面的服务内容纳入"老有所养"民生建设体系，加快推进政府主导下多元主体协同参与的民生建设，为濒临死亡和已故的个体提供临终关怀和殡葬服务等，以实现精准满足人民需求为导向的生命周期全覆盖民生建设目标。

（二）社会嵌入理论

波兰尼是第一个提出"嵌入"概念的学者，他认为个人行为者被嵌入具体和实际的社会网络中。① 在这种情况下，社会中的个人做出符合其目标和愿望的选择。只有在前人提出的社会整合理论的基础上，才能实现社会结构的整合和互补的目标。人类生活是一个不断社会化的过程，老年人也不例外。他们仍然要继续他们的社会化。这主要是由于老年人的心理问题，如因感觉到经济危机而产生的焦虑和因角色变化而产生的孤独感。他们还将面临社会关系等方面的风险和威胁，如空巢老人、疾病和丧偶。这就要求老年人通过社会融合进行社交，学习新的角色，接受帮助并适应新的生活。

（三）福利多元主义理论

福利多元主义本质上是指福利监管、资助和提供由不同部门共同参与和负责。自 20 世纪 70 年代以来，该理论在社会政策领域发挥了越来越重要的作用。然而，在西方社会政策领域，由于经济环境和意识形态的不同，福利多元主义的构成和功能因国家而异。例如，在安德森的福利三分模式中，在自由主义的福利国家模式中，国家坚持对社会福利进行市场干预，无论是采取被动的最低保障还是积极补贴个别社会福利项目。在福利国家的保守模式中，原则是强调传统的家庭价值，只有在家庭竭尽全力仍无法跨过危机时，国家才会以某种方式进行干预。在福利国家的社会民主模式中，国家对福利的负责任方面受到重视，公众享受到了高水平的福利。然而，被广泛接受的福利多元化观点不仅有助于解释福利国家的危机现状，而且为福利国家的转型提供了一条出路。福利多元主义强调在福利国家危机面前，通过福利多元主义的全面整合，将国家的总福利供给转变为对社会多阶层的福利供给。如果要在社会各阶层的共同参与下实现从福利国家到福利社会的转型，就必须重视家庭和社区等非正式组织，以解决福利国家的危机。

（四）社区照顾理论

社区照顾概念的提出是对 19 世纪《济贫法修正案》中规定的老年人护理机构批评的结果。最初，社区照顾主要用于精神健康领域，但到 20 世纪 50 年代，它属于老年人护理的范畴。社区照顾在许多国家得到推广，

---

① Polanyi K., *The Great Transformation: The Political and Economic Origins of Our Time*, Boston: Beacon Press, 2001, p. 35.

但各国在具体的政策制定与实施方面具有较大差异，这主要是由不同的社会政策和文化传统造成的。社区照顾包括在社区照顾、由社区照顾和为社区照顾。三者在护理责任和义务方面有不同的安排。以社区为基础的护理针对的是社区内的弱势群体，可以扩展到整个社区。在目前情况下，有需要的老人，特别是有长期护理需求的老年人是社区护理的主要受益者。显然，社区强调不同的护理资源和社会网络之间的合作和整合，任何单方面的服务和护理都无法满足老年人的不同需求。

（五）生命伦理学理论

当代科学技术的进步对人类生活产生了重要影响，特别是在医学方面，辅助生殖技术、干细胞移植、基因技术和克隆技术的产生，帮助人们延长寿命，减少痛苦，降低出生婴儿残疾的概率。然而，与此同时，它也伴随着伦理问题、道德困境和道德争议，对关于人类生命的性质、尊严和价值的传统观点提出了重大挑战。范伦塞拉·波特是20世纪五六十年代在北美第一个使用"生物伦理学"一词的人，它是指"一门关注人类生存和改善生活质量的学科"。在此后的几十年里，生物伦理学的研究成倍增长，引起了前所未有的关注。生物伦理学迅速发展的主要原因之一是它解决了科学技术在生命和保健方面的应用所产生的伦理困境；另一个原因是生物伦理学以分析哲学为基础，广泛利用当代伦理学的研究成果和方法，建立了具有自身学科特点的范式，确立了生物伦理学的基本原则，并得到了普遍应用。生物伦理学是根据道德价值和原则对生命科学和保健方面的人类行为进行系统研究的学科。它侧重生物医学和行为研究的伦理问题、环境和人口的伦理问题、动物实验和植物保护的伦理问题，以及人类生殖、节育、遗传、优生、死亡、安乐死和器官移植的伦理问题。

## 二 "老有所养"高质量发展的必要性与重点建设内容

（一）"老有所养"高质量发展的必要性

1. 社会养老服务体系建设存在较强的链式问题

从实践层面来看，中国养老服务供给端、需求端以及支付端均存在突出的矛盾和问题。在供给端，医养结合服务资源配置总量、结构和标准问题突出，医、养资源衔接不畅，养老机构辐射社区居家养老服务存在障碍，致使医养结合服务在多数地区出现形式大于内容、服务项目缺乏定位、服务频次低、医护人员短缺等问题，且试点工作尚未全面铺开，导致受益面窄、受益不均衡等情况。在需求端，高质量意味着高消费支出，除受支付能力制约外，绝大多数老年人及其家庭存在消费意愿不强、接受度低的情况，导致养老服务消费不旺。如多数机构的老人在无基本医疗保险配套的情形下，不愿意接受内设医疗机构服务。在支付端，基本医疗保险和长期护理保险存在衔接不畅与覆盖不全的问题，导致支付能力受限，出现消费端堵塞现象。养老服务供给、需求及支付三端问题相互交织、互相缠绊，进一步形成了阻碍养老服务高质量发展的难点、痛点和堵点等深层次问题。养老服务领域的养老、医疗、护理服务资源不足，限制了服务供给和消费；基本医疗保险和长期护理保险不能同步跟进，抑制了有效需求；长期以来的供给不足、服务能力低下、消费不旺交织在一起，致使供给端和需求端陷入恶性信任危机。以上种种问题积重难返，导致养老服务在实现高质量发展的过程中实效不强、推广和扩面进程缓慢。总之，中国养老服务高质量发展明显存在由实践层面到理论层面，由供给端、支付端到消费端，由浅及深的复杂链式问题。

2. 政府与市场关系胶着，陷入双重困境

养老服务具有多重属性，既有公共产品特征，也有私人产品特征，因此政府和市场在养老服务的供给边界上面临双重困境。一方面，当前养老服务需求旺盛，市场潜力巨大，有利于激发养老产业的供给潜力，促进养老服务的多元化、多层次发展。因此，政府正在通过加强政策支持来扩大市场规模。另一方面，老年护理服务与国民经济和人民生活息息相关。对于一些家庭来说，老年人护理服务是刚性需求，特别是对于残疾老人和患阿尔茨海默病的老人的家庭。政府不敢也不能退出市场，一旦政府退出市场，可能造成市场供给不足或扭曲，也无法为失能老人和患阿尔茨海默病的老人的家庭服务，反而容易偏离初衷。因此，政府必须继续指导甚至直接参与向老年人提供的服务，这就造成了一些进入障碍。同时，虽然政府对养老服务业提供了优惠政策，但市场对这些政策有所顾忌，市场的力量难以释放，这使整个养老服务业对政府的依赖性过强。此外，社会组织在为老年人提供护理服务方面的参与不够活跃，严重依赖财政支持，独立创新和市场开发的能力有限。① 市场对养老服务资源的配置是养老服务运行机制的重要内容②，但市场与政府在养老服务领域的合作边界模糊，难以走出双重困境，市场的力量无法有效释放，养老服务市场模式的拓展面

---

① 樊红敏等：《新时代养老服务创新驱动因素、障碍及路径》，《社会政策研究》2020年第4期。

② 董红亚：《中国特色养老服务模式的运行框架及趋势前瞻》，《社会科学辑刊》2020年第4期。

临难题。

**3. 不平衡性顽疾难以消除，影响满意度和获得感**

社会养老服务整体发展的不平衡体现在养老服务供给的各个方面，包括区域不平衡、城乡不平衡、城郊不平衡、社区不平衡、行政村和自然村不平衡。在制度建设中，存在养老机构建设优于社区居家服务建设的现象。在机制建设中，有足够的养老床位，却没有足够的护理床位；设备投入充足，软件建设不足；民办机构的发展情况不如公办机构；"一床难求"与"床位闲置"之间的矛盾是突出的。这种服务供给的不平衡，是由目前养老服务体系发展不充分、资源供给总量不足、结构不平衡导致的①，老年人及其家庭在获得养老服务方面存在差异，难以保证公平。此外，许多地方政府和相关专业部门以及老年人及其家属对医养结合、老年人的短期护理和社区居家养老服务有着不同的理解和想法，导致养老服务体系从制度设计到政策执行都存在差异，造成养老服务发展的整体失衡。长此以往，老年人及其家庭乃至整个社会都容易诱发或出现生理及心理上的差距，加深不平等性，进而使社会对养老服务的满意度降低，直接影响高质量发展目标的实现。

**4. 高质量发展后劲不足，供需驱动力欠缺**

高质量发展需要持续的供需驱动，供给驱动是指持续的资金、制度和政治支持等基础性投资，而需求驱动是指要激发老年群体及其家庭的消费欲望和消费能力，将老年护理服务的有效需求转化为真正的公共产品，让更多家庭能够获得和购买。但在供给方面，目前市场上有政府政策、引导机制等方面的激励意识，各种激励措施对市场影响不大，供给驱动力不足，巨大的市场潜力难以得到有效激励和发挥。此外，目前的养老服务供给需要直接的财政补贴来继续推动养老服务供给的增长，过度依赖政府的公共资源会导致养老服务供给的低效，这将大大限制养老服务高质量发展的可持续性。在需求方面，老年人及其家庭对养老服务有较高的需求，但目前支付体系不完善，医保与养老机构没有完全对接，长期护理保险试点没有全面铺开，这直接限制了消费者的消费能力。由于以上两个方面的因素，虽然老年人及其家庭对养老服务有着巨大的需求，但无法实现供需的有效平衡，激发市场潜力和公众消费能力，刺激高质量的养老服务发展。当供给动力不足、需求动力枯竭时，高质量养老服务发展的可持续动力将

---

① 郭林：《中国养老服务 70 年（1949—2019）：演变脉络、政策评估、未来思路》，《社会保障评论》2019 年第 3 期。

逐渐丧失，这将严重制约养老服务整体水平的提高。

（二）养老保险高质量发展

1. 大力推进基本养老金全国统筹和养老金制度统一

由于现行制度的许多弊端体现于制度不统一带来的负面影响，基本养老保险制度实际上决定了公民基本养老权利的发展空间和补充层面的制度安排。因此，为了深化养老保险制度的改革，应该把优化与统一制度设计放在首位，同时采取多项措施：一是缩短中央保险基金统筹制度的实施时间，明确时间表和路线图，尽快实现全国保险基金职工养老金收支平衡；同时，在国家统一规定下，实现事业单位工作人员和城乡居民基本养老保险制度的省级统筹，促进三项法定养老保险制度的统一。二是基本养老金、职业养老金和个人养老金的政策定制权收归中央，中央政府对工资（或收入）计算、支付基数和支付比例实行统一标准。统筹规划补助金的计算方法、计算基础和推定支付标准、个人账户的收益率、国家保险基金的投资政策等，明确取消地方在这些方面的自由裁量权。三是制定三项具体政策以衔接和协调基本保险金制度的发展，制定科学的参保人员养老金权益计算公式，切实保证全体参保人员的合法权益。四是尽快统一保险管理机制和信息系统，实行省级管理机构垂直管理，制定全国统一的保险信息标准体系确保无缝衔接。这是统一系统的前提条件和技术支持。

2. 积极推进养老金三支柱建设

高质量的养老金保护必须有足够的水平和互补的多层次结构。中国的养老金保护体系已经从单一的养老保险支柱转变为世界银行建议的三大支柱。第一支柱是社会化养老保险，即现有的职工和居民养老保险制度；第二支柱是公司养老金，为职工提供额外保护；第三支柱是商业保险。建立多层次养老保险体系的目标已经提出了20多年，但其发展非常缓慢，目前的结构性问题依然严重。政府提供的公共养老保险仍占主导地位，而公司养老保险和商业保险的覆盖率太低，服务项目发展过于欠缺。根据2015年的相关数据，第一养老金支柱的总资产为3.99万亿元，占养老金总资产的69.3%；第二支柱为9526亿元，占16.5%；第三支柱为8154亿元，占14.2%。同样的结构反映在养老金收入上：第一支柱提供的养老金收入为2200元/月，占96.55%；第二支柱提供的养老金收入为13.6元/月，占0.6%；第三支柱提供的养老金收入为65元/月，占2.85%。2017年，第二、第三支柱的发展明显没有起色。中国企业养老金的平均参保率为5.78%，其中，上海最高，达9.7%，西藏最低，为0.74%。企业养老基金的累计价值占GDP的1.56%，其中上海最高，但也仅占 2.13%。商业养老保障的人寿险深度显示，全国平均为 2.88%，多层总指数值仅为 40.93。地区之间经济发展的差异直接导致了养老金支付水平的不同，因为雇员退休后的生活在很大程度上取决于公共养老金支柱，加上其对提高养老金的需求很高，养老金基金面临巨大压力。2019年，《国务院办公厅关于印发降低社会保险费率综合方案的通知》发布后，养老保险缴费率将由目前的 20%降至 16%。同时，由于城市地区私营部门雇员的平均工资增加，支付养老基金缴费基数也随之减少。在这种情况下，基金的可持续性是一个必须重点关注的问题。如何整合相关资源，积极发挥市场作用，激发养老保障第二、第三支柱的活力，形成真正的三支柱体系，分散老龄化、长寿化、经济危机和生育率下降带来的风险，确保养老保障的可持续性，是指引中国养老保障未来的发展方向和提高养老服务质量的一个重要问题。

3. 构建层次结构清晰、保障功能明确、未来预期稳定的多层次养老金制度体系

第一，"老有所养"的高质量发展需要构建层次清晰、保障功能明确、未来预期稳定的多层次养老体系。作为政府主导的公共养老体系，法定的基本养老保险负责为老年人提供基本的财政资源，必须依法实施，覆盖全部人口。利用可计量的财政机制，所有老年人必须享受相对适度的法定养老金水平。企业或职业养老金是由雇主主导、政府支持的政策性年金。通过减税和免税，向雇主和被保险人提供适度的综合补充养老金。采用完整的金融机制进行积累，即个人账户的金融机制。商业养老金以市场为导向，遵循市场交易的规则，政府在提高老年人生活水平的同时，为满足高收入者的需求，可以提供适当的援助，遵循"不保不得、少保少得、多保多得"的原则，以及发挥其他风险保障功能。综上所述，在促进法定养老保险优化之后，政策的重点应该是支持发展覆盖绝大多数职工的企业年金。基于整体和各级基本层面上对养老金计划进行整体规划。在这种情况下，法定养老金需要有效落实保基本、促公平的原则，替代率应在 40%左右，这取决于个人的基本生活需求的适当水平。公司或职业汇率的养老金可以确定为大约 30%。增加第一层和第二层可以让老年人过上更充足的退休生活。商业养老金必须根据个人的能力和需求自愿加入。不可能在保单中设定替代率的目标，但可以引导人们根据自己的需要来投保，并为他们提供适当的保险支持。多层次养老金计划的建立和发展应根据这种结构和不同的汇率规划和分阶段进行。

第二，大力推动公司养老金向适度优惠方向发展。一是要继续降低法

定养老保险的支付率和替代率，为企业养老保险的发展留出空间，同时要保证就业单位和参保人员完全有能力参加企业养老保险。二是该政策的目的是使更多的工人能够拥有企业的养老金。2013年德国的公司养老金覆盖率为56.4%，美国为41.6%，中国的公司养老金覆盖率至少在60%。重点要促进从企业年金的正规就业者到非正规就业者的扩大，从国有企业到民营企业的扩大，从高报酬的劳动者到报酬较低的劳动者的扩大，并鼓励低收入群体参加公共资助的公司养老金，对灵活就业者中的低收入工人和农民给予适当补贴。三是增加市场主体，鼓励市场竞争，引导第二、第三支柱养老金的健康发展。重点关注拥有公司养老金的养老保险公司、基金公司和其他金融机构，鼓励大公司独立拥有公司养老金，鼓励中小企业拥有集体公司养老金，并在此基础上给予其适当的政策支持。鼓励商业养老金的发展，通过市场为中高收入群体，特别是高收入群体带来更高更全面的退休保障。为此，必须进一步开放保险市场，鼓励保险公司提高开发年金产品的能力，依靠服务质量吸引保险客户。政策重点必须从注重税收优惠转变为开放的投资法规体系，市场参与者必须通过投资回报而不是保费收入实现其利润目标。当前，要及时总结税延型商业年金的试点经验，并鼓励商业年金的发展，同时也要避免出现"强者吃亏、弱者挨打"的阶段。

（三）养老服务高质量发展

1. 大力推进医养康养相结合的养老服务体系建设

目前，在医养结合领域容易出现医疗和养老叠加或过于强调机制设备的改造和重建，但医养结合可以通过医疗机构增加养老服务，在养老机构内设立专门的医疗机构，引入医养结合机制。为了理解医养结合的重要性，我们首先应该明确，医养结合的真正目的是将政策联系起来，完善机构，整合服务。首先，在"健康中国"战略中，国家明确提出要将健康融入所有政策。换句话说，所有的政策应该以所有人的健康和整个生命周期的健康为基础。因此，在制定老年人护理服务政策时，必须始终就改善老年人的健康环境达成共识。同样，在积极应对人口老龄化的国家战略中，所有政策的制定都必须以积极乐观的角度看待老龄化。在这种情况下，医疗和养老的结合不是一项简单而实际的任务，有关部委在今后很长一段时间内制定和颁布政策时必须考虑到健康和老龄问题。其次，医养结合的本质在于服务的整合。在不断发展和完善现有各种公共服务体系的基础上，整合相关资源，实现服务的一体化。在医疗与健康的结合中，现有的医疗服务被延伸到健康服务中，甚至延伸到老年人、家庭或机构。在这个过程中，医院、医疗机构、企业、社区等不同主体，特别是基层医疗机构和老年人护理机构，充分发挥不同的作用，形成医疗卫生的一体化服务链。最后，在现有政策和制度的基础上，根据医养结合服务的需求，完善现有政策、标准和规范，提出新的制度规范，确保各种服务资源的充分整合。

2. 积极推动养老、孝老、敬老政策体系建设

老年人已经成为国内外社会关注的焦点，社会正面临一场"老年危机"。为解决这个问题，中国借鉴西方模式建立中国特色养老保障制度。然而，中国养老保障制度面临一大挑战：保险水平的刚性程度越高越好，不可避免地导致了更高的支出负担，也可能导致支付不足。对其原因的分析通常不在保险制度本身进行，而是在制度的环境中进行的。许多发达国家的个人支付能力需要得到加强，以使相应的制度更具成本效益。现阶段的目标是在一个发展中国家的现代化进程中，在人们还不富裕的现实条件下解决中国的养老问题。中国已进入老龄化社会，与欧洲国家相比，老年人口的基数太大。解决中国的养老问题，要结合历史变迁发展的经验与教训，汲取国外养老保险实践的可取之处，从中国经济社会发展现状出发提出与之相适应的养老发展新模式。纵观中国发展历史，不同时代进入老年的年龄限制不同，老年是相对的，过去老年人在人口中的比例也不总是很低，这主要是由养老文化和相应的制度框架造成的。现代医学研究表明，老年人问题不应仅重视社会经济、医疗技术的发展与创新，还要重点关注心理、社会和文化方面的问题。

3. 加快养老服务基础设施和养老服务人才队伍建设

首先，要加强为老年人服务的基础设施建设。研究表明，老年人护理服务的缺乏是影响老年人护理服务质量的重要因素。一是政府应增加养老机构的有效供给，积极创造和推广各种优惠条件，鼓励社会资本投资建设养老机构。例如，增加老年人护理设施的床位数量，并为老年人发展多样化的护理服务。二是考虑到老年人健康状况的特点，医疗机构应增加老年人专业门诊的数量，加快医疗机构的更新，配置更多的专业医务人员，提高老年人医疗服务的满意度。三是应更加重视为老年人提供社区护理服务。调查显示，大多数老年人表示希望生活在一个熟悉的社区环境中。因此，政府应加强社区养老服务机构的建设，满足老年人在生活照料和精神慰藉方面对优质社区养老服务的需求。其次，应加快发展老年护理的人才储备。养老团队建设是中国老年护理行业高质量发展中需要解决的一个重要问题。目前，由于参与服务的人员年龄偏大，缺乏专业知识，服务能力有限，对服务缺乏热情，对工作的重要性认识不足，老年人护理服务质量

不高。为了建立一支专业的老年人护理服务队伍，必须加强对护理人员和社会工作者的培训，使其具备相应的学科知识。特别是需要诸如老年人护理、老年人保健和老年人心理学等学科专业，完善从日常护理到精神安慰全方位的学习和培育，以培训老年人护理服务的专业人员。最后，为提高劳动者待遇，政府应通过行政手段吸引具有相关专业技能或接受过专业教育培训的人员，特别是愿意从事养老服务的青年人才参与养老服务建设，并在职称晋升、高学历、选拔任用等机制上提供更加灵活、优惠的工作条件和更具吸引力的薪酬水平，促进保障体系的完善。

（四）养老产业高质量发展

1. 加强智慧养老、数字化养老产业建设

中国的疾病现状已经转向以慢性病为主，慢性病的患病率很高且仍在快速上升，老年人的慢性病负担加重。首都医科大学的流行病学调查结果显示，目前中国已有800万—1000万名阿尔茨海默病患者和2400万名轻度认知障碍患者，发病率不断上升而且就诊率低，误诊和漏诊率高。由于缺乏有效的治疗方案，随着人口老龄化加剧，这些疾病成为更大的挑战。但是，机遇与挑战并存，在形势严峻的同时给予了智慧养老与养老服务结合的重大战略机遇，这种情况的出现将进一步推动智慧养老与养老服务的快速发展。通过技术手段，智慧养老弥补了老年人相比年轻人在体力和耐力方面的不足。换句话说，它通过互联网解决距离问题，通过物联网解决实际行为问题，通过大数据和云计算解决老年人的合作问题。这将动摇老年人作为"弱势群体"的固有观念，而智慧养老有可能将老年人转变为社会建设的新兴力量。[①]

在产业结构方面，智慧养老作为以物联网、云计算、大数据等新兴技术为核心的服务产业，正在适应国家产业结构的现代环境和高新技术产业的新趋势。养老产业的旺盛需求使智慧养老成为相关制造业和服务业进一步优化的重要推动力。从供给侧结构性改革的角度来看，智慧养老产业作为一个新兴的朝阳产业，有着巨大的市场需求。通过技术创新、模式创新和思想创新，智慧产业和新兴技术将推动制度与技术的变革，激发相关社会资本和国家资本，优化国民经济结构。从高质量发展的角度来看，传统的养老模式面对当前社会的巨大养老压力亟待调整。得益于新兴的科学技

---

[①] Li L., Ding H., "The Relationship between Internet Use and Population Health: A Cross-sectional Survey in China", *International Journal of Environmental Research and Public Health*, Vol. 19, No. 3, January 2022, p. 1322.

术和新的管理模式，智慧养老已经超越了不同行业、机构和部门之间的障碍，为满足老年人对美好生活的需求提供了一条新的途径。从新的发展模式来看，智慧养老产业的发展不仅可以满足客观的发展现实需要，还可以促进国民经济大循环的加快形成。在未来产业增长和巨大需求的影响下，智慧养老将成为国民经济增长的重要引擎。

2. 积极推进临终关怀服务的普及

后人口转变期是中国人口结构的一个重要转型阶段，其特点是人口迅速老龄化。根据第七次人口普查的数据，中国60岁及以上人口为2.64亿人，占18.7%；65岁及以上人口为1.9亿人，占13.5%；预计到2030年，老年人口将超过25%，到21世纪中叶达到35%，老年人口总数在4.5亿—5.0亿人。这意味着，老年人群体将占据全国人口总数的1/3。统计资料显示，需要多年治疗的慢性病、重病或危重患者约占老年人口的一半。由此造成的过度使用不仅浪费了医疗资源，而且给患者及其家人带来了身体和精神上的痛苦。同时，患者的生活质量无法得到保证。另外，家庭不仅要支付高额的医疗费用，还要应对家庭成员患病带来的心理压力。在后人口结构的转型期，老年人特别是危重病人的数量不断增加，凸显了问题的严重性，导致了一系列的社会问题。因此，老年人的重症监护是中国人口转型后面临的关键问题之一，应引发公众的关注。发展高质量临终关怀服务的关键在于转变人们对生命和死亡的观念，实现人性化服务提供的标准化和费用分摊的财务机制。解决这些问题的核心是需要立足于本土文化，解决实际问题，顺应社会发展的趋势，在普及生死教育的基础上，实现医疗保险、长期护理保险、养老服务政策等"多策联动"。实现政府、社会、市场、家庭"四位一体"的统筹参与，实现全人、全家、全队、全程和全社会构建以"五全照顾"为特色的临终关怀服务体系。

3. 大力推进殡葬行业改革与发展

死亡是生命的终点，如何在生命的停止时能够体面、尊严地离去是"老有所养"的终极目标。殡葬服务是指在服务主体符合国家殡葬事务规定的前提下，符合服务对象要求的各种服务项目。为加强殡葬管理，推进殡葬改革，促进社会主义精神文明建设，中华人民共和国国务院于2012年11月9日发布了《殡葬管理条例（2012年修正本）》，自2013年1月1日起施行。该条例总则提出殡葬管理政策，积极开展分阶段火化，改革殡葬方式，节约殡葬用地，清除殡葬民俗。倡导文明节俭的葬礼。国务院民政部门主管全国的殡葬管理工作。县级以上地方人民政府民政部门主管本行政区域内的殡葬管理工作。满足火葬条件的地区必须为人口密集、耕地少、交通便利的地区。不符合火葬条件的地区不允许火葬。允许火葬的地区由省（自治区、直辖市）人民政府确定，并由基层人民政府民政部门通报国务院民政部门。在进行火葬的地区，国家提倡以埋骨、少占土地的方式处理骨灰。县级人民政府和设区的市、自治州人民政府制定开展火葬的具体规划，将新建、改建殡仪馆、火葬场、骨灰堂纳入城乡建设规划和基本建设规划。在允许安葬的地区，县级人民政府和设区的市、自治州人民政府必须将墓地建设纳入城乡建设规划。尊重少数民族丧葬习俗，在自愿改革丧葬习俗时，任何人都不应干涉。

### 三 "老有所养"高质量发展的分析框架

（一）"一核四翼"分析框架

1. "一核"：以高质量发展为核心

进入新时代，中国经济社会发展取得了巨大成就，特别是实现了两个重大转变，即社会基本矛盾以及社会发展目标的转变。在养老服务领域，这种新的矛盾体现在老年人对美好晚年生活的憧憬与养老服务的不平衡和不充分的供给之间的矛盾；在新的社会发展目标中，高质量发展是核心。党的二十大报告强调，高质量发展是全面建设社会主义现代化国家的首要任务。高质量发展，不仅指在经济工作方面，还指在社会工作的各个方面都要实现高质量。有学者指出，鉴于国家提出到2035年基本实现现代化的目标，社会保障将承担更大的历史责任。然而，学术界对多层次养老体系的研究并不深入，养老服务发展滞后，严重制约了社会保障的高质量发展。作为中国社会保障体系的重要组成部分，实现养老服务的高质量发展尤为重要。同时，养老服务的高质量发展，不仅是解决社会主要矛盾的必要策略，也是实现社会主义现代化的重要途径。

2. "四翼"：幸福有底、统筹共进、质量并举、供需协动

（1）幸福有底，全面强基。农村养老保障是中国养老保障计划中最薄弱的部分。根据国家统计局的数据，2018年城镇居民人均可支配收入约为3.9万元，农村居民人均纯收入约为1.4万元。其中，前者扣除价格因素后实际增长5.6%，后者为6.6%。农村居民人均收入增长的速度比城镇居民快，然而其人均收入仍远低于城镇居民，城乡居民收入差距仍然较大。农村居民的收入水平很低，他们支付老年养老服务的能力也很低。同时，城市和农村老年居民之间的养老金水平差距很大。城市退休人员的养老金水平在连续15年增长后有了明显的提高。虽然国家对城乡居民养老金水平的标准是一致的，但实际上各地区提供给城市老年人的基本养老

金要高于农村老年人。目前，农村老年人的基本养老保险标准已多次调整，但每人每月仍然只有 88 元。此外，老年人对突发状况强烈担忧，这使他们在未来难以应对，所以即使有钱也不愿花，只能存钱。社区和养老服务组织在开发相关的养老服务项目时必须更加精确。他们不仅要满足老年人"大众化"的养老服务需求，还要充分考虑到老年人的微观需求，做到有供有求，供需匹配，满足老年人对美好生活的需求和憧憬。

（2）统筹共进，全民覆盖。要实现养老服务的均衡协调发展，必须进一步激发市场的潜力，切实增加供给，满足老年人的迫切需求，填补服务发展中的一些重要空白。一是需要继续深化监察部门的改革。应全面实施清单管理制度，以提高支持政策的准确性和效率。应根据向老年人提供的服务的实际数量和质量提供补贴，增加对老年人的基本公共服务供应。二是提高专业护理服务的供给能力。以专业护理服务为切入点，实现医养深度融合，优化护理服务资源配置，发展老年康复机构，推动公办养老机构和公办老年护理机构转型为主要接纳社会残疾人和失智老人的老年康复机构。三是应充分支持发展居家养老的护理服务。要制定居家养老的配套措施，制定居家养老、护理假、哮喘病人计划等专项措施，引导和强化育儿和照顾老年父母的责任，进一步强化居家养老的功能。重点支持专业设施，重点支持需要专业服务的企业和社会组织，如卫生、护理、保健、养殖等服务，在水、电、气等方面提供与养老设施相同的免租金场所，对提供上述家庭服务的企业在规定期限内给予免税支持。应试行针对老年残疾人家庭的护理培训计划和哮喘病服务，以提高家庭护理服务的能力。四是补齐农村服务"短板"。在推进城乡协调发展和全面实施农村发展战略中，要统筹规划和实施养老服务体系建设；要加强资源整合，改造好农村敬老院，推进农村敬老院等养老设施建设，鼓励城市养老机构向农村延伸服务，探索城乡统筹的养老服务模式。

（3）质量并举，全域提档。要实现"老有所养"高质量发展，不仅要关注"数量"，还要关注"质量"。因此，按照"织密网"的要求，要解决老年风险保护体系的缺陷，既要建立基本保障体系，还要发展补充性保障。就基本保障而言，首先，建立一个长期护理保险体系。为应对残疾老年人数量的持续增加和家庭小型化的趋势，需加快发展老年人护理服务，加强老年人护理保障。老年人的保障体系可以有多种形式。一是要建立一个支持残疾老年人长期护理服务的制度①，即根据对长期护理服务需

---

① 何文炯：《老年照护服务补助制度与成本分析》，《行政管理改革》2014 年第 10 期。

求客观、科学地评估，依靠财政资源补贴残疾老年人的长期护理服务，并选择适当的方式购买长期护理服务。二是要不断探索长期护理保险制度，充分确定其基本特征、技术要求、运营风险和实施条件。[①] 其次，创造一个无障碍的环境。全面落实无障碍环境建设规范和标准，完善无障碍设施管理，实现功能齐全与老年人无障碍入户，推动多层住宅安装电梯，注重与残疾人无障碍环境建设的有机结合。最后，精神安慰。明确家庭教育责任，完善子女教育和孝道的责任机制。引入灵活的养老金制度，制订老年人再就业和不能参加工作的老年人参与社会活动的方案，支持与引导老年公民协会等组织开展活动。为满足老年人对美好幸福生活的需要，应制定政策并实行有效的监督和管理，确保社会成员根据自己的风险保障需要得到基本保障，指导职业年金、职工互助会、商业保险、互助保险等各种附加保障项目的实施。

（4）供需协动，全链增效。从养老服务的发展现状来看，供给不足和供需缺口是最主要的矛盾，具体表现为床位资源配置不足、设施药品配置不足和医务人员不足。解决这些问题的根本途径是扩大供给总量，市场有巨大的供给潜力，必须寻求合适的渠道，通过定价、优服、强监管三项措施激发市场活力，增加养老服务的供给，促进养老服务行业的健康发展。首先，市场的供求关系受到价格规律的影响，解决养老服务的价格问题是撬动市场的关键。截至目前，公共养老服务组织的价格优势加大了社会养老组织的价格调整压力，降低了其盈利能力，不利于市场规模的形成。政府可以直接缩小固定价格的范围，通过合理定价形成以市场合法决定为主的价格机制，优化社会资金养老组织及其相关服务组织的方案，鼓励社会力量进入养老服务领域，价格问题将得到解决，此外，"一楼难求"的困难将被消除。其次，政府给予养老服务体系的政策支持是促进养老服务高质量发展的重要保障，但应明确政府是为养老服务的发展提供支持服务，不应过度干预市场。最后，政府不仅要为养老服务的发展提供必要的平台，还要发挥政策设计、准入机制和监督指导的作用，尽快出台与养老护理服务相关的医疗护理服务标准，为养老服务的高质量发展创造公平竞争的环境，以此方便社会机构和社会组织有序地参与竞争。

"老有所养"高质量发展"一核四翼"分析框架，如图7-1所示。

---

[①] 何文炯：《照护保险制度运行条件分析》，《中国医疗保险》2017年第10期。

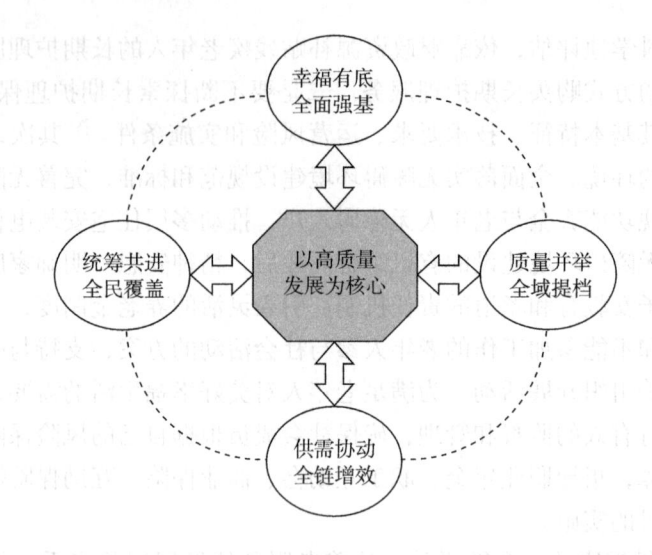

图 7-1 "老有所养"高质量发展"一核四翼"分析框架

(二)"老有所养"高质量发展研究内容与分析框架解释

"老有所养"重点研究内容包括两个方面,分别是养老保险、养老服务高质量发展。在养老保险方面,本书将基于社会嵌入理论、福利多元主义理论,利用 OLogit 模型、倾向得分匹配模型等方法实证检验基本养老保险的社会幸福效应。在养老服务方面,将基于社区照顾理论,利用德尔菲法解释结构模型(Interpretative Structural Modeling,ISM)分析中国医养结合发展的影响因素,厘清其内在发展逻辑。

"老有所养"高质量发展重点研究内容如图 7-2 所示。

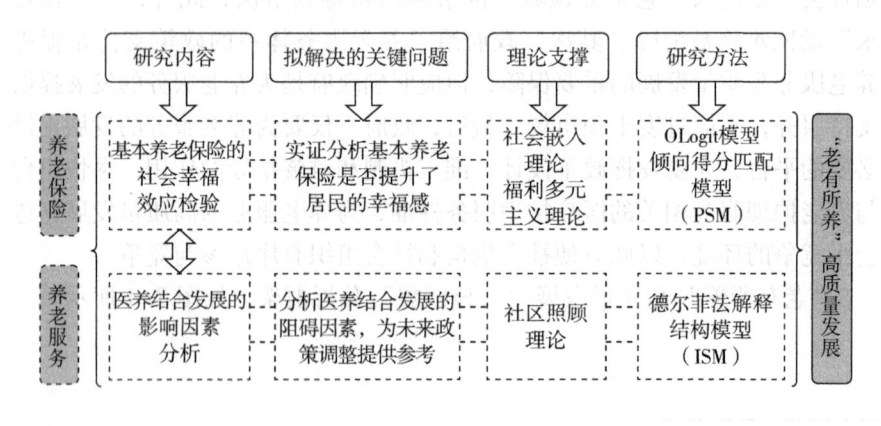

图 7-2 "老有所养"高质量发展重点研究内容

## 第二节 中国共产党"老有所养"社会保障的历史脉络

### 一 建党百年"老有所养"社会保障发展的制度变迁

#### （一）新民主主义革命时期（1921—1948年）

在新民主主义革命时期，中国受到内部和外部问题的双重困扰，物质资源匮乏，社会上普遍存在贫困问题。在这一时期，家庭作为最基本的生活单位，承担了赡养老人的任务。土地改革后，农民在政治上得到解放，获得了一定的经济资源和生活保障，但养老仍处于"血缘亲养"的传统阶段。当时，中国共产党革命时代的养老金政策有几个特点：首先，随着革命任务的变化，养老金政策的重点反映了不同的阶级特征。在中国共产党成立之初，以城市社会保险为目标，通过满足城市工人在失业、疾病和养老方面的需求，加强革命力量。民族主义革命失败后，党中央将工作重点转移到农村地区，实施包括农业和军事在内的政策，优先考虑红军家庭，并解决红军士兵关切的问题。其次，养老保险的水平很低，覆盖面有限。抗战时期，中国共产党积极推动民间互助会，以满足部分老人的养老需求，但对象仅限于孤寡老人。虽然覆盖率很低，但中国共产党早年实施的许多措施对加强新中国的政府建设和恢复经济发展极为重要，不可否认，这些措施为后来养老保险的发展奠定了坚实的基础。

中国共产党成立初期的养老保障政策围绕工人阶级的要求展开。如果一个人过了60岁，不能再工作了，应该给他一定的物质帮助来维持他的生命。一个人在"老"和"少"的时候，如果不能工作，应该有权利得到食物来维持他的生命。1926年，中国共产党坚持扩大社会法律向更多领域延伸，应对疾病、老年、残疾和失业等危险。在土地革命期间，中国共产党认识到农民阶级的巨大力量，并于1928年在《论没收土地和建立苏维埃》中宣布："没收一切地主祠庙等土地，把所有土地归还给苏维埃社会……土地没收后，凡无倚靠之老弱残废孤儿寡妇而不能从事劳动者，由苏维埃维持其生活。"为了"使群众欢喜去并安心留在红军部队"，革命地区出台了《红军特赦规定》，对红军战士及其家属的生活费、抚恤金和伤残补助金进行了详细规定。它还鼓励和支持革命根据地的建设，并在孤儿院和社会团体等领域促进了民间团结。1931年，中华苏维埃第一次全国代表大会通过了《中华苏维埃共和国劳动法》，并组织了关于社会保险的一些活动，包括免费医疗、失业救济金、残疾和养老金，在早期措施的基础上进一步深化了工人阶级的保障问题。

### （二）社会主义革命和建设时期（1949—1977年）

中华人民共和国成立以来，为了推进经济发展，创建工业强国，党和政府实行了城乡差别化发展战略，优先发展城市，揭开了中国二元经济结构的序幕。城市工人的养老保障制度是国家福利的一种形式，而农村地区的"五保"制度在较低层次上运作，具有救济的性质。这一时期，城市地区的养老保障制度取得了很大进展，但在农村地区，该制度的范围和覆盖面仍然有限，大多数老年人在家庭内部解决养老问题。福利和服务的分配由法律保障，强调公平和优先原则，国家或集体单方面负责养老金的提供，而个人责任并不直接体现在养老金的提供标准上。

为解决城镇职工的养老问题，党和政府为城镇职工和事业单位职工建立了养老保险制度。单位成为连接国家和家庭的纽带，代表国家为职工及其家庭提供教育、医疗、就业和养老保障，从而形成"国家—单位"保障体系。在农村，并未同时建立养老保险制度，而是建立了农村"五保"制度和民族保险制度。此时，全国范围内出现了农村合作社的热潮，农民的土地和生产资料被恢复为集体所有，并在"粮食+劳动"的基础上进行分配。全国人民代表大会在《高级农业生产合作社示范章程》中明确规定："农业合作社应当对老、弱、孤、寡、残和其他生活无着的职工进行供养或者救助，使其在营养、死亡和安葬方面有所依靠。"这成为农村"五保"制度的基本框架，为农村社会中最脆弱的群体提供了自下而上的保障。政府还改造了旧的慈善机构和救济机制，设立了生产教养院，帮助无依无靠的孤儿寡母，这些机构后来被称为社会福利机构，成为以人民公社为基础的"集体福利"。1958年，中国共产党中央委员会主动为无子女和部分生活不能自理的老人建立了养老院，使没有能力照顾自己的人、没有子女依靠的人和那些没有能力的"五保户"可以得到集中照顾，而人民公社为那些不想住在养老院的人提供分散照顾。从那时起，农村老年主体转变为由集体和家庭一同负担。

### （三）改革开放和社会主义现代化建设新时期（1978—2011年）

1978年，党中央决定实施以经济建设为中心的改革开放战略。这一时期，集体经济衰弱，城市人口由"单位人"变为"社会人"，农村人口由"集体人"变为相对独立的商品生产者，养老保障开始探索社会化的发展方向。此时，养老保障制度的主要特点可归纳为以下几点：一是具有明显的国家收缩特征，强调政府责任的有限性。基于"小政府、大社会"的原则，养老保障体系逐渐从计划经济时代的国家负责、单位承包、封闭运行的模式转向政府主导、责任共担的新模式，构建新的养老秩序。二是它试图建立社会化的养老服务的供应，鼓励家庭和社会承担更多的责任。三是养老保障体系的供给不平衡，呈现双轨制和城乡二元结构。

中国养老保障制度的改革是在改革开放的宏观背景下发展起来的。1978年农村家庭联产承包责任制的实施，大大降低了农民依靠"集体"保障的可能性。随着集体经济的弱化和人民公社的解体，农村五保供养制度面临严重危机，农村家庭和土地养老再次成为主要方式。同时，国家不断推进城镇国有企业改革，1986年国务院颁布了《国有企业实行劳动合同制暂行规定》，在新的劳动合同制下为职工建立了社会保险制度。这一政策打破了传统的终身雇佣制，要求合同制员工和企业共同缴纳养老保险，并在一定程度上将养老保障社会化，冲击了计划经济时代的保障模式。

自1992年以来，社会主义市场经济不断深化，养老金政策也相应地发生了变化。20世纪90年代中后期，养老保险改革逐渐强调个人的责任，将国家—单位—个人的责任结合起来。1993年，政务院提出"机关、企事业单位实行不同的工资制度"，1994年颁布了《农村五保供养工作条例》，重新确立了五保供养制度的资金来源。农村养老保险制度在农民团体、失地农民和农民中进行了大胆探索，但前期农村养老保险缺乏有效的公共财政支持，政策缺乏延续性，基金增长艰难，降低了农村居民的参保意愿。1996年，《中华人民共和国老年人权益保障法》颁布，在《中华人民共和国宪法》的基础上，形成了以《中华人民共和国老年人权益保障法》为核心、全国老龄工作委员会统一领导的老龄工作组织体系，为党中央解决老龄化问题奠定了基础。

2009年，国务院计划在全国范围内建立"新型农村社会养老保险"制度。2010年，《中华人民共和国社会保险法》出台，这是中国第一部关于社会保险方面的专项法律。2011年，党中央开始将城镇非从业居民纳入其中，着手启动城镇居民社会养老保险的试点工作。

（四）中国特色社会主义新时代（2012年以来）

现阶段，中国特色的社会保障制度已经从长期的改革试验状态逐步走向了深化发展阶段，而作为社会保障制度核心的养老保险制度更是具有显著特征：政策范围扩大，坚持公平与效率相结合、权利与责任相统一的原则，社会组织的可持续性得以促进与激发，多种养老金保障模式逐渐出现。2014年，国务院提出建立统一的城乡居民基本养老保险制度，将"新农保"与"城居保"相结合，实现养老保险制度的全面覆盖。同年，国务院完成了期待已久的养老金双轨制改革，取消了计划经济时代存在的事业单位"公费"保障，机关事业单位和企业的养老金制度同步发展。为了加快发展多层次的养老金体系，政府在2015年和2017年分别提出建立职业年金和企业年金来补充养老保险制度。目前，中国全社会已达成共识，国家、单位和个人应共同承担企业养老保险制度的责任，推动社会保障向综合、多层次的方向发展。

面对日益严峻的老龄化问题，党中央加快发展养老服务业，积极寻求政府与社会力量合作的路径，2000年，党中央提出"把家庭养老和社会养老结合起来，建立和完善社会养老服务体系"，开启了养老服务业社会化的进程。2006年，国务院提出将养老服务从社会服务转变为现代服务，市场化的养老服务成为发展的重点。2013年，党中央指出，要充分发挥政府和社会力量的作用，促进老年人服务体系的发展。2016年，国务院提出要全面放开养老服务市场，将养老资源集中在居家和社区服务上。2019年，国务院决定进一步完善以居家养老为基础、社区养老为依托、机构养老为补充、医养结合的养老服务体系，建立健全老年人和残疾人长期照护服务体系，不断强化多元化养老模式。2021年以后，在全面建设社会主义现代化国家的新发展阶段，老年人的养老需求将继续增加。现阶段，养老服务的各个领域正在进行整合和协调，养老服务体系正在快速建设，社区养老设施正在协调，医疗、卫生和健康正在整合。全面发展养老事业和各类民生服务，要着力构建共建、共管、共用体系，更加注重发挥政府、社会、市场、家庭和个人的共同作用，各司其职，协同作战。老年人护理服务也将向所有年龄组开放。

## 二 建党百年"老有所养"社会保障发展的历史成就

中华人民共和国成立以来，中国的经济社会结构和价值观念发生了翻天覆地的变化，这是养老保障转型的一个极其强大的推动力。在从计划经济向市场经济转型的过程中，经济体制以公有制和多种所有制共同发展为主导，分配制度从以劳动为基础的制度转变为以多因素贡献为基础的制度，劳动力市场从封闭市场转变为开放市场。在社会结构方面，国有企业改革导致单位职能弱化，单位提供的福利支出方式发生变化；传统的养老金制度面临挑战，因为家庭规模缩小导致核心家庭数量增加；户籍制度放宽，流动人口增加；在劳动力的内部结构中，公共部门工人、非公共部门工人、农民工和共享经济平台之间存在职业分化。在价值观方面，出现了一场关于公平和效率的辩论。这些变化决定了养老金保障制度发展中的一些挑战：发展设计应该是补充性的还是普遍性的，覆盖面应该是全面的还是渐进的，通向目标的路径应该是多重测试的还是直接确定的，模式的选择应该是固定的待遇还是固定的支付，目标设计应该是满足需求还是经济上可以承受。中国养老金制度发展的困境也是整个社会转型困境的具体体现。每次重大变革，无论是零散的扩张还是系统的整合，都是经济、政治、社会和文化变革带来的新要求。在经济和社会变革中，在不断的试验和试错中，在制度和结构的不断分化和整合中，中国的养老保障体系正在向高质量发展的目标不断迈进。

（一）价值理念转换：从"效率优先、兼顾公平"到"以人民为中心"的共享公平观

作为财富转移和分配的一种形式，社会保障所依据的原则和道德基础是公平和正义，即通过市场经济消除对人的商品化，通过再分配形式缩小贫富差距。从养老保障研究的发展来看，核心内容是如何实现公平和正义的问题，其中分配正义的理论发挥了较大的作用。商业伦理对正义的理解与现代社会伦理对正义的理解不谋而合，其基本原则是权利和义务的平等分配。分配正义理论制定了通过初始分配和再分配实现的正义目标，并在未来的实践中不谋而合。初始分配的目标是创造一个公平的初始状况，再分配则产生一个公平的结果。绝对的平等是不可能实现的，但再分配措施可以最大限度地减少不平等，缓解首先产生的不平等。第一种是罗尔斯和德沃金倡导的平等主义倾向。罗尔斯的正义理论最重要的特点是对"最不利者"的关注。他认为，社会基本要素的不平等，如权利、机会、收入和财富，只有在有助于改善社会中处境最不利者的功利地位时才是合理的。第二种是以诺齐克和哈耶克为代表的强调权力至上的个人自由主义倾向。第三种是以阿玛蒂亚—森和瓦尔泽为代表的满足需求和提高能力的倾向。近年来，以科恩为代表的马克思主义学派认为，社会主义正义显然更有优势。这是因为它强调了机会平等和分享的原则，并通过分享实现了公平和互惠的目标。在社会福利领域，关于平等和公正的争论主要体现在两个方面：一是平等还是效率优先，二是个人权利还是社会公正更重要。这些争论从一开始就是社会保障发展的一部分。

（二）国家责任转化：从有限到强化

中国的养老保障经历了从有限的国家保障—国家、市场和个人责任—国家、市场和个人责任进一步加强的三重过渡，这一过渡与经济和社会发

展水平密切相关。20世纪50年代和80年代，国家保护是通过典型的"家长制"——监护人式的单位制度实现的，单位负责保护的所有费用，职工个人不必支付，机关或单位工人的养老保险由公共部门直接支付，而企业工人的养老金以储备金形式支付。由于经济上的限制，政府的覆盖范围非常小，是一种典型的填补空白模式。1949年中华人民共和国成立之初，虽然城市人口只占全国人口的10.64%，但以贫困为基础的养老保障体系甚至无法将全部城市人口纳入体系，而具有补充地位的集体经济有一定的余地，可以另辟蹊径。占人口绝大多数的农村人口别无选择，只能将家庭保险作为他们暂时的主要收入来源。当时养老保险制度的建立是在缺乏经济基础和经验的情况下进行的多层次试验，这也是养老保险制度分散化的原因。随着制度范围的扩大，由企业和国家全权负责提供保险的负担变得更加沉重。随着传统企业向现代企业的转型，各类养老金和福利已成为企业发展的责任，随着达到退休年龄并领取养老金的职工逐渐增多，企业逐渐不能单独承担职工养老金的责任。在这种情况下，启动了养老金保护制度的改革。这一时期最重要的改革是将养老金模式从国家和企业单独负责改为国家、企业和个人共同负责，个人和企业各自承担自己的费用。当劳动者达到退休年龄时，养老金由企业和个人支付的费用来支付，如果这两项费用仍不足以支付，则由国家负责支付，最终形成了企业和个人共同承担费用的部分积累模式，国家的责任在这个阶段有所弱化。进入21世纪，中国的经济实力大幅提升，国家的责任再次得到强化，养老保障事业迅速发展，民政部在2007年提出了"适度普惠"的福利发展目标。2009年，按照"个人缴费+国家补贴"的原则推行农村养老保险。但养老保障领域实现了"适度普惠"。2014年和2015年，城乡居民养老金实现了统一，2008年以来在各地试行的机关事业单位养老保险改革终于突破了双轨制，在全国同步进行。可见，中国养老保障的分化与整合过程，既是一个提升国家经济能力的过程，也是一个强化国家安全责任的有限过程，还是一个以人为本、为民谋福的实践过程。

## 第三节　中国"老有所养"高质量发展的问题检视

### 一　中国养老保险高质量发展的实证分析

目前，人口老龄化已成为中国社会发展必然直面的问题。在老年人口快速增长的背后，健康和养老也成了两大"心结"，是影响老年人幸福指数的关键因素。作为保障兜底性的养老保险制度成为中国实现"老有所养"的关键举措。养老保险政策的最终目的是实现"老有所养",提升老年人的幸福感。因此,本节利用最新公布的 2020 年 CFPS,实证检验养老保险的幸福效应,为进一步理解人口老龄化,实现养老保险的高质量发展提供参考依据。

(一) 变量选取与数据收集

本部分实证为检验养老保险对居民主观幸福感的影响。本节使用的数据源自最新 2020 年 CFPS,该数据收集时间始于 2010 年,由北京大学中国社会科学调查中心实施,其调查范围涵盖全国 25 个省份,样本量大,代表性强。2020 年数据仅公布了成人数据库,因此本书基于成人数据库进行分析。成人数据库中样本数量共 28590 个,经过对缺失值、异常值、无效变量处理和剔除后,最终得到 11599 个有效样本。

其中,被解释变量为居民的主观幸福感。在 2020 年 CFPS 数据库中,有直接衡量幸福感的题目:"您有多幸福?"回答为 1—10 分,打分越高表示幸福感越高。核心解释变量为养老保险,在 CFPS 数据库中养老保险包括基本养老保险、企业补充养老保险、商业养老保险、农村养老保险(老农保)、新型农村社会养老保险(新农保)、城镇居民养老保险等。如果受访者领取其中任意 1 个则表明其具有养老保险,记为 1,否则为 0。此外,为确保估计结果的稳健性,将性别、年龄等个人特征变量,收入地位、社会地位等社会型变量纳入控制变量。具体描述性统计结果如表 7-1 所示。

表 7-1　　　　　　　　变量的描述性统计

| 变量名称 | 变量定义 | 观测值 | 均值 | 标准差 |
| --- | --- | --- | --- | --- |
| 被解释变量 | | | | |
| 主观幸福感 | 连续型变量,1—10 得分依次递增 | 11599 | 7.490 | 2.212 |
| 解释变量 | | | | |
| 养老保险 | 否=0,是=1 | 11599 | 0.323 | 0.468 |
| 控制变量 | | | | |
| 性别 | 女性=0,男性=1 | 11599 | 0.507 | 0.500 |
| 年龄 | 单位:岁 | 11599 | 58.872 | 9.392 |
| 婚姻状况 | 未婚=1,在婚=2,同居=3,离异=4,丧偶=5 | 11599 | 2.288 | 0.875 |
| 是否上网 | 否=0,是=1 | 11599 | 0.412 | 0.492 |

续表

| 变量名称 | 变量定义 | 观测值 | 均值 | 标准差 |
|---|---|---|---|---|
| 收入地位 | 连续型变量，1—5依次递增 | 11599 | 4.304 | 9.781 |
| 社会地位 | 连续型变量，1—5依次递增 | 11599 | 3.305 | 1.099 |
| 自评健康状况 | 非常健康=1，很健康=2，比较健康=3，一般=4，不健康=5 | 11599 | 3.210 | 1.250 |

（二）计量模型选择

由于本章被解释变量居民的主观幸福感为连续型，本部分将设定如下OLS回归模型进行分析：

$$Happiness_i^* = \alpha + \beta pension_i + \gamma Z_i + \varepsilon_i \tag{7-1}$$

式中，$Happiness_i^*$ 为居主观幸福感的潜变量；$pension_i$ 为基本养老金参与情况；$Z_i$ 为对居民主观幸福感产生影响的控制变量；$\varepsilon_i$ 为随机扰动项。

（三）实证结果分析

本部分共设置四个计量模型。模型（1）未加入控制变量，结果显示在1%的水平下显著；模型（2）为仅加入个人特征变量后的结果，显著性水平从1%变为5%；模型（3）为仅加入社会变量的结果，显著性从5%变为1%；模型（4）为纳入所有控制变量的结果，结果显示在5%的水平下显著。所有模型表现为正向影响，也就意味着养老保险可以显著提升居民的主观幸福感。在控制变量方面，基本符合预期和常识。在年龄方面，随着年龄的增长，居民的主观幸福感也会增强；在婚姻状况方面，相比在婚和同居的居民，离异或丧偶的居民的主观幸福感较差；在互联网使用方面，使用互联网的居民往往更加幸福；收入地位和社会地位越高的居民，其主观幸福感越高；此外，自评健康越好的居民幸福感越高。具体实证分析结果如表7-2所示。

表7-2　　　　　　　养老保险对居民主观幸福感的影响

| 变量 | 模型（1） | 模型（2） | 模型（3） | 模型（4） |
|---|---|---|---|---|
| | 主观幸福感 | 主观幸福感 | 主观幸福感 | 主观幸福感 |
| 养老金 | 0.406*** (0.044) | 0.131** (0.054) | 0.386*** (0.043) | 0.116** (0.051) |
| 性别 | | -0.017 (0.041) | | -0.087** (0.039) |

续表

| 变量 | 模型（1）主观幸福感 | 模型（2）主观幸福感 | 模型（3）主观幸福感 | 模型（4）主观幸福感 |
| --- | --- | --- | --- | --- |
| 年龄 |  | 0.028\*\*\*<br>(0.003) |  | 0.030\*\*\*<br>(0.003) |
| 婚姻状况 |  | -0.235\*\*\*<br>(0.024) |  | -0.198\*\*\*<br>(0.023) |
| 是否上网 |  |  | 0.207\*\*\*<br>(0.041) | 0.329\*\*\*<br>(0.042) |
| 收入地位 |  |  | 0.005\*\*<br>(0.002) | 0.004\*\*<br>(0.002) |
| 社会地位 |  |  | 0.510\*\*\*<br>(0.018) | 0.486\*\*\*<br>(0.018) |
| 自评健康状况 |  |  | -0.313\*\*\*<br>(0.016) | -0.325\*\*\*<br>(0.016) |
| 常数项_cons | 7.359\*\*\*<br>(0.025) | 6.355\*\*\*<br>(0.153) | 6.578\*\*\*<br>(0.090) | 5.491\*\*\*<br>(0.173) |
| 样本量 $N$ | 11599 | 11599 | 11599 | 11599 |
| Adj $R^2$ | 0.007 | 0.021 | 0.115 | 0.127 |

注：括号内为标准误；\* 表示 $p<0.1$，\*\* 表示 $p<0.05$，\*\*\* 表示 $p<0.01$。

## 二 中国养老服务高质量发展的实证分析

医养结合的产生根植于中国快速的老龄化进程、老年群体日益增长的整合性健康养老服务需求，以及医疗卫生服务和养老服务体系相对独立运行的现实。在新公共管理"减少成本、增进质量、顾客导向、服务至上"理念影响下，医养结合在世界各国均被视为一种经济型养老服务模式。然而，中国医养结合自实施以来，一直存在诸多问题，如供需不协同、服务模式单一等，未能达到其原有政策目的。因此，本部分利用解释结构模型分析中国医养结合养老服务模式发展的阻碍因素，为推进医养结合和养老服务高质量发展提供政策借鉴。

（一）变量选择与数据获取

本书研究所依据的资料源于文献梳理及专家访谈。通过在中国知网（CNKI）以"医养结合""影响因素"为主题词进行检索，同时以"医养结合养老模式""影响因素"为关键词在各大搜索引擎（如百度、谷歌等）进行搜索，最终得到与研究主题密切相关的学术文献和研究报告共38篇。通过对其梳理及总结，初步归纳出影响中国医养结合养老模式发展的影响因素。此外，于2021年8—12月邀请来自北京、上海等地区多所高校公共管理领域专家学者进行咨询与打分。因新冠疫情防控需求，主要以线上会议形式进行咨询和讨论，打分表通过电子邮件发给各位专家。经过前后两次打分及论证，最终共收集到18条建设性意见，为后续影响因素指标的筛选以及结论分析奠定了坚实的基础。

（二）计量模型选择

解释结构模型是美国学者John教授于1973年为分析复杂的社会经济问题而提出的。其建模步骤如下。

1. 确定系统的影响因素集

对系统有关的影响因素进行收集、分类、整理与分析，构成一个含有$n$个元素的集合，确定为系统因素集$S$，记为$S=\{r_i|(i=1, 2, \cdots, n)\}$。

2. 建立邻接矩阵

邻接矩阵与有向图相对应，在解释结构模型中除用图形来表示系统结构外，还可以用矩阵来表示结构关系，其中最直观的矩阵就是邻接矩阵，是用来表示有向图中各要素之间的邻接关系的矩阵。在解释结构模型的有向连接图中，以节点$S_i$表示系统中各要素，以带箭头的有向线段表示各要素之间的相互关系（见图7-3）。

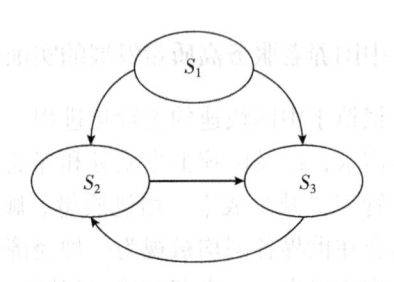

**图7-3 解释结构模型的有向连接**

3. 求解可达矩阵

在图7-3中，如果要素$S_i$与$S_j$要素之间存在连接路径，则称要素$S_i$可达要素$S_j$。可达矩阵可以由邻接矩阵加上单位矩阵，经过运算后求得，即由$A$加上$I$，得到一个全新矩阵$A_1=A+I$，其中，如果$A_1$中的元素$a_{ij}$为1，则表示从节点到节点可以直接到达；如果$A_1$还不是可达矩阵，则要据需进行计算。将 $A_1$ 进行平方，即 $A_1^2 = (A+I)^2 = A^2+A+I$，并利用布尔代数法则进行运算。

4. 递阶层级划分

在对层级划分之前，需要对矩阵的可达集、先行集、交集三个集合进行分析。传统的解释结构模型通常通过结果优先的方式来进行层级抽取，即当某要素满足 $R(S_i) = T$ 时，则该要素为该层级的要素之一。此时，删除在可达矩阵中该要素对应的矩阵行和矩阵列，得到下一层的可达矩阵，按照相同的方法不断进行层级分解，最终可以得到所有阶层的层级构造。然而，这种方式会导致当完成级间分解之后，最底层的根本原因要素结果不够全面，层级划分结果不够精确。因此，本书研究采用"结果—原因"轮换的方式进行层级抽取，即先用结果优先 $[R(S_i) = T]$ 的方式进行层级抽取，再用原因优先 $[Q(S_i) = T]$ 的方式进行层级抽取，这样不断交替，循环往复，最终得到所有的层级结果并绘制系统的构建步骤图（见图7-4）。

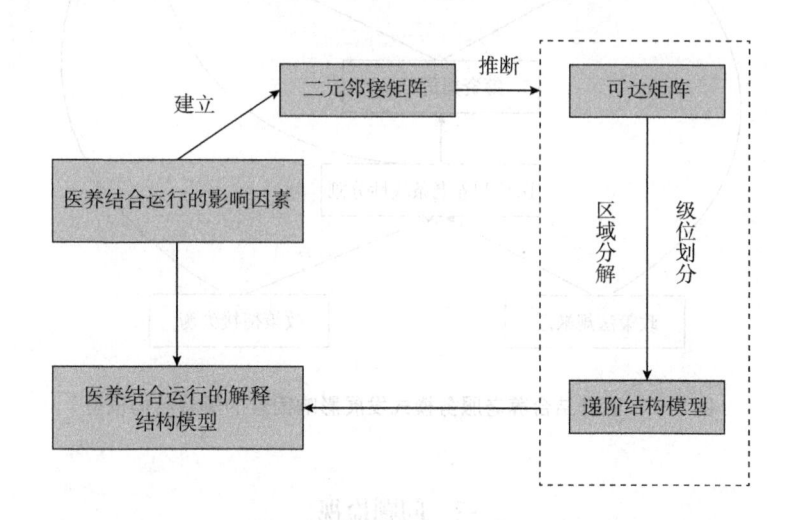

**图7-4 基于解释结构模型的中国医养结合运行影响因素的构建步骤**

（三）实证结果分析

通过文献梳理和专家打分，共初步筛选出8个阻碍中国医养结合养老服务模式发展的影响因素，分别为筹资渠道不畅、护理人员缺乏、医疗和养老条块性分割、政策衔接失衡、服务供给缺乏连续性、医养机构利益分配失衡、政策法规缺乏、服务模式单一。本书采取"结果—原因"轮换抽取的方式进行建模，最终得到8个因素6个层级的中国医养结合养老服务模式发展影响因素的解释结构模型。第一层（深层）为政策法规缺乏和政策衔接失衡因素，第二层（中间层）为医疗和养老条块性分割、筹资渠道不畅、医养机构利益分配失衡、服务供给缺乏连续性，第三层（表层）为护理人员缺乏和服务模式单一。解释结构模型结果如图7-5所示。

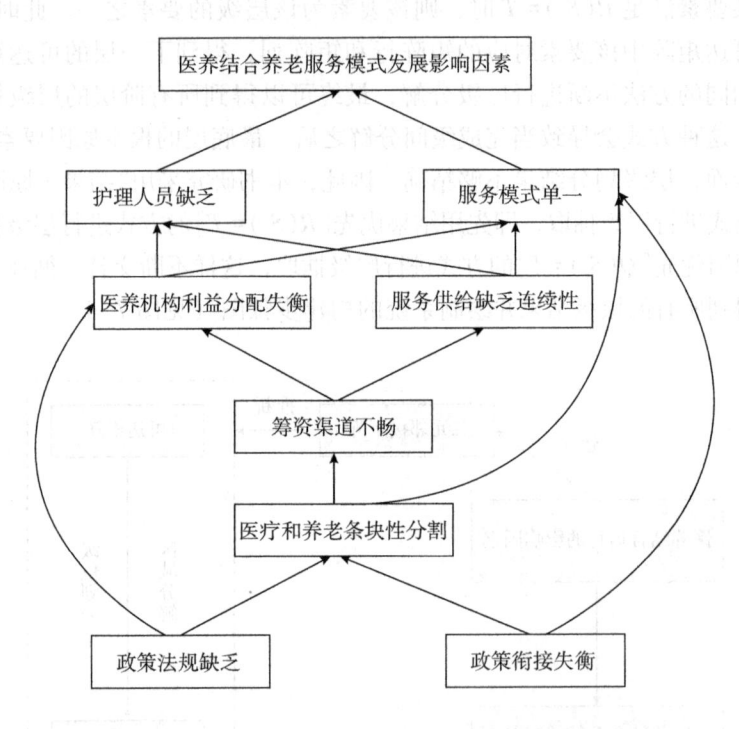

图7-5 医养结合养老服务模式发展影响因素的解释结构模型

## 三 问题检视

（一）养老保险高质量发展面临的主要问题及分析

1. 政府对养老保险财政承担责任存在认知偏差

公共养老金计划是一个全国性的制度安排，其财务稳定性和可持续性应从总收入和总支出方面进行评估，这一理论逻辑在研究文献和一些媒体宣传中常被有意或无意地忽略，而统一的国家计划法律基础被抛在一边，孤立地看待个别地区养老基金的收入和支出。有些人甚至认为，政府的财政责任是不当的，从计量分析中去除政府的补贴，事实上增加了养老金支付的压力。美国的国家养老金是由税收资助的，而在大多数其他国家，国家和雇主共同负责资助养老金。一些理论家拒绝接受国家对公共养老金制度的财政责任，缺乏对国家资助公共养老金制度的必要性和合理性的研究，缺乏对财政责任合理化的法律、学术和技术措施的研究，这可以说是理论认识上的一个偏差。这种偏差既误导了公众，又相应影响了相关的政策决定。

2. 多层次养老金体系建设混淆不同层次的功能定位与秩序

中国早已将建设多层次的养老金体系作为发展目标，但在具体的制度安排上，理论界并无共识。这主要表现在对公共养老金公平和互助本质的忘却，忽视了职业养老金和商业养老金的第二层次和第三层次都是完全积累和私有化的个人账户制度，基本养老金（公共养老金）私有化的观点还有一定市场（引入大账户甚至全账户制度），同时在法定基本养老金制度尚未成熟、定型的条件下单纯强调税收优惠措施来刺激政策性养老金（企业或职业年金）、商业性养老金发展，以不分先后顺序且相互孤立、分割推进的"多支柱论"替代需要先后有序且应统筹规划、协同发展的"多层次论"。这导致养老金制度的合理化及其结构和功能定位缺乏有效的理论支持。

（二）养老服务高质量发展面临的主要问题及分析

1. 医养结合政策协调融合性不足

医养结合事实上是一种医疗服务与养老服务资源的深度融合，包括服务内容、管理、标准、人才、服务输送等多方面、多层次的融合，这不仅涉及两个不同体系上服务资源的对接、融合，更涉及政策、标准、规范等方面的衔接与整合；它不仅需要理论、实践上的深层次融合，更需要政策、管理部门上的有效沟通与对接。但从目前的实际来看，医养结合涉及医疗卫生、医疗服务、医疗保障等多块业务，涉及卫健、民政、医保等多个部门，在政策体系、管理理念、服务标准、人才培养、监管体系等方面存在明显的部门分割与政策碎片，部门间联动机制的形成尚需时日，政策体系间的衔接融合还需要进一步提高。

2. 医养结合服务的模式单一

从目前中国医养结合的发展现状来看，主要的服务模式大多集中在养老机构内设医务室或医疗机构，医疗机构增设长期照护服务或单独开辟养老服务区域；另一种服务模式是养老机构与医疗机构开展服务对接，享受医疗机构给养老机构带来的服务便利。且主要的服务对接更多地集中在急病救治、疾病诊疗过程，针对大多数老年人健康管理、疾病预防、术后康复、长期照护过程中医疗与养老服务融合内容较少，且主要集中在机构的老年人中。对于大多数居家、社区的老年人来讲，面临居家、社区养老服务本身发展滞后、基层医疗卫生机构延伸服务不足的双重困境。

(三) 养老殡葬产业高质量发展面临的主要问题及分析

1. 殡葬产业发展供需不匹配、定位不清晰

作为化解社会风险的主要制度安排，中国社会保障的改革与发展并未对解除人们的殡葬后顾之忧给予足够重视，存在重视生者保障、忽略逝者权益的问题。改革开放之后，在计划经济向市场经济转型再到社会主义市场经济体制深入发展的过程中，城市的"国家—单位"保障制逐步被打破，导致《中华人民共和国劳动保险条例》（以下简称《劳动保险条例》）关于殡葬服务保障的规定失去了赖以运行的基础；乡村的人民公社制度逐渐解体，致使依靠农村集体公益金的五保机制运行缺乏充足的资金来源。当前，中国社会保障制度重视的是未成年人、老年人、疾病患者、残疾人等生者的资金和服务保障，忽视了对逝者殡葬权益和遗属基本生活保障的社会化风险分担机制的专门关注。这种相对滞后的理念不仅导致殡葬服务的公共政策建制不足，而且严重制约了殡葬服务朝着公共性和社会化等方向发展。尽管近年来社会各界较为普遍地认可增强殡葬服务公益性的大方向，但是殡葬服务制度设计和具体供给一直呈现公共性明显不足且市场化过度的态势。一是殡葬服务的社会保障筹资机制发展格外不足。当前，中国殡葬服务的专门社会保障筹资机制建设极其薄弱，主要包括覆盖少数人群的工伤保险支付丧葬费用和遗属基本生活保障机制、失业保险支付丧葬费用机制与覆盖弱势群体的惠民殡葬政策。二是殡葬服务提供的社会化机制薄弱。社会力量遵循公益性原则提供殡葬服务的社会机制，应成为殡葬服务递送的主要路径之一。但是，受到当前殡葬服务提供中的部门利益和市场畸态扩张的强力挤压，有效递送殡葬服务的社会化机制失去了发展的空间。

2. 殡葬产业发展的法治与制度建设不健全

《中华人民共和国社会保险法》规定，"参加基本养老保险的个人，因病或者非因工死亡的，其遗属可以领取丧葬补助金和抚恤金"，"所需资金从基本养老保险基金中支付"。然而，对于非因工（含因病）死亡劳动者的丧葬费和遗属补贴，目前有效的全国性规定还是20世纪50年代的《劳动保险条例》及其实施细则修正草案。从全国范围来看，丧葬费、一次性抚恤费或供养直系亲属一次性救济金、按月支付供养直系亲属生活困难补助金3类待遇主要由企业承担筹资责任。其中，对按月支付供养直系

亲属的生活困难补助金,不少省份主要针对国有企业提出要求,而对非国有企业并未作硬性规定。可见,非因工逝者的丧葬补助费与遗属基本生活保障并未实现通过社会化的机制筹资,仍是企业特别是国企参与市场竞争的负担,给其在当前经济下行背景下的可持续发展带来压力。同时,遗属所获得的补贴水平较低,不足以化解其生活困境风险。

## 第四节 中国社会保障"老有所养"高质量发展的实现路径

### 一 中国社会保障"老有所养"高质量发展的目标向度

#### (一)"老有所养"高质量发展的方向

1. 全面统筹发展需要提升治理现代化水平

"老有所养"的全面发展需要全社会的共同参与和行动,形成科学的理念、需求的导向和意识,建立有效的供给服务体系。在治理体系和治理能力现代化的背景下,要切实满足老年人的保障服务需求,提高老年人的生活质量。一是对个人和集体的老龄化进行统一规划。人口老龄化是社会和经济发展的结果,必须进行单独和集体规划,以满足个人需求,解决社会养老问题。二是家庭和社会养老金应统一规划。完善老年人的家庭支持功能,实行多方位参与,促进居家社区机制的协调发展,为老年人、子女和家庭提供有效支持。三是必须对代际平衡和社会治理进行统一规划。只有保持代际平衡,才能实现家庭和社会的可持续发展。作为民事服务的重要组成部分,养老金服务应与其他年龄组的服务和各领域的各种服务相协调。

2. 均衡发展需要补齐关键短板

"老有所养"的均衡发展需要更好地优化市场的资源配置优势,增加多元服务主体的有效供给,使供给结构更加均衡,资源配置更加优化。主要包括以下几个方面的问题需要解决:一是有效的市场和有效的政府结合不够。养老事业与养老产业的关系一直是相互补充与支持的,但在发展中也面临平衡困难的问题,包括私人养老服务机构融资困难、缺乏社会资本多元化参与机制等。二是医疗和养老服务资源的整合缺乏深度。目前,虽然在相关政策的大力支持下,发展态势比较粗放,但仍存在整合结构错位、整合程度不深的问题。其一,医疗机构的专科化服务与养老机构的持续照顾需求尚未形成精准对接;其二,整合机制尚未健全,养老机构内设医疗部门存在资质审批障碍。三是以家庭为基础的养老服务存在严重不足。一方面，在城市化和现代化的背景下，家庭小型化的趋势正在增加对居家养老服务的需求；另一方面，社区民生服务行业发展不足，老年人的服务需求中很大一部分归结为对养老服务的需求，现有的供给水平不尽如人意。四是农村养老服务的发展明显滞后。农村养老服务起步慢、基础差，养老服务设施不健全，服务内容不完善，护理人员不到位，缺乏相应的养老模式。此外，政府的支持政策缺乏相应的供应实体，对农村养老服务机构的投资也不足。

3. 充分发展需要精准摸清老年人新需求

在全面建设社会主义现代化国家的新发展阶段，老年人对高质量、多样化的养老服务需求快速增长，传统的养老服务供给体系需要快速升级，从以计划供给为主变化为以需求导向供给为主，优化供给模式，提高供给效率，改善供需平衡。加强对接，建立一个现代化的供应系统。一是个体需求层次多样，难以准确识别。从总体上讲，老年人群对服务类别表现出不同的需求。具体体现为人们对多样化的医疗、养生、保护和放松的需求呈上升趋势，包括医疗健康、康复和精神慰藉。二是集体需求缺乏全面评估，难以确定有效需求。服务信息的不对称和网络信息的拼凑，影响了老年群体的需求对接和整体认知，使老年群体对养老服务的实际需求和潜在需求难以确定。三是养老需求的动态变化，这对供应的优化提出了更高的要求。老年人对养老服务的需求不仅是护理，还包括高质量的发展服务、享受服务和专门服务，现有的养老服务内容相对简单，市场上的护理人员明显不足，养老服务的质量也有待进一步提高。这在一定程度上导致老年群体对高质量养老服务的需求难以满足。

（二）"老有所养"高质量发展的目标

只有对养老服务的高质量发展有了相对明确的目标，才能保证养老服务事业和产业走高质量发展的道路，才能鼓励养老服务事业和产业成为国家社会主义现代化建设全局的重要组成部分。在推动实现高质量发展的基础上，以老年人及其家庭的需求为导向，发挥政府、市场和个人多元主体的合力，环环相扣、融合发展，构建全方位覆盖的社会养老服务体系，统筹发展医疗、康复、护理、精神慰藉和临终关怀服务，发展城市和农村居民在养老生活中得到持续、适度、规范、便捷的基本的养—医—康—护—临终关怀"五位一体"服务，是养老服务高质量发展的最终目标，让每位老人都能分享经济社会发展的成果，实现自己晚年的美好愿望。2024年《关于加快发展农村养老服务的指导意见》（民发〔2024〕20

号）明确提出：到 2025 年，农村养老服务网络进一步健全，每个县（市、区、旗）至少有一所以失能照护为主的县级特困人员供养服务机构，省域内总体乡镇（街道）区域养老服务中心服务覆盖率不低于 60%，互助养老因地制宜持续推进，失能照护、医康养结合、助餐、探访关爱、学习娱乐等突出服务需求得到有效满足。再经过一段时间的努力，县域统筹、城乡协调、符合乡情的农村养老服务体系更加完善，农村老年人的获得感、幸福感、安全感不断提升。

## 二 中国社会保障"老有所养"高质量发展的主要测度

（一）主要测度指标与高质量发展指数设计

### 1. 养老保险金

职工基本养老保险制度是中国社会保障体系的一个重要组成部分。在人口老龄化形势日趋严峻的背景下，中国的基本养老保险制度面临区域分割管理导致的统一规划水平低、互助互济能力弱等问题。这些问题已经成为制约该系统可持续发展的重要因素。党和政府高度重视基本养老保险全国统筹，把实现全国统一规划作为基本养老保险改革的一项重要任务。党的十八届五中全会和中华人民共和国国民经济和社会发展第十三个五年规划纲要提出实现职工基本养老金全国统一规划，此时的基本养老保险全国统一规划目标是基本养老金部分，不包括个人账户和过渡性养老金。2021 年，《中共中央　国务院关于加强新时代老龄工作的意见》发布，重申全国需要尽快实现企业职工基本养老保险全国统筹。"十四五"规划纲要也明确提出实现全国统一的基本养老保险规划，党的二十大报告则再次提出要完善基本养老保险全国统筹制度。目前，地方已经建立了不同模式的省级统一的基本养老保险制度，全国统一的基本养老保险规划正在根据各地实际情况逐步推进，推动养老保险制度与经济社会协调发展目标的实现。

### 2. 养老、孝老、敬老政策体系建设

老年人已经成为国内外社会关注的焦点，社会似乎正面临一场"老年危机"。为解决这一问题，中国借鉴西方模式建立了一个保障制度，这被认为是现代社会的象征之一。现阶段的目标是在一个发展中国家的现代化进程中，在未富先老的现实条件下解决中国的养老问题。中国已进入老龄化社会，与欧洲国家相比，老年人口的总规模太大。要解决中国的养老问题，不仅要借鉴国外的经验，还要以史为鉴，找到适合中国国情的方法。纵观中国历史，我们高度重视老年人的问题，形成了灿烂

的老年文化，不同时代进入老年的年龄限制不同，老年是相对的，过去老年人在人口中的比例并不是很低。现代医学表明，老年人问题不仅是一个经济问题，也是一个医疗技术问题，还是一个社会、心理和文化问题。

3. 医养康养相结合的养老服务体系

目前，在医养结合领域容易出现医疗和养老叠加或过于强调机制设备的改造和重建，而医养结合可以通过医疗机构增加养老服务，在养老机构内设立专门的医疗机构，引入医养结合机制。为了理解医养结合的重要性，我们应该明确，医养结合的真正目的是将政策联系起来，完善机构，整合服务。在"健康中国"战略中，国家明确提出要将健康融入所有政策。换句话说，所有的政策应该以所有人的健康和整个生命周期的健康为基础。因此，在制定老年人护理服务政策时，必须始终就改善老年人的健康环境达成共识。同样，在积极应对人口老龄化的国家战略中，所有政策的制定都必须从积极乐观的角度看待老龄化。医养结合的本质在于服务的整合。在不断发展和完善现有各种公共服务体系的基础上，整合相关资源，实现服务的一体化。在医疗与保健的结合中，现有的医疗服务被延伸到保健服务中，甚至延伸到老人、家庭或机构中。在这个过程中，医院、医疗机构、企业、社区等不同主体，特别是基层医疗机构和老年人护理机构，充分发挥不同的作用，形成医疗卫生的一体化服务链。"老有所养"高质量发展指标体系如表7-3所示。

表7-3　　　　"老有所养"高质量发展指标体系

| 指标类型 | 权重 | 指标名称 | 2020年水平 |
| --- | --- | --- | --- |
| 基础型指标(0.5) | 0.05 | 基本养老保险参与率（%） | 91 |
| | 0.03 | 人口死亡率（‰） | 7.07 |
| | 0.03 | 人口预期寿命（岁） | 77.3 |
| | 0.05 | 65岁及以上人口占总人口比重（%） | 13.5 |
| | 0.03 | 养老机构护理型床位占比（%） | 38 |
| | 0.03 | 养老服务床位总量（万张） | 823.8 |
| | 0.03 | 养老机构和设施总数（万个） | 31.9 |
| | 0.04 | 县级特困人员供养服务设施（敬老院）建有率（%） | — |
| | 0.05 | 医养结合养老服务机构数量（个） | 5857 |
| | 0.05 | 医养结合养老服务机构床位数（万张） | 158 |

续表

| 指标类型 | 权重 | 指标名称 | 2020年水平 |
|---|---|---|---|
| 基础型指标（0.5） | 0.04 | 特殊困难家庭适老化改造（万户） | — |
|  | 0.05 | 长期护理保险试点城市（个） | 49 |
|  | 0.02 | 新建城区、居住（小）区配套建设养老服务设施达标率（%） | — |
| 发展型指标（0.5） | 0.04 | 社区居家养老服务网络建设（个） |  |
|  | 0.05 | 特殊困难老年人月探访率（%） |  |
|  | 0.05 | 养老机构护理型床位占比（%） | 30 |
|  | 0.05 | 设立老年医学科的二级及以上综合性医院占比（%） | — |
|  | 0.03 | 每千名老年人配备社会工作者人数（个） |  |
|  | 0.03 | 老年大学覆盖面（个/县） |  |
|  | 0.05 | "敬老月"活动覆盖面（次/县） |  |
|  | 0.03 | 高水平的银发经济产业园区（个） |  |
|  | 0.03 | 智慧养老试点城市（个） |  |
|  | 0.03 | 乡镇（街道）范围具备综合功能的养老服务机构覆盖率（%） |  |
|  | 0.04 | 安宁疗护试点市（区） |  |
|  | 0.05 | 环保节能火化炉数量（个） | 237 |
|  | 0.02 | 城乡公益性安葬（放）设施火葬区县覆盖率（%） | — |

资料来源：本书关于"老有所养"高质量发展指标源自《中国统计年鉴》《中华人民共和国国民经济和社会发展第十四个五年规划和2035年远景目标纲要》《"十四五"公共服务规划》《"十四五"国家老龄事业发展和养老服务体系规划》《"十四五"民政事业发展规划》《"十四五"数字经济发展规划》。

（二）"老有所养"高质量发展指数中长期预测目标

根据上述"老有所养"高质量发展指标体系，本书基于现有数据，依据中国老年事业"十四五"规划以及民政部、老龄委等相关部门的工作计划目标，对未来2035年、2050年"老有所养"高质量发展指数预期目标进行中长期预测，具体结果如表7-4所示。

表7-4 "老有所养"高质量发展指数中长期预测目标

| 指标类型 | 权重 | 指标名称 | 2020年水平 | 2035年目标 | 2050年目标 |
|---|---|---|---|---|---|
| 基础型指标（0.5） | 0.05 | 基本养老保险参与率（%） | 91 | 98 | 99 |
|  | 0.03 | 人口死亡率（%） | 7.07 | 6.95 | 6.50 |

续表

| 指标类型 | 权重 | 指标名称 | 2020年水平 | 2035年目标 | 2050年目标 |
|---|---|---|---|---|---|
| 基础型指标（0.5） | 0.03 | 人口预期寿命（岁） | 77.3 | 79.5 | 80.5 |
| | 0.05 | 65岁及以上人口占总人口比重（%） | 13.5 | 13.8 | 14.0 |
| | 0.03 | 养老机构护理型床位占比（%） | 38 | ≥60 | ≥70 |
| | 0.03 | 养老服务床位总量（万张） | 823.8 | 950.0 | 980.0 |
| | 0.03 | 养老机构和设施总数（万个） | 31.9 | 35.8 | 40.0 |
| | 0.04 | 县级特困人员供养服务设施（敬老院）建有率（%） | — | 100 | 100 |
| | 0.05 | 医养结合养老服务机构数量（个） | 5857 | 6200 | 6850 |
| | 0.05 | 医养结合养老服务机构床位数（万张） | 158 | 178 | 195 |
| | 0.04 | 特殊困难家庭适老化改造（万户） | — | 300 | 4500 |
| | 0.05 | 长期护理保险试点城市（个） | 49 | — | — |
| | 0.02 | 新建城区、居住（小）区配套建设养老服务设施达标率（%） | — | 100 | 100 |
| 发展型指标（0.5） | 0.04 | 社区居家养老服务网络建设（个） | — | 700 | 900 |
| | 0.05 | 特殊困难老年人月探访率（%） | — | 100 | 100 |
| | 0.05 | 养老机构护理型床位占比（%） | 30 | 65 | 75 |
| | 0.05 | 设立老年医学科的二级及以上综合性医院占比（%） | — | 70 | 80 |
| | 0.03 | 每千名老年人配备社会工作者人数（个） | — | 3 | 6 |
| | 0.03 | 老年大学覆盖面（个/县） | — | 3 | 5 |
| | 0.05 | "敬老月"活动覆盖面（次/县） | — | 5 | 10 |
| | 0.03 | 高水平的银发经济产业园区（个） | — | 25 | 50 |
| | 0.03 | 智慧养老试点城市（个） | — | 30 | 45 |
| | 0.03 | 乡镇（街道）范围具备综合功能的养老服务机构覆盖率（%） | — | ≥75 | ≥90 |
| | 0.04 | 安宁疗护试点市（区） | — | 5 | 10 |
| | 0.05 | 环保节能火化炉数量（个） | 237 | 295 | 320 |
| | 0.02 | 城乡公益性安葬（放）设施火葬区县覆盖率（%） | — | 100 | 100 |

## 三 中国社会保障"老有所养"高质量发展的保障措施

在党委政府的统一领导与部署下,为进一步推动"十四五"时期老有所养的高质量发展,要发挥现代治理的优势,充分协调各方参与,均衡服务布局,优化资源配置,释放老年群体的服务需求,创造良好的社会环境以适应中国现阶段养老保障的高质量发展。

(一)提升现代化治理效能,全面统筹各方力量

坚持"党委领导、政府主导、社会参与、全民行动"的总体思路,充分发挥制度优势,明确政府、市场、社会功能定位,家庭、个人和各种事项的职责。全面统筹协调各方,推动养老服务高质量发展。一是养老服务作为一种准公共服务产品,政府必须在这一过程中承担起相应的责任,及时应对可能产生的后果。特别是,政府需要充分展示在改善基本老年护理服务方面的领导力。二是在配置养老资源和深化改革方面,需要激发出市场的活力,通过实施管理和服务改革,优化养老服务市场的发展环境。三是要充分调动和激发社会力量,充分挖掘社会组织的优势,通过政府购买、公共建设和私人建设等方式,扩大多样化、多层次、高质量的产品和服务供给,以促进老年人志愿服务的发展。四是出台和引导专项政策。加强关于护理、护理系统和育儿费用的工作,进一步加强家庭的养老功能。五是要充分发挥个人在护理服务中的主导作用,促进和鼓励老年人的社会参与,鼓励老年人实现自助与互助等。

(二)补齐关键短板,推动均衡协调发展

进一步激发市场的潜力以实现养老服务的均衡协调发展,切实增加养老服务供给,满足老年人的迫切需求,填补服务发展中的一些重要空白。一是我们需要继续深化监察部门的改革。应全面实施清单管理制度,以提高支持政策的准确性和效率。应根据向老年人提供的服务的实际数量和质量提供补贴,增加对老年人的基本公共服务供应。二是提高专业护理服务的供给能力。以专业护理服务为切入点,实现医养深度融合,优化护理服务资源配置,发展老年康复机构,推动公办养老机构和公办老年护理机构转型成为主要接纳社会残疾人和失智老人的老年康复机构。三是应充分支持居家养老护理服务的发展。要制定居家养老的配套措施,制定居家养老、护理假、哮喘患者计划等专项措施,引导和强化育儿和照顾老年父母的责任,进一步强化居家养老的功能。重点支持专业设施,重点支持需要专业服务的企业和社会组织,如卫生、护理、保健、养殖等服务,在水、电、气等方面提供与养老设施相同的免租金场所,对提供上述家庭服务的

企业在规定期限内给予免税支持。应试行护理培训计划和针对残疾老年人家庭的哮喘服务，以提高家庭护理服务的能力。四是弥补农村服务的不足。在促进城乡协调发展、全面实施农村发展战略中，养老服务体系建设要统筹规划、同步实施。要加强资源整合，搞好农村敬老院改造，推进农村敬老院等养老设施建设，鼓励城市养老机构向农村地区提供拓展服务，探索城乡养老服务协调模式。

（三）释放有效需求，激活服务发展动力

随着中国经济社会的转型发展和社会主要矛盾的变化，老年人的需求结构已经从生存型向发展型转变。为了更好地了解老年人的真实需求，建议加快实施老年人需求评估综合标准，从需求评估开始建立和完善国家综合标准，确定老年人的能力和需求。政府以采购服务的形式，依靠专业力量，制订统一的综合评估计划。评估的目的是建立一个需求基线，确定需求的性质，区分基本服务、包容服务和个性化服务的需求，建立一个养老服务的参考清单和一个有针对性的基本服务和包容服务的数据库。应特别关注生活在特殊家庭中的老年人，如经济条件差的人、残疾人、有精神健康问题的人等。将老年人纳入老年人基本服务体系的优先覆盖范围，为这些群体提供有针对性的服务资源，根据他们的需求分配财政资源和服务，提供服务和补贴。需高度重视相关需求的开发和应用，提高数据使用效率，利用5G和大数据，充分分析老年人的迫切需求和基本服务需求，实现供需精准匹配。

（四）营造良好发展环境，助推健康有序发展

养老服务的健康发展需要人才和技术的支持，需要科学高效的监督和管理秩序，需要国际交流的凝聚力，必须为各方面的服务发展创造良好的环境。一是必须加强对老年人护理专业人员的培训。鼓励高校、研究机构和其他机构培训老年医学、康复和护理领域的必要专业人员。提高老年人专职人员的待遇，鼓励完善社区根据实际情况调整薪酬的动态机制，培养和选拔优秀护士，在住房、住房保障、儿童入学等方面提供有益措施。二是加强对老年护理服务的技术支持。以技术创新为基础，激发产业现代化，加快新技术在养老产业的融合。同时，加快发展"互联网+养老"，将智慧养老延伸到老年人生活的各个环节，提供及时、高效、全面的养老服务。在全国范围内建立统一的养老服务管理体系，鼓励各地区在省市两级建立统一的养老服务信息平台，以便作出科学、准确的决策。三是建立科学有效的监测和管理机制。在规范监管和信用监管的基础上，完善养老行业整体监督管理体系，优化监督管理机制。推动建立国家养老服务标准

和评估体系，引入分类分级和安全质量监测机制。四是加强老年人服务领域的国际交流。注重引进国外优质的养老产品，加强产品和技术的研发合作，提高国内供给。积极推广中国在发展养老服务和开发新技术方面的成功经验，推动建立"全球老龄社会治理命运共同体"。在中国特色社会主义新时代，"老有所养"需要政府、市场、社会、家庭、个人等多元主体共同参与，才能实现政策的科学化、民主化、法治化，推动全年龄段、全人群、全领域的统筹协调，让人民群众享有更多的获得感、幸福感和安全感。

# 第八章 "住有所居"：住房保障与住房供应高质量发展

## 第一节 "住有所居"高质量发展的理论内涵与分析框架

### 一 "住有所居"高质量发展的理论基础

（一）何为"住有所居"高质量发展

"住有所居"目标在党的十七大上正式提出，核心在于让全体人民不论地位、条件差别都能享有基本住房权利和条件，体现出国家有决心改善民生，推进"居者有其屋"向"住有所居"转变。经过长期的努力，中国已逐步建立起城镇住房保障体系，基本全面覆盖了面临住房困难问题又具有本地户籍的城镇中低收入家庭。然而，在一些人口集中流入、住房供需关系紧张的城市，仍然存在很多既不符合住房保障条件，又没有能力购买商品房的中等收入群体，他们可能是刚就业的大学生、农民工等城市发展生力军。因此，要进一步完善住房保障体系，适当扩大住房保障设计范围，满足人民住房需求。

党的二十大报告从"增进民生福祉，提高人民生活品质"的角度阐述了房地产发展方向，即"坚持房子是用来住的、不是用来炒的定位，加快建立多主体供给、多渠道保障、租购并举的住房制度"。这阐述了新时代住房制度改革目标思路，符合以人为本和高质量发展的新时代精神。学术界过去关于"住有所居"高质量发展的研究仍处于起步阶段，主要从以下方面界定其内涵。首先，从国家社会主要矛盾变化角度来看，"住有所居"的高质量发展，满足人民日益增长的住房需求，保障人民的基本生活，构成了党执政伦理的价值基础。① "更好满足住有所居新需求""使人民获得感、幸福感、安全感更加充实、更有保障、更可持续"，就是要通过改善住房条件来提高人民福祉，不但要关心"量"的方面，也要关心"质"的方面。其次，从职能和目标角度来看，"住有所居"的高质量发展是通过各种手段保障"住有所居"的职能及目标的实现，是社会保障高质量发展的组成部分。这种制度基本价值既体现出底线公平，又体现出基本需求、普遍福利等基本特征。此外，它以政府全面负责、弱者优先和社会补偿为基本原则，保障城市居民的基本居住权利。② 从"空间正义"的角度来看，"住房保障"的所有增加收益都应该惠及全体人民，尤其是弱势群体。③ 由于不同地区在住房保障方面存在一定差异，"住有所居"的目标应该分阶段实现。④ 综合考量地方各种因素，合理制定住房保障政策，不但能够增加保障性住房的供应量，同时也能够合理地提高生活质量。⑤ 最后，从供需和效率的角度来看，"住有所居"的高质量发展，意味着高质量的住房保障、住房供给和投入产出。在新时代，中国住房保障发展不平衡集中体现在以下三个方面：城市之间供需分配不平衡、城市内部空间分布不平衡以及建设管理不平衡。住房保障发展存在的缺陷表现在以下三个方面：整体供给规模不足、整体供给质量不足、保障主体参与不足。⑥ 鉴于此，"住有所居"高质量发展的目标要从数量保障转变到结构调整，保障对象从单一转变到多元，供给方式从增量建设转变到存量转化，融资方式从依靠政府财政转变到多元化融资，保障形式从"产权+实物"转变到"使用权+货币"。保障机制由政府主导转变到多元协同。⑦ 此外，"住有所居"高质量发展的核心在于合理确定住宅供地规模，优化住房供应体系和布局，完善房产、地产市场调控体系，统筹城镇住房

---

① 陈丛兰：《当代中国居宅伦理的价值透视》，《求索》2018年第3期。
② 李国敏、刘洵：《城市基本住房用地制度之理论探讨——基于底线公平的视角》，《湖北大学学报》（哲学社会科学版）2018年第3期。
③ 宁爱凤：《"空间正义"视角下农村住房保障制度的重构》，《甘肃社会科学》2017年第3期。
④ 张超等：《住房适度保障水平研究——基于福利体制理论视角》，《价格理论与实践》2018年第10期。
⑤ 瞿富强等：《我国住房保障对象界定及其应用研究——基于居民住房支付能力测算方法的比较》，《价格理论与实践》2019年第3期。
⑥ 黄燕芬等：《住房保障发展不平衡不充分：表现、成因与对策》，《国家行政学院学报》2018年第6期。
⑦ 王丽艳等：《我国城市住房保障政策转变研究》，《现代城市研究》2016年第6期。

整体配套服务布局,并拓宽居住空间。① 围绕供给侧结构性改革相关要素,努力在"改"的方面有所突破。同时,要围绕供给侧结构性改革的三个要点("去库存、降成本、供需平衡")争取全面创新。②

综上所述,"住有所居"高质量发展在广义上,是指各种收入情况的家庭都能实现安居目标,从住房保障的角度是指以住房保障公共服务均等化、高质量、高效益为宗旨,为中低收入家庭解决住房困难问题,探索住房保障的多种模式,支持购买和租赁两种居民住房实现形式。党的二十大报告提出要在"住有所居"持续用力,即解决中低收入家庭住房困难,立足于已有制度深化改革,完善住房保障体系,让更多的经济困难家庭有居住的地方。

(二)住房梯度消费理论

消费经济学认为,商品消费具有纵向上升以及横向梯度转移特征。需求上升规律是消费经济中的普遍规律,在各国各地区的经济发展中有重要作用。表述为处在市场经济的人们有支付的需求,随着社会生产的发展、交换范围的扩大和交换关系的深化不断得到满足,从而继续追求更高层次需求。消费行为也呈梯度消费特征。在区域经济研究中,梯度指各国家各地区都处在一定经济发展梯度。无论是新的技术、产品还是产业,都会在时间的向前发展中逐级传递下去,就像一场接力赛。梯度消费就是分层消费,消费品的不同价格和消费者的不同收入水平构成就像两个金字塔,消费者的消费行为就在相应层次上进行。③

基于这个理论,住房消费也是有梯度的。当消费群体的承受能力较低时,他们会选择购买面积小、条件差的住房,或者在市场上租赁自己承受能力范围内的住房;中等收入群体则依据自己的条件状况选择面积适中、价格合适、环境相对较好的房子;对于高收入群体,他们追求的不仅是"住有所居",更注重"住有宜居"。他们买房时会考虑面积、空气质量、物业管理、基础设施、地理位置等。从中国经济发展和居民消费水平的角度来看,住房消费不可能一蹴而就,清楚地了解该特征,有助于加深我们对住房消费模式的理解,从而应用于住房保障制度的设计。

---

① 王艳飞等:《供需视角下国内大城市住房困境及政策建议》,《建筑经济》2021年第8期。
② 胡吉亚:《以供给侧结构性改革保障青年群体"住有所居"——以北京市保障性住房为例》,《中国青年社会科学》2017年第2期。
③ 李德阳、曹昭煜:《住房消费保障研究述评》,《消费经济》2015年第1期。

### (三) 住房过滤理论

住房过滤是指住房的质量和价值水准随着时间推移而下降①，被使用过的住房将会逐步过滤到市场的最底端。简单来说，就是房屋由于市场价格下降而被低收入家庭使用的过程。在均衡的初始状态下，在质量等级不同的三个住房子市场中，如果只增加高质量住房的供给量，高质量等级住房将向下过滤到中等质量住房市场；该变化也会导致一些中等质量等级的住房继续向下过滤，进入低质量等级住房市场，最终部分低质量住房将被市场淘汰出去；当然，重新装修改造房屋也可以提高其质量等级，从而上升到更高的等级。②

住房"过滤"理论对住房政策分析具有重要作用，通过评估住房政策的效率和公平性，可以支持相关部门制定合理有效的住房政策。从住房"过滤"理论在保障房政策中的实践来看，由于所有的房屋都具有耐久性和一些商品特性，高市场价值的房屋在市场交易中表现出典型的结构性分层特征，即在住房市场供需平衡的条件下，住房供给绝不能单方面追求建造新住房，而应充分调动社会上的存量住房，根据不同群体的收入状况，找出他们在住房市场中的位置，引导合理的消费观念。因此，在规划相关政策的过程中，需要注意以下几个方面：居民家庭选择租住时，政府首先要保证低收入家庭的租住权，而不是单方面鼓励购买住房产权。在有经济能力购房的基础上，根据购房者的实际支付能力，在新房和二手房、小面积房和中大面积房之间进行理性选择。

### (四) 新加坡组屋制度

任何制度的产生，都与其时代背景息息相关。新加坡住房制度的产生也由多种因素促发。新加坡地理位置特殊，国土面积小，人口密度大，民族涵盖多，宗教信仰种类丰富，这些复杂因素掺杂到一起使处理住房问题更加棘手。新加坡独立之前，普遍人居条件低下，"屋慌"情况严峻，不少人居无定所。很多人生活在贫民窟和棚户区，仅有不到一成的人住在政府提供的公寓。面对此般困境，新加坡领导人认识到，只有以"家"为出发点，让人民对国家产生家庭般的归属感，认同国家就是他们家庭所在，认同保卫国家就是保卫家园，才有可能解决经济、社会、国防等层面问题，从而发展国家。

---

① Ratcliff R. U., *Urban Land Economics*, New York: McGraw-Hill, 1949, pp. 321-322.
② 王建红、刘友平：《基于住房租赁机构化视角的住房过滤效果及政策启示》，《建筑经济》2018 年第 1 期。

20世纪60年代，面对国家成立之初经济贫穷和住房短缺的落后情况，李光耀政府把国民经济发展基本国策之一定为解决国民住房问题，成立了建屋发展局（HDB），并推出了组屋计划。首先，在土地供应和使用制度方面，新加坡政府于1967年发布了《土地征用法》，土地管理部门有权根据公共目的强征土地，赋予建屋发展局开发建设集体土地的权力，并且其征地价格只有市场价的约1/5。1963年，建设发展局成立了拆迁安置部，实施了拆迁安置计划，主要包括贫民窟、棚户区和私人住宅区的拆迁安置。为保障拆迁家庭的生活，住房拆迁和建设基本上是同时进行的，从而在满足土地征用目的的同时，尽可能确保社会福祉。其次，中央公积金制度是新加坡社保制度的核心，是一种通过立法来强制个人储蓄、采用完全积累模式的社保制度。建于1955年的中央公积金制度最初是为了保障国民的养老需求，后发展成为中央公积金局。新加坡国民每人都有一个公积金账户，用人单位和个人定期存入一定比例的资金构成个人储蓄账户。当然，这一比例将适时调整，用于个人养老、医疗、教育和住房需求。中央公积金制度是新加坡建立住房政策的制度前提和基础。它对住房政策的支持主要体现在每个账户的储蓄资金可以用来出租和购买住房。自1968年以来，新加坡政府规定可以用公积金支付首期购房费用，为解决国人住房问题提供资金来源。再次，在住房分配政策方面，新加坡政府出台法规，严格规定了购房者的条件、购房程序和住房补贴，并公平分配资金。另外，政府制定了居民在不同收入下购房的准入标准，并随生活水平变化调整了收入限制。到了20世纪70年代，政策要求月收入在1500新元以下的人才能申请住房购买，目前这个额度放宽到15000新元。在这样的时代背景和政策引导下，新加坡政府建造了将近100万套组屋，打造了世界上保障范围最广的公共性质住房体系，让超过八成公民有稳定住房（见图8-1、图8-2）。此外，政府根据购房者的经济收入水平，严格根据家庭收入确定住房保障补贴水平，首付款、还款额和还款方式都有所区别，反映了人们也可以分享国家发展利益的思想。最后，在配套设施方面，新加坡将组屋分散在城市周边，并建设相应的交通和工业配套设施，以确保住房与城市的融合，满足绝大多数人的工作生活需求。另外，远离城市中心的住房可能会给居民的工作带来不便，但中心城市的承载能力非常有限。因此，新加坡政府在住房规划中注重与产业规划的合作，一般优先考虑与各工业园区的距离，使工业配套商业和公共设施尽可能弥补住房公共设施的不足，大量低收入群体聚集在工业园区周围。同时，组屋规划选址也考虑到了以公交和轻轨搭配为主的交通条件配套，尽可能地方便居民日常出行。

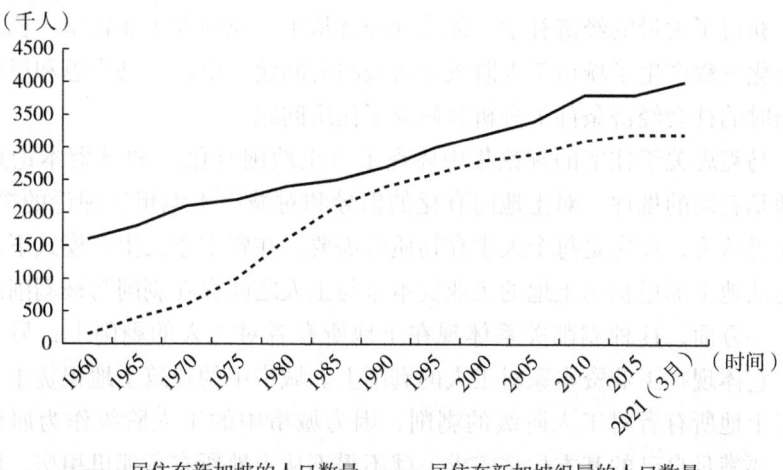

图 8-1　居住在新加坡和新加坡组屋的人口数量（1960 年至 2021 年 3 月）

资料来源：Housing and Development Board, "HDB Annual Report 2020/2021", https://www20.hdb.gov.sg/fi10/fi10221p.nsf/hdb/2021/assets/ebooks.

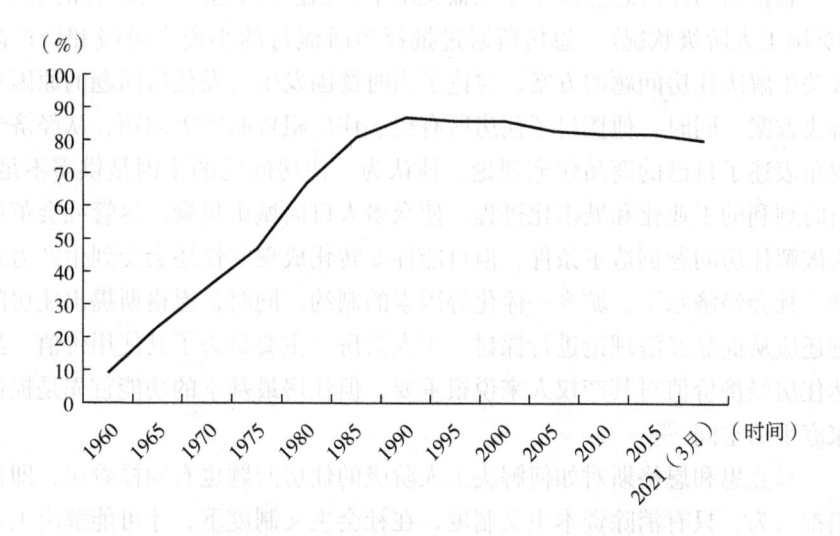

图 8-2　新加坡居住在组屋的居民比例（1960 年至 2021 年 3 月）

资料来源：Housing and Development Board, "HDB Annual Report 2020/2021", https://www20.hdb.gov.sg/fi10/fi10221p.nsf/hdb/2021/assets/ebooks.

### （五）马克思主义住宅理论及其中国化发展与创新

19世纪60—70年代，德意志帝国通过三次王朝战争，政治走向统一，获得了大量的经济补偿，促使其经济从手工业向大工业转型。德国的城市化进程产生了城市工人阶级住房短缺的问题。由此，马克思和恩格斯在当时的社会经济条件下分析和研究了住房问题。

马克思关于住宅的理论集中体现于《土地国有化》和《资本论》对土地私有制的批评、对土地国有化的倡导和对城市土地租赁理论的探索。马克思认为，住房是每个人生存物质的需要。在资本主义生产模式下，地主与从地主那里租用土地的工业资本家与工人之间存在剥削与被剥削的关系。一方面，这种剥削关系体现在土地所有者对工人的剥削上；另一方面，它体现在工业资本家对工人的剥削上。城市中的建筑土地租赁主要体现了土地所有者对工人阶级的剥削，因为城市中的工人阶级作为雇佣工人，要满足自己的基本住房需求，就不得不从土地所有者那里租房。城市中高昂的建筑地租决定了资本家会以更高的价格租给工人，工人不得不把大量剩余价值转移给资本家，工人生活更加艰难。因此，城市中的工人阶级无法满足他们的基本住房需求。①

恩格斯的住房思想体现在三篇文章中：《住房问题》《乌培谷的来信》《英国工人阶级状况》。恩格斯通过批评当时流行的小资产阶级和资产阶级关于解决住房问题的方案，讨论了当时德国发生突发住房问题的原因和解决方案。同时，他探讨了住房所有权、住房租赁制度等问题，从经济学视角表述了自己的商品住宅理论。他认为，住房问题的主因是供需不足，当时顺利的工业化和城市化进程，使众多人口向城市集聚。尽管社会革命为破解住房问题创造了条件，但可能性要转化成现实性还会受到生产力发展、社会经济水平、城乡一体化等因素的制约。同时，恩格斯提出住房问题还应从商品经济理论进行探讨。工人买房，主要是为了其使用价值。虽然住房经济价值对其产权人来说很重要，但住房最基本的功能首先是提供家庭生活空间。②

马克思和恩格斯对如何解决工人阶级的住房问题也有同样看法，即他们都认为，只有消除资本主义制度，在社会主义制度下，才可能解决工人

---

① 詹晨晖：《马克思主义土地逻辑总结与应用——以住宅建设用地使用权为例》，《理论月刊》2017年第5期。
② 陈立中等：《马克思主义住宅理论及其中国化发展与创新》，《华中师范大学学报》（人文社会科学版）2018年第3期。

阶级的住房短缺问题。他们始终秉持工人阶级立场，为他们的利益而奋斗。这告诫我们：人民为社会发展进步作出了贡献，应当充分享受到改革发展的成果。因此，在处理城市中低收入群体住房问题的过程中，应当坚持马克思主义的历史观和人民的主体地位。在保障性住房的建设和分配中，要更加注重人民的根本利益。此外，对房地产的调控要更注重民生需求，努力实现"住有所居"。这不仅是社会发展的必然要求，也是人民主体地位的深刻体现。①

## 二 "住有所居"高质量发展的必要性与重点建设内容

### （一）"住有所居"高质量发展的必要性

居住属性是住房的基本属性，投资属性只是衍生。离开居住属性而只讲住房的投资属性，或者过于强调投资属性而忽视居住属性，都会给社会带来严重的负面效应。住房应当是居住属性和投资属性的统一，住房既是要满足人们基本生活需求的消费品，同时也是能够通过市场交换从而满足不同层次生活需求的商品。因此，住房价格可以通过市场确定，但不能够完全由市场决定。

中国从住房市场化、社会化改革以来，在相当长一段时间内过度强调住房的经济属性，住房市场成为一种资产配置工具。这使大量中低收入家庭的基本住房需求未能得到有效满足，并且产生住房资源配置不平衡、不合理等问题。政府应当对房价进行合理调控，防止其畸形发展。在中国住房制度改革不断推进的进程中，党中央根据不同阶段国情，深入分析总结过去住房改革实践所积累的经验及存在的问题，持续推动住房领域政策举措的优化完善。"要坚持房子是用来住的、不是用来炒的"，"要准确把握住房属性"，习近平总书记的这两个提法，是新时代对于住房本质属性的科学而明确的定位，回归了住房的本义，要求住房的投资属性必须从属于居住属性。这已成为新时代进一步推进住房制度改革的逻辑起点与基本遵循。党的二十大报告进一步强调"房住不炒"定位，明确地对片面强调住房商品化的认识进行了修正。

"住有所居"是实现美好生活的必要条件。习近平总书记就新时代中国住房制度改革提出了根本目标："满足群众基本住房需求，实现全体人民住有所居"。这不仅集中体现了以人为本的住房发展理念，同时也反映

---

① 温权：《西方资本主义城市住宅规划的三重危机及其社会效应——从曼纽尔·卡斯特的马克思主义城市批判理论谈起》，《苏州大学学报》（哲学社会科学版）2019年第4期。

了实现人民基本住房权利的客观需要。正确理解这一目标，关键在于把握"住有所居"。"住有所居"关键在于确保人民群众享有充足体面的住房条件，保护他们的居住权。购房和租房都是实现"住有所居"的途径，这一现实选择，既借鉴了世界各国住房市场发展经验，也充分考虑了中国当前经济社会发展的阶段性特征。

### （二）住房保障高质量发展

保障公民住宅权，是中国宪法对于保护基本人权的要求，也是社会保障的应有之义。对公民住宅权加以保障，促进住房保障高质量发展，是实现"住有所居"高质量发展的关键。

住房制度方面，要以"多主体供应、多渠道保障、租购并举"为着手点，深化住房市场改革。多主体供应是基础，多渠道保障是保障，租购并举是方向。多主体供应，即打破以房地产企业为单一市场供应方的供应体系，鼓励更多的供应主体参与，加大力度发展租赁市场。多渠道保障，即通过土地、财税等相关层面改革，探索更多的住房供应渠道，增强住房保障实现方式的多样性和灵活性。租购并举，即在限炒房、支持合理的自住购房的同时，从供给侧打造市场长效机制，打破原有供需结构，消灭住房租赁消费制度性歧视。

资本方面，住房公积金体系是金融支撑，能够结合政府财政、企业的资本与家庭金融，助力解决当前的住房问题。住房公积金相关工作的目标是高质量发展，不仅要考虑制度的开放规范，还要考虑人们普遍关注的提取、使用和监督机制。例如，在管理和监督环节，建立国家统一决策监管、各省份因地制宜细化落实的有效体系，确保公积金运行透明有效。在完善现有公积金制度的基础上，建立跨城市机构，协调平衡当地住房公积金流动性，支持当地保障性住房建设资金，建设跨区域住房金融防火墙。①

### （三）住房供应高质量发展

居住是人类最基本的生活需求之一。满足中国所有人民，特别是住房困难群体的居住需求，是建设和谐社会、全面建成小康社会的必然要求。从实践的角度来看，合理有效的住房供应体系有助于缓解社会住房矛盾、解决城市住房问题。高质量的住房供应发展方向，从国家整体发展的角度来看，是建立以政府为主体提供基本保障、以市场为主体满足多层次需求

---

① 陈余芳、黄燕芬：《供给侧改革背景下的我国住房公积金制度改革研究》，《现代管理科学》2017年第3期。

的住房供应体系。并且，要使住房与土地、金融、财政、税收政策等形成政策协同作用。

住房供应体系是方向。要以人为本，充分考虑人民群众对更高质量居住条件的需求并加以实现，也要综合考虑资源和能力条件，从而科学确定"住有所居"的实现步骤。在建设住房保障体系过程中，要把握好底线、基础、公平的原则，防止过高的保障水平损害受保人以自身努力改善生活条件的积极性。具体来说，政府可以通过加强市场调控监管等途径，保障高收入群体通过市场满足其住房需求；中等收入群体可以在市场实现住房需求，同时政府对最低居住条件加以兜底保障。

住房和土地供应是来源。公民住房保障的实现，受到自然资源、社会经济水平、自身收入等条件的限制，尤其是稀缺的土地资源限制着住房供应，影响公民住房问题的解决。因此，建立完善的住房供应体系须从源头开始，先考虑住房用地尤其是保障性住房用地通过结合住房新供应与挖存量、有力的制度安排，增加住房用地和住房的供应总量。

住房金融服务是保障。随着房地产市场的持续发展和金融体系的不断完善，城市住房供需两个层面与金融的联系都在不断加强。合理的金融信贷政策能够发挥保障作用；反之，则容易诱发投机、催生市场泡沫。住房供应高质量发展，要求围绕"房住不炒"定位，落实地产市场健康发展的监管机制。维持适度增长的个人住房贷款，加强管理那些通过理财、贷款等路径流入房地产市场的资金。加强对高杠杆性融资行为的风险控制，合理引导企业负债规模和负债率。

住房价格控制是核心。住房供应高质量发展的直接目标之一，是控制房价保持在一个合理范围的必然之举。中国住房租赁制度尚不完善，由政府提供的租赁房量依然较少，私人住房租赁是目前的主流。而且，高房价使住房租金随之提高，限制着租赁行业发展。党的二十大报告提出，"增进民生福祉，提高人民生活品质""必须坚持在发展中保障和改善民生"。发展保障性租赁住房正是学习贯彻党的二十大精神的重要举措。完善由政府主导的住房租赁相关制度，以政府定价的住房租赁为主，扩大住房租赁规模，降低租赁价格，为城市贫困家庭提供廉价租赁住房。国有房地产企业是建设租赁住房的主体，同时，租赁住房建设要支持非营利性社会组织参与进来。

财政和税收是补充。财税政策短期内可以调节供求，中长期能够优化供给结构，并且发挥调整城市住房供应体系的作用。同时，财税监督是住房分类监督的重要组成部分。中国现行住房财政和税收体系是在1994年度税收体系改革后形成的，涉及 13 种税种，对房地产市场调控起了积极作用。

### 三 "住有所居"高质量发展的分析框架

（一）住有所居"理念—主体—路径"分析框架

为了满足人民基本住房需求，实现全体人民住有所居重要目标，确保人民共享改革发展成果，中国必须加快建设住房保障和供应体系。自 2001 年以来，中国加快建设城镇住房保障体系，政府、市场和社会投入不断增加，缓解了城市住房供需结构性矛盾。习近平总书记在党的二十大报告中再次强调"房子是用来住的、不是用来炒的"，为住房制度改革定调，强调"加快建立多主体供给、多渠道保障、租购并举的住房制度，让全体人民住有所居"。

当前，针对高质量发展的研究中已经涌现出不少理论分析框架，对研究"住有所居"高质量发展具有一定的启示意义，如分析数字经济高质量发展的"微观—中观—宏观"理论分析框架[1]、分析公共服务质量发展的"过程控制—绩效测量—民众感知"理论分析框架[2]和分析公共服务协同供给机制的"外部影响—行动情景—产出结果"理论模型[3]等。这些理论分析框架大多数从情境、理念、主体、路径和绩效等方面展开。基于上述认识，本书根据理念、主体和路径三个自变量，试图构建一个更有解释力的"住有所居"高质量发展模型，即"理念—主体—路径"的分析框架。相比已有研究成果，本书构建的分析框架具有如下特色："理念—主体—路径"贯穿"住有所居"的全过程，既能全面体现"房子是用来住的、不是用来炒的"定位所强调的要素组合，又能确切描绘"住有所居"运行的特征规律。其中，发展理念是"住有所居"高质量发展的价值支撑，始终引领着国家住房保障制度变革的方向与目标，也是高质量发展情景在价值层面的具体呈现。多元主体作为"住有所居"高质量发展活动的执行者，其自身依附的资源禀赋、能力要素、行为方式直接决定着"住有所居"的路线与成效。明晰"住有所居"多元主体的功能定位与权

---

[1] 丁志帆：《数字经济驱动经济高质量发展的机制研究：一个理论分析框架》，《现代经济探讨》2020 年第 1 期。
[2] 翁列恩、胡税根：《公共服务质量：分析框架与路径优化》，《中国社会科学》2021 年第 11 期。
[3] 李政蓉、郭喜：《公共服务协同供给机制动态化：一个分析框架》，《中国行政管理》2021 年第 3 期。

责边界是各时代"住有所居"高质量发展的重要内容。建设路径是"住有所居"高质量发展的行动路线。由此可见,本书构建的"理念—主体—路径"分析框架对分析"住有所居"高质量发展具有较强的创新性与适切性(见图8-3)。在发展理念方面,"住有所居"高质量发展始终以"房子是用来住的、不是用来炒的"作为基本遵循,统筹兼顾住房保障的公平与效率,是国家住房保障发展实践的出发点与落脚点。在多元主体方面,作为"住有所居"高质量发展的重要组成部分,其核心目标在于理顺各主体间的责、权、利关系,特别是要处理好政府、市场和社会三者的关系,实现有为的政府、有效的市场、有序的社会。随着供给主体的角色转换与功能变迁,中国住房保障体系从工业化起步阶段以国家为主导的单一治理供给主体,转向新时代背景下政府、市场、社会组织与公民个体等共同参与,不同主体的权责归属、功能定位从模糊到清晰,从冲突到协调,在改革发展中走向动态均衡,这也为"住有所居"高质量发展提供了重要参考。在建设路径方面,"住有所居"高质量发展的建设路径通常涉及多元主体"自上而下"的"控制—命令"、"自下而上"的"自主—自治"和横纵相间的"合作—博弈"等政策工具组合以及治理技术的运用,具体包括计划供应土地、控制银行房屋贷款、规范住房销售、控制房价、租购并举等方式。理念、主体和路径三者相互衔接,共同促进"住有所居"高质量发展。

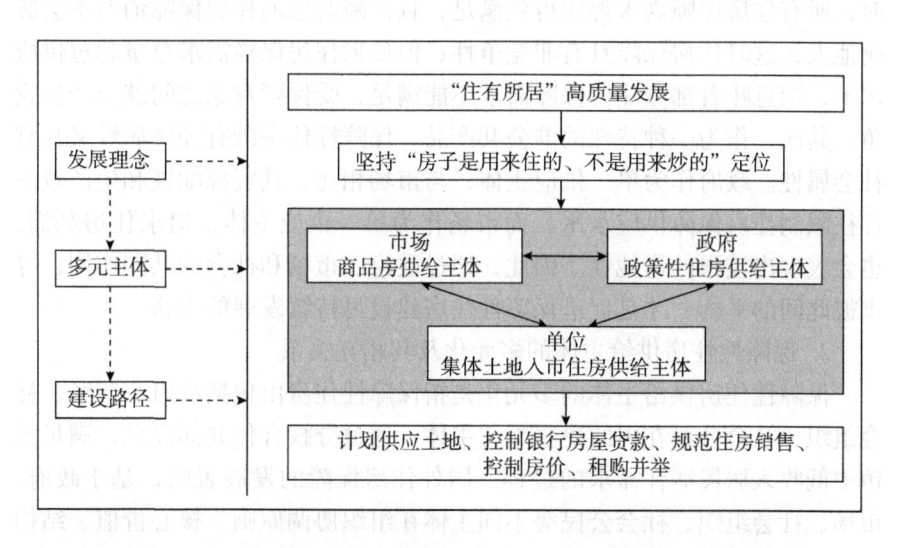

图8-3 "住有所居"高质量发展"理念—主体—路径"分析框架

(二) 住有所居"理念—主体—路径"高质量发展研究内容与分析框架解释

1. 保障性住房的准公共物品属性及其供给主体的选择

保障性住房与民生息息相关，各国政府都将其视为需要确保供应重要的公共产品。然而，作为一种特殊的公共物品，保障性住房的基本属性是决定其供应主体的重要因素之一。一般来说，公共物品是指具有消费上的非排他性和非竞争性，与私人物品相对的物品。其中，同时具有非排他性、非竞争性的物品称为纯公共物品，而更多的物品具有其中一个或部分属性，被称为准公共物品。准公共物品可分为以下类别：第一类是公共资源物品，其特点是消费共享但具有竞争性，如森林资源；第二类是俱乐部物品，其特点是消费排他性和非竞争性，如教育等公共事业；第三类是拥挤的公共物品，具有非排他性，但使用达到一定水平后具有竞争性，该临界使用水平点称为拥挤点，如高速公路等公共设施；第四类是公共偏好的私人物品，如社会救助等。

需要强调的是，判断公共物品的依据不是由哪个部门提供而界定的，而是由物品本身的属性界定的。保障性住房实体及服务作为由政府提供的社会产品，其公共性得到了广泛认可，但由于其服务载体是作为特殊商品的住房，是准公共物品。首先，保障性住房的非竞争性可能会变化。住房保障有一个拥挤点，即住房保障供应水平。当住房供应超过住房需求总量时，所有住房保障需求都应得到满足，且保障对象的住房保障消费不会影响他人，这时住房保障具有非竞争性；但如果住房保障需求总量超过供应水平，则意味着部分住房保障需求不能满足，受保障对象之间就会产生竞争。其次，作为一种特殊的准公共产品，保障性住房既有经济属性又具有社会属性。政府作为单一供应主体，与市场相比，其资源配置和生产效率往往限制住房保障供应水平。而市场作为单一供应主体，追求住房利润，也会表现出较强的排他性。因此，通过政府、市场和社会的共同作用，寻求彼此间的平衡，才是促进保障性住房建设可持续发展的出路。

2. 保障性住房供给主体的多元化及其相互关系

保障性住房供给主体的多元化是指保障性住房由包括政府、市场、社会组织、社会公民在内的更多参与主体，通过分权合作共同提供，满足城镇中低收入居民居住需求的过程。国外住房保障的发展表明，基于政府、市场、社会组织、社会公民等不同主体在组织协调原则、核心价值、结构功能等方面的特征差异（见表8-1），当他们参与保障性住房供给时，可以充分发挥各自的优势，实现互补协调。政府在政策制定、制度建设、协调各方关系、建立合作网络、确保公平、监督管理等方面具有独特的优势，但在具体生产和提供服务时，资源有限，效率低下，缺乏回应；市场企业不仅在资本筹集方面有优势，而且具有更敏感的市场反应能力以及更强的制度创新力，但也需要约束其追求利润的贪婪本质；社会组织不以营利为目的，具有更强的社会责任感和使命感，具有独特的多样性和灵活性，但其价值取向的非公共现象和缺乏专业化带来的经营不规范行为也需要被规范。

表 8-1　　　　　　　　保障性住房供给主体的特征

| 主体 | 政府 | 市场 | 社会 |
| --- | --- | --- | --- |
| 生产部门 | 公共部门 | 市场 | 单位组织 |
| 组织协调原则 | 强制性权力 | 竞争 | 志愿性 |
| 交换中介 | 法律 | 货币 | 交流 |
| 中心价值 | 平等 | 自由选择 | 互惠/利他 |
| 有效标准 | 安全 | 福利 | 社会整合 |
| 作用方式 | 政策性住房供给主体 | 商品房供给主体 | 集体土地入市住房供给主体 |
| 主要缺陷 | 忽视少数群体的需要，降低主观能动性，选择自由下降 | 不平等，对社会效用的忽视 | 专业化缺乏，效率低，非公共的价值取向 |

因此，为提高保障性住房供给的效率、效益和质量，需要与多元供给主体建立相互竞争、监督、补充、合作的关系。当主体提供相同或相似的保障性住房时，能够通过引入主体之间的竞争来打破垄断，使超额利润为零，最大限度地提高保障性住房供给效率。同时，它还可以迫使生产者之间相互约束监督，避免权力过于集中，损害公共利益。当多元化主体解决同一住房问题时，可以通过引入各主体之间的相互补充，差异化提供保障性住房，满足保障对象日益增长的需求。

3. 保障性住房供应主体多元化发展路径

党的二十大报告提出，加快建立多主体供给、多渠道保障、租购并举的住房制度。这表明中国在住房领域将继续保持政策定力，为房地产市场实现平稳健康发展和完善住房保障体系指明方向。作为一个协调的合作网络，保障性住房供给主体多元化不会一蹴而就，其实现遵循从易到难、由浅入深的发展路径，也将贯彻供给主体多元化的核心实现方式——分权和参与。

（1）加强政府的主导地位。建立完善的住房保障供给体系，必须强调政府对住房保障市场的干预职能和公共服务职能。一般来说，准公共产品由市场或社会主体提供。政府只负责制订住房保障计划，选择生产者，提供优惠政策和服务，并实施全程监控。在财政方面，政府有责任为低收入人群提供基本住房保障，为中等收入阶层提供必要的居住支持。在土地供应方面，政府是住房保障的土地供应商，在提供土地保障时，重点是规划土地供应的数量、结构和方式。一是加强土地供应的统一管理，做好土地利用整体规划和年度计划，以土地供需总量的平衡来影响社会合理预期。二是加大土地供应结构的调整力度，特别要加大廉租房、经济适用住房等保障性住房的供应力度，对没有完成廉租房、经济适用房年度供地计划的地方政府将限制商品房用地出售。三是加快对闲置土地、非法用地、低效用地等土地浪费情况的整顿，对宗地的出让面积加以控制并限期开发完成，对于逾期未开发的闲置土地和囤积的土地收回使用权或征收高额闲置税，保证供应出去的土地能够真正转化为住房供应。在控制房屋贷款方面，要防范银行系统的风险，严格控制商业银行对房屋贷款的发放标准及比例，限制预售期房的按揭贷款及开发贷款。为降低房地产市场波动对商业银行的负面影响，在转变房地产融资模式和加强创新的同时，还需要注重加强商业银行内部控制，严防贷款质量下降。改革各地的住房公积金组织及管理体制，尽快组建政府支持的住房抵押贷款银行及抵押按揭贷款证券化机构。

（2）规范市场供给。房地产开发企业作为普通商品房的供给主体，已成为促进房地产市场发展的主要力量。商品房供需关系在市场机制下可以根据经济运行的一般规律实现平衡，但住房作为一种特殊商品，除商品属性外更具有保障属性，这种特殊性决定了其供需关系不能完全放任市场机制，政府不仅要大力培育房地产市场，依靠房地产市场，而且要及时加强和改进房地产市场监管。在规范住房销售方面，要引导房地产市场经营规范，确保有序、适度的竞争。制定房地产市场准入规则、市场主体行为规范，建立和推广房地产价格评估制度、交易价格申报制度、交易登记制度、市场信息发布制度，惩罚不正当竞争、非法投机者，保护房地产所有者的合法权益。在控制房价方面，抑制投机性需求的重要手段应放在信贷和税收如物业税方面。为有效抑制市场投机，要依法征收土地闲置费或依法收回土地使用权，从源头上抑制房地产投机行为，政府还应采取积极的财政政策，通过税收政策的倾斜，扩大商品房的有效供需，降低商品房建设流通成本，减轻群众的购房负担。在租购并举方面，政府和市场应扩大租户的保障范围和渠道，完善多元化的住房保障体系，打破租房难的局面。从法律、土地、金融、保障性住房建设等方面着手拓宽保障范围渠道，健全基础服务设施，完善多元化的住房保障体系，避免居民租房方面的担忧。提高租赁群体在房地产市场中的比例，协调购买和租赁数量的比例，使房地产市场多元、稳定、健康发展。

(3) 加强社会供给。集体经营性建设用地所有权属于村民集体，村民集体离不开集体成员。农民集体行使权利，必须以集体成员的基本利益为出发点，充分尊重和保护成员参与决策的权利和获得财产的权利。在这个过程中，政府的引导和调控权也是不可或缺的。集体成员作为集体经营性建设用地所有权的行使者，应当充分保护其参与决策的权利。作为农村土地入市的引导者，政府部门应充分发挥其作用。具体来说，村民可以通过定期普及市场知识、举办专题讲座、发布宣传手册等途径了解相关政策。在入市交易机制方面，明确入市范围和主体，完善产权登记、入市流程、增值收入征收分配、抵押贷款、监督管理等配套细则。在入市收益分配方面，将调整金纳入土地增值税，税率略低于国有土地。现行法律要求国有土地使用权在转让过程中必须缴纳土地增值税，其计算方法与《农村集体经营性建设用地土地增值收益调节金征收使用管理暂行办法》（以下简称《暂行办法》）中土地增值收益调节金的计算基数和方法相似，以所得收入减去规定的开发成本和费用余额为基数征收。同时，其用途也有相似之处，包括统一的预算安排和使用。因此，可以考虑扩大土地增值税的适用范围，包括集体经营建设用地使用权的交易情况。完善集体收益分配的监管机制。考虑到现阶段农民对政策的理解，地方政府应规定集体和集体成员的最低分配标准和办法流程，以保护农民的合法权益。

(4) 形成政府、市场和社会多主体合作供给体系。在中国，由于保障性住房具有准公共产品的属性，不同参与者的能力会产生不同的供给效率。因此，政府、市场和社会需要共同努力来解决住房保障问题。市场机制和政府干预是社会主义市场经济的两种调控手段。完全依靠市场配置住房保障资源，可能导致资源浪费、恶性竞争、垄断，甚至市场失灵。同样，完全依靠政府实现住房保障，将又回到计划经济时代，所有住房资源将按需分配，计划供应，最终导致政府失灵。可以看出，政府必须进行一定程度的住房保障市场监管，若干预不足，政策效果就不能充分发挥，过度干预将导致资源浪费和政策失败。在住房保障供给中，政府的参与维护了住房保障资源的公平配置和利益的相对平衡，而市场的参与提高了住房保障的供给效率。二者合作供给保障房，兼顾了住房保障供给的公平与效率，有利于住房保障供给的健康、有效、持续运行。住房保障作为一个面向中低收入群体的公共项目，需要政府社会合作，有效供应保障性住房，确保对应体系的健康和持续发展。目前，在加强政府住房供给主导地位的同时，还要逐步建立多主体合作的住房供应体系，全面、无缝地保障城市中低收入群体的住房消费需求，使住房保障向公平、效率、社会化方向发展。

## 第二节　中国共产党"住有所居"社会保障的历史脉络

### 一　建党百年"住有所居"社会保障发展的制度变迁

（一）新民主主义革命时期（1921—1948 年）

自 1921 年以来，随着工商业和交通运输业的发展，人口急剧向城市集中，但住房供应远远赶不上人口增长，住房问题严重，房价和租金不断上涨的残酷现实使低收入阶层苦不堪言。除能勉强租到房子住的普通市民，更多的农民工和无业人员因极度贫困而租不到房子。他们只在路边、河边、工厂周围的空地上搭建窝棚和简易房遮风挡雨。那时候，棚户区、贫民窟在各大城市普遍蔓延。比如，上海大约有 570 万人，而房屋只有大约 32 万幢。很多房子"经过改造和重新划分，三层变成了六层，一个客房可以分成两三个房间，这样每个房子就可以改造成十四五个房间，每个房间住三四个人，每个房子住四五十人甚至六十人"。

中国住房保障（当时称为"平民住房"或"穷人住房"）的概念应该不迟于 20 世纪 20 年代初出现。① 由于当时住房严峻的现实情况，而且受到西方住房保障观念、孙中山的民生主义、民权和住房权保障思想、市政革新运动的影响。对于住宅问题，孙中山在《建国大纲》中规定，首要的建设在于民生问题，因此对于全国民众的衣食住行需要，政府要和人民一起努力建设。他具体提到了在建筑方面要有宏伟计划，建造各式房屋"以乐民居"。② 针对严重的住房短缺现象，国民政府在 20 世纪 30—40 年

---

① 吴珂：《中国城市住房保障事业的最初纪元（1919—1949）》，《城市发展研究》2010 年第 7 期。
② 孙中山：《孙中山全集》（第六卷），中华书局 1985 年版，第 385 页。

代颁布了《中华民国土地法》《内战房荒救济办法》《战时房屋租赁特别法》等政策依据。加以梳理总结，大致具有以下规定。一是明确救济用途。房屋要用来给由于战争、灾害、实业等没有住所的平民住宿，由他们承租。二是明确建造标准。规定要以政府为主体，在人口密度高而没有充足住房的地区建造住宅。三是明确收费标准。对房屋标准租金、新建房屋税收减免、地税减免、免费或低价的对象等作了明确规定。抗日战争前全国各主要城市建设劳工新村的情况如表 8-2 所示。但是，由于资金紧张、住房建设相关工业欠发达等因素，这些劳工新村的发展也出现了很多问题。部分房屋用破旧房子拆除出来的旧木料来建造，很多租房者不是经济能力不能满足购房要求的普通工人，而是有背景的官员和资产阶级，而且租金昂贵，给工人带来了很大经济压力。

表 8-2　　抗日战争前全国各主要城市建设劳工新村情况

| 城市 | 完成栋所 | 备注 |
| --- | --- | --- |
| 南京 | 平民住宅五处 | 每月租金 4 元 |
| 上海 | 平民新村四处，共计 1200 间 | — |
| 杭州 | 平民住宅三处，共计 400 余间 | — |
| 武昌 | 尚未全部完成 | — |
| 北平 | 平民住宅 150 间 | 每月租金 8 角 |
| 广州 | 将市内已封闭的庙宇 29 所作为人力车夫宿舍 | 拟再建平民村三处计 2254 所，可容 12000 平民 |
| 汉口 | 平民住宅 900 栋 | 每月租金 1.2 元 |

注：太原、九江、成都、重庆正在筹建，北平还有石景山制铁厂完成劳工住宅 65 户及单人宿舍 1 户。

资料来源：孙宗文：《平民住宅政策》，《建设研究》1940 年第 2 期。

### （二）社会主义革命和建设时期（1949—1977 年）

中华人民共和国成立初期，城镇住房被纳入公共财产，由国家统一建设分配。城镇居民享受福利住房，相关制度呈现公共福利特征，体现在以下方面。

第一，政府单位统一投资建设城镇住房。政府早在 1949 年颁布了《公房公产统一管理的决定》，以法令形式明确了城镇房屋的公有属性。政府接收了许多过去遗留的房产、地产，列强各国在华的房产，还有地主、资本家等的房屋，通过改造成为中国最初的公有住房。但是，由于住房的公共性质和国家计划经济体制的实施，住房没有在市场流通的可能性，只能由国家统一投资开发。住房是平民百姓不可缺少的生活资料，开发建设的投资资金基本来自财政划拨和企业事业单位的福利基金。城市居民没有住宅建设责任，住宅建成后只享有租赁使用权，且没有时限。因此，当时政府和相关单位一致投资建设住房提供给城市居民居住的保障制度，呈现公共开发的特征。

第二，城市住房实行福利分配制度。由于党在建立政权时向人民群众承诺"居者有其屋"，党和政府在中华人民共和国成立后践行承诺，逐步形成了城镇居民住房福利分配体制。该制度以企业为基本组织单位，其职工能否分配到住房、多少面积、顺序如何，除依据年龄、工龄、职务高低、家庭人口等因素，还取决于国家单位对职工贡献的评定。

当时，公有住房作为公共产品，投入越多，负担越大，单位缺少热情搞住房建设，政府经济包袱越来越大。而且，由于管理和维护费用不能由租金满足，大量房屋不被修缮成为危房。公有住房名义上由国家全民所有，地方政府是管理主体、产权登记在地方房管部门或企业，公有住房产权界定模糊致使交易成本极高。此外，城镇居民长期在这种制度下"搭便车"，缺乏生产和供应的效率。1950 年后的 25 年内，全国住房竣工面积仅 4.4 亿平方米，绝大部分城市居民仍然要等国家盖房、分房。

（三）改革开放和社会主义现代化建设新时期（1978—2011 年）

福利型住房保障制度的缺陷逐渐被社会认识。改革开放后经济体制转变，城镇住房供给方式逐步开始市场化探索，走上了改革的道路。与过去国有企业的职工通过缴纳低房租可以获得房子不同，国家决定逐渐改变过去在住房分配中的角色，培育房地产市场，减轻了大量财政压力。与此同时，为促进房地产市场的形成，国家陆续出台了多种购房政策。

第一，全价售房时期（1978—1982 年）。1978 年以后，国家市场经济和社会各行各业迫切需要发展。在国民经济振兴战略计划中，房地产行业受到了中央和地方政府重视。1978 年，理论界提出了住房商业化和土地产权的概念。1979 年，中央政府分别向南宁等四个试点发放专项资金，地方政府建设的住房以成本价出售。1981 年，试点扩大到 23 个省份。不过，这时候的城市居民收入仍然远低于公共住房价格，市场消费力不足。1980 年 4 月，邓小平指出房屋可以作为商品出售。1982 年，国务院在常州等四个城市开展了新一轮公共住房销售试点，鼓励广大职工通过政府补贴独立购房。此后，全国各地开始实施住房销售补贴，住房销售面积大幅增加。

第二，租金补贴时期（1983—1990年）。国务院住房制度改革领导小组于1986年成立，提出调整公有住房租金并推行销售改革，并于次年在烟台等四个城市进行了综合试点。同年，全国人大审议通过《中华人民共和国土地管理法》（以下简称《土地管理法》），对建设用地出让的有偿使用方法作出了规定；1988年12月通过全国人民代表大会常务委员会关于修改《土地管理法》的决定，依法转让土地使用权的制度得到确定。随后，住房制度改革在试点城市呈现积极效果。但是，国家为了控制1988年出现的严重通货膨胀，加快了公有住房的销售，一些地方还实施了补贴优惠政策。

第三，全面推进时期（1991—2011年）。随着中国企业房地产市场化正式启动，城镇居民的居住环境条件有所改善，但房价大幅上涨，形成房地产泡沫化现象，成为备受关注的社会经济问题，为此，政府部门出台了诸多相关政策去完善和调控。① 国务院于1991年发布了《关于全面推进城镇住房制度改革的意见》，对房改的总目标和相关措施进行了明确。接着，1994年国务院《关于深化城镇住房制度改革的决定》发布实施，明确加大力度发展房地产市场，全面推行住房公积金制度，开展租金改革。另外，为缓解1997年亚洲金融危机对中国的消极影响，中国确立了将房地产业培育为新经济增长点的方针。1998年《国务院关于进一步深化城镇住房制度改革加快住房建设的通知》印发，提出停止城镇住房实物分配，逐步实行住房分配货币化，建立和完善多层次、多样化的城镇住房供应体系。国家相继出台《关于改善农民工居住条件的指导意见》《关于推进城市和国有工矿棚户区改造工作的指导意见》《关于加快发展公共租赁住房的指导意见》，并明确要进一步建立健全廉租住房相关制度，改进经济适用住房制度，加大棚户区、旧住宅区改造力度。

（四）中国特色社会主义新时代（2012年以来）

2012年是中国社会转型快速发展的新阶段。社会发展开始从"加快发展速度"向"加快发展方式"转变，政府致力使全体人民共享改革发展成果。2013年10月，习近平总书记在中共中央政治局第十次集体学习时强调，"加快推进住房保障和供应体系建设，不断实现全体人民住有所居的目标"。这一时期的住房制度改革实际上是从市场调节转向了市场和住房保障并重的阶段。共有产权房于2014年出现，表明中国在探索保障

---

① 范志勇：《中国房地产政策回顾与探析》，《学术交流》2008年第8期。

性住房方面迈出了新的步伐，有效解决了部分中低收入群体的住房问题。2015年中央经济工作会议强调，将公租房扩大到非户籍人口，建立购租并举的住房制度。这在很大程度上表明政府满足不同群体住房需求的决心。2015年11月，习近平总书记主持召开中央财经领导小组第十一次会议，强调要化解房地产库存，促进房地产业可持续发展。随后，全国各地逐步去楼市库存，商品房价格下降，对促进经济增长、缓解金融风险起到了重要作用。2016年12月，习近平总书记在中央财经领导小组第十四次会议上进一步指出，要准确把握住房的居住属性。2018年5月19日，住房和城乡建设部发布《关于进一步做好房地产市场调控工作有关问题的通知》，进一步明确房地产调控目标不动摇、力度不放松，再次强调政府"房住不炒、住有所居"的坚定态度。2020年，政府及相关部门继续坚持"房住不炒"定位导向，不断推动各类群体住有所居、住有宜居。很多城市也开始实行租售权共享的规则。在以居住功能为导向的住房政策的实施中，各类群体的住房问题逐渐得到有效改善。2022年，党的二十大报告再次强调了"房住不炒"定位，为未来住房发展指明方向。整体来看，在创新探索的新阶段，一系列住房政策的推进，为住房居住属性的定位提供了明确的方向。

## 二 建党百年"住有所居"社会保障发展的历史成就

### （一）住房面积大大增加，实现从"蜗居"到"宜居"

改革开放之初，政府立即对住房保障政策进行探索，采取了住房实物福利分配制度。随着城镇居民的逐步增加，住房需求不断扩大，过去的单位住房实物分配制度已经难以保证住房的稳定供应，大量的城市居民面临住房短缺的问题。因此，政府进行了住房市场化改革，通过市场进行住房资源配置，促进了整个房地产业的发展，不断满足了人民日益增长的住房需求。

进入房地产改革深化期，部分地区房价上涨严重背离区域经济水平，低收入者陷入无足够经济能力购买住房的困境。因此，政府再度强化了住房保障政策，开始构建以安居房、公积金制度为主要形式的住房保障体系，不断引导市场资金参与，同时也为中低收入群体的"住有所居"问题"托底"。早期的住房保障政策以解决经济困难家庭住房需求问题为主要目标，住房类别较为单一。随着住房市场化改革不断推进，住房供应体系逐步形成。随着中国城市化的推进，政府为满足"城市流浪者"和农民工群体的住房需求，推出了一系列措施：进一步补贴廉租房建设和住房租赁，加快改造棚户区，发展公共租赁住房市场。随着住房消费的增加，金融基金福利制度不再适用，政府从公共住房的廉租房制度转向货币分配，并开始推动住房公积金制度、工人住房补贴和租赁住房。政府逐步引导市场和社会增加住房供应，政策重点转向公租房和廉租房，保障低收入人群的住房权利。这反映出政府为解决不同时期的住房问题，逐步形成完整系统的住房保障政策。

（二）住房条件大大改善，实现从"简居"到"优居"

中国城镇住房制度改革使城镇住房市场发生巨变，体现在两个方面：一是居民住房水平大幅提高，全国城镇人均住房建筑面积明显增加。人们对居住条件的追求已经是数量和质量并重。二是国家停止了实物形式的分房，实行住房货币化分配。居民个人取代单位和集体，转变为主要的住房购买者。居民不仅有权选择自己的住房工程质量和居住环境，还可以考虑房价、舒适度等因素，提高居民生活质量成为中国"住有所居"的重要目标。

投资制度和分配机制随着城镇住房制度改革发生了变化，对城镇住房建设产生了促进作用。进入21世纪，国家加大改革力度，以住房货币化政策取代福利分房制度。城市居民对住房的简单居住功能需求已经向追求环境、功能、品质的提升转变。中国住房制度改革的效果已经显现。从提租制度，到出售公房管理制度、住房公积金监管制度、廉租房制度的推出，以及企业出售房屋的相关创新制度出台，体现了中国住房政策改革丰硕的成果。在显著提高住房水平的同时，居住内在质量也明显得到改善。

（三）住房配套政策不断完善，为高质量发展蓄势增能

住房问题是民生工作的重中之重。2012年中央经济工作会议重点强调"继续坚持房地产调控政策不动摇"的基调，2013年中央政治局集体学习中首提"供应体系建设"和"加快推进住房保障"。从此，住房政策发展的重点逐步转向供给侧结构性改革。党的二十大报告将"多主体供给"放在住房制度首位，标志着中国住房市场改革重点向长期调控转变，而且是从政策调整转向战略调整。国家正在建立市场和政府相互配合、各有重点的住房制度，从总量、结构等方面打造健康的住房供需格局，保障合理住房需求。

地方多重保障政策及时跟进中央政策，住房配套政策体系不断完善。政府更着力于公共服务领域和低收入群体住房保障，通过市场满足居民多样化的住房需求。住房配套政策体系的完善体现在以下四个方面：一是在保障房建设上，各地区按照中央精神，加大保障性住房建设力度，加快推

进棚户区改造工程。二是将公租房和廉租房进行并轨，探索共有产权住房。进一步减少因实物配给而产生的额外成本，进行货币补贴试点。三是加强保障房监管，通过完善保障房的相关运行机制，遏制寻租现象，保障过程、结果的公平、效率。四是更多地运用经济、法律手段，建立和完善土地市场、财税体制，推动产业平稳健康发展。

（四）住房供应结构不断优化，满足了多层次住房需求

中国在住房供给体系的顶层设计中，始终追求供给主体多元化。1998年中国提出建设以经济适用房为主的多层次住房供应体系，2007年提出加快建立健全以廉租住房制度为重点、多渠道解决城市低收入家庭住房困难的政策体系，2011年提出加快构建以政府为主提供基本保障、以市场为主满足多层次需求的住房供应体系，2017年提出加快建立多主体供给、多渠道保障、租购并举的住房制度等。综上可知，多主体供给一直是中国住房制度改革的主线。

具体来说，供给主体多元化可以体现在两个方面：一是立足于供给侧结构性改革。自2015年中央经济工作会议首次明确提出"深化供给侧结构性改革"以来，中央对房地产行业市场的调控策略的重心逐步向供给侧转变。"多主体供给"的发展与全面深化供给侧结构性改革的总体要求相吻合。二是"多主体"是住房制度改革的重点。党和政府已经开始意识到，房地产市场除政府外，还要培养更多其他类型的住房供给主体。随着中国组织结构的优化升级，各级政府分析调控房地产市场信息的工具也逐渐丰富，市场政府二分容易排除许多有意愿并且有能力的力量，与时代脱节。因此，"多主体"参与的住房制度也成为提高政府效率、提升住房政策工具有效性的重要举措。

## 第三节 中国"住有所居"高质量发展的问题检视

### 一 中国住房保障高质量发展的实证分析

住房问题是中国政府最为关心的基本民生问题之一，与之对应的住房尤其是保障性住房的政策和服务，关系着人民基本生活、社会稳定和经济发展等方面。新时代的住房保障改革目标思路，符合以人为本和高质量发展的新时代精神。作为中国"住有所居"高质量发展的重点领域，基本住房保障服务的发展情况如何、是否达到了高质量的目标要求、以后有哪些改进方向等问题，需要包括学术界在内的社会各界对其进行评价和探

索。在此，本书试作中国住房保障方面高质量发展的实证分析。

（一）数据来源与变量选取

基于住房保障高质量发展的内涵，且其发展质量应当以保障对象是否满意为主要衡量标准，本书选取服务质量、住户开销以及个体特征为主要考察变量。如前文所述，影响住房保障发展质量的因素较多，并考虑到仅考察单一变量对因变量影响导致模型解释力不足的问题，本部分结合前人提出的基本住房保障服务满意度的评价指标以及数据的可得性，选取了以下影响因素，各影响因素指标选取及对基本住房保障服务满意度影响的先验判断如表8-3所示。

表8-3　　城镇中低收入居民基本住房保障服务满意度影响因素的指标选取

| 影响因素 | 指标选取 | 先验判断 |
| --- | --- | --- |
| 服务质量 | 建筑年代 | + |
|  | 建筑面积 | + |
|  | 项目参与 | + |
|  | 房屋产权 | + |
| 住户开销 | 电力消费 | + |
|  | 住房支出 | + |
| 个体特征 | 性别状况 | - |
|  | 年龄状况 | + |
|  | 学历状况 |  |
|  | 户口状况 |  |

注："+"代表先验判断该指标与满意度呈正相关，"-"代表呈负相关。

服务质量方面。基本住房保障是政府为中低收入居民解决住房问题而直接或间接地提供的具有普惠性质的公共服务，能够显著提升居民的幸福感和满意度。[1] 考虑到保障性住房无法通过交易价格来衡量这一特殊性，本书从情感角度出发，以保障对象对基本住房保障的主观评价来衡量。在通常情况下，政府提供的基本住房服务的质量越好，即住房保障服务中建筑年代越接近现在、建筑面积越大、住户参与住房保障相关项目越积极、

---

[1] 冷晨昕、祝仲坤：《住房保障对居民幸福感的影响——来自中国综合社会调查的经验证据》，《中国经济问题》2021年第2期。

住户具有房屋的产权,那么居民对基本住房服务的满意度也会越高,呈正相关。①

住户开销方面。由于住房保障服务的主要对象是城市中低收入家庭,他们用于保障性住房方面的开销占家庭总收入、总开销的比例较高。在此前提下,如果住房保障服务的功能得到了发挥、具有良好的效果,那么这些中低收入家庭将有更多多余资金用于改善居住条件,如配置更多的家用电器使电力消费增多、为追求其他方面的更好的居住条件而增加综合住房开支等,即电力消费、住房支出的增加,能够体现中低收入居民对于基本住房保障服务的满意度,呈正相关。

个体特征方面。从性别角度来看,基于当前社会观念和多数惯例,男性群体中有住房压力的比例会高于女性群体,因而男性对基本住房保障服务的要求会更高,对基本住房保障服务的满意度会低于女性。从年龄角度来看,大量年轻人或者是新市民随着城镇化的发展涌入城市,他们的收入一般不高,对于住房消费的经济压力较大,因而年轻人对住房保障服务的满意度往往低于相对年长的人。从学历状况角度来看,文化程度越高,对基本住房保障服务的要求往往越高,对住房保障服务的满意度越低。从户口状况来看,与农业户口相比,非农业户口对住房的要求和期望更高,在获得同样基本住房保障服务的情况下满足程度较低,对基本住房保障服务的满意度也就可能越低。

本部分的研究数据源于中国综合社会调查 2018 年调查问卷 A 卷,中国综合社会调查(CGSS)是由中国人民大学执行的,中国最早的全国性、综合性的调查项目。2018 年的调查数据包括全国 28 个省份(西藏、新疆、海南和港澳台地区除外)的 478 个村居,数据库中的有效问卷为 12787 份。由于本书仅针对城镇中低收入居民,在样本类型的选取上,选取城镇作为样本;在居民家庭收入状况上,选取远低于平均水平、低于平均水平、平均水平这三档进行研究。在对变量中的缺失值、无效值等个案进行去除后,得到了 1883 份有效问卷。根据本书的研究目的,将选取的影响城镇中低收入居民满意度的变量分为被解释变量和解释变量。

被解释变量。被解释变量为基本住房保障服务满意度,问卷题项为:"总的来说,您享受到的住房保障服务,是否让您觉得幸福?"对回答进行赋值,非常不幸福=1,比较不幸福=2,说不上幸福不幸福=3,比较

---

① 梁土坤:《住房产权、婚姻状况与社会工作者主观幸福感——基于 2019 年中国社会工作动态调查数据的实证分析》,《兰州学刊》2022 年第 1 期。

幸福=4，非常幸福=5。

解释变量。第一，服务质量维度主要包括基本住房保障服务的建筑年代、建筑面积、项目参与、房屋产权四个方面。建筑年代方面，问卷题项为："该住房的建筑年代是？"将受访者的回答进行分类并赋值：1950年以前=1，1950—1959年=2，1960—1969年=3，1970—1979年=4，1980—1989年=5，1990—1999年=6，2000—2009年=7，2010年及以后=8。建筑面积方面，问卷题项为："您现在所住住房的套内建筑面积是？"将受访者的实际住房面积进行分类并赋值：20平方米以下=1，21—40平方米=2，41—60平方米=3，61—80平方米=4，80平方米以上=5。项目参与方面，问卷题项为："您的家庭是否参与了煤改气项目？"将答案赋值为未参与=0，参与=1。房屋产权方面，问卷题项为："您是否拥有（或与他人共同拥有）房产？"将答案赋值为否=0，是=1。

第二，住户开销维度主要包括电力消费以及住房支出。电力消费方面，问卷题项为："过去一年，您家用电消费了多少钱？"受访者填写为1000元以下=1，1001—2000元=2，2001—3000元=3，3001—4000元=4，4000元以上=5。住房支出方面，问卷题项为："过去一年，您的住房支出是？"受访者打分为1000元以下=1，1001—4000元=2，4001—7000元=3，7000—10000元=4，10000元以上=5。

第三，个体特征维度主要包括性别、年龄、学历状况以及社会地位四个方面。性别状况方面，根据受访者填写情况进行赋值：男=1，女=2。年龄状况方面，将受访者填写的周岁数值作出分类并赋值：30岁以下=1，31—50岁=2，51—70岁=3，71岁及以上=4。学历状况方面，问卷题项为："您目前的最高教育程度是？"将受访者的教育情况进行分类：没有受过任何教育=1，私塾、扫盲班=2，小学=3，初中=4，职业高中=5，普通高中=6，中专=7，技校=8，大学专科（成人高等教育）=9，大学专科（正规高等教育）=10，大学本科（成人高等教育）=11，大学本科（正规高等教育）=12，研究生及以上=13。户口状况方面，问卷题项为："您目前的户口登记状况是？"将答案赋值为没有户口=0，农业户口=1，非农业户口=2，居民户口（以前是农业户口）=3，居民户口（以前是非农业户口）=4。

总体来看，在所选取的1883个受访对象中，城镇中低收入居民对基本住房保障服务的满意度平均值为3.888，整体偏向"比较幸福"水平。变量的基本描述和统计分析分别如表8-4和表8-5所示。

表 8-4　　变量的基本描述

| 变量类型 | 变量名称 | 基本描述 |
| --- | --- | --- |
| 被解释变量 | 住房感知 | 非常不幸福=1，比较不幸福=2，说不上幸福不幸福=3，比较幸福=4，非常幸福=5 |
| 服务质量 | 建筑年代 | 1950年以前=1，1950—1959年=2，1960—1969年=3，1970—1979年=4，1980—1989年=5，1990—1999年=6，2000—2009年=7，2010年及以后=8 |
| | 建筑面积 | 20平方米以下=1，21—40平方米=2，41—60平方米=3，61—80平方米=4，80平方米以上=5 |
| | 项目参与 | 未参与=0，参与=1 |
| | 房屋产权 | 否=0，是=1 |
| 住户开销 | 电力消费 | 1000元以下=1，1001—2000元=2，2001—3000元=3，3001—4000元=4，4000元以上=5 |
| | 住房支出 | 1000元以下=1，1001—4000元=2，4001—7000元=3，7000—10000元=4，10000元以上=5 |
| 个体特征 | 性别状况 | 男=1，女=2 |
| | 年龄状况 | 30岁以下=1，31—50岁=2，51—70岁=3，71岁及以上=4 |
| | 学历状况 | 没有受过任何教育=1，私塾、扫盲班=2，小学=3，初中=4，职业高中=5，普通高中=6，中专=7，技校=8，大学专科（成人高等教育）=9，大学专科（正规高等教育）=10，大学本科（成人高等教育）=11，大学本科（正规高等教育）=12，研究生及以上=13 |
| | 户口状况 | 没有户口=0，农业户口=1，非农业户口=2，居民户口（以前是农业户口）=3，居民户口（以前是非农业户口）=4 |

表 8-5　　变量的统计分析

| 变量 | 观测值 | 平均值 | 标准差 | 极小值 | 极大值 |
| --- | --- | --- | --- | --- | --- |
| 住房感知 | 1883 | 3.888 | 0.811 | 1 | 5 |
| 建筑年代 | 1883 | 4.675 | 1.042 | 1 | 5 |
| 建筑面积 | 1883 | 4.156 | 1.143 | 1 | 5 |
| 项目参与 | 1883 | 0.108 | 0.310 | 0 | 1 |
| 房屋产权 | 1883 | 1.753 | 0.432 | 1 | 2 |
| 电力消费 | 1883 | 1.618 | 1.442 | 1 | 5 |
| 住房支出 | 1883 | 4.798 | 0.873 | 1 | 5 |
| 性别状况 | 1883 | 1.333 | 0.471 | 1 | 2 |

续表

| 变量 | 观测值 | 平均值 | 标准差 | 极小值 | 极大值 |
|---|---|---|---|---|---|
| 年龄状况 | 1883 | 2.626 | 0.854 | 1 | 4 |
| 学历状况 | 1883 | 5.039 | 3.272 | 1 | 13 |
| 户口状况 | 1883 | 1.724 | 1.008 | 1 | 4 |

（二）计量模型选择

本书主要选用逻辑回归分析研究基本住房保障服务满意度。逻辑回归是一种广义的线性回归模型，其最大优点是可以对分类的因变量进行分析。对于满意度，本书将其分为完全不满意、不太满意、说不清满意不满意、比较满意以及完全满意这五类，以实现问题简单化。因此，用逻辑回归来探索基本住房保障服务满意度既有针对性，又能够简化问题。由于基本住房保障服务满意度有序地分为不同等级，本书选取有序逻辑回归模型对基本住房保障服务满意度的影响因素进行分析，在一般情况下，有序逻辑回归模型如式（8-1）所示：

$$P(y=j|x_i) = \frac{1}{1+e^{-(\alpha+\beta x_i)}} \tag{8-1}$$

式中，$x_i$ 为第 $i$ 个指标变量；$y$ 被赋予 1、2、3、4、5 五个程度值，是实际的观测值，表示对基本住房保障服务不同满意程度的概率。同时，引入潜在的变量 $y^*$，并且 $y^*$ 需要满足式（8-2）的要求，其中 $X$ 为解释变量，$B$ 为待估参量，$\xi_i$ 为模型的截距。

$$y^* = BX + \xi_i \tag{8-2}$$

当获取了 $B$ 和 $\xi_i$ 后，就可以计算出 $y$ 的各个取值的概率，表达式如式（8-3）所示：

$$P = (y \leq j|X) = \frac{e^{-(\alpha+\beta x_i)}}{1+e^{-(\alpha+\beta x_i)}} \tag{8-3}$$

（三）实证结果分析

本部分从服务质量（保障性住房建筑年代、建筑面积、项目参与、房屋产权）、住户开销（电力消费、住房支出）以及个体特征（性别状况、年龄状况、学历状况、户口状况）三维层面分析基本住房保障服务满意度的影响因素，并选取有序逻辑回归模型对影响因素进行回归分析。由表 8-5 可知，城镇中低收入居民基本住房保障服务满意度均值为 3.888，整体偏向"比较幸福"水平。住房保障服务满意度是反映住房保障服务满足公众需求程度的变量，城镇居民对政府提供的住房保障服务的满意度比较好，表明居民对住房保障服务的心理预期与其体验服务已经比较接近，政府提供的服务在很大程度上满足居民的需求。本书运用Stata16.0软件对数据进行有序逻辑回归分析，分析结果［将服务质量、住户开销以及个体特征变量依次进行，形成模型（1）、模型（2）、模型（3）、模型（4）］具体如表8-6所示。

表8-6 城镇中低收入居民住房保障服务满意度的有序逻辑回归结果

| 变量类型 | 变量名称 | 城镇中低收入居民基本住房保障服务满意度 | | | |
| --- | --- | --- | --- | --- | --- |
| | | 模型（1） | 模型（2） | 模型（3） | 模型（4） |
| 服务质量 | 建筑年代 | 0.0562*<br>(−0.0229) | 0.0613**<br>(−0.0230) | 0.0665**<br>(−0.0232) | 0.0562*<br>(−0.0229) |
| | 建筑面积 | 0.0427<br>(−0.0434) | 0.0399<br>(−0.0435) | 0.0463<br>(−0.0438) | 0.0427<br>(−0.0434) |
| | 项目参与 | 0.0906<br>(−0.1479) | 0.0850<br>(−0.1481) | 0.0468<br>(−0.1495) | 0.0906<br>(−0.1479) |
| | 房屋产权 | −0.313**<br>(−0.1068) | −0.315**<br>(−0.1068) | −0.308**<br>(−0.1081) | −0.313**<br>(−0.1068) |
| 住户开销 | 电力消费 | | 0.0172<br>(−0.0519) | 0.00673<br>(−0.0524) | |
| | 住房支出 | | 0.0556<br>(−0.0321) | 0.0451<br>(−0.0324) | |
| 个体特征 | 性别状况 | | | −0.0573<br>(−0.0979) | |
| | 年龄状况 | | | 0.0919<br>(−0.0550) | |
| | 学历状况 | | | 0.0550***<br>(−0.0152) | |
| | 户口状况 | | | −0.00781<br>(−0.0485) | |
| $R^2$ | | 0.0043 | 0.005 | 0.0088 | 0.0043 |
| $N$ | | 1883 | 1883 | 1883 | 1883 |

注：括号内为标准误；*表示$p<0.1$，**表示$p<0.05$，***表示$p<0.01$。

第一，服务质量对城镇中低收入居民基本住房保障服务满意度的影响。由模型（1）可得，建筑面积、项目参与对基本住房保障服务的满意度均无显著影响（$p>0.1$），建筑年代、建筑面积、项目参与三个影响指标对基本住房保障服务满意度的影响方向均与先验判断一致。房屋产权在5%的显著水平下，对基本住房保障服务的满意度有负向影响，相关系数为-0.313，且与先验判断中的正向影响相矛盾。可能的原因是对于符合条件享受基本住房保障服务的中低收入居民而言，房屋产权的拥有更意味着较长时间内的负债或财务压力，用于其他方面的支出随之减少，从而在一段时间内降低了生活水平。建筑年代在10%的显著水平下，对基本住房保障服务的满意度有正向影响，相关系数为0.0562。这表明，享受基本住房保障服务的中低收入居民对于保障性住房的房龄比较重视，建筑年代越靠近现在，居民幸福感越强。另外，将满意度影响指标的系数取绝对值，按数值大小排序依次为房屋产权、项目参与、建筑年代和建筑面积，表明房屋产权对基本住房保障服务满意度的影响程度最大，建筑面积对该满意度的影响最小。后者的可能原因是，基本住房保障服务已基本满足保障对象即居民的合理住房面积需求，居民对享受到的住房空间面积已基本满意。

第二，住户开销对城镇中低收入居民基本住房保障服务满意度的影响。在城镇中低收入居民基本住房保障服务满意度的有序逻辑回归分析中，由模型（2）可知，电力消费、住房支出对该服务满意度均为正向影响，与先验判断一致。表明电力消费、住房支出越高，越能体现城镇中低收入居民享受到的基本住房保障服务让人满意。但是，电力消费和住房支出对于基本住房保障服务满意度的影响都不显著（$p>0.1$）。可能的原因是，对于大多数城镇中低收入家庭而言，虽然有余钱用于提升居住条件，能够在一定程度上提升对基本住房服务保障的满意度，但是这些家庭本来收入就不高，余钱有限，因此当住房支出达到一定额度后，对住房保障服务满意度的提升作用存在较大的边际递减效应。模型（2）是在模型（1）的基础上加入了电力消费、住房支出这两个解释变量。此时，服务质量中4个变量的相关系数、影响方向基本无明显变化，而其中建筑年代这一变量的显著水平从10%提升到5%。这反映出住户开销对于建筑年代这一变量对基本住房保障服务满意度的影响有一定影响。可能的原因是，城市中低收入居民更愿意在建筑年代新建的保障性住房中，投入更多还贷、租房、电力等方面的花销，并在这个过程中提升了对基本住房保障服务的满意度。

第三，个体特征对城镇中低收入居民基本住房保障服务满意度的影响。由模型（3）可知，性别状况、年龄状况、户口状况没有通过显著性检验（$p>0.1$），即它们对城镇中低收入居民基本住房保障服务满意度无显著影响。学历状况在1%的显著水平下，对基本住房保障服务的满意度有正向影响。且学历水平越高，对基本住房保障服务的满意度越高，学历水平每提高1个层次，满意度就会提升5.5%。另外，年龄状况对基本住房保障服务满意度也有正向影响，性别状况、户口状况对基本住房保障服务满意度有负向影响。不过，学历状况呈正向影响与先验判断不符。先验判断认为，学历条件越高的城市中低收入居民对政府服务的要求越高，因而对基本住房保障服务的要求也更高，导致对服务更难满意。① 根据实证结果，可能的原因是学历高的城市中低收入居民更能理解政府提供基本住房保障服务的不易，对相关政策的理解更深入，且政府提供的基本住房保障服务已在合理水平上满足了保障对象的合理需求，即供需质量平衡。年龄状况呈正向影响与先验判断相符，实证结果显示，女性的住房保障服务满意度比男性稍高。这可能表明，随着女性群体的经济能力、社会地位等条件的提升，她们更希望和有能力依靠自己来实现基本居住条件，对基本住房保障服务的要求更高，因而满意度不高。模型（3）是在模型（2）的基础上加入了个体特征中的性别状况、年龄状况、学历状况和户口状况四个解释变量。此时，服务质量和住户开销中各解释变量的相关系数、显著水平、影响方向都无质的变化，表明个体特征对服务质量和住户开销基本没有影响。

## 二 中国住房供应高质量发展的实证分析

进入新时代，中国社会主要矛盾已经转化为人民日益增长的美好生活需要和不平衡不充分的发展之间的矛盾。保障性住房的建设和供应是其中的一个重要方面，离不开政府的土地、财税、金融等政策支持。因此，如何科学地理解住房供应与人民需求之间的关系，值得深入探讨。本书将重点围绕保障性住房建设中的用地供给问题，系统分析2012—2019年中国31个省份（不含港澳台地区）保障性住房及其周边公共服务配置的供给情况，以期为推进住房保障事业可持续发展提供参考。

---

① 史珍珍等：《城乡居民住房保障服务满意度及影响因素研究——基于CGSS 2013数据的实证分析》，《福建农林大学学报》（哲学社会科学版）2018年第5期。

(一)变量选取与数据来源

自 2003 年中央明确提出土地政策要参与宏观调控以来,以差别化土地供应量和土地供应结构为主要内容的调控手段在房地产市场调控中得到了广泛应用。参考现有文献,结合本书的研究特点,选取保障性住房用地供给比例作为解释变量。高价出让商业和住宅用地都是地方政府获取土地出让收入的主要方式,因此选择保障性住房用地供应总量占商住用地供应总量的比重和保障性住房用地供应总量占住宅用地供应总量的比重作为评价保障性住房供给比例的主要指标。核心的解释变量则是有关土地财政依赖水平和土地供给结构的指标。其中,土地财政依赖指标以地方财政对土地出让收入的依赖程度衡量,即土地出让收入与城市预算内可支配收入之间的比值。同时,以商服用地供给比例来衡量招商引资需求和土地供给结构特征。在需求因素方面,本书以城镇低保人数和人均可支配收入衡量中低收入阶层的住房保障需求和住房支付压力。除考察核心的解释变量的影响外,本书也控制了其他一些可能对保障性住房供应产生影响的社会经济因素,即城市市政公用设施建设固定资产投资、人均财政支出和城镇人口比重。数据源于《中国统计年鉴》、《中国社会统计年鉴》、《中国国土资源统计年鉴》以及各省份统计公报。变量说明与数据统计情况如表 8-7 所示。

表 8-7　　　　　　　　变量说明与数据统计情况

| 变量名 | 定义 | 样本量 | 均值 | 标准差 | 最小值 | 最大值 |
| --- | --- | --- | --- | --- | --- | --- |
| $\ln AL1$ | 保障性住房用地供应总量占商住用地供应总量的比重（ln） | 248 | -1.272 | 0.965 | -4.605 | 3.419 |
| $\ln AL2$ | 保障性住房用地供应总量占住宅用地供应总量的比重（ln） | 248 | -1.612 | 0.837 | -4.605 | 2.771 |
| $LF$ | 滞后一期土地财政依赖 | 248 | 0.050 | 0.025 | 0.010 | 0.130 |
| $LS$ | 商服用地供给比例 | 248 | 0.074 | 0.045 | 0.020 | 0.500 |
| $\ln PEO$ | 城镇低保人数（ln） | 248 | 3.492 | 0.867 | 0.928 | 4.959 |
| $\ln SR$ | 滞后一期人均可支配收入（ln） | 248 | 9.899 | 0.414 | 8.655 | 11.069 |
| $\ln TZ$ | 滞后一期城市市政公用设施建设固定资产投资（ln） | 248 | 15.148 | 1.148 | 8.569 | 16.802 |
| $\ln ZC$ | 滞后一期人均财政支出（ln） | 248 | 0.186 | 0.446 | -0.635 | 1.746 |

续表

| 变量名 | 定义 | 样本量 | 均值 | 标准差 | 最小值 | 最大值 |
|---|---|---|---|---|---|---|
| ln$MD$ | 城镇人口比重（ln） | 248 | 4.036 | 0.229 | 3.130 | 4.495 |

结合数据收集情况，可以发现 2012—2019 年经济适用房用地面积占比、廉租房用地面积占比、保障性住房用地面积占比和住户部门可支配收入占比显示出不同的趋势。经济适用房用地面积占比由 2012 年的 18% 上升至 2015 年的 19%，又下降至 2019 年的 8%。廉租房用地面积占比由 2012 年的 8% 下降至 2019 年的 4%。保障性住房用地面积占比由 2012 年的 26% 下降至 2019 年的 12%。住户部门可支配收入呈波浪式上升趋势，由 2012 年的 57% 上升至 2019 年的 60%（见图 8-4）。

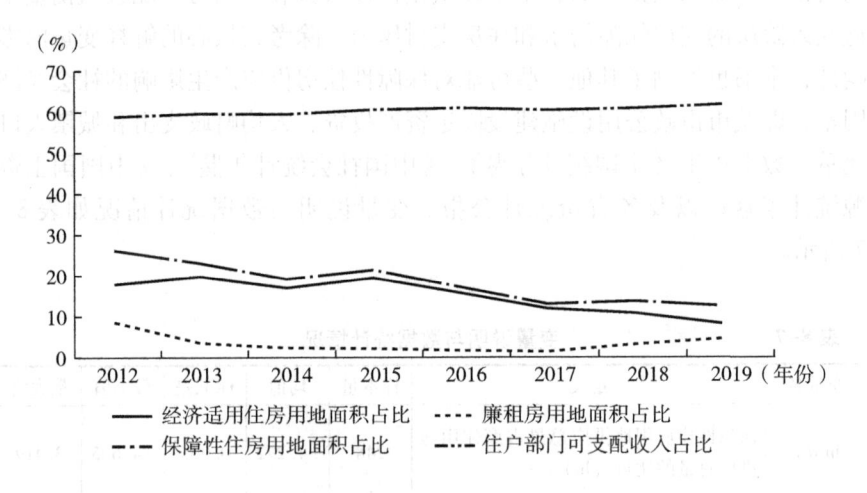

图 8-4　全国保障性住房供应用地增长及占比状况

注：由于经济适用房用地面积占比、廉租房用地面积占比和保障性住房用地面积占比的相关数据在《中国国土资源统计年鉴》中更新至 2017 年，2018 年和 2019 年数据主要采用 ARIMA 与 GM 预测模型求得。

### （二）计量模型选择

为考察和检验中国保障性住房用地供给的影响因素，综合数据质量及可获得性等限制因素，构建如下面板回归模型：

$$AL_{it} = \beta_1 LF_{it-1} + \beta_2 LS_{it} + \beta_3 PEO_{it} + \beta_4 SR_{it-1} + C_i + \varepsilon_{it} \tag{8-4}$$

式中，$AL_{it}$ 为城市 $i$ 在 $t$ 年供应保障性住房用地的比例；$LF_{it-1}$ 为政府土地财政程度；$LS_{it}$ 为商服用地供给比例；$PEO_{it}$ 为城镇低保人数；$SR_{it-1}$ 为人均可支配收入；$C_{it}$ 为控制变量，主要包括城市市政公用设施建设固定资产投资、人均财政支出、城镇人口比重等指标；$\varepsilon_{it}$ 为残差项。为了提高分析结果的稳健性，本书在面板回归模型的选取上，主要采用面板固定效应模型和 Fractional Logit 面板回归。其中，为避免遗漏变量的问题，固定效应模型加入了年份固定效应和城市固定效应，控制时间趋势和城市个体特征对分析结果的影响。同时，为了避免反向因果关系导致的内生性问题，模型对土地财政依赖、人均可支配收入、城市市政公用设施建设固定资产投资和人均财政支出采用了滞后一期的数据，并对保障性住房用地的比例、城镇低保人数、人均可支配收入、城市市政公用设施建设固定资产投资、人均财政支出和城镇人口比重做了自然对数处理。

### （三）实证结果分析

在回归分析之前，对本模型可能存在的多重共线性进行了方差膨胀因子检验。发现 VIF<10，可以判定解释变量之间不存在多重共线性。为提高研究结果的稳健性和可靠性，本书同时使用了面板固定效应模型和 Fractional Logit 面板模型进行测算，并采用异方差稳健标准差。对于 Fractional Logit 面板模型，本书将借鉴 Papke 和 Wooldridge 的研究，使用广义估计方程（Generalized Estimated Equation，GEE）进行估计，计算结果如表 8-8 所示。无论采用哪个因变量，土地财政依赖和城镇人口比重系数皆通过显著性检验，稳健性较强，表明二者是住房保障建设过程中较为重要的环节。在本书的核心解释变量中，土地财政依赖与保障性住房供应呈显著正向关系，并通过 5% 和 10% 的显著性检验，这意味着土地财政依赖对住房建设用地供应具有驱动作用。目前，保障性住房用地大部分采用划拨方式，商品房用地主要采用招标、拍卖、挂牌方式。保障性住房用地供应占住房用地供应的比例在一定程度上反映了政府对保障性住房的重视程度。另外，商服用地供给比例未通过显著性检验，表明地方政府的招商引资需求策略对保障性住房用地的供应水平影响不大。

表 8-8　　基本模型的实证结果

| 变量 | （1）FE | （2）FE | （3）Fractional Logit | （4）Fractional Logit |
| --- | --- | --- | --- | --- |
|  | lnAL1 | lnAL2 | lnAL1 | lnAL2 |
| LF | 7.176** <br> (2.621) | 4.645* <br> (2.393) | 6.381** <br> (2.505) | 3.819* <br> (2.252) |

续表

| 变量 | (1)FE lnAL1 | (2)FE lnAL2 | (3)Fractional Logit lnAL1 | (4)Fractional Logit lnAL2 |
|---|---|---|---|---|
| LS | -0.809 (1.261) | 0.153 (1.151) | -1.978 (1.204) | -0.722 (1.083) |
| ln$PEO$ | -0.740*** (0.218) | -0.569*** (0.199) | -0.100 (0.155) | -0.073 (0.137) |
| ln$SR$ | 0.444 (0.546) | 0.348 (0.498) | 0.580 (0.393) | 0.098 (0.348) |
| ln$TZ$ | -0.079 (0.116) | 0.374*** (0.106) | 0.015 (0.100) | 0.350*** (0.090) |
| ln$ZC$ | 1.084* (0.561) | 0.779 (0.512) | 0.889*** (0.340) | 0.976*** (0.299) |
| ln$MD$ | -3.385* (1.716) | -3.481** (1.567) | -1.649* (0.913) | -1.575** (0.795) |
| 是否控制年度虚拟变量 | 是 | 是 | 是 | 是 |
| 是否控制城市虚拟变量 | 是 | 是 | 否 | 否 |
| 常数 | 11.300* (5.917) | 4.955 (5.402) | -0.542 (2.721) | -1.578 (2.375) |
| 观测值 | 2232 | 2232 | 2232 | 2232 |
| $N$ | 248 | 248 | 248 | 248 |
| $R^2$ | 0.1568 | 0.1087 | | |

注：括号内为标准误；*表示$p<0.1$，**表示$p<0.05$，***表示$p<0.01$。

在保障性住房需求因素方面，城镇低保人数与保障性住房供应呈显著正向关系，并通过1%的显著性检验。低保群体属于低收入群体，对于低收入群体需在住房方面给予帮扶、低保人数的上升会促进保障性住房需求上升。因此，保障性住房的土地供应水平也在提高。人均可支配收入未通过显著性检验，表明相较于城镇低保人数，人均可支配收入的影响性较弱。

在控制变量方面，城市市政公用设施建设固定资产投资、人均财政支出和城镇人口比重在各模型中显著为正，这也意味着，如果一个地区城市市政公共设施建设的固定资产投资和人均财政支出水平较高，当地政府供应保障性住房的积极性也较高。此外，城镇人口比重对地方政府的保障性住房用地供给水平有显著的推动作用。

## 三　问题检视

从住房保障的角度来看，首先，城镇中低收入居民基本住房保障服务满意度整体偏向"比较幸福"水平。城镇中低收入居民对政府提供的基本住房保障服务的满意度比较好，是对基本住房保障服务的肯定，表明政府提供的服务在很大程度上满足居民的需求，居民的心理预期与其体验服务已经比较接近。其次，服务质量维度中的房屋产权、建筑年代两个解释变量对基本住房保障服务满意度具有显著影响。房屋产权的拥有可能给中低收入居民带来了一定经济负担，这与多数研究认为拥有房屋产权会提高住房保障服务满意度的观点不一致，值得进一步思考研究。从建筑年代的角度来看，居民更喜欢居住于房龄较小的保障性住房。因此，在以后的基本住房保障服务建设中，政府要稳步增加新的保障性住房社区建设，以提升居民的居住体验。同时，由于建筑面积和项目参与正向影响保障对象的服务满意度，政府也不能忽视在提供基本住房保障服务时为居民逐步提高人均住房面积、增加居民喜闻乐见的惠民项目。再次，住户开销维度中的电力消费、住房支出两个变量，都对基本住房保障服务的满意度有正向影响，可能表明良好的住房保障服务有利于提升城镇中低收入居民和家庭的生活水平。因此，政府要继续从综合角度不断提升基本住房保障服务的水平。最后，个体特征中的学历状况对满意度有显著的正向影响，要求政府要不断满足中低收入居民由学历等方面的进步而带来的日益增长的住房保障需求，拓宽他们参与基本住房保障服务建设的渠道，积极听取他们对服务提出的有益意见。性别状况虽然对满意度影响的显著性不高，但实证结果也表明，女性对于基本住房保障服务的要求正在不断提高，未来的政策应对女性的基本住房需求有更多的重视。

从住房供给的角度来看，土地财政依赖显著提高了城市保障性住房用地的供给比例，即土地财政越多，地方政府对保障性住房用地的积极性越高。同时，城市低保人口的数量也将增加保障性住房用地的供应空间。另外，城市市政公用设施建设固定资产投资、人均财政支出和城镇人口比重也显著提高了保障性住房用地供给比例。基于研究结果，地方保障性住房的供应植根于中国现时以土地为中心的城镇化模式，土地财政依赖和商服用地供给比例都对地方政府保障性住房的供应有正向影响。要有效增加保障性住房供给，提高政策执行效果，需要进一步优化财税体制和土地供应结构，提高民生项目在政绩考核中的地位，积极推进新型城镇化和集体住宅用地市场化，扩大城市居民点用地供给来源。考虑到城镇低保数量对保障性住房土地供应的影响较大，应通过差异化制度设计，逐步提高住房保障政策的包容性，提高地方政府、市场和社会保障性住房供应的效果。

## 第四节　中国社会保障"住有所居"高质量发展的实现路径

### 一　中国社会保障"住有所居"高质量发展的目标向度

（一）"住有所居"高质量发展的方向

1. 强调居住权而不是所有权

对于"住有所居"，应理解为"人人有房住"，而不是"人人有住房"，核心是满足大众的基本住房需求，保护他们的居住权利，而非强调大众的住房产权占有。[①]

居住权，指居住权人享有占有和使用他人住宅的权利，以满足生活居住的需要，是《中华人民共和国民法典》的新增物权。居住权是房屋所有人为保护特定主体的居住需要而设立的用益物权，具有主体的特定性，不得转让或继承。而一般来说，购房就是购买住房所有权，即房屋所有人占有、使用、收入和处分所购房屋的权利。

2020年度中央经济工作会议强调，要解决大城市突出的住房问题。"房住不炒"要求客观辩证地对待房子的居住、投资的双重属性。当两种属性冲突时，居住属性应占主导地位，从而满足"房子不属于我，但我可以居住"的需要，对于保障特定困难群体的"住有所居"有重要意义。

2. 多主体供给

"多主体供给"，即打破以房地产企业为市场单一供给主体的传统体系，鼓励多元主体参与，促进租赁市场发展，引导越来越多的新兴主体参与到新型住房供给体系中。

中国过往的住房主体供给存在缺陷，在产权市场表现为，开发商之间容易出现价格联盟，直接影响房价涨幅；建设保障性住房的任务，很多政府部门只是片面地完成上级指标，忽视配套设施与服务。在租赁市场表现为，相当部分个人业主作为租赁住房供应者，但大部分住房由中介机构控

---

① 李志明：《新时代的住房制度及改革》，《人民论坛》2021年第22期。

制，租赁人还需向中介机构承担部分费用，成本陡增。上述缺陷使大量存量住房无法形成有效供应，住房闲置与供应不足之间矛盾突出。

培养住房供给多方面主体，确保住房的有效供给，才能实现"住有所居"高质量发展目标。因此，政府有关部门需要加强对住房供应主体的监督管理，限制房地产开发商定价过高；上级发布的保障性住房任务，下级不仅要达到指标，还要评估其入住率和居民满意度；建立直租交易平台，增加市场供应数量，确保服务和质量。政府要鼓励和吸引第三方加入，打破法律和制度的限制，给予他们适当优惠政策，吸引有能力、有条件的投资者加入。特别是在住房租赁市场，应引入新的社会资源，促进新的住房供应主体与现有住房供应主体的合作，改进和创新住房供应方式。

3. 多渠道保障

"多渠道保障"，即通过改革多个相关方面以拓宽住房供应渠道，从而实现灵活的住房保障。如通过发展货币化租赁补贴、发展共有产权住房等方式，满足合理的自住购房需求，丰富公共住房体系，建立起多层次的住房保障供应体系。

当前，中国的城市建设用地日益紧缺，保障性住房的土地供应必须得到保障。要将一定的存量建设用地用于建设保障性住房，拓宽土地来源，继续创新土地供给方式：一是增加保障性住房用地的供应量，转变开发模式，在保证开发商有利可获的条件下更多更好地满足现有住房需求。二是通过优惠政策吸引更多的社会企业参与合作，发挥各自的优势。三是盘活集体用地，寻找因地制宜的方法利用集体土地。可以借鉴国外经验，尝试引入土地信托组织等，降低社会组织门槛，保障人们的住房需求。

4. 租购并举

"租购并举"，是实现"多主体供给"和"多渠道保障"的重要路径，已经在许多国家得到有效实践。租购并举是为了满足居民多层次、多样化的住房需求，在支持合理自住购房、限制房地产投机的同时，从供给侧推进住房市场长效机制建设，打破当前不合理的房地产市场供需结构，消除对住房租赁消费的制度歧视；支持住房租赁市场尤其是长期租赁市场的发展，保护相关参与方合法权益，加快形成供给主体多元化、经营服务规范化、租赁关系稳定化的住房租赁市场体系，打造一个需求者自由选择租购住房的市场环境。

为加强住房租赁市场供应，政府应加快制订并实施租赁住房发展计划，通过增加建设用地的建设、在新建商品房中租赁住房、支持个人委托住房租赁企业租赁闲置住房、鼓励租赁企业通过多种渠道筹集住房等方式，提高现有住房资源的利用效率。加快住房租赁市场实体培育，加强政策、融资、税收优惠、平台运营支持，助力专业化大型住房租赁企业发展。充分发挥国有企业稳定预期、盘活存量、丰富供应的作用。规范住房租赁市场秩序，融入征信体系，完善相应的信息管理和服务平台，实现统一合同在线备案，从而保护参与各方的合法权益。

此外，中国的住房租赁相关法律法规目前尚不完善，租赁市场长期存在无序竞争和多重监管，租房业主与产权业主待遇悬殊。部分国家对租赁房屋已经在长期实践中形成较为完备的相关法律法规，中国可根据实际情况加以借鉴，弥补当前的差距。具体方法包括但不限于：制定住房租赁合同纠纷、处理等法律法规，设立专门的管理机构规范租赁行业，严格控制租赁市场参与者行为。

（二）"住有所居"高质量发展的目标

1. 房住不炒

2016年底，中央首次提出，"房子是用来住的、不是用来炒的"。① 紧接着，相关国家部门出台一系列配套政策，涉及房地产企业融资、购房者信贷等。房地产的首要功能是使用功能，GDP 税收的作用应当以使用功能为基础。因此，要加强房地产市场调控，房价上涨幅度大的地方应因城施策去库存，增加用于住宅建设的土地，规范市场行为。

目前，三线、四线城市仍有较多的房地产库存，要支持居民自住和新城市人的购房需求。2019 年 7 月，银保监委约谈了一些业务增长过快、过多的信托公司，要求严格执行房地产调控政策和房地产信托监管要求。2019 年 12 月在北京举行的中央经济工作会议再次确定了"房住不炒"的目标定位②，此后"房住不炒"频繁出现在各级党和政府的文件中。

2. 人人有房住

改革开放后，中国城镇居民的住房情况得到更多改善。城市住房总面积在 2008 年已达 124 亿平方米，比 1990 年增加了 104 亿平方米。中国住建工作在规模、速度以及城镇居民受惠方面，创造了一个世界奇迹和历史奇迹。我们已经过了重度住房短缺阶段，基本实现了住房量充足的目标。

然而，由于城市化速度加快、住房供需发展不平衡，有相当部分中低

---

① 《中央经济工作会议明确楼市发展方向："房子是用来住的，不是用来炒的"》，2016 年 12 月 16 日，中华人民共和国中央人民政府，http://www.gov.cn/zhengce/2016-12/16/content_5149066.htm。

② 《"房住不炒"，坚持稳字当头》，2019 年 12 月 27 日，中华人民共和国中央人民政府，http://www.gov.cn/xinwen/2019-12/27/content_5464369.htm。

收入群体仍面临住房困难问题，城市化过程中城镇人口住房需求仍远未满足，普通收入群体住房改善的迫切需求面临收入与房价之间的矛盾。"十三五"时期，在多数人有房子住的基础上，在战略上我们的目标是"人人有房住"、"大多数人适度改善"和"中低收入群体优先改善"。

3. 住房量适度

随着中国城镇化快速发展，房地产市场发展速度加快，住房价格不断上涨，普通收入群体往往无法依靠自己的努力改善住房条件。因此，如何保持适度的保障性住房供应量，解决普通收入家庭的住房问题，已成为影响和谐社会建设的现实问题。保障性住房规模若供应过少，很大一部分低收入及最低收入群体家庭的基本住房保障难以保证，增加社会不稳定因素；相反，保障性住房供应过大则会加大政府负担，并影响住房市场的进一步完善。

因此，保持适度的住房数量应该成为"住有所居"高质量发展的具体目标。影响经济适用房数量的因素相对较多，主要包括但不限于政府的供应能力、居民的需求和住房市场状况。并且，由于全国各地的经济社会发展状况不同，需要因城施策。

4. 经济可负担

在新常态下，随着经济发展和城镇化增速的放缓，中国已进入深度城镇化阶段。未来，城镇新增人口带来的住房需求、居民消费结构升级带来的住房改善需求、城市更新带来的被动性住房需求仍将在较长时间里保持较大规模。然而，在住房政策的问题和矛盾中，在缺失"二分"住房供应体系、政策环境不适应等多种因素的影响下，城市住房投资和投机需求日益增加，房地产产业的过度繁荣对实体经济产生了显著的负外部性，迫使实体经济在高成本压力下陷入低迷状态。另外，住房价格的上涨使人们将更多的资金用于住房和租赁开支，导致整个社会消费结构的扭曲，阻碍了人口城市化的顺利进行。这不仅不利于提高城市承载能力，还限制了城市的可持续发展。

在这种背景下，中国不但要应对城市外来人口增长带来的住房问题，还要解决城市中低收入群体的住房问题，而住房需求的问题已集中在住房的经济负担方面。因此，应结合实际，兼顾公平与效率，将住房经济可负担列为"住有所居"高质量发展的要义。

## 二 中国社会保障"住有所居"高质量发展的主要测度

（一）主要测度指标与高质量发展指数设计

适当住房权，最先由1976年的联合国第一次人类居住区会议提出，是联合国积极倡导的国家义务。1996年，在联合国第二次人类居住区会议上，将"人人享有适当的住房"作为未来发展目标之一。2016年召开的联合国第三次人类居住区会议的新城市议程里，又提出"为所有人提供足够的可支付住房"的目标。"适当住房权""人人享有适当住房权""所有人享有适当住房权"这三个关键词，浓缩了三次会议的精神内核。保障公民的适当住房权，成为发达国家和地区在发展住房事业方面的主要目标追求。如美国于1949年在《住房法》中提出，要为全美国的每个家庭提供舒适的家和适宜的居住环境。新加坡提出的目标更高：要让全体居民都有使他们引以为豪的住房。日本作出了更加精细化的要求，提出要保障全体国民都能够拥有与其家庭构成、家庭成长各个阶段和居住地区特性相适应的良好的居住环境，从而保障安定的生活和住房目标。

中国的住房发展目标和理念也发生了变化，从过去的鼓励购买转向当今的"租购并举"，从强调住房的所有权到强调保护居民的居住权。"人人享有适当住房"强调的是使用住房的目标对象，是包括户籍家庭和非户籍家庭在内的全部城镇常住家庭。另外，强调使所有居民能够获得适当的住房，不仅强调户均的概念，更要关注到不同的群体，甚至关注到每个个体。享有方面主要从居住方式角度来强调对居住权的保障，包括拥有住房产权、租赁这两种方式，根据享有的途径，又可以包括市场和保障这两种方式。

基于前文的分析结果，本书认为"住有所居"高质量发展可从"有房住""住好房""住得起"三个方面来衡量。三者层层递进又相互关联，与经济、质量指标交织，共同反映"住有所居"高质量发展的外在表现和内生动力。其中，"有房住"较为直观地反映基本住房需求群体获得保障性住房的难易程度，主要包括城镇户籍低保、低收入家庭申请公租房的保障率，城镇老旧小区改造规模，各类棚户区改造开工数量，国家贫困县享受过危房改造政策的户数，保障性租赁住房开工建设和筹集数量，经济适用住房用地占住宅用地比重，廉租房用地占住宅用地比重，保障性住房用地占住宅用地比重，住房保障支出占财政支出比重，房地产开发投资，房地产企业土地购置面积，国有建设用地出让面积12个指标；"住好房"是在"有房住"的前提下提升住房的安全性和舒适性，主要包括符合条件的农村低收入群体住房安全保障率、城镇环境基础设施建设投资、用水普及率、燃气普及率、生活污水集中收集率、垃圾焚烧处理能力、人均公园绿地面积、人均居住面积和城镇新建建筑中绿色建筑推广比例9个指标；"住得起"即住房的经济可负担程度，主要包括住房公积金提取人数

# 第八章 "住有所居"：住房保障与住房供应高质量发展

占实缴职工人数的比重、住房公积金提取额、租赁补贴保障人口、房价收入比和房租收入比5个指标（见表8-9）。

表8-9 "住有所居"高质量发展评价标准

| 指标类型 | 权重 | 指标名称 | 指标定义 | 2020年水平 | 指标来源 |
|---|---|---|---|---|---|
| 有房住 | 0.03 | 城镇户籍低保、低收入家庭申请公租房的保障率（%） | 达到公租房申请条件的城镇户籍低保、低收入家庭的占比 | 60 | 《"十四五"公共服务规划》 |
| | 0.02 | 城镇老旧小区改造规模（万个） | 按国家发展改革委、住房和城乡建设部统计口径 | 5.90 | 《"十四五"公共服务规划》 |
| | 0.08 | 各类棚户区改造开工数量（万套） | 按国家发展改革委、住房和城乡建设部统计口径 | 165 | 《"十四五"公共服务规划》 |
| | 0.03 | 国家贫困县享受过危房改造政策的户数（万户） | 按国家发展改革委、国家扶贫办、住房和城乡建设部统计口径 | 626.20 | 《"十四五"公共服务规划》 |
| | 0.05 | 保障性租赁住房开工建设和筹集数量（万套） | 按住房和城乡建设部统计口径 | 94 | 《"十四五"公共服务规划》 |
| | 0.02 | 经济适用住房用地占住宅用地比重（%） | 经济适用住房用地/住宅用地×100% | 17 | 《"十四五"公共服务规划》 |
| | 0.02 | 廉租房用地占住宅用地比重（%） | 廉租房用地/住宅用地×100% | 5 | 《"十四五"公共服务规划》 |
| | 0.02 | 保障性住房用地占住宅用地比重（%） | 公共租赁住房用地/住宅用地×100% | 19 | 《"十四五"公共服务规划》 |
| | 0.01 | 住房保障支出占财政支出比重（%） | 住房保障支出/财政支出×100% | 2.89 | 《"十四五"公共服务规划》 |
| | 0.05 | 房地产开发投资（万亿元） | 房地产开发企业本年完成的全部用于房屋建设工程、土地开发工程的投资额以及公益性建筑和土地购置费等的投资 | 94.89 | 住房和城乡建设部《"十四五"建筑业发展规划》 |
| | 0.07 | 房地产企业土地购置面积（亿平方米） | 房地产开发企业本年通过各种方式获得土地使用权的土地面积 | 2.55 | 住房和城乡建设部《"十四五"建筑业发展规划》 |

续表

| 指标类型 | 权重 | 指标名称 | 指标定义 | 2020年水平 | 指标来源 |
|---|---|---|---|---|---|
| 住好房 | 0.06 | 国有建设用地出让面积（万公顷） | 国家以土地所有者的身份将土地使用权在一定年限内让渡给土地使用者，并由土地使用者向国家支付土地使用权出让金的行为 | 23.09 | 住房和城乡建设部《"十四五"建筑业发展规划》 |
| | 0.03 | 符合条件的农村低收入群体住房安全保障率（%） | 符合条件的农村低收入群体住房安全保障比重 | 70 | 《"十四五"公共服务规划》 |
| | 0.03 | 城镇环境基础设施建设投资（亿元） | 城镇维护和建设环境基础设施的资金数额 | 6842.15 | 住房和城乡建设部《"十四五"住房和城乡建设科技发展规划》 |
| | 0.05 | 用水普及率（%） | 城区内用水人口占总人口比重 | 99 | 住房和城乡建设部《"十四五"住房和城乡建设科技发展规划》 |
| | 0.05 | 燃气普及率（%） | 城区内使用燃气的人口占总人口比重 | 97.90 | 住房和城乡建设部《"十四五"住房和城乡建设科技发展规划》 |
| | 0.04 | 生活污水集中收集率（%） | 生活污水集中收集占生活污水产生量比重 | 65 | 国家发展改革委、住房和城乡建设部《"十四五"城镇污水处理及资源化利用发展规划》 |
| | 0.05 | 垃圾焚烧处理能力（万吨/日） | 生活垃圾焚烧处理量占生活垃圾产生量比重 | 75 | 国家发展改革委、住房和城乡建设部《"十四五"城镇生活垃圾分类和处理设施发展规划》 |
| | 0.01 | 人均公园绿地面积（平方米） | 城区内平均每人拥有的公园绿地面积 | 14.80 | 住房和城乡建设部《"十四五"建筑业发展规划》 |

续表

| 指标类型 | 权重 | 指标名称 | 指标定义 | 2020年水平 | 指标来源 |
|---|---|---|---|---|---|
| 住得起 | 0.02 | 人均居住面积（平方米） | 城镇居民人均居住面积 | 35 | 住房和城乡建设部《"十四五"建筑业发展规划》 |
| | 0.02 | 城镇新建建筑中绿色建筑推广比例（%） | 绿色建筑推广占城镇新建建筑比重 | 50 | 住房和城乡建设部《"十四五"建筑节能与绿色建筑发展规划》 |
| | 0.02 | 住房公积金提取人数占实缴职工人数比重（%） | （住房公积金提取人数/实缴职工人数）×100% | 39.70 | 《"十四五"公共服务规划》 |
| | 0.09 | 住房公积金提取额（亿元） | 从公积金账户提取出的公积金余额 | 18551.18 | 《"十四五"公共服务规划》 |
| | 0.11 | 租赁补贴保障人口（万人） | 领取租赁补贴的城镇人口数量 | 2200 | 《"十四五"公共服务规划》 |
| | 0.01 | 房价收入比（%） | （住房价格×城镇居民人均住房建筑面积/城镇居民家庭人均可支配收入）×100% | 7.76 | 《"十四五"公共服务规划》 |
| | 0.01 | 房租收入比（%） | （城市租赁住房平均月租金×城镇居民人均住房建筑面积/城镇居民家庭人均可支配收入）×100% | 0.25 | 《"十四五"公共服务规划》 |

注：表中共26个指标，权重值是按照2020年指标权重测算求得的最终结果，赋值时小数点后取两位数。

## （二）"住有所居"高质量发展指数中长期预测目标

本部分采用熵权法和德尔菲法求得2020年指标权重，并以此作为"住有所居"高质量发展各项指标的权重。数据主要源于《中国统计年鉴》和《中国城乡建设统计年鉴》，以及国家统计局、住房和城乡建设部历年的统计公报等（见表8-10）。

表 8-10　"住有所居"高质量发展中长期预测目标

| 指标类型 | 权重 | 指标名称 | 2020年水平 | 2035年目标 | 2050年目标 |
| --- | --- | --- | --- | --- | --- |
| 有房住 | 0.03 | 城镇户籍低保、低收入家庭申请公租房的保障率（%） | 60 | 70 | 80 |
| | 0.02 | 城镇老旧小区改造规模（万个） | 5.90 | 21.90 | 40.90 |
| | 0.08 | 各类棚户区改造开工数量（万套） | 165 | 200 | 250 |
| | 0.03 | 国家贫困县享受过危房改造政策的户数（万户） | 626.20 | 650.00 | 700.00 |
| | 0.05 | 保障性租赁住房开工建设和筹集数量（万套） | 94 | 100 | 150 |
| | 0.02 | 经济适用住房用地占住宅用地比重（%） | 17 | 20 | 25 |
| | 0.02 | 廉租房用地占住宅用地比重（%） | 5 | 10 | 15 |
| | 0.02 | 保障性住房用地占住宅用地比重（%） | 19 | 20 | 25 |
| | 0.01 | 住房保障支出占财政支出比重（%） | 2.89 | 3.00 | 3.50 |
| | 0.05 | 房地产开发投资（万亿元） | 94.89 | 95.00 | 96.00 |
| | 0.07 | 房地产企业土地购置面积（亿平方米） | 2.55 | 2.60 | 2.70 |
| | 0.06 | 国有建设用地出让面积（万公顷） | 23.09 | 25.00 | 27.00 |
| 住好房 | 0.03 | 符合条件的农村低收入群体住房安全保障率（%） | 70 | 75 | 80 |
| | 0.03 | 城镇环境基础设施建设投资（亿元） | 6842.15 | 6900.00 | 7000.00 |
| | 0.05 | 用水普及率（%） | 99 | 100 | 100 |
| | 0.05 | 燃气普及率（%） | 97.90 | 98.00 | 99.00 |
| | 0.04 | 生活污水集中收集率（%） | 65 | 70 | 75 |
| | 0.05 | 垃圾焚烧处理能力（万吨/日） | 75 | 80 | 85 |
| | 0.01 | 人均公园绿地面积（平方米） | 14.80 | 15.80 | 16.80 |
| | 0.02 | 人均居住面积（平方米） | 35 | 40 | 45 |
| | 0.02 | 城镇新建建筑中绿色建筑推广比例（%） | 50 | 60 | 70 |
| | 0.02 | 住房公积金提取人数占实缴职工人数比重（%） | 39.70 | 49.70 | 59.70 |
| | 0.09 | 住房公积金提取额（亿元） | 18551.18 | 20000.00 | 30000.00 |
| | 0.11 | 租赁补贴保障人口（万人） | 2200 | 2500 | 3000 |
| | 0.01 | 房价收入比（%） | 7.76 | 7.66 | 7.56 |
| | 0.01 | 房租收入比（%） | 0.25 | 0.20 | 0.15 |

## 三 中国社会保障"住有所居"高质量发展的保障措施

住房问题是关系民生福祉重大问题，在全社会向共同富裕目标迈进的历史背景下，努力实现全体人民住有所居具有重大意义。必须坚持"房住不炒"定位，推动建立多主体供应、多渠道保障、租购并举的住房制度，缓解城乡居民住房困难问题。多元参与、多措并举，打造一条具有中国特色的"住有所居"高质量发展保障之路。

### （一）加快建立多主体供给、多渠道保障、租购并举的住房制度

《中共中央关于坚持和完善中国特色社会主义制度 推进国家治理体系和治理能力现代化若干重大问题的决定》明确要求加快建立多主体供给、多渠道保障、租购并举的住房制度。2022年1月，住房和城乡建设部召开新闻发布会明确表示，未来一个工作重点是完善城镇住房保障体系，指导地方确定住房保障具体制度安排。目前，各地在中央顶层设计的框架下，为建立这一适应新时代的住房制度进行了因地制宜的有益探索，并获取了一些有益经验。然而，目前各地的经验还没有凝聚和提炼成普遍共识，相关制度的探索进度仍滞后于广大群众的迫切住房需要。本书尝试从以下三个方面提出相关建议。

第一，培育多元住房供给主体，建立多层次住房供给体系。鼓励社会资源参与住房供给，加强对各主体的监督，增加有效市场供应；加强住房梯度供给，促进住房梯度消费模式形成；建立供需双向动态联系机制，实现精准供应。

第二，拓宽保障范围渠道，完善多元住房保障体系。加快建立健全制度和法律体系，实现立法保障；创新土地供应模式，从而加强资源保障；改革住房公积金制度，保障资金安全；扩大保障群体范围，丰富住房供给类型，从而加强事务保障。

第三，大力发展租赁市场，以租售同权促进租购并举。加快住房租赁相关立法，实现法律层面"租售同权"；建立针对租房者的保护制度，实现公民权利层面"租售同权"；稳定租赁市场预期，实现公共服务上"租售同权"；创新租赁融资模式，实现金融服务"租售同权"。

### （二）建立公开规范的住房公积金制度

中国的住房公积金制度正处于不断改革完善的过程中，经过20余年的运行发展，已从最初的经验探索阶段进入了成熟发展阶段。然而，随着社会进步与住房需求变化，住房公积金制度出现了新的问题和矛盾。目前的住房公积金制度存在许多内部矛盾，中国仍处于城市化快速发展的阶

段，解决城镇居民住房问题的任务仍有很长的路要走，因此，住房公积金制度在相当一段时间内仍有不可替代的支持功能。我们应以刮骨疗毒的勇气和决心正视问题、深化改革。党的十八届三中全会明确提出，"建立公开规范的住房公积金制度，改进住房公积金提取、使用、监管机制"。因此，要结合住房市场发展情况和中国城镇化发展需要，建立公开、规范的住房公积金制度，更好地保障人们的住房权益，促进国民经济健康有序发展。对此，本书从以下方面提出相关建议。

第一，定位于政策性和保障性，改革公积金制度。政府可以通过金融、财政等工具调控住房市场，提高自身住房建设能力和社会消费能力。一是解决中低收入群体的保障性住房问题。住房公积金对不同经济能力的人们，应予以不同的方式支持；同时，要简化购房用途的公积金提取程序。二是加强政策优惠，提高人们参与公积金的热情。现有公积金制度的主要支持政策是免征个人所得税，然而目前中国个人所得税起征点较高，因此优惠效果并不明显。对此，政府可以采取补贴缴纳公积金的低收入群体、方便流动性强的务工群体提取公积金等措施。

第二，做好公积金入市准备。如今，住房公积金的保值增值方式主要为发放个人住房贷款、购买国债和定期存款。然而，个人住房贷款经营效率低，保值难以实现，增值难度更大。公积金按照一定原则进入金融市场，无疑是解决这一问题的有益尝试。一是应以确保资金安全为主要前提。设定进入市场资金总规模上限，并控制用于股票投资的上限。二是完善住房公积金入市制度。公积金进入市场需要做好证监部门和公积金管理部门的协调与配合。三是要尊重职工意愿。参照新加坡组屋建设的经验，职工可以独立选择将公积金账户资金投资的市场工具，也可以委托政府管理以获得稳定收入。

第三，完善经营管理机构的决策机制。一是完善经营管理机构运作模式，制定决策记录制度，定期召开机构会议，依法制定调整、落实住房公积金的具体管理措施。二是完善经营管理机构的职工比例，减少政府官员的比例，让更多真正代表职工利益的人进入经营管理机构。三是加强机构的监督职能。可以借鉴上市公司的独立董事制度，也可以将独立专家引入经营管理机构。

（三）完善住房公积金提取、使用和监管机制

目前，公积金的提取和使用存在一些问题。首先，随着社会经济发展，职工公积金缴存额相较于不断上涨的房价显得捉襟见肘。其次，职工申请公积金贷款或提取公积金有很多限制，职工租房或买房很难提取全部

费用。尤其是当职工遇到一些困难需要提取公积金时，需要提交大量材料，且流程烦琐，在提现过程中需要往返多次。最后，多部门参与公积金监管本来是好事，但现实中出现了相互推脱责任的情况。对此，本书试从以下方面提出有针对性的建议。

第一，提高住房公积金的透明度。住房公积金制度为了适应社会的发展，需要有规范的管理制度并实现公开化，从而确保住房公积金能够平等覆盖受众群体。应制定与住房公积金管理相关的法律规定，依法保障住房公积金的公共覆盖面和有效性。同时，鼓励多元社会主体参与公积金公共事务，建立良好的社会关系。

第二，放宽提取条件，扩大使用范围。过去几年，中国各地出台了许多放宽公积金提取和使用条件的政策，如租房提取条件放宽、异地购房贷款条件放宽、重大疾病公积金提取等。未来，要不断扩大公积金的使用面，如用于支付物业费、电梯费等方面。对于不具备购房能力的职工，允许提取住房公积金用于应对意外变故。

第三，实现提取和使用政策的统一。制定住房公积金提取、使用全国统一的政策，能够解决各地公积金政策差异带来的许多问题。加强公积金管理部门的职能整合，建立层级化管理体系。同时，要建立统一信息系统，实现住房公积金管理部门与政府其他部门的信息联网，从而提升公积金利用效率。要简化贷款和提款流程，努力实现网上审批，降低职工业务办理的时间和精力成本。

第四，不断完善监管。住房公积金规范化管理是完善监管的关键，既能提高服务效率，又能充分发挥监管功能。建立全国统一的资金调度平台来规范和运营资金，实现对住房公积金的统一监管，能够规避许多审计风险。另外，不仅要适当调整住房公积金的主体框架，还要发挥财政、审计、金融等工具的作用，以法律手段加大监管力度。

（四）完善符合国情的住房供应体系

本书从商品房、政策性住房、集体土地入市三个方面进行论述，试图提出符合中国国情的完善住房供应体系的建议。

1. 商品房

商品房是由政府或地产商开发建设，在市场直接出售或出租的房屋。随着改革开放的向前推进，城镇化和住房需求的快速发展促进了房地产市场的繁荣。然而，由于目前商品房价格的大幅上涨，有相当部分普通民众正在遭受高房价的困扰，他们的住房需求没有得到充分满足。而且，对于房地产高涨的投资热情，长期来看容易产生市场泡沫。中国商业地产市场亟须进行供给侧结构性改革，从而提高供给水平和质量。

第一，弥补商业地产市场调控的短板。利率杠杆是控制房地产过热的重要工具。提高利率能够抑制商业地产市场过热现象，防止房地产业经济泡沫。同时，要建立完善相关市场制度和法律法规。考虑到中小城市商业地产的不同特点，还要分层分类调整市场结构。

第二，去库存，优化当前供给。首先，扩大城中村改造规模和加大改造力度，供给消费者更多户型选择。其次，加强公共设施配套建设，从而提高商品房对城市居民的集居效应，促进居住用地高效利用。最后，优化现有存量住房品质，探索将现有存量住房与人文、历史有机结合的创新模式。

第三，制订中低收入群体住房保障总体资金计划。各级政府要根据总体和分批供应计划，建立专项资金账户用于保障性住房建设。加强商业地产供给侧和需求侧两个方面的分析，努力维持商品房价格的波动合理范围。

### 2. 政策性住房

政策性住房，是指政府在对中低收入家庭实施分类保障的过程中，限定供应对象、建设标准、销售价格或租金标准，提供具有社会保障性质的住房。包括两限商品住房、经济适用住房、政策性租赁住房、自住商品房和廉租房。政策性住房是国家政府层面实施多渠道保障、租购并举、基本住房保障的具体体现，已经有了比较成熟的管理体制和制度。政策性住房在发展过程中依然存在各类问题，归根结底是政策性住房供给与城市实际需求不匹配的问题。要以精准保障为重点，促进保障性租赁房供需匹配。

第一，落实需求导向。要充分认识政策性住房调查的重要性，把政策性住房调查纳入地方政府的重要工作安排。明确责任，加强各单位、各部门的组织协调，明确部门职责分工，安排专人、专职、专项落实。

第二，抓紧供给保障。各级政府要摸清政策性住房需求以及存量土地和房屋资源情况，结合现有政策性住房供求和品质状况，因地施策，采取新建、改建、改造、租赁补贴和将政府的闲置住房用作政策性租赁住房等多种方式，增加有效供给。支持将低效利用的存量非居住房屋改建为保障性住房，如将厂房、旅馆等加以改造利用；支持具有一定规模的专业租赁机构参与建设和运营。同时，要杜绝政策性住房变相上市销售、骗取优惠补贴等违规违法问题。

第三，实现精细化管理。一是加强配套设施建设和社区管理，让更多安置居民愿意入住。二是加强政策性住房建设全过程的科学决策，接受社会监督，加强问责。

3. 集体土地入市

集体土地经营性用地，是土地管理法允许农民集体（村委会、村集体经济组织）作为集体土地所有权拥有者，以"集体土地出让土地使用权+年限"给个人或者企业建设工业（房）、商业（房）。《中共中央关于全面深化改革若干重大问题的决定》明确要建立城乡统一的建设用地市场。在符合相关规制的前提下，允许农村集体经营性建设用地出让、租赁、入股，与国有土地同等入市、同权同价。如今在一些沿海经济发达省份，集体建设用地的隐形市场已普遍存在。本书对于未来集体土地入市的相关问题，尝试提出如下意见。

第一，修改现行的相关法律法规，如《土地管理法》，规定集体土地的建设用地使用权、农村宅基地使用权的处分权；修改落实为计划配置的集体土地用途规定，制定适应社会市场发展的相关管制制度和运行规则。

第二，推进财税制度改革。集体土地入市将会减少地方政府的土地出让金收益，财政高度依赖出让金收益的地方政府很难接受和推行减少其出让金收益的改革。因此，建立城乡统一的土地市场，必须同步协调财税方面的改革，完善与地方事权匹配的财税体系。

第三，尽快落实集体土地相关确权发证工作，按照尊重历史、承认现实的要求，做到应发尽发全覆盖。

第四，做好市县二级的城乡发展和土地用途规划，用于指导集体土地进入市场。

# 第九章 "弱有所扶"：扶贫、救灾与社会救助高质量发展

## 第一节 "弱有所扶"高质量发展的理论内涵与分析框架

### 一 "弱有所扶"高质量发展的理论基础

（一）何为"弱有所扶"高质量发展

"弱有所扶"中的"弱"是指弱势群体或社会弱者。关于"弱势群体"的界定中国古代早已有之。①《礼记·礼运》提出："鳏寡孤独废疾者，皆有所养。"本章将"弱有所扶"的"弱"理解为经济困难而使生活窘迫，家庭突发灾害导致积贫积弱，甚至是没有生存发展能力的各类群体。"弱有所扶"的"扶"理解为通过扶贫、救灾、社会救助等方式，充分发挥社会保障的兜底作用。"弱有所扶"高质量发展是通过扶贫、救灾、社会救助的方式让广大弱势群体实现衣食无忧、安居乐业，过上美好的幸福生活。这不仅需要从物质救助上满足贫困者，让受助者实现脱贫；还需要对其进行精神帮扶，通过带动全社会共同行动，让各类弱势群体通过扶贫、救灾、社会救助的方式产生更多的获得感、幸福感、安全感。

（二）马克思主义的贫困理论

马克思在《1844年经济学哲学手稿》中，从哲学的角度探讨了资本主义制度下的阶级贫困问题。马克思指出，工人阶级只获得了"劳动收入"的一部分，而地主和资本家获得了产业收入的大部分，导致资本、

---

① 林闽钢：《新历史条件下"弱有所扶"：何以可能，何以可为？》，《理论探讨》2018年第1期。

土地和劳动力产生严重的分离。① 随着社会繁荣程度的下降，无产阶级自然会变得贫困。随着社会财富的增长，资本家延长了对工人的剥削，"迫使他们加班"。随着资本家财富的增加，工人的贫困也在增加，最终导致"工作对工人来说是陌生的东西"。工人越努力地生产，他们就越失业，越穷，直到他们变成"机器"。这种情况持续下去，必然导致"工人持续不变的贫困"和"生产下降"。② 工人卖给资本家的是"他自己未来的工作"、"有偿"的工作，而资本家支付的工资就是"生产劳动力的成本"。因此，除劳动生产的报酬外，资本无偿剥夺了所有劳动创造的大部分价值。马克思进一步论证，资本本质上是一种"积累的劳动"。工人阶级中数量增加得越多，工人阶级就越贫穷。

（三）习近平总书记关于精准扶贫的重要论述

习近平总书记关于精准扶贫的重要论述是新时代党中央对中国扶贫事业的进一步继承、发展以及革新，赋予了全新的时代色彩。其以消除贫困、改善人民生活水平、实现共同富裕为社会主义发展的本质要求，这也是中国共产党始终担负的责任使命。③ 换言之，"精准扶贫"是以习近平同志为核心的党中央，针对新时代、新阶段的扶贫工作开展的继承与创新。通过对存在的弊端进行研习，再从各个历史阶段对中国共产党扶贫工作进行归纳总结。同时，"精准扶贫"也符合中国的基本国情，其提出的内容与要求深刻反映了内在时代的必然性，是解决当前扶贫现实问题的明智之举，是打赢脱贫攻坚战、全面建成小康社会、实现第一个百年奋斗目标的有力保障。④

习近平总书记关于精准扶贫的重要论述不仅是对中国共产党思想的继承与发展，更是在马克思反贫困理论的基础上推陈出新，并将其构建成一整套完整的、可行的、科学合理的政策制度体系，形成了具有丰富内涵、见解独到、具有较强系统性的中国特色减贫理论。在扶贫过程中，中国共产党作为执政党，坚决领导人民脱贫攻坚，始终抓住经济社会发展阶段的特点与趋势，把握问题的典型特征，不断反思并总结在实践中取得的经

---

① 杨灿明：《中国战胜农村贫困的百年实践探索与理论创新》，《管理世界》2021年第11期。
② 韩文龙、周文：《马克思的贫困治理理论及其中国化的历程与基本经验》，《政治经济学评论》2022年第1期。
③ 檀学文、李静：《习近平精准扶贫思想的实践深化研究》，《中国农村经济》2017年第9期。
④ 张俊良等：《习近平"精准扶贫"理论研究》，《经济学家》2020年第2期。

验。它不仅沿袭了马克思的反贫困思想与理论，还站在新的历史高度上进行创新发展。① 习近平总书记关于精准扶贫的重要论述结合实践现状，系统性地为当前中国教育、金融等各个方面提出了新的减贫模式。习近平总书记关于精准扶贫的重要论述是基于中国特色社会主义理论体系而产生并发展的，体现了"共同富裕"和"全面建成小康社会"的初衷和使命。其中，习近平总书记关于精准扶贫的重要论述生成的理论基础是"共同富裕"根本原则，而习近平总书记关于精准扶贫的重要论述的目标导向是"全面建成小康社会"，其是中国共产党基于中国经济社会发展的实际情况作出的重要决定。可见，习近平总书记关于精准扶贫的重要论述是在马克思列宁主义、毛泽东思想和中国特色社会主义理论体系指导下，立足新时代中国农村发展面临的具体问题、基本经验，并结合古今中外优秀反贫困理论的启迪，继承各个历史阶段优秀扶贫论述的精髓，通过积极组织调动全社会力量共同推动减贫事业的发展。此外，结合现阶段中国基本国情不断进行创新发展，对减贫理论赋予了中国特色和时代特色。

（四）西方贫困与反贫困理论

资本主义生产制度本身就是贫困产生的根本原因，因为资本主义的雇佣者和工人是处在对立面的，工人和资本家共享一个资本主义生产过程，但两者持有的生产资料完全不同。工人阶级只能依靠辛勤劳动才能生存，因为劳动是他们拥有的唯一手段；资本家则相反，拥有土地、技术、生产资料等，即除劳动外的一切生产资料。雇佣关系是为了完成资本主义生产过程而产生的，这种关系从产生的那一刻起就是不平等的。既然员工拿到的工资远低于他实际创造的价值，那么我们还能把员工拿到的份额称为必要劳动价值吗？除所需劳动力的价值外，资本还在整个资本主义生产过程中提供附加价值。如果这种不平等的生产持续下去，就会造成所谓"剥削"，持续下去的后果自然就是工人生活的无产阶级会越来越贫困，收入分配不均会越来越严重。② 工人工作时间越长，创造价值就越多，一心追求利润最大化的资本家获得也越多，工人为了增加附加值的最大化而无休止地工作，工人被迫陷入越来越深的贫困，这就是无产阶级贫困的原因。通过加强对弱势群体的人力资本投资，即重视教育，通过有意识的投资加

---

① 韩广富、刘心蕊：《习近平精准扶贫精准脱贫方略的时代蕴意》，《理论月刊》2017年第12期。
② 胡顺：《超越还是差异？——再论马克思与黑格尔贫困理论的关系》，《理论月刊》2021年第9期。

速发展中国家的人力资本形成,随着知识和技术的不断"传输",未来的经济发展和结构部署将释放出稳定的潜力和能量。通过建立一个消除生产资料私有化和资本主义工资制度的新社会制度,剥夺剥削者的权利才能解决贫困问题。[1]

### (五) 灾害链式理论

链式理论是把宇宙中的自然或人为造成的自然灾害抽象为载体,并通过研究其共同响应特征,来研究灾害的形成、渗透、介入、转化、衰变、合成、互联等相关的演化信息过程。灾害的发生—发展—消亡始终是一个逐渐演化的过程,揭示了自然环境状态下的走向,这一过程表明,灾害的发展必然存在连续性,而连续性的演化过程总是以某种形式的物质和能量信息反映连锁效应,反映了从数量到数量的演化和扩展,形成质的变化。这种进化过程是一个"链式效应"。[2] 事实上,这些链条是相互关联的,如果条件合适,灾难很容易从一种威胁演变为多种威胁。例如,地震会引发各种次生灾害,外部冲击可能导致更严重的灾害,形成第二条灾害链。灾害链式理论的一个重要观点是"源头断链",即在灾害发生初期,在破坏力极弱或破坏力尚未形成时,载体、物质、能量和信息也是处在初期阶段时,在一个不需要大量投资、事半功倍的孵化阶段,从一开始就断链是最有效的。

### (六) 社会救助理论

社会救助 (Social Assistance) 是国家和其他社会单位采取的保障措施,当群体因自然灾害、身体突发疾病等而丧失劳动力致使收入减少时,可以通过社会救助的方式给予公民物资帮助和精神慰藉,以维持其基本生活需要,保障其生活质量。社会救助旨在帮助社会中的弱势群体和贫困人口,面向有需要的人群和低收入人群。[3] 社会救助是社会保障的安全网与防护线,在调整资源配置,实现公平正义方面发挥着重要作用。而且在调整资源配置和纠正"市场失灵",以及实现社会平等和谐、维护社会稳定发展、构建社会主义和谐社会等方面均发挥着十分重要和不可或缺的作用。社会救助认为制度建设是社会救助的关键,制度建设的核心在于法律

---

[1] Bradshaw T. K., "Theories of Poverty and Anti-poverty Programs in Community Development", *Community Development*, Vol. 38, No. 1, January 2007, pp. 7-25.

[2] 李卫宁、金舒婷:《基于灾害链理论的危机信息需求预测研究》,《情报科学》2021 年第 9 期。

[3] 缪燕子:《新中国成立以来社会救助政策变迁研究——基于间断—均衡理论的解释》,《中国行政管理》2017 年第 11 期。

制度的建立，而社会救助法属于相对独立于私法和公法两个法律部门的第二个法律空间。其中法律规定了社会救助的标准做法，即设定最低保障标准，当公民收入水平低于这个保障标准，遇到困难时，他们有权按照规定获得国家和社会的帮助。

## 二 "弱有所扶"高质量发展的必要性与重点建设内容

### （一）"弱有所扶"高质量发展的必要性

群众利益无小事，民生问题大于天。在全面建成小康社会的基础上，应继续深化对民生问题的关注，认识到群众利益的重要性。为了增强弱势群体的获得感、幸福感、安全感，应始终保持群众的立场，贯彻群众路线，始终将群众的根本利益作为出发点和落脚点，将群众的幸福感、获得感作为标准。始终牢牢抓住人民群众的根本需求，通过取得群众的信任，强化目标意识，强化群众观念，培养群众感情，要始终与群众团结在一起，同人民群众一道工作，以群众的声音为第一信号，以群众的需要为第一选择。这就需要发挥"弱有所扶"的兜底保障作用。"弱有所扶"高质量发展能够保障人民的根本权益，能够保障人民的基本生存需求，能够在此基础上保障人民的全面发展，对维护社会稳定也起到基础性的保障作用。随着中国脱贫攻坚战取得全面胜利，"弱有所扶"高质量发展通过将发展重点从贫困群体向相对贫困的群体进行扩展，这意味着我们的政策和措施将更加注重提升相对贫困群体的生活水平，从多维度的贫困状态着手，进行更为精准和全面的干预。重点关注如何通过物质和精神双重支持满足相对贫困者的需求，并通过社会救助等多种方式为他们提供帮助，同时鼓励和引导全社会力量参与到这一帮扶体系中，共同助力弱势群体的全面发展和社会和谐。

### （二）乡村振兴高质量发展

随着全面建成小康社会的伟大目标的实现和脱贫攻坚战的全面胜利，中国现已迈入全面建设社会主义现代化国家的新征程。在新阶段，中国面临"三农"工作的新历史任务，即如何有效推进全面脱贫与乡村振兴工作的衔接，确保农业农村现代化的全面发展。2020年9月18日，习近平总书记到湖南进行考察，重点提到要深入研究推进全面脱贫和乡村振兴工作的有效衔接，这充分表明扶贫工作的重要性，充分说明脱贫攻坚工作为乡村振兴奠定坚实基础。① 同时，党的十九届五中全会也重点强调扶贫高质量发

---

① 谭江华：《后脱贫时代推动金融扶贫高质量发展研究》，《理论探讨》2021年第1期。

展是新发展阶段的重要目标任务之一,而扶贫高质量发展显然是一个多层次、多领域、多视角的整体链接系统,包括宏观规划、制度机制和配套体系等,旨在通过战略的有效衔接促进农业全面现代化、农村全面进步和农民全面发展。必须针对现实需要以及独特性进行一整套系统的研究与设计,将制度措施进行改造与创新,有选择地、灵活地纳入乡村振兴战略。具体落实到实施的各个方面来说,从最主要内容来看,这是五个基本层面与重点领域之间的有效衔接,从产业扶贫到产业振兴、从生态扶贫到生态振兴、从文化扶贫到文化振兴、从党建扶贫到组织振兴、从人才扶贫到人才振兴;从联动工作制度来看,应该重点关注如何优化和升级责任制,在扶贫斗争中创新已经发展成熟的动员体系、评价体系和治理体系等,以便在乡村振兴战略中得到更好地运用;从整合方式来看,在政策和观念层面应该有从准确性到共享、从偏好到包容、从管理到服务的有效转变。①

当前,新时代的"三农"工作处于关键时刻,中国经济社会发展的时代命题是深入探讨新时期巩固拓展脱贫攻坚成果与农村振兴的战略衔接。这也是解决中国现阶段主要矛盾的现实需求。中国作为一个农业大国,在当前高质量发展的新历史阶段,全面脱贫对提升农村发展意义重大。中国城乡发展不均衡不充分的问题依旧存在,且广大农村地区依旧是其问题最突出的地区,这就要求有效衔接巩固拓展脱贫攻坚成果与乡村振兴战略,加快推进农村的发展进程,实现全面振兴,加快解决"三农"领域突出问题,实现在社会主义现代化建设中的赶超。这是 2020 年后建立中国贫困治理体系的战略选择。同时,脱贫摘帽不是终点,而是新生活、新奋斗的起点,持续缩小城乡区域发展差异、让低收入人群和欠发达地区共享发展成果、实现人的全面发展和全体人民共同富裕仍然任重而道远。这需要将巩固拓展脱贫成果工作与乡村振兴战略有机结合起来,以促进两者在高层设计、政策规划、目标导向和路径选择等方面的有效衔接和相互联系,加快实现中国贫困治理现代化的转变与变革。

(三) 防灾减灾救灾高质量发展

防灾减灾救灾高质量发展要求从国家救灾系统向国家减灾系统转变,态度上从不惜一切代价的管理向全面、科学的救援体系上延伸,对象上从减灾转变为减少灾害风险,范围上从区域减灾转变为区域及国际合作,主体上从政府管理一切转变为政府主导、社会协调、公众参与的多元主体共

---

① 朱方明、李敬:《习近平新时代反贫困思想的核心主题——"能力扶贫"和"机会扶贫"》,《上海经济研究》2019 年第 3 期。

同管理的模式。① 因此，应充分利用大数据信息平台推动防灾减灾救灾的高质量发展，针对灾害发生的全过程，将灾害的源头与后续发展、灾害之后的恢复与评估以及未来灾害的预期与防控紧密结合起来，在常态和非常态情况下实施应急管理。进一步加强紧迫感和责任意识，坚持防灾与抗灾相结合，坚持正常防灾与异常抗灾的统一，推动社会救助工作从注重灾害发生之后的救济转向注重灾害发生之前的预测与防控，从应对单一种类的灾害转变为对多种灾害的综合处理，从减少灾害发生造成的经济社会损失转变为减少灾害发生的各项风险，针对自然灾害等突发事件，能够全面提高其综合防范能力，真正做到高质量发展。②

（四）社会救助高质量发展

传统的社会救助的基本目的比较单调，往往侧重直接帮助相对贫困人口解决眼前的问题，缓解其基本生活的困难，但是，在规章制度的设计和运作中，对提高相对贫困人口自我能力的重视不够。③ 与此同时，传统的社会救助更加强调单一的经济援助，主要是现金援助这种形式，因此很可能导致对福利的依赖，从而造成"贫困陷阱"。传统社会救助的这些问题在主要针对基本生存类贫困时并不是很突出，但随着其目标从缓解基本生存类贫困转向解决生活需求贫困和发展贫困，传统体制的缺陷将更加明显。通过以服务为导向的项目化帮扶，准确确定服务需求，通过建立个人档案，精准掌握每个人、每一户、每个家庭的实际困难和现实需求。通过综合整理和评价，编制家庭救助计划以及弱势群体救助流程图，建立援助需求数据库，根据处境艰难群体的差异化特点和个人需求，准确制定包容性或个性化的社会援助方案；通过困难群体救助综合信息平台进行社会救助项目的公示、申请、完成，实现对救助服务监管的全过程，每个援助项目都能有效解决困难群体的实际困难。④

## 三 "弱有所扶"高质量发展的分析框架

（一）"弱有所扶"高质量发展分析框架

随着中国进入社会主义新时代，党的十九大报告指出，社会主要矛盾

---

① 孙宏、李雪峰：《新中国成立后周恩来关于防灾减灾救灾的思想》，《党的文献》2021年第1期。
② 王建平：《我国防灾减灾救灾综合机制的设想》，《政法论丛》2017年第3期。
③ 林闽钢：《中国社会救助高质量发展研究》，《苏州大学学报》（哲学社会科学版）2021年第4期。
④ 黄晨熹：《新时代社会救助高质量发展的内涵和路径》，《人民论坛》2021年第18期。

已转变为人民对美好生活的需要与不平衡不充分的发展之间的矛盾。在此背景下,"弱有所扶"被确立为社会救助事业发展的新目标,旨在满足人民对美好生活的追求,并作为推动共同富裕的重要措施。该目标涵盖了所有生活窘迫或处于发展困境的群体,体现了执政党以人民为中心的发展理念。

脱贫攻坚、全面建成小康社会的历史任务已经完成,社会救助成为巩固拓展脱贫攻坚成果的重要手段。"弱有所扶"中,"扶"是指扶贫、救灾、扶弱。而"扶贫"并不完全等同于"扶弱",两者既有区别又有联系。"贫"与"弱"的问题相伴相生。"扶贫"与"扶弱"是民生问题中的一体两面。明确"扶贫""扶弱"的辩证统一关系,是准确把握"弱有所扶"高质量发展的关键所在。扶贫的对象是经济弱势群体,即经济收入低于社会人均收入水平、生活水准低,以及生计维持困难、收入来源不稳定的相对贫困人群。而扶弱的对象,更偏向社会弱势群体,即生活质量和生存环境低于所在社会一般民众、受到社会排斥或缺乏社会支持的群体,包括儿童、老人、妇女、残障人士、"三无"人员、两劳人员等,这些群体可能因社会排斥或缺乏支持而面临生活质量和生存环境的挑战。[①] 为实现"弱有所扶"的高质量发展,社会救助不仅要解决困难群众的基本温饱问题,还应具备促进发展的功能,使困难群众能够更充分地参与并共享社会发展成果。这意味着扶弱工作应聚焦提供生存型和开发型救助,从而增强困难群众的获得感和幸福感。经济贫困和社会地位低下常常是弱势群体的集中表现,而"弱有所扶"的高质量发展目标正是为了应对这一挑战,通过综合措施提升民生福祉,实现社会救助与社会发展的有效结合。

"弱有所扶"高质量发展分析框架如图 9-1 所示。

(二)"弱有所扶"高质量发展研究内容与分析框架解释

"弱有所扶"高质量发展重点在于扶"弱",但"弱"是一个相对概念,在中国的社会政策体系中,扶"弱"的重点是通过防返贫、防灾救灾减灾、社会救助等多种方式,给予相对贫困群体、困境儿童、农村留守儿童等弱势群体充分的社会保障,帮助弱势群体树立脱困的信心,为其提供社会支持,使其克服社会排斥,更好地融入社会,最终提高弱势群体风险承受能力,维护社会公平正义。针对共同富裕工作高质量发展,运用

---

① 胡宏伟等:《"弱有所扶"高质量发展:架构分析、体系评价与改进路径》,《中国行政管理》2023 年第 10 期。

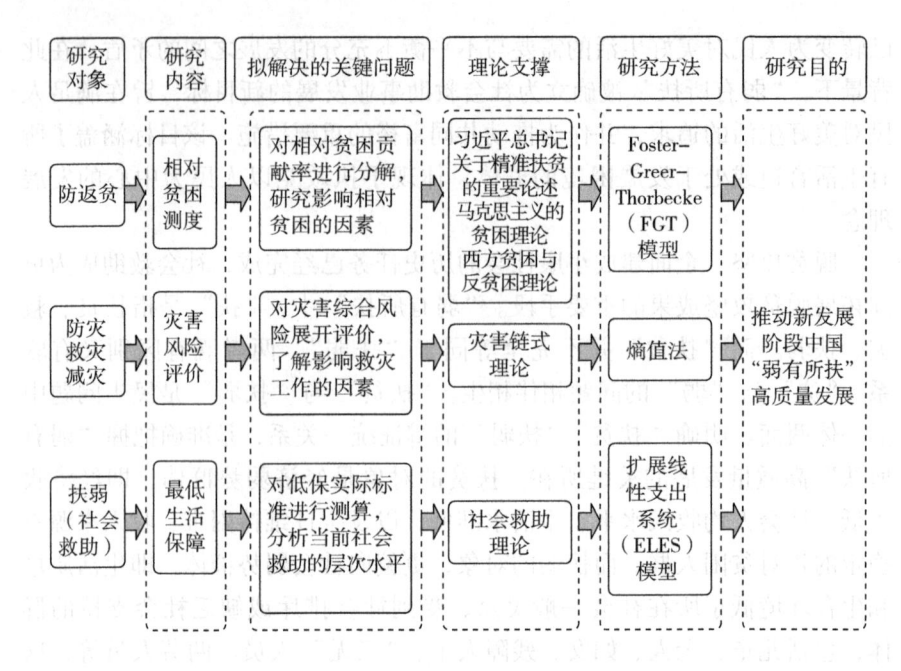

```
┌──────┬──────┬──────────────┬──────────┬──────────┬──────────┐
│研究  │研究  │拟解决的关键问题│理论支撑  │研究方法  │研究目的  │
│对象  │内容  │              │          │          │          │
├──────┼──────┼──────────────┼──────────┼──────────┼──────────┤
│防返贫│相对  │对相对贫困贡   │习近平总书记│Foster-  │          │
│      │贫困  │献率进行分解， │关于精准扶贫│Greer-   │          │
│      │测度  │研究影响相对   │的重要论述 │Thorbecke│          │
│      │      │贫困的因素    │马克思主义的│(FGT)    │          │
│      │      │              │贫困理论   │模型     │          │
│      │      │              │西方贫困与 │         │          │
│      │      │              │反贫困理论 │         │推动新发展│
├──────┼──────┼──────────────┼──────────┼──────────┤阶段中国 │
│防灾  │灾害  │对灾害综合风   │灾害链式  │熵值法    │"弱有所扶"│
│救灾  │风险  │险展开评价，   │理论      │          │高质量发展│
│减灾  │评价  │了解影响救灾   │          │          │          │
│      │      │工作的因素    │          │          │          │
├──────┼──────┼──────────────┼──────────┼──────────┤          │
│扶弱  │最低  │对低保实际标   │社会救助  │扩展线    │          │
│(社会 │生活  │准进行测算，   │理论      │性支出    │          │
│救助) │保障  │分析当前社会   │          │系统      │          │
│      │      │救助的层次水平 │          │(ELES)   │          │
│      │      │              │          │模型     │          │
└──────┴──────┴──────────────┴──────────┴──────────┴──────────┘
```

图 9-1 "弱有所扶"高质量发展分析框架

Foster-Greer-Thorbecke（FGT）模型对多维生计资本展开测度，并通过分解多维生计资本贡献率，分析影响生计能力的主要因素。针对防灾减灾救灾的高质量发展，运用熵值法，对灾害综合风险展开评价，以此了解影响灾害损失的主要因素。针对社会救助以低保线为研究基础，以扩展线性支出系统（ELES）模型为研究方法，分析当前中国社会救助中生存线、发展线变化情况，发现变动趋势为社会救助标准制定提供参考。

## 第二节 中国共产党"弱有所扶"社会保障的历史脉络

### 一 建党百年"弱有所扶"社会保障发展的制度变迁

#### （一）从整体扶贫到精准扶贫：扶贫政策的变迁

**1. 新民主主义革命时期（1921—1948 年）**

自中国共产党成立以来，中国共产党始终把人民利益看得高于一切，始终把消除贫困、消灭剥削、最终实现共同富裕作为发展的重要使命和核心发展目标。百年以前，中国处在战乱纷飞、积贫积弱的社会环境中。为了彻底改变当时的悲惨社会现状，中国共产党从国内国外形势出发，对现状进行全面而深刻的分析。认识到只有推翻资产阶级专政，废除压迫广大人民群众的封建制度，才能彻底改变当时社会穷困的局面。通过结合马克思主义反贫困理论，了解当前的社会使命，怀揣着终将战胜贫困的思想准备，以为人民谋幸福、实现人的全面发展为根本追求。在中国共产党成立初期，坚持实事求是，结合农村的现实情况，认识到中国农村贫困的根源来自脚下的土地，正是土地问题造成这样的社会现实。由此，为了改善农村贫困弱势人群的生活条件，中国共产党在井冈山根据地提出废除封建土地制度，建立农民所有的土地制度，旨在通过这种方式充分调动起广大人民群众参与脱贫工作的积极性，实践证明，这是当时解决农民温饱生存问题的正确选择。这个阶段的减贫战略部署，一方面体现了"人民利益高于一切"的思想，充分认识到人民当家作主才是彻底消除贫困、解决贫困问题的根源所在；另一方面结合当时的社会现实，在找到根源问题之后，了解群众真正关心的关键所在，只有这样才能发动群众、带领群众开展农业生产，才能真正激发群众的生活劳动积极性，真正帮助贫困弱势人群解决基本的温饱生存问题。

2. 社会主义革命和建设时期（1949—1977 年）

1949 年中华人民共和国成立，为彻底改变中国的贫困现状，在毛泽东等领导人的带领下，对中国具体情况展开深入调查，"共同富裕"的发展目标也就此被提出。这一历史阶段，中国始终在探索以符合中国国情为基础的，能够走上彻底消除贫困的社会主义道路。马克思主义反贫困理论指出，贫困和财富的积累是资本主义发展的两个极端，这是资本主义制度所带来的必然结果，由此社会制度会带来贫困的后果，需要建立新的社会制度，探寻一条具有特色、符合国情的减贫道路。

在中华人民共和国成立初期，面对中国积贫积弱的社会现状，中国共产党明确指出当前农村贫困问题的根源在于生产力的发展，只有解放生产力，发展生产力，才能解决当前普遍的贫困问题。为改变当时农村的社会环境，党和政府于 1950 年颁布了《中华人民共和国土地改革法》，彻底废除了封建剥削的土地制度，制定了农民土地制度，将约占 43% 的耕地和大部分生产生活资料都分配给了农村人口，实现了"耕者有其田"的历史使命。从解放农村生产力出发，以彻底实现脱贫目标为出发点。1956 年，中国"三大改造"的基本完成，标志着中国消灭了生产资料私有制，建立了社会主义公有制，从侧面反映出剥削制度的废除，能够在一定程度上改变农村发展不均衡的现状。

农村自古以来就是一个国家发展的根基，土地制度也是中国的一项基本制度，而土地制度的改革被视为减贫政策最根本的改革。与此同时，中国共产党正带领农村群众大力开展农业生产，全力推广农业技术，完善农村交通、水、电力、公共卫生等基础设施。在一系列促进农村发展的政策之后，中国粮食产量从 1949 年的 1035 千克/公顷增加到 1978 年的 2528 千克/公顷。① 粮食增产增收在很大程度上解决了中华人民共和国成立初期普遍贫困和贫困人口生存的主要问题。其间，中国建立了农村金融服务网络，由近 6 万个城市、县级以上营业机构和 35 万个生产队信贷站组成。1952—1978 年，农村信用社共向农民提供农业贷款 1373.5 亿元，为贫困地区贫困人口的生产发展提供了基本的物质和资金保障。② 同时，为缓解学龄儿童上学、就医等问题，中国政府开展了大规模扫盲运动，允许私立学校办学，鼓励建立集体学校。学龄儿童人数增加了 2439 万，在 1975 年就达到了 1.5 亿。高中在校生人数也从 1949 年的 83.2 万增加到 1978 年的 4995.2 万。平均受教育年限从 1950 年的 1.79 年提升至 1978 年的 5.74 年。③ 农村医疗卫生网络三级体系不断完善，生产队卫生员、农村助产士等医疗专业人员队伍不断壮大。有关资料显示，1958—1978 年，医疗卫生专业人员占同期农村公共卫生技术人员的 53%—70%。④ 而农村地区，以乡村医院和"赤脚医生"为代表的医疗卫生体系，成为中华人民共和国成立初期农村资源匮乏现状下最有效的手段。从数据上也可以发现身体素质得到显著提高，预期寿命从 1960 年的 43.7 岁提高到 1978 年的 65.6 岁。⑤ 在社会保障体系方面，逐步建立"五保"供养保障体系，满足最贫困群众的基本生存需要。因此，社会主义制度建立初期的脱贫攻坚，为后期中国农村脱贫提供了充足的人力、物力，为大规模脱贫奠定了坚实的经济社会基础。

---

① 郑继承：《中国特色反贫困理论释析与新时代减贫战略展望》，《经济问题探索》2021 年第 1 期。
② 国家统计局农村社会经济调查总队：《中国农村贫困监测报告（2000）》，中国统计出版社 2000 年版，第 49 页。
③ 国家统计局国民经济综合统计司编：《新中国六十年统计资料汇编》，中国统计出版社 2010 年版，第 76 页。
④ 王小林：《新中国成立 70 年减贫经验及其对 2020 年后缓解相对贫困的价值》，《劳动经济研究》2019 年第 6 期。
⑤ 国家统计局：《建国三十年国民经济统计提要（1949—1978）》，2020 年 10 月 28 日，国家统计局，http://www.stats.gov.cn/tjsj/。

3. 改革开放和社会主义现代化建设新时期（1978—2011年）

（1）深化农村改革下的开发式扶贫阶段（1978—2000年）。改革开放之后，这一历史时期是中国战胜农村贫困的关键阶段，这一阶段中国脱贫的主要任务从体制改革下的扶贫到大规模的扶贫方式转变，主要目标从解决普遍性贫困转向区域性贫困，通过这种渐进性的调整方式，阶段性地展开脱贫工作，并结合农业发展与扶贫工作协同并进的战略，有效解决当前农村贫困人群的基本生存需求，为后续的高质量发展奠定坚实基础。改革开放以来，中国的贫困人口逐步减少，脱贫工作逐渐规范化、有序化、阶段化，但贫困人群基数依旧很大。统计数据显示，1978年的贫困线标准划定为100元，而当时人均收入低于标准线的高达2.5亿人，贫困发生率为30.7%。按照2010年贫困标准每人每年2300元的标准进行估算，发现1978年的贫困发生率竟然高达97.5%，贫困人口达7.7亿。为解决当时普遍存在的贫困问题，党和政府改变了之前一味"输血"的扶贫方式，引入开发式扶贫。一方面，启动农村综合改革，将农村社会制度设计为农村家庭联产承包责任制，赋予农村生产自主权，解放劳动生产力。农村家庭联产承包责任制是马克思主义农业合作理论在中国实践中的新发展。1980—1985年，中国农村农业年均增长9.3%，与同期社会总产值增长几乎持平，甚至更快。农村社会总产值由2795亿元增加到6340亿元，农村人均年收入由191元增加到397元。① 另一方面，为整合扶贫资源，提高资源利用效率，党和政府于1986年成立了国务院贫困地区经济开发领导小组，正式系统化、规范化、有组织地开展扶贫工作。建立目标瞄准机制。中央按照人均年收入320元的标准确定了664个贫困县，划分为18个集中贫困区，占全国贫困县总数的1/3。通过农业发展带动农村人口增收的方式脱贫，由此建立了县域扶贫发展模式。除从根本上解决20世纪末8000万人的吃饱问题，1994年党和政府提出《国家八七扶贫攻坚计划》，建立东西部扶贫合作机制，党和政府以及民间社会组织共同参与的多渠道模式，把扶贫工作放在政府工作的核心位置。

经过多年的不断发展，减贫工作取得了重大进展，居民人均收入大幅提高，贫困发生率也从1985年的14.8%下降至2020年的3.5%，而农村的贫困人口数也下降至3209万，有超过2亿人口脱贫，能够解决其温饱

---

① 国务院发展研究中心UNDP项目组：《经济发展、改革与政策》（第三卷），社会科学文献出版社1994年版，第870页。

问题。① 这在中国乃至世界历史上都是一个了不起的成绩，不仅使绝对贫困的受众得到救助，相对贫困的受众在文化生活等精神慰藉层面也得到显著改善，部分生活指标已经接近全国平均水平，贫困人口的温饱问题得到解决，为全面小康奠定了坚实的基础。

（2）市场化导向下培育内生动力减贫阶段（2001—2011年）。进入21世纪以来，中国特色社会主义市场经济体制改革不断深化，加入世贸组织以来对外开放的深度和广度不断加大。这些宏观环境的变化，将中国农村扶贫工作的重点和挑战推向了一个新的历史阶段，更加强调提高贫困群体的生存能力和促进贫困人口的内生动力。虽然这段时期尚未解决温饱问题的贫困人口数量并不多，但脱贫难度越来越大，部分解决温饱问题的贫困人口仍在贫困标准边缘。现阶段，收入贫困不再是农村面临的主要问题，由此导致的贫富差距拉大、城乡差距拉大、资金和项目投入减少、扶贫效率低下、区域扶贫成效下降是根本问题，群体贫困的问题日益突出，已成为农村减贫工作的主要障碍和因素。为应对当前中国农村减贫的现实挑战，2001年6月13日的《中国农村扶贫开发纲要（2001—2010年）》明确指出，发展生产力，是贫困地区脱贫致富的关键出路，是脱贫攻坚、加快发展、提高发展能力的长期重要政策。开辟了以市场机制建设内生动力的扶贫战略模式，中国扶贫已转向巩固民生、加快脱贫攻坚、提高发展能力的新阶段。

在市场导向的扶贫理念中，主要基于贫困地区原有资源的相对优势，在重点保护当地生态资源的基础上，对人居环境进行开发，由此实现贫困人口的可持续发展和平衡区域发展。因此，政府促进贫困人口内生发展的首要责任在于提供基础设施和基本公共服务，维护农村农产品市场发展秩序。在政府强大的组织、动员和资源使用下，以"四减四补"为代表的支农政策下，党和政府将农业灌溉、生产性基础设施建设和贫困地区教育、卫生、文化等公共服务纳入扶贫，强调区域扶贫与社会协调、进步和着力提高扶贫水平。为贫困人群提供基本公共服务和基础设施，提高农村人口的生活质量。这一时期，通过多项农业政策和市场化扶贫战略，让农村贫困人口从2000年的9422万人下降到2010年底的2688万人，贫困率从10.2%下降到2.8%。以2010年调整后的贫困标准衡量，农村贫困率从2000年的49.8%下降到2010年的17.2%，意味着十年间农村贫困率下降

---

① 国家统计局：《中国统计年鉴（2020）》，2020年9月28日，国家统计局，http://www.stats.gov.cn/tjsj/。

了 32.6%。农村人均可支配收入从 2000 年的 2282.1 元上升到 2010 年的 6282.4 元，增加了约 4000 元，实际收入增长从 2.5%上升到 11.4%的高位。可以看出，这一时期的扶贫战略更加注重"造血"扶贫，着眼于区域和人的发展，明确了市场机制在资源配置中的关键作用，形成了政府与市场相结合的扶贫机制。通过市场机制增强贫困人口的内生发展动力，为习近平新时代精准扶贫理念奠定基础。

4. 中国特色社会主义新时代（2012 年以来）

（1）精准扶贫阶段（2012—2019 年）。2013 年 11 月，习近平总书记提出"精准扶贫"新理念。遵循"精准扶贫"新理念，扶贫工作朝着精准脱贫方向迈进，精准扶贫不再局限于对贫困人口的适当社会救助，而是延伸到教育、金融、产业扶持、农村基础设施、环境生态保护、危房改造搬迁等领域。由"应对扶贫、扶持贫困"演变为"发展型扶贫致富"，突出扶贫"扶持功能"。党的十八大以来，以习近平同志为核心的党中央不断更新扶贫发展模式，把扶贫开发放在治理的高度，将扶贫开发纳入国家发展总体战略，并采取了一些非凡的和独创性的重大举措。在此期间，鉴于当前的经济发展结构和变化，2014 年 1 月 25 日，中共中央办公厅、国务院办公厅公开印发《关于创新机制扎实推进农村扶贫开发工作的意见》，引领中国农村脱贫攻坚进入新的历史时期，着力帮助脱贫群众走可持续发展道路。习近平新时代精准扶贫理念已转向多维福利发展，将农村环卫、饮水、住房、卫生、教育、文化等作为脱贫攻坚的重点领域。习近平新时代精准扶贫理念是对中国特色社会主义减贫理论的原创性贡献，是马克思主义反贫困理论中国化的成功实践。习近平总书记指出："脱贫攻坚，成败关键在于精准，精准落村，精准脱贫。"精准扶贫作为一种创新的扶贫模式，立足农村实际，适应新形势下时代发展需要，是中国共产党脱贫攻坚实践和理论的重大创新。解读"四个问题"核心内涵，阐释"五个一批"主要任务，更新"六个精准"重要要求，精准扶贫思路涉及省、市、县、镇、村党支部齐心协力脱贫攻坚，凝聚国内脱贫攻坚全力量。[①] 例如，在完善脱贫攻坚时期，党和政府在东部 267 个经济最发达县（市、区）实施结对式对口帮扶西部贫困县 434 个，强化中央单位

---

① "四个问题"，即扶持谁、谁来扶、怎么扶、如何退；"五个一批"，即发展生产脱贫一批、易地搬迁脱贫一批、生态补偿脱贫一批、发展教育脱贫一批、社会保障兜底一批；"六个精准"，即扶贫对象精准、项目安排精准、资金使用精准、措施到户精准、因村派人精准、脱贫成效精准。

320个对口帮扶贫困县（市、区）592个和军队武警帮扶贫困村3500多个，启动了"百县万村""万企帮万村"等帮扶计划。①

习近平新时代精准扶贫打通了脱贫攻坚全过程，从确定扶贫对象到扶贫责任人，再到脱贫考核评价，实现了全过程管理。党和政府选派驻村干部77.5万人，中央组织部抓好党建脱贫攻坚工作，选派19.5万名优秀干部到贫困村党组织担任书记。脱贫攻坚也从被动脱贫向主动参与转变，从刻意脱贫向主动脱贫转变，更加注重用意志和智慧扶贫，从物质脱贫转向更加突出的精神脱贫，脱贫攻坚取得重大进展。根据2010年贫困标准，中国农村贫困人口从2012年的9899万人减少到2019年的5511万人，到2020年贫困率下降9.6个百分点。与此同时，贫困地区农村贫困人口从2012年底的6039万人下降到2019年底的362万人，平均每年减少811万人，农村贫困率下降21.8个百分点。② 减贫速度和减贫成果位居全球减贫前列。

（2）巩固拓展脱贫攻坚成果阶段（2020年以来）。巩固拓展脱贫攻坚成果阶段标志着中国扶贫工作进入一个新的发展时期。到2020年中国现行标准下农村贫困人口全部实现脱贫、贫困县全部摘帽、区域性整体贫困得到解决。"两不愁"质量水平明显提升，"三保障"突出问题彻底消除。贫困人口收入水平大幅提高，自主脱贫能力稳步增强。贫困地区生产生活条件明显改善，经济社会发展明显加快。至此，脱贫攻坚取得全面胜利，提前10年实现《联合国2030年可持续发展议程》减贫目标，实现了全面小康路上一个都不掉队，在促进全体人民共同富裕的道路上迈出了坚实一步。2021年《中共中央 国务院关于实现巩固拓展脱贫攻坚成果同乡村振兴有效衔接的意见》指出，"打赢脱贫攻坚战、全面建成小康社会后，要在巩固拓展脱贫攻坚成果的基础上，做好乡村振兴这篇大文章，接续推进脱贫地区发展和群众生活改善。做好巩固拓展脱贫攻坚成果同乡村振兴有效衔接，关系到构建以国内大循环为主体、国内国际双循环相互促进的新发展格局，关系到全面建设社会主义现代化国家全局和实现第二个百年奋斗目标"。自2021年以来，中国政府采取了一系列政策措施，旨在确保脱贫攻坚成果的可持续性，并推动乡村的全面发展。

---

① 黄承伟：《党的十八大以来脱贫攻坚理论创新和实践创新总结》，《中国农业大学学报》（社会科学版）2017年第5期。
② 中国农业与经济社会发展数据库：《中国农村贫困监测报告（2020）》，2020年10月28日，中国知网，https://cnki.nbsti.net/CSYDMirror/trade/Yearbook/Single/N2020020019?z=Z009。

(二) 从救济保障到新型保障：中国社会救助制度的演变

1. 新民主主义革命时期（1921—1948年）

1921年中国共产党成立初期，充分认识到只有推翻旧的社会制度，建立新的社会制度才能改变近代中国积贫积弱的社会现状，才能救中国。而社会救助制度也是如此，面对贫困和弱势群体时，只有破旧立新的革命才是解决社会救助问题的根源。由此，中国共产党致力于以革命的方式推翻旧制度作为贫困救助的根本途径。同时也认识到社会革命的同时，需要以生产自救、防灾救灾的方式帮助贫困群体。由此，这个阶段的社会制度呈现革命化的特征。

2. 社会主义革命和建设时期（1949—1977年）

中华人民共和国成立初期，当时的国内外形势相当严峻。国际社会对中国采取排斥、孤立、封锁的手段，而国内在经历战争和自然灾害之后，经济早已千疮百孔，百废待兴，大量失业人员、灾民组成的贫困弱势群体充斥其中。首先，当时国家财政十分紧缺，救助水平相对偏低。其次，秉持"救急不救穷"的基本理念，防止受助者因此产生懒惰心理。由此，在1950年初发布了《关于生产救灾的指示》等相关文件，提出通过积极组织生产自救、群众互助等方式展开救灾互助活动。还因为救助对象构成相对复杂，将弱势群体根据类型进行不同种类的划分，并对不同类型的弱势群体采取不同的救助手段。针对失业工人，提出以工代赈等办法展开失业救助。针对没有生存就业能力的弱势群体采取收容的方式，并通过组织其劳动，为其提供劳动生产学习机会。通过获得教育的方式展开技能学习，就此获得自力更生的能力。针对残疾人和孤寡老人等特殊群体，采取物资救济的方式。虽然这一时期社会救助措施多种多样，但这些制度措施根本上是临时性的、应急性的。可以从这一时期救助政策发现，多是以"指示""精神"为依据的行政指令，救助对象的识别也是暂时性的，资金的来源也尚未明晰，由此体现出应急性的特征。

3. 改革开放和社会主义现代化建设新时期（1978—2011年）

1978年改革开放以来，中国经济进入快速发展新阶段，经济迅猛增长的同时，民众的生活水平也大幅提高。其间，由于产业结构调整，大量工人下岗失业，工人不仅失去赖以生存的工作，还丧失了与工作相关的保障待遇，致使生活出现窘境。在这种背景下，定期定量的社会救济方式已经无法满足困难群众对于救助的需求，甚至家庭无法应对出现的贫困障碍，社会救助模式亟待转型。这一时期，政策转变的根本依据来自经济发展过程中，以及转型所致的贫困和不平等问题。由此通过根本矛盾，建立以最低生活保障为核心的新型社会救助体系，这一阶段的社会救助政策开始相对规范，从没有标准、随意性相对较大的发展模式转变成以低保制度为核心的救助体系，使中国社会救助相关制度逐渐规范标准，进入社会救助基础化阶段，在为弱势群体提供保障方面发挥关键作用。

4. 中国特色社会主义新时代（2012年以来）

2014年中国颁布了《社会救助暂行办法》，尽管该法规立法位阶不高，但不可否认的是该法规是中华人民共和国成立以来第一部围绕社会救助制度展开统筹规范的法规，不仅从制度上提出对贫困弱势群体给予基本的生活保障，更是从精神慰藉、生存发展能力等方面出发，通过社会救助的方式帮助贫困弱势群体提高生活质量，它的出现结束了社会救助在立法领域碎片化的状态，具有深远的历史意义。从此，中国社会救助进入民主化阶段。特别是随着经济的快速发展，社会救助工作的开展更加复杂，相对贫困和相对弱势群体的救助问题愈加突出。社会救助工作需要与时俱进，对其工作进行拓展与调整。从这个思路出发，社会救助政策关注的重点从基本生活保障转向提升相对弱势群体的综合能力及生活质量。通过积极的有针对性的救助政策，实现"弱有所扶"高质量发展的目标。由此中国社会救助政策发生转变，通过逐步的民生化，其重点内容主要在提升相对弱势群体的生活质量、精神慰藉、生存发展多个维度，进行全方位的提质增效，由此彰显中国特色社会主义新时代以人民为中心的发展理念。

## 二　建党百年"弱有所扶"社会保障发展的历史成就

### （一）扶贫救助人数众多

在过去很长一段时间里，中国是贫困人口规模极为庞大的发展中国家。1978年改革开放初期，中国的贫困人口总量达到7.7亿人，其中处于饥寒交迫状态的贫困人口数量达到2.5亿人。为了让这些贫困弱势群体得到基本的社会救助，中国于20世纪90年代初期，制定了最低生活保障制度。通过对相关人员的基本情况展开调查，确立了城乡居民最低生活保障标准，到2012年末，经过统计得出全国需要社会救助的城市低保人口为2143.5万人，农村需要社会救助的低保人口为5344.5万人，贫困救助对象众多。[①] 由此，在党的十八大以后，社会救助工作更上一个台阶，通过实施精准救助的方式，城市相关所需救助数量下降到1261万人，农村

---

① 民政部：《2012年社会服务发展统计公报》，《人民日报》2013年6月19日第2版。

相关所需救助数量下降到 4045.2 万人①，确保了众多贫困人群获得基本的救助，满足其基本的生活需求。从救助人数上充分展现中国多年来社会救助的显著成效。

（二）扶贫救助标准不断提高

不仅救助人口众多，救助标准的不断提高也能反映出中国"弱有所扶"社会保障发展的成就。众所周知，救助标准与一个国家和地区的经济发展水平息息相关。改革开放以前，中国经济发展相对落后，整个社会都处于积贫积弱的状态，针对城市划定的贫困标准仅是每人每年 100 元，农村更是只开展灾害救济和临时救济，救济标准水平极低。然而改革开放以来，党和政府将以经济建设为重点，大力发展中国经济，着力提升保障水平。通过提高城乡居民的救助标准，从每人每月 52 元提高至每人每月 330.1 元，到 2017 年提升至每人每月 540.6 元。农村的救助标准也从之前的每人每月 172.3 元提升至每人每月 358.4 元。② 其提升幅度大大超过同期经济增长水平和居民人均收入的增长幅度。

（三）扶贫救助项目扩大

扶贫救助的相关内容，都是与人的基本需求息息相关的，扶贫救助的水平受到经济发展水平的影响。从长期发展出发，随着经济的不断发展，群众的生活水平也会得到不断提高，群众所需的服务和内容不断增加，推动扶贫救助项目的不断增加。最初可能是从给予物资等方面提供生存型救助。现在在满足基本需求的同时，将服务性的救助内容纳入其中，扶贫救助项目不再只是从食品、衣着、居住环境等方面进行考量，更多的是将群众发展型救助项目进行扩展，提供精神慰藉等层次的帮扶，充分体现当下保障的人文特性。这一切的改变是从中华人民共和国成立以后，党和政府通过逐步完善相关制度，针对不同弱势群众制定实施了医疗救助、住房救助、教育救助、临时救助等，凡是涉及群众基本生活需求的服务项目都逐步建立。不仅如此，政府根据实际发展情况，制定门类齐全的社会救助体系，在统筹城乡发展中，立足实践，规范程序、保证资源充足，取得了中国扶贫救助事业的巨大成就，创造了扶贫救助历史的伟大奇迹，为其他国家的保障事业建设提供了中国模式。

---

① 民政部：《2017 年社会服务发展统计公报》，2018 年 8 月 16 日，中华人民共和国民政部，http：//www.mca.gov.cn/article/sj/。

② 民政部：《2017 年社会服务发展统计公报》，2018 年 8 月 16 日，中华人民共和国民政部，http：//www.mca.gov.cn/article/sj/。

### （四）扶贫救助机制完善

扶贫救助作为一项解决群众基本需求的兜底性保障制度，其事业的高质量发展和政策目标的实现都需要依靠其相关机制的完善，它们是扶贫救助工作得以高效运行的重要前提和保证。中华人民共和国成立初期，扶贫救助对象的甄别还不十分精准，标准的制定和调节相对随意，救助资金监管力度不足的问题也十分严重，制约了扶贫救助事业的高质量发展。据此，各地区从当地实际情况出发，以各地人口和收入的相关数据为基础，整合资源，动态调整扶贫救助标准，并通过凝聚社会力量，强化救助监管效果，推动保障机制、退出机制、监督机制等一系列机制体系的完善，推动扶贫救助事业健康发展。

## 第三节 中国"弱有所扶"高质量发展的问题检视

### 一 中国精准扶贫高质量发展的实证分析

随着经济的快速发展和社会主要矛盾的变化，人民群众对扶贫的认识从单一走向多元，从线性走向多维，扶贫高质量发展的重点内容是关注贫困人口的多维需求。因此，本部分构建多维贫困指标体系，结合统计年鉴相关数据，从不同时间维度、不同地域维度，对中国贫困程度进行测度，再通过分析高质量脱贫的影响因素，从微观视角为中国扶贫高质量发展提供政策建议。

#### （一）变量选择与数据获取

贫困水平的识别与贫困指数的构建是展开扶贫研究的前提。传统的贫困识别通过收入等相关指标划定贫困线的方式进行研究，但这只能反映贫困程度的一个侧面，不能全方位衡量贫困水平，更不能反映高质量发展的目标。由此想要研究高质量精准脱贫，需构建多维贫困指标体系，全方位综合评判贫困程度，故而构建了包括收入、健康等多维贫困指标体系，运用多维贫困指标测定方法，对当前结果展开分析。指标体系选取方面，主要参考《脱贫攻坚资料汇编——贫困对象退出验收评价指标及标准》。具体选择标准如表9-1所示。本部分使用的是2000年、2002年、2005年、2009年、2012年、2014年和2018年的CLHLS数据。

表 9-1　　　　　　　　　　多维贫困指标体系

| 维度 | 指标 | 标准 | 赋值原理 |
| --- | --- | --- | --- |
| 收入 | 人均纯收入 | 2300 元 | 若人均纯收入低于 2300 元，则赋值为 0；否则为 1 |
| 教育 | 劳动力平均受教育年限 | 6 年 | 若劳动力平均受教育年限低于 6 年，则赋值为 0；否则为 1 |
| 健康 | 不健康人口数量 | 家中有一个及以上不健康人口 | 若家庭中有一个及以上的残疾人、患有大病、长期慢性病或体弱多病的人则定义此家庭为健康贫困状态，则赋值为 0；否则为 1 |
| 饮用水 | 饮用水安全 | 饮用水水源有污染或饮水困难 | 若报告饮用水水源有污染或饮水困难，则赋值为 0；否则为 1 |
| 卫生设施 | 厕所 | 是否有厕所 | 若家庭中无厕所，则赋值为 0；否则为 1 |
| 能源 | 燃料 | 使用燃料是否为柴草 | 若家庭做饭使用燃料为柴草，则赋值为 0；否则为 1 |
| 通信 | 电话或手机 | 是否有电话或手机 | 若家庭没有电话或手机，则赋值为 0；否则为 1 |

（二）计量模型选择

本节采用 Alkirean 和 Foster 提出的关于多维贫困的度量方法。[①] 该方法将贫困划分为多个贫困维度，并对每个维度的贫困制定一个标准，通过调查的方式确定属于每个维度上的赋值。FGT 方法的计算方法是按照贫困个体数计算出多维贫困的发生率 $H$：

$$H = H(y, z), \quad H = q/n \tag{9-1}$$

式中，$y$ 为调查的对象 $i$ 在 $j$ 这个贫困维度上的赋值；$z$ 为在 $j$ 这个维度上的标准线；$q$ 为标准线或者临界值 $z$ 下的个体数目。FGT 方法具有简洁的优点，但对贫困群体的分布情况和贫困标准的划定还不清晰。对此，Alkirean 和 Foster 引入平均剥夺份额对贫困率进行了调整，从而在一定程度上克服了 FGT 方法的缺点：

$$M_0 = (y; z) = \mu(g(k)), \quad M_0 = \mu(g(k)) = HA \tag{9-2}$$

式中，$M_0$ 为平均剥夺份额 $A$ 对于调查对象贫困发生率 $H$ 进行调查后测度的多维贫困指数，以等权重的方式对各个维度的贫困指标进行加总。

再将多维贫困指数按照特征等多种维度进行分解，其分解公式如

---

[①] Alkire S., Foster J., "Counting and Multidimensional Poverty Measurement", *Journal of Public Economics*, Vol. 95, No. 7-8, August 2011, pp. 476-487.

式（9-3）所示：

$$M(u, r) = n(u)M(u) + n(r)M(r) \qquad (9-3)$$

（三）实证结果分析

全方面、多维度、跨地区对中国2000—2018年贫困状况进行测量。计算出不同年份、不同区域、城乡之间的贫困指数，分析其差异，具体结果如表9-2所示。

表9-2　不同维度下基于地区和城乡分组的多维贫困指数

| $k$ 值 | 年份 | 全国 | 城乡 | | 地区 | | |
| --- | --- | --- | --- | --- | --- | --- | --- |
| | | | 农村 | 城市 | 东部地区 | 中部地区 | 西部地区 |
| $k=1$ | 2000 | 0.8443 | 0.9264 | 0.8105 | 0.8004 | 0.0844 | 0.8861 |
| | 2002 | 0.7164 | 0.7642 | 0.6941 | 0.6969 | 0.7108 | 0.7516 |
| | 2005 | 0.6645 | 0.6912 | 0.6204 | 0.6148 | 0.6562 | 0.6846 |
| | 2009 | 0.4846 | 0.5431 | 0.4513 | 0.4542 | 0.4848 | 0.5021 |
| | 2012 | 0.0231 | 0.0346 | 0.0209 | 0.0221 | 0.0225 | 0.0299 |
| | 2014 | 0.0191 | 0.0264 | 0.0096 | 0.0188 | 0.0195 | 0.0203 |
| | 2018 | 0.0106 | 0.0241 | 0.0087 | 0.0100 | 0.0128 | 0.0133 |
| $k=2$ | 2000 | 0.7961 | 0.8421 | 0.7812 | 0.7855 | 0.8057 | 0.8805 |
| | 2002 | 0.7042 | 0.7512 | 0.6413 | 0.6966 | 0.7037 | 0.7146 |
| | 2005 | 0.6131 | 0.6613 | 0.6018 | 0.6054 | 0.6251 | 0.6347 |
| | 2009 | 0.4513 | 0.4942 | 0.4205 | 0.4215 | 0.4454 | 0.4612 |
| | 2012 | 0.0209 | 0.0331 | 0.0155 | 0.0183 | 0.0187 | 0.0243 |
| | 2014 | 0.0164 | 0.0212 | 0.0088 | 0.0151 | 0.0166 | 0.0188 |
| | 2018 | 0.0055 | 0.0103 | 0.0042 | 0.0048 | 0.0069 | 0.0073 |
| $k=3$ | 2000 | 0.7615 | 0.7942 | 0.7421 | 0.7513 | 0.7616 | 0.7852 |
| | 2002 | 0.6694 | 0.6484 | 0.6246 | 0.6530 | 0.6641 | 0.6916 |
| | 2005 | 0.5945 | 0.4921 | 0.5516 | 0.5010 | 0.6013 | 0.6233 |
| | 2009 | 0.4201 | 0.3110 | 0.4054 | 0.4101 | 0.4328 | 0.4545 |
| | 2012 | 0.0188 | 0.0205 | 0.0121 | 0.0179 | 0.0185 | 0.0229 |
| | 2014 | 0.0073 | 0.0099 | 0.0037 | 0.0069 | 0.0085 | 0.0096 |
| | 2018 | 0.0037 | 0.0062 | 0.0015 | 0.0027 | 0.0035 | 0.0044 |

从表9-2可以分析得出中国当前多维贫困的发展趋势。总体来看，中国贫困指数是随着时间的推移呈现全方位下降的趋势。例如，在 $k=$

1时，全国贫困指数从 2000 年的 0.8443 下降至 2018 年的 0.0106。从城乡角度进行对比发现，18 年间扶贫事业的发展取得了巨大成效。无论是农村还是城市贫困指数均大幅下降。当 $k=3$ 时，城市的贫困指数从 2000 年的 0.7421 下降至 2018 年的 0.0015，农村的贫困指数从 2000 年的 0.7942 下降至 2018 年的 0.0062，可以发现城市的贫困指数比农村要低，即城市贫困发生率会相对较低，且城市贫困指数下降的速度也比农村要快，虽然城乡差距依旧存在，但贫困发生率显著降低，人民生活水平得到提升。

通过对不同地区多维贫困进行分析发现，当前中国贫困的区域差异依旧存在。对比东部、中部、西部地区的贫困指数可以看出，无论在 $k=1$ 时，还是在 $k=2$、$k=3$ 时，东部地区的贫困指数都低于中部地区和西部地区，而中部地区略低于西部地区。另外，从三个地区贫困指数下降速度来看，东部地区的速度也是远高于中部和西部地区的，而中部地区比西部地区略高一些。

当 $k=1$ 时，即家庭在任意一个维度存在贫困，就视为贫困户；当 $k=2$ 时，则表示家庭同时存在两个维度的贫困，视为贫困户；当 $k=3$ 时，则表示家庭同时存在三个维度意义上的贫困，视为贫困户。例如，2018 年，当 $k=1$ 时，全国贫困指数为 0.0106；当 $k=2$ 时，全国贫困指数为 0.0055；当 $k=3$ 时，全国贫困指数为 0.0037，表明当贫困标准制定得较为宽松时，贫困指数相对较高，随着贫困标准化，贫困指数也越来越低，表明针对精准扶贫高质量发展，制定多维贫困指标体系尤为重要。

为了更好地从不同角度理解影响多维贫困指数的因素，我们对多维贫困的构成要素进行分解，分析各个维度对总体多维贫困的贡献。贫困的可变性反映在不同的可衡量指标对多维贫困指数的贡献上。可衡量的指标对多维贫困的贡献度越高，该维度的贫困程度相较于其他维度就越高（见表 9-3）。

表 9-3 各要素对贫困的贡献率分解 单位：%

| 年份 | 收入 | 教育 | 健康 | 饮用水 | 卫生设施 | 能源 | 通信 |
| --- | --- | --- | --- | --- | --- | --- | --- |
| 2000 | 14.35 | 8.46 | 12.61 | 2.16 | 11.67 | 22.13 | 28.61 |
| 2002 | 11.54 | 6.13 | 20.46 | 3.77 | 15.75 | 20.76 | 23.21 |
| 2005 | 10.63 | 5.47 | 26.44 | 4.23 | 13.46 | 19.81 | 18.44 |

续表

| 年份 | 收入 | 教育 | 健康 | 饮用水 | 卫生设施 | 能源 | 通信 |
|---|---|---|---|---|---|---|---|
| 2009 | 8.11 | 3.85 | 25.44 | 6.62 | 16.49 | 17.46 | 15.46 |
| 2012 | 10.62 | 2.99 | 30.99 | 5.19 | 20.33 | 14.31 | 10.61 |
| 2014 | 9.46 | 3.91 | 22.46 | 8.83 | 23.38 | 15.11 | 6.78 |
| 2018 | 8.46 | 2.46 | 25.46 | 9.45 | 25.41 | 10.96 | 3.46 |

通过对多维贫困贡献率进行分解，发现从时间维度上，收入、教育、能源和通信整体上呈现下降的趋势，表明在这四个维度上，当前的全国贫困状况得到显著改善；而健康、饮用水、卫生设施呈上升趋势，表明在这些方面导致的贫困问题还存在较大的提升空间。

## 二 中国救灾工作高质量发展的实证分析

本部分针对中国"弱有所扶"高质量发展中救灾的高质量发展问题进行充分研究。运用熵值法，对中国自然灾害综合风险展开测算，通过构建包括硬件风险、软件风险两类风险，含有致灾因子、历史灾情、暴露易损性、抗灾恢复力四类灾害综合风险评价指标体系展开分析，为各地救灾工作高质量发展提供指标参考。

### （一）变量选取与数据来源

根据自然灾害的基本特征，建立灾害综合风险评价指标体系。其中，准则层包括硬件风险和软件风险两大部分。硬件风险包括致灾因子和历史灾情两部分，软件风险包括暴露易损性和抗灾恢复力两部分。致灾因子包括农业自然灾害受灾面积，历史灾情包括因灾死亡人数、受灾人口、倒塌房屋；暴露易损性包括城市人口密度、人均可支配收入、城乡居民收入比。抗灾恢复力包括城市化率、人均GDP。基础数据主要源于《中国社会统计年鉴》《中国统计年鉴》（见表9-4）。

表9-4　　　　　　灾害综合风险评价指标体系

| 目标层 | 准则层A | 方案层B | 指标属性层C |
|---|---|---|---|
| 灾害综合风险评价指标体系 | 硬件风险A1 | 致灾因子B1 | 农业自然灾害受灾面积C1 |
| | | 历史灾情B2 | 因灾死亡人数C2 |
| | | | 受灾人口C3 |
| | | | 倒塌房屋C4 |

续表

| 目标层 | 准则层 A | 方案层 B | 指标属性层 C |
|---|---|---|---|
| 灾害综合风险评价指标体系 | 软件风险 A2 | 暴露易损性 B3 | 城市人口密度 C5 |
| | | | 人均可支配收入 C6 |
| | | | 城乡居民收入比 C7 |
| | | 抗灾恢复力 B4 | 城市化率 C8 |
| | | | 人均国内生产总值（GDP）C9 |

（二）计量模型选择

对相关指标进行归一化和标准化处理。当指标值越大而灾害风险情况越高时，采用正向指标代入式（9-4）进行计算。当指标值越小而灾害风险情况越高时，采用逆向指标代入式（9-5）进行计算。

第一步：将各项指标数值进行归一化处理，然后计算第 $i$ 个单位在第 $j$ 项指标属性的贡献度 $a_{ij}$：

$$a_{ij} = x_{ij} / \sum_{i=1}^{n} x_{ij}, \ i = 1, 2, 3, \cdots, n; \ j =, 2, 3, \cdots, m \qquad (9-4)$$

第二步：计算评价指标的熵值：

$$H_j = -k \sum_{i=1}^{n} a_{ij} \ln a_{ij} (k = 1/\ln n) \qquad (9-5)$$

（三）实证结果分析

收集中国 2011—2020 年评价指标的相关数据，计算处理，得到各指标的权重以及各系统的总权重（见表 9-5）。

表 9-5　　　　　灾害综合风险评价二级指标权重

| 指标 | B1 | B2 | B3 | B4 |
|---|---|---|---|---|
| 权重 | 0.115 | 0.364 | 0.285 | 0.236 |

通过对 2011—2020 年中国主要的灾害综合风险数据及其指标权重进行比较分析，可以发现致灾因子、历史灾情、暴露易损性和抗灾恢复力，计算得出的权重分别是 0.115、0.364、0.285、0.236，从中可以发现中国灾害综合风险评价指标权重由高到低分别为历史灾情、暴露易损性、抗灾恢复力、致灾因子。三级指标中受灾人口、人均可支配收入、人均 GDP 三项指标权重分别为 0.1456、0.1425、0.1416，相对而言较为重要。

表 9-6　　　　　　　灾害综合风险评价三级指标权重

| 指标 | C1 | C2 | C3 | C4 | C5 | C6 | C7 | C8 | C9 |
|---|---|---|---|---|---|---|---|---|---|
| 权重 | 0.1150 | 0.1092 | 0.1456 | 0.1092 | 0.0570 | 0.1425 | 0.0855 | 0.0944 | 0.1416 |

### 三　中国社会救助高质量发展的实证分析

本部分针对中国"弱有所扶"高质量发展中社会救助的高质量发展问题进行充分研究。运用 ELES 模型[①]，对中国社会救助低保线展开测算，通过人均可支配收入、人均可支配消费以及当前低保标准对中国当前弱势群体从生存到发展的五个层级的救助线展开分析，通过对最低生活保障实际标准进行测算，为各地制定实际最低生活保障给付水平提供参考。

（一）变量选取与数据来源

根据《城市居民最低生活保障条例》制定的标准，可以从理论上将救助的标准划分为五个层级。第一层级是食品线，即通过给予食品的方式满足其基本生存需求。第二层级是基本生活线，即在满足其食品需求后，给予其遮蔽御寒的衣着，以及让弱势群体居有定所，满足其最低水平的衣着需求和住房需求，是基本生活线的标准。第三层级是持续生活线，即在第二层级的基础上，获得基本的医疗卫生服务。当许多弱势群体长期处于患病状态时，不仅面临疾病所带来的风险，还有可能因无力支付医疗费用而因病致贫，因此获得基本医疗卫生服务能从一定程度上让贫困患者拥有健康生活。第四层级是初步发展线，即在前一层级的基础上，获得文化教育等相关服务，这不再是简简单单的生存型救助，而是开始满足基本精神需求，给予职业培训等相关项目，帮助弱势群体掌握基本的职业技能，摆脱生存困境。第五层级是全面发展线，这是最高层级的社会救助，不仅能够得到较为全面的生存生活保障，而且能够通过不断提升自身能力获得发展机会。由此通过构建五个层级的指标体系，发现社会救助的水平层次。

（二）计量模型选择

ELES 模型能够对上述从生存到发展的五个层级进行测算。模型的公式为：

---

[①] Browning M., Meghir C., "The Effects of Male and Female Labor Supply on Consumption", *The Review of Economic Studies*, Vol. 58, No. 4, April 1991, pp. 583-603.

$$R_{ij} = P_{ij} \times Q_{ij} = P_i \times J_i + b_i \left( I - \sum_{j=1}^{n} P_j \times C_j \right)$$

$$= \left( P_i \times J_i - b_i \times \sum_{j=1}^{n} P_j C_j \right) + b_i \times I, \ i, j = 1, 2, \cdots, 8 \quad (9-6)$$

$$a_i = P_i, J_i - b_i \sum_{j=1}^{n} P_j C_j, \ \text{则} \sum_{i=1}^{n} a_i = \sum_{i=1}^{n} P_i J_i - \sum_{i=1}^{n} b_i \sum_{j=1}^{n} P_j C_j \quad (9-7)$$

假设人均可支配收入 $I$ 分为储蓄和消费两部分，则可设纯消费支出为 $I'$。

$\sum_{i=1}^{n} P_i J_i$ 是城市低保标准的理论值，即：

$$\sum_{i=1}^{n} a_i + \sum_{i=1}^{n} b_i \left( I' - \sum_{i=1}^{n} P_i J_i \right) \quad (9-8)$$

经推导：

$$\sum_{i=1}^{n} P_i J_i = \left( \sum_{i=1}^{n} a_i + I' \sum_{i=1}^{n} b_i \right) \div \left( 1 + \sum_{i=1}^{n} b_i \right) \quad (9-9)$$

按照居民人均消费支出水平，可以将其划分为最低收入人群、低收入人群、中等偏下收入人群、中等收入人群、中等偏上收入人群、较高收入人群以及高收入人群7类。而从消费内容上，可根据食品、居住、衣着、医疗服务、教育职业等方面进行划分。利用线性回归模型，对中国社会救助低保线展开测算。通过数据结果发现，2007—2016年中国年均低保值呈现逐年上升的趋势，实际低保指数由182.40元提高到494.57元，而理论低保值在328.05—1215.23元，实际值仅为理论值的40.7%—55.6%，远未达到理论值的标准水平。

（三）实证结果分析

根据图9-2测算出2007—2016年恩格尔系数下的食品支出额、低保理论值、低保实际值的相关数据。可以发现2007—2016年根据恩格尔系数折算后的食品支出额从417.94元上升至640.23元。根据低保实际值的测算结果仅占其45%—63%，远低于同时期的水平，表明2007—2016年低保实际支付的标准未达到食品需求的基本水平，水平差距相对较大。而低保理论值虽然高于恩格尔系数测算的水平，但食品支出所占比例高达66%—72%，表明这一时期弱势群体主要获得了生存救助，以及针对其进行的食品需求补充。

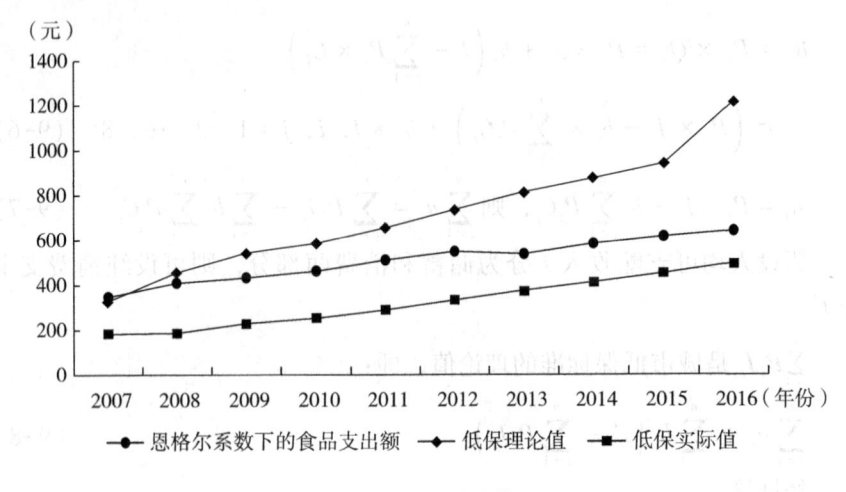

图 9-2 三值比较

从图 9-3 可以发现，2007—2016 年低保线占人均消费支出比重的变动趋势，其中食品线的比重在 15%—20%，基本生活线在 25%—30%，持续生活线在 29%—35%，初步发展线在 40%—45%，全面发展线在 51%—55%，且起伏波动不大。表明在实行阶梯式低保制度时，水平标准的设立与当地的经济发展水平、弱势群体情况、贫困程度相挂钩。通过对低保实际标准进行测算，为各地制定实际低保给付水平提供参考。实际低保标准越高，对地方政府在阶梯式低保制度中选择较高的"线"就越具正向推动作用，同时也可以从其中判断地方政府低保实际的可承受能力。

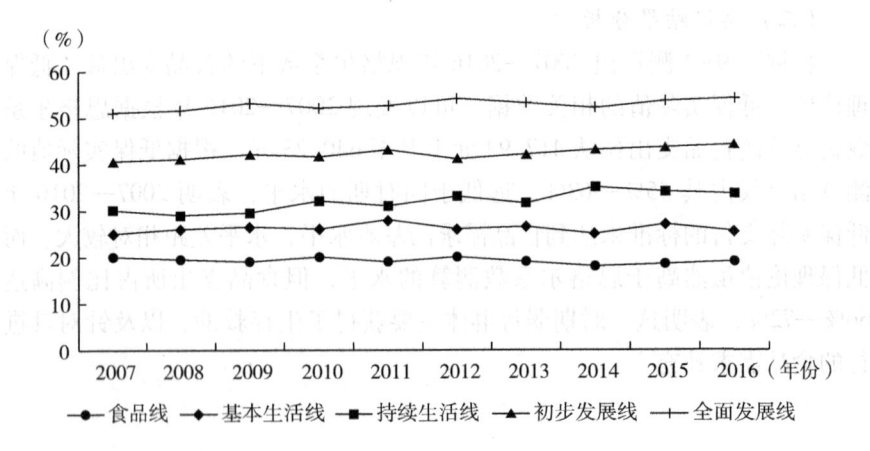

图 9-3 五线趋势比较

## 四 问题检视

当前，中国"弱有所扶"发展存在"政府热、社会弱、市场冷"的局面，企业和社会组织等相关主体都还游离在核心力量之外，其效能并未完全展现。通过数字赋能，构建扶弱的数字平台，将企业、社会组织等主体吸纳其中，充分发挥各自的优势，从而形成优势互补、主体协同的体制机制。例如，可以通过数字平台，了解到各主体的供需数据，帮助企业、社会组织了解弱势群体的根本需求，打破主体之间的信息壁垒，实现帮扶主体与弱势群体的精准匹配，形成双向互动，提高帮扶效果。

## 第四节 中国社会保障"弱有所扶"高质量发展的实现路径

### 一 中国社会保障"弱有所扶"高质量发展的目标向度

（一）"弱有所扶"高质量发展的方向

"弱有所扶"高质量发展的关键点在于扶"弱"，但这个"弱"具有多层含义。在扶贫中，这个弱指代经济贫困的群体，在社会救助中，这个弱指代特困人员、困难儿童、农村弃婴等一系列弱势群体。而"弱有所扶"即保障各类人群基本生存权与平等参与社会发展的权利。但也正是因为各类人群的不同，致使在多年发展中形成了各自有针对性的政策群。然而，碎片化的政策群无法适应当前新时代发展的要求。"弱有所扶"高质量发展必须从顶层设计出发，强调整体布局，突出整体意识和全局思维能力，统筹政策群，增强之间的有效联系。对"弱有所扶"涉及的各类人群展开分类管理、分类落实、制定分类标准，通过加强分类的治理能力，最终实现精准的治理模式。

（二）"弱有所扶"高质量发展的目标

"弱有所扶"高质量发展的重点目标是了解社会各类弱势群体的生存需求，并为其提供相应的发展性援助，帮助他们摆脱现实困境，包括扶贫、扶弱、防灾减灾等多个方面。"弱有所扶"高质量发展体现的是一个国家、一个社会的"良心"，是一个国家、一个民族文明发展程度的重要体现。想要实现"弱有所扶"高质量发展的目标，必须重点强调社会政策的保障作用，充分认识社会保障政策兜底的功能布局，只有保障政策与法律制度日趋完善，才能真正起到支撑作用。

## 二 中国社会保障"弱有所扶"高质量发展的主要测度

### (一) 主要测度指标与高质量发展指数设计

"弱有所扶"高质量发展是新时代使命的根本要求,也是"弱有所扶"自我演进发展的内在遵循,更是改革发展的根本出路。让弱势群体在共建共享发展中有更多获得感,需要积极推动扶弱工作的展开。当前中国"弱有所扶"相关保障工作只能维持被救助者基本生存水平这一较低目标,不利于弱势群体的未来发展,与当前中国推动高质量发展的要求不一致,亟待调整。必须加快推动高质量发展指标体系的形成,充分发挥其在推动高质量发展中的地位和作用。为实现对新时代"弱有所扶"高质量发展的动静态测度和精准预测,在深刻理解"弱有所扶"高质量发展的基本内涵上,结合《"十四五"残疾人保障和发展规划》《"十四五"公共服务规划》《"十四五"民政事业发展规划》,构建了涵盖残疾人等弱势群体在内的12个二级指标的"弱有所扶"高质量发展指标体系,并根据《中国统计年鉴》《中华人民共和国国民经济和社会发展统计公报》《中国民政统计年鉴:中国社会服务统计资料》相关数据对各项指标的目标值进行测算,具体指标设计如表9-7所示。

表9-7　中国特色"弱有所扶"高质量发展指标体系

| 类别 | 权重 | 指标名称 | 2020年水平 | 指标来源 |
| --- | --- | --- | --- | --- |
| "弱有所扶"高质量发展指标体系 | 0.085 | 符合条件的残疾人纳入最低生活保障比例(%) | 100 | 《"十四五"残疾人保障和发展规划》 |
| | 0.075 | 困难残疾人生活补贴覆盖率(%) | 100 | 《"十四五"公共服务规划》 |
| | 0.075 | 重度残疾人护理补贴覆盖率(%) | 100 | 《"十四五"公共服务规划》 |
| | 0.085 | 城乡低保标准年度增速(%) | -1.6 | 《"十四五"民政事业发展规划》 |
| | 0.085 | 农村低保标准占城市低保标准比例(%) | 75.6 | 《"十四五"民政事业发展规划》 |
| | 0.085 | 福利彩票销售网点数(万个) | 14 | 《"十四五"民政事业发展规划》 |
| | 0.085 | 每百户居民拥有的城乡社区综合服务设施面积(平方米) | 28 | 《"十四五"民政事业发展规划》 |
| | 0.085 | 社会组织专职工作人员数量(万人) | 1250 | 《"十四五"民政事业发展规划》 |

续表

| 类别 | 权重 | 指标名称 | 2020年水平 | 指标来源 |
|---|---|---|---|---|
| "弱有所扶"高质量发展指标体系 | 0.085 | 社会工作专业人才总量（万人） | 150 | 《"十四五"民政事业发展规划》 |
| | 0.085 | 志愿服务站点在社区综合服务设施中的覆盖率（%） | 75 | 《"十四五"民政事业发展规划》 |
| | 0.085 | 乡镇（街道）未成年人保护工作站覆盖率（%） | 46 | 《"十四五"民政事业发展规划》 |
| | 0.085 | 查明身份信息流浪乞讨受助人员接送返回率（%） | 97 | 《"十四五"民政事业发展规划》 |

（二）"弱有所扶"高质量发展指数中长期预测目标

本部分结合社会主义现代化建设目标与高质量发展要求，在"弱有所扶"高质量发展指标体系基础上，制定出"弱有所扶"高质量发展的中长期预测目标，表9-8中共有12项指标，权重值是按照德尔菲法对全国50位专家进行三轮问卷调查得到的最终结果，赋值权重计算到小数点后三位。分别列出的2035年中期远景目标与2050年长期远景目标是以2005年以来的相关数据建立预测模型统计所得，对于之前没有相关数据的指标，根据上述相关"十四五"规划对于指标的目标，结合经济发展水平得出预测结果。

表9-8 中国特色"弱有所扶"高质量发展中长期预测目标

| 类别 | 权重 | 指标名称 | 2020年水平 | 2035年目标 | 2050年目标 |
|---|---|---|---|---|---|
| "弱有所扶"高质量发展指标体系 | 0.085 | 符合条件的残疾人纳入最低生活保障比例（%） | 100 | 100 | 100 |
| | 0.075 | 困难残疾人生活补贴覆盖率（%） | 100 | 100 | 100 |
| | 0.075 | 重度残疾人护理补贴覆盖率（%） | 100 | 100 | 100 |
| | 0.085 | 城乡低保标准年度增速（%） | -1.6 | 不低于居民上年度人均消费支出增速 | 不低于居民上年度人均消费支出增速 |
| | 0.085 | 农村低保标准占城市低保标准比例（%） | 75.6 | 80.0 | 85.0 |
| | 0.085 | 福利彩票销售网点数（万个） | 14 | 20 | 25 |
| | 0.085 | 每百户居民拥有的城乡社区综合服务设施面积（平方米） | 28 | 40 | 50 |

续表

| 类别 | 权重 | 指标名称 | 2020年水平 | 2035年目标 | 2050年目标 |
|---|---|---|---|---|---|
| "弱有所扶"高质量发展指标体系 | 0.085 | 社会组织专职工作人员数量（万人） | 1250 | 1300 | 1400 |
| | 0.085 | 社会工作专业人才总量（万人） | 150 | 300 | 500 |
| | 0.085 | 志愿服务站点在社区综合服务设施中的覆盖率（%） | 75 | 85 | 90 |
| | 0.085 | 乡镇（街道）未成年人保护工作站覆盖率（%） | 46 | 55 | 60 |
| | 0.085 | 查明身份信息流浪乞讨受助人员接送返回率（%） | 97 | 100 | 100 |

## 三 中国社会保障"弱有所扶"高质量发展的保障措施

### （一）巩固脱贫攻坚成果

**1. "兜底线"完善底线公平**

"兜底线"是指从现实生活最基础层面出发，保障人民最基本、最迫切的需求，如生存、健康、发展等方面。一是要完善社会救助制度，社会救助制度是社会保障体系中最基本的组成部分，也是维护社会保障的"最后一道安全网"。完善社会救助制度对实现底线公平具有基础性作用。新时代下社会主要矛盾已经转变为人民日益增长的美好生活需要和不平衡不充分的发展之间的矛盾，随着社会救助制度的不断完善，能为其提供更高水平的基本保障。二是在社会救助制度中强调底线公平。当前社会，政府实施的以最低生活保障为代表的社会救助体系，与减贫工作深度融合，确保了底线公平的实现，这在解决弱势群体问题上发挥了关键作用，充分体现了对弱势群体的兜底保障。

**2. "织密网"调节非均等公平**

通过不同系统的协调和整合，从多渠道、多角度共同实现人民群众基本的生活需求。在这种现实条件下，对于达到贫困标准的弱势群体，应该将其纳入社会救助的范围。针对当前中国生产力发展实际水平，分级保障以"织密网"的制度设计展开应对。由此，它是符合现实情况的，是能够随着社会主要矛盾变化而发展变化的，这是当前中国社会现实决定的必然方向。

**3. "覆盖全民""城乡统筹"实现主体公平**

人民群众是脱贫攻坚成果的享受主体，当前的社会保障制度建设坚持以人民为中心的理念，这也意味着社会保障制度要满足人民群众需求，让人民群众满意，实现社会公平是其基础。"覆盖全面"强调了制度的普惠性，是保证社会公平的必然选择。另外，它体现了社会保障"取之于民，用之于民"的包容性特征，是社会保障维护公平正义的根本。通过完善扶弱等相关制度，坚守社会保障的底线，能够真正精准帮扶困难群体。加强监测易返贫致贫人口与低收入人群，长期培育和支持脱贫地区，对脱贫县要扶上马送一程，这既需要进行短期的制度构建，也需要长期的机制完善。采用全覆盖的帮助救助手段，真正做到"应保尽保，应扶尽扶"，进一步提高保障水平。

4. "保障适度""可持续"凸显代际公平

第一，要确保保障水平与社会生产力增长水平相匹配。这是因为中国长期处于社会主义初级阶段，"发展"仍是中国特色社会主义建设的主线，是与经济发展水平直接相关的。脱贫攻坚工作占用过多的社会资源，并不能大幅提高扶贫的效率，也无助于社会生产力的提高。与此同时，还会削弱工作人员工作的积极性，助长人们的懒惰，由此滋生不劳而获的惰性心态，最终也会削弱市场的竞争能力。这大大违背了脱贫扶贫工作存在的本意，说明扶贫水平既不能设定过高，也不能设定过低，要适配当前社会经济发展水平；既不能过分消耗经济发展成果，让脱贫之外的其他工作难以为继，也不能过分强调积累，破坏扶贫水平，忽视当前人民群众的基本需求。

第二，扶贫工作具有长期性特点，这说明扶贫相关制度的可持续很重要。作为互助制度，在时间维度上具有代际互助的特点。"适度保障"与"可持续"是脱贫攻坚工作的前提要求，它不仅强调了扶贫水平的适度性，也保障了绝对扶贫和相对扶贫多个层次的适度性。当然，这是由中国社会经济发展水平所决定的，也决定了绝对扶贫和相对扶贫层次的结构标准。从本质上看，保障的适度主要与保障水平相挂钩，是社会经济发展水平在发挥决定性作用。当涉及社会资源分配的问题时，核心是是否公平的问题。党的十九大报告提出的"保障适度""可持续"的要求，说明公平与可持续密不可分，相互依存。通过社会再分配等手段来补足调控是脱贫的本质，当中国仍处于发展中国家行列时，不充分不均衡是脱贫工作无法发挥其全部功效的原因所在。这也导致中国当前社会保障制度结构并未完全成熟和完善。"可持续"就意味着制度改革不是一蹴而就的，它不能以牺牲经济发展为代价，需要采取渐进式的方式进行改革，在动态调整过程中逐步提高。另外，尽管中国已经宣布脱贫攻坚战取得了全面胜利，但这并不意味着扶贫工作的结束。"长期性"和"可持续"在这一阶段凸显为对已脱贫地区的持续关注和支持,防止返贫现象的发生,同时解决相对贫困问题,推动乡村振兴和区域均衡发展。

(二)防灾减灾救灾相结合

统筹灾害管理。通过将防灾减灾救灾等灾害管理进行全过程的综合协调,强化国家在群众救助等方面的能力。充分发挥主要灾种防灾减灾救灾指挥机构的防范部署和应急指挥作用,让多方力量能够跨区域协调联动,进而统筹区域防灾减灾救灾工作。统筹综合减灾。明确灾害风险管理理念,转变重救灾轻减灾的观念,将防灾减灾救灾纳入各级总体规划,作为"弱有所扶"建设的一部分。通过将防灾减灾救灾相结合,并注重部门协调,制定相关保障标准和规范,提高各个单位的防灾水平和抗灾能力。定期开展防灾减灾救灾宣传教育,提高风险防范意识,通过各种防灾减灾救灾的技能培训和应急演练,强化自救和互救技能。

(三)稳步提升救助保障水平

第一,制定科学的救助标准。摒弃"以钱定人"等主观评判标准,一切立足于科学抽样调查,以实现广覆盖为标准,将中国当前经济发展水平和地方政府财政承受能力、居民生活水平等相关因素考虑在内,再在此基础上综合考虑设计救助标准,从而达到社会救助标准动态调整的目的。

第二,由于中国经济发展的地域特征参差不齐,不同地域的社会救助在工作内容和发展路径上也呈现较大差别。因此,区域因素是提升社会救助整体水平不能忽视的因素。此外,不同类型和不同人口规模的家庭,生活中面临的需求和困难也各不相同。对此,国际上采用的是针对不同的家庭制定实施不同的标准方案。中国现行的社会救助标准主要以个人为制定基础,而在实际过程中,必要时会以家庭为基本单位来确定救助的标准和具体内容。

第三,根据经济发展情况,有针对性地逐步提高社会救助补贴水平。当前中国社会救助补贴标准偏低的问题还较为突出,导致部分救助无法充分发挥其制度优势和功效。基于此,加大财政在社会救助方面的投入力度,努力实现社会救助标准与经济发展水平同步增长的目标,以此取得最大的保障效果。

(四)积极扩大社会救助面

进一步扩大社会救助面,动态调整弱势群体"菜篮子"等生活必需品清单。在现有社会救助的水平上,进一步完善低保、特困群体的认定工作,精准识别救助对象,给予特殊扶持。《关于改革完善社会救助制度的意见》指出，将特困救助的未成年人年龄由16周岁延长至18周岁，对于重残重病等完全丧失劳动能力或部分丧失劳动能力的患者，即使不符合低保条件，也会采取必要措施保障其基本生活，扩大救助制度可保障人群的覆盖面。因此，建议综合考虑人均可支配收入和人均消费支出等相关因素，结合当地经济条件，合理制定保障供养标准，并通过动态调整机制，尽可能提高救助标准的整体水平，在相对应的省份等行政区域划定救助标准，通过动态核查机制，对低保家庭的实际收入和特困人员的真实情况进行核查，由此在第一时间掌握情况，从而及时调整，使救助人员得到基本的生活保障。

鼓励更多社会力量参与其中，逐步形成"物资+服务"的帮扶模式，以此满足弱势群体的多层需求。重点发展慈善事业，通过减税、减费等多种方式，鼓励组织参与到社会救助的活动中。切实加强对互联网信息平台公开募捐和慈善组织的监管，防范虚假募捐，切实保护公众权益。引导社会服务从业人员积极参与到社会救助中，鼓励社会救助服务机构按比例设置相关工作岗位，鼓励社会服务机构通过购买服务的方式参与到社会救助工作中，如入户调查、建档访视、财务评估等。推动社会救助领域志愿服务的发展，充分发挥志愿服务的作用。推进社会救助服务的政府采购，鼓励社会力量和市场主体通过政府采购的方式参与到社会救助中，扩大社会救助服务供给范围。

（五）进一步完善法治建设

1. 转变救助理念，树立积极态度

第一，完善中国社会救助法治建设，首先应更新救助理念。从和谐价值等新视角切入，分析社会救助制度。要树立保障民生权利的观念。社会救助是赋予人民获得物资救助权利的具体体现，社会救助立法是保证社会救助工作顺利开展的前提，我们要认清社会救助"托底线、救急难"的核心理念，以积极的态度对待弱势群体。在着力改善弱势群体现状的同时，关注其发展权的实现。其实社会救助不应只是提供基本的生存和物质救援，还应积极为其提供公平发展的机会，为受助者摆脱经济贫困乃至精神贫困，实现自我提升创造条件。同时，重点关注弱势群体生存权和发展权之间的平衡，在确保满足弱势群体社会需求的同时，避免其对救助产生制度依赖。

第二，重点强调国家责任。当前国家仍然是社会救助的责任主体，当人民把权利让渡给政府时，国家拥有向其征税的权利和权力，国家和政府就是人民利益的代理，其有义务保障每位公民的基本权利。因此，有必要在社会救助立法中重点强调国家在救助工作中的主体地位和核心作用。

第三，要对社会救助报以更积极的态度。社会救助要求立法具有前瞻性与系统性，要摆脱社会救助立法被动甚至滞后的局面，深度挖掘社会救助的制度功能，认清社会救助的发展现状，立足现实发展，重点关注预防，将理论研究和定量研究相结合，积极借鉴先进研究成果和技术手段，为完善社会救助法治建设奠定坚实基础。

2. 完善社会救助法律体系

第一，提高社会救助的法律地位，推动社会救助法的完善。特别是社会救助关系到政府和人民各自承担的责任与权利的划分，需要通过相关法律法规为其保驾护航，保障其系统平稳运行。由此，未来社会救助的发展重点应在规范其对象的选取、救助的标准等方面。通过不断细化其应承担的责任与义务，了解社会救助相关程序流程。与此同时，法律的制定和出台还与实践经验相挂钩，由此需要循序渐进、因地制宜。在社会救助实践过程中动态调整，不断检验实施效果。

第二，加强地方社会救助相关立法建设。从国家整体利益出发，维护法律制度的统一和尊严，使地方立法必须以宪法和社会救助法为最基本原则，不与中央层面立法相冲突。在此基础上，结合当地的实际情况，充分发挥地方的作用，在立法内容中体现地方特色。

# 第十章 研究结论与展望

## 第一节 研究结论

本书以"中国社会保障高质量发展"为主题,旨在立足"百年交汇"底色,厘清中国社会保障高质量、可持续发展的新内涵;彰显"全景关怀"特色,揭示中国社会保障系统集成、协同高效的新机制;激发"提质增效"成色,探明中国社会保障效能测度、质量评价新方法;坚守"人民至上"本色,助力中国社会保障公平优先、共建共享的新征程。

全书始终贯穿"系统集成、协同高效"思路,有机嵌入"城与乡的全景关怀""质与量的协同适配""供与需的高效平衡""智与治的整体赋能"的"四维"结构视角,科学构建"全人保障""全面强基""全民覆盖""全域提档""全链增效"的"五维"全景关怀分析框架,深刻解读建党百年中国社会保障的历史成就、实践逻辑、理论贡献,深入探讨从"民生七有"到"民生七优"、从"民生兜底"到"幸福有底"、从"梯度突破"到"统筹共进"、从"增量加速"到"量质并举"、从"供给制动"到"供需协动"的社会保障高质量发展制度路径,着力破解"幼有所育、学有所教、劳有所得、病有所医、老有所养、住有所居、弱有所扶"中面临的"瓶颈"和问题。本书的研究结论可概括为"靶心论""靶向论""靶场论""靶标论",提出相应的理论观点、实证指数、实践路径,以期为丰富中国特色社会保障理论体系提供助力,为推进中国特色社会保障高质量发展提供路径参考。

### 一 提出中国社会保障高质量发展"一脉四叶"本真意蕴的"靶心论"

本书提出,"一脉"是指中国特色社会保障"以人民为中心"的价值依归,"四叶"是指中国特色社会保障高质量发展蕴含的"四对结构性关系"。

第一,"城与乡的全景关怀"。"全景关怀"的底色是推动形成新型工农城乡关系。"全景关怀"的关键是社会保障城乡一体、制度并轨,即打破城乡二元结构,建立健全城乡融合发展政策体系和机制体制,让城乡居民公平享有统一的"国民待遇"。"全景关怀"的根本是坚持以公民为主体的共享发展。在城乡融合、工农互促基础上,完善以权利公平、机会公平、规则公平为主要内容的社会公平保障体系,优化多层次、多支柱的全景关怀,使全体人民在共享中提升获得感、幸福感和安全感。

第二,"质与量的协同适配"。社会保障的质与量之间存在一种"互变"规律——量变是质变的必要准备,质变是量变的必然结果,这决定了社会保障高质量发展过程必然是"渐进性"与"飞跃性"的统一、"高质量"与"可持续"的统一。因此,进入新发展阶段,要尽力而为、量力而行,持续推动社会保障沿着"增加供给量—存量的提质增效—继续扩面增量—增量的提质增效"渐进改革、螺旋上升。

第三,"供与需的高效平衡"。社会保障高质量发展是供需双方在供给侧结构性改革的主线串联下,在制度创新和技术赋能的共同催化下,两侧结构协动升级、供给效能不断提升的过程。高质量发展主题中的供需平衡,是从"低效能"换挡到"高效能"的可持续平衡。这是由新时代社会主要矛盾的变化所决定的。首先,居民日益增长的美好生活需要包含着对多层次、多样化的社会保障需要,倒逼供给侧通过创新社会保障提供方式,使制度结构更具"包容性"和"韧性"。其次,当前社会分化分层现象更加明显,客观上对社会保障确立"弹性目标"和"精准靶向"并以此提高服务"效用"提出了更高的要求。最后,社会保障高质量发展绝不是"寅吃卯粮"式的发展,它不仅要更加注重效用性和公平性,以确保供给侧"做正确的事";还要考虑资源配置的约束条件,以确保供给侧"把正确的事做得更好、效能更高"。

第四,"智与治的整体赋能"。"整体"即"整体治理",强调社会保障治理主体之间的有效协调;"智治"即"智慧治理",强调社会保障治理主体对数字技术的广泛运用。目前,在中国社会保障信息化发展中,不同地域、不同部门间仍然存在一定程度的信息壁垒,同时也面临架构模式改变、数据价值认识和利用、网络安全、人才及技术等问题。因此,应在"整体智治"理念指导下推进社会保障高质量发展,增强社会保障制度的灵活性、包容性、适应性,创新社保服务方式,不断提高社会保障管理精细化程度和服务水平。

## 二 明确中国社会保障高质量发展"全景关怀"目标体系的"靶向论"

本书通过梳理建党百年社会保障历史成就，认为中国特色社会保障高质量发展要秉持"八个坚持"：一是坚持党的领导，发挥政治优势；二是坚持人民至上，推动共同富裕；三是坚持制度引领，加强体系建设；四是坚持与时俱进，推进渐进改革；五是坚持实事求是，尽力量力而行；六是坚持规范运作，健全法治保障；七是坚持"效率"和"公平"统一；八是坚持"质"与"量"高效平衡。

在此基础上，本书对社会保障高质量发展制度目标的分析，涵盖"五个维度"，即"全人保障""全面强基""全民覆盖""全域提档""全链增效"，分别指向"五大制度目标"，即从"民生七有"走向"民生七优"、从"民生兜底"走向"幸福有底"、从"梯度突破"走向"统筹共进"、从"增量加速"走向"量质并举"、从"供给制动"走向"供需协动"。

第一，以"全人保障"推进中国社会保障从"民生七有"走向"民生七优"。"民生七有"即"幼有所育""学有所教""劳有所得""病有所医""老有所养""住有所居""弱有所扶"，涵盖了人的基本生存需求、基本发展需求、基本健康需求，强调民生的普惠性、基础性和兜底性。在新的发展阶段，中国特色民生体系在服务内容上更为丰富，在服务质量上更加优质，要围绕推进全体人民共享共富，推进"民生七有"迈向"民生七优"高质量发展，实现从"有没有"到"好不好"的转变，更好适应人的全面发展和全体人民共同富裕进程，因此是一种"大社会福利"体制。

第二，以"全面强基"推进中国社会保障从"民生兜底"走向"幸福有底"。社会保障要"守住底线"，从社会保障的责任底线和价值底线两个维度厘清政府、市场、社会、家庭乃至个人的责任关系及责任结构，明确保障民众生活所不可或缺的待遇底线。社会保障要"稳住中线"，聚焦绝大多数社会成员，面向所有生活项目，并解决社会成员日益增长的基本生活需要。社会保障要"开启高线"，既可以通过新增一些体现更高保障水平的民生项目，增加参保者的所得；也可以通过增设新的、更高的缴费基数，提高参保者的社会保障待遇，从而增进社会人员对社会保障体系的认同。

第三，以"全民覆盖"推进中国社会保障从"梯度突破"走向"统筹共进"。长期以来，受城乡二元结构和工业化、城市化偏向的发展战略影响，国家对农村社会保障事业的财政支持范围和力度很有限。进入新发展阶段，要着眼于"城与乡的全景关怀"，着力推动社会保障城乡一体、制度并轨、协调发展。

第四，以"全域提档"推进中国社会保障从"增量加速"走向"量质并举"。一方面，政府要切实发挥好公共财政支撑作用，确保基本社会保障项目城乡全覆盖、质量全达标、标准全落实、财政应担尽担；另一方面，不能做超越发展阶段和财力水平的事情，要吸取国外一些国家盲目"福利赶超""泛福利化"的教训，循序渐进、积少成多，在做大"蛋糕"的同时分好"蛋糕"。当前，仍应侧重"雪中送炭"而不是"锦上添花"，即在尊重和保障全体公民基本生存、生活和发展权利的前提下，更加关注弱势群体和底层群体。

第五，以"全链增效"推进中国社会保障从"供给制动"走向"供需协动"。社会保障在高质量发展中能否实现供与需的高效能平衡，一是要看供给侧能否在公共价值的统摄下，确保社会保障具有"弹性目标"和"精准靶向"，以及需求侧在多大程度上感受到社会保障的"效用"。二是要看供给侧能否实现从"单层供给"到"多层多类"、从"一元主导"到"多元合作"的结构再造，以及能否通过结构再造和技术赋能，激活供给侧的资源投入能力、服务产出能力和需求回应能力。三是要看社会保障在供给过程中能否提高资源配置效率和成本效益，以实现高质量可持续的发展目标。

### 三　指明中国社会保障高质量发展"集成高效"改革路径的"靶场论"

本书认为，社会保障制度改革已经进入系统集成、协同高效阶段，要坚持制度的统一性和规范性，坚持问题导向，准确把握社会保障各个方面之间、社会保障领域和其他相关领域之间改革的联系，提高统筹谋划和协调推进能力，确保各项改革形成整体合力。

第一，完善社会保障分层分类协同体系。当前，社会保障高质量发展所面临的问题在供给和需求两侧都有，但矛盾的主要方面在供给侧。必须把改善供给结构作为主攻方向，实现由低效能供需平衡向高效能供需平衡的跃升。当前，要坚持政府兜底、市场参与、社会协同，稳中求进，更加突出公平为先、质量为要、供需匹配的取向，适时适当拓宽基本社会保障的供给内容，继续探索优化公私合作供给、政府购买社会组织服务等方式，加大对社会力量参与农村社会保障供给的政策支持力度。重点任务在于：协同推进"多层次"社会保障体系，推动基本社会保障制度定型且全面覆盖，以及基本社会保障的范围、内容和标准应与经济社会发展水平相适应。

第二，健全社会保障多元资金投入机制。一方面，要切实强化基本社会保障醒目的政府投资主体责任。要纠正公共财政的城市偏向，真正做到新增教育、卫生、文化等事业经费主要用于农村，并拿出专项转移支付支持经济薄弱地区社会保障事业发展。另一方面，要建立健全社会保障领域政府与社会资本的合作机制。

第三，优化社会保障供需高效平衡机制。尊重公众话语权，了解其价值偏好、需求优先次序，发挥民主决策作用，完善各类需求表达机制，如社会保障决策调研、公示、线上平台等，用大数据识别真实服务需求，在此基础上建立需求的识别、分类、整合机制，从而及时、准确获取需求信息，促进实现社会保障的按需供给。

第四，创新社会保障信息技术赋能机制。着力发挥信息技术创新的扩散效应、信息和知识的溢出效应、数字技术释放的普惠效应，加快推进数字化社会保障高质量发展。

第五，强化社会保障质量系统保障机制。社会保障高质量发展标准体系不应该是一个孤立存在的封闭系统，而应该是连同相关的指标体系、政策体系、统计体系、绩效评价、政绩考核，共同构成推动中国社会保障高质量发展的"六位一体"保障体系。对社会保障质量的评判，要将投入、过程、产出、结果相结合，将数量标准和质量标准相结合，注重见效慢、周期长但具有战略意义的纯公共产品供给，通过标准的有效引导和规范，避免"以多取胜""逆向选择""供需结构失衡"。要增加结构协调性的指标、质量效益指标和新动能发展指标，从长期与短期、宏观与微观、总量与结构、全局与局部、经济发展与社会发展等多维度完善农村社会保障标准体系。要健全包括"质量标准—质量执行—质量激励—质量监督—质量评价—质量改进"的社会保障质量管理链条，让标准从文件中"建起来"转变成在实践中"转起来"。

本书还围绕"幼有所育""学有所教""劳有所得""病有所医""老有所养""住有所居""弱有所扶"的"民生七有"分别展开研究，提出"民生七有"迈向"民生七优"的中国特色社会保障高质量发展的具体实现路径。

第一，"幼有所育"高质量发展以普惠共享、协调均衡、开放多元、可持续发展和全面保障为向度。通过引导多元主体参与，加强各类资源供给能力，完善质量激励与约束机制，借力乡村振兴战略与新型城乡关系推进"幼有所育"协调均衡发展。

第二,"学有所教"高质量发展以服务终身学习、主客体统一、各类教育整合、建构"人人皆学,处处能学,时时可学"的服务全民终身学习的教育体系为向度。

第三,"劳有所得"高质量发展主要实现路径包括:构建和谐劳动关系,促进社会和谐稳定发展;缩小收入分配差距,保证人民群众就业机会公平;维护劳资双方合法权益,促进良好合作关系;推动劳动就业与收入分配相匹配,缓解经济结构与劳动力结构不对应的矛盾。通过坚持就业优先战略和积极就业政策,开展职业技能培训和鼓励创业带动就业,提供全方位公共就业服务,破除妨碍人力资源社会性流动的体制机制弊端,完善政府、工会、企业共同参与的协商协调机制,坚持按劳分配原则和完善按要素分配的体制机制。

第四,"病有所医"高质量发展以更加注重城乡公平、制度保障可持续性、强化医疗保障法治化为向度。通过在基本医疗保障制度高质量发展的制度供给过程中建立门诊共济保障机制,完善跨区域流动人口医保管理,推动长期护理保险与基本医疗保障制度有机衔接,健全重大疫情基本医疗保障制度应急管理机制,提高医疗救助减贫防贫能力,加快医保立法工作;在基本医疗保障制度高质量发展的供给侧结构性改革过程中巩固药品和医用耗材集中采购机制,探索医疗服务价格动态调整机制,深化医保支付方式改革,推进医保数字化治理,发挥商业健康保险基本作用。

第五,"老有所养"高质量发展主要实现路径包括:以全面统筹发展,提升治理现代化水平;均衡发展,补齐关键短板;充分发展,精准摸清老年人新需求;健康发展,营造良好的发展环境为目标向度。通过提升现代化治理效能,全面统筹各方力量;补齐关键短板,推动均衡协调发展;释放有效需求,激活服务发展动力;营造良好发展环境,助推"老有所养"高质量发展。

第六,"住有所居"高质量发展以房住不炒、人人有房住、住房量适度、经济可负担,以及推动多主体供给、实现多渠道保障、发展租购并举为向度。通过加快建立多主体供给、多渠道保障、租购并举的住房制度,建立规范、公开的住房公积金制度,完善住房公积金提取、使用和监管机制,完善符合国情的住房供应体系,实现中国特色"住有所居"高质量发展。

第七,"弱有所扶"高质量发展主要实现路径包括:稳步提升救助保障水平,积极扩大社会救助面;转变救助理念,树立积极态度;完善社会救助法律体系;以"兜底线"完善底线公平,以"织密网"调节非均等公平,以"建机制"强化规则公平,以"覆盖全民""城乡统筹"实现主体公平,以"保障适度""可持续"凸显代际公平。

### 四 建构中国社会保障高质量发展"民生七优"测度标准的"靶标论"

本书以"一脉四叶"和"全景关怀"为向度,立足社会保障高质量发展的"制度供给侧"与"民生需求侧"之间的协调关系,将"幼有所育""学有所教""劳有所得""病有所医""老有所养""住有所居""弱有所扶"的"民生七有"保障制度作为子系统,构建中国特色社会保障高质量发展标准体系,以期推动"民生七有"走向"民生七优"。通过引入综合指数评价法,用熵值法求得指标权重,测得中国 2020 年社会保障高质量发展综合指数,为实践中的纵向比较、横向比较、指数预测提供依据;结合国家"十四五"规划和社会保障、公共服务相关政策要求以及本书综合指数的趋势研判,编制 2035 年和 2050 年各项指标的预期值;选取人口规模、人均收入水平、财政能力、经济发展水平作为参数制定调整系数方案,为各地社会保障高质量发展体系规划、建设和管理决策提供支持(见表 10-1)。

表 10-1　全景关怀:中国社会保障高质量发展测度与预测

| 类别 | 权重 | 指标名称 | 2020 年水平 | 2035 年目标 | 2050 年目标 |
| --- | --- | --- | --- | --- | --- |
| "幼有所育"高质量发展 | 0.10 | 托育行业市场化水平(%) | 0.2 | 0.3 | 0.4 |
| | 0.10 | 早教行业市场化水平(%) | 0.3 | 0.3 | 0.4 |
| | 0.10 | 托育服务实际供给率(%) | 5.5 | 50.0 | 80.0 |
| | 0.10 | 公办幼儿园比例(%) | 38.4 | 45.0 | 60.0 |
| | 0.20 | 每千人口拥有 3 岁以下婴幼儿托位数(千人) | 1.8 | 6.5 | 10.0 |
| | 0.05 | 单位妇幼保健院的床位数(张) | 82 | 90 | 100 |
| | 0.05 | 5 岁以下儿童死亡率(%) | 7.5 | 4.5 | 2.5 |
| | 0.05 | 孕产妇死亡率(%) | 16.9 | 10.0 | 5.0 |

续表

| 类别 | 权重 | 指标名称 | 2020年水平 | 2035年目标 | 2050年目标 |
|---|---|---|---|---|---|
| "幼有所育"高质量发展 | 0.05 | 小学招生数中受过学前教育人数比例（%） | 99.5 | 99.8 | 100.0 |
| | 0.05 | 单位学前教育保健医师的在校生数（人） | 2178 | 1000 | 500 |
| | 0.05 | 单位学前教育专业保健员的在校生数（人） | 389 | 250 | 150 |
| | 0.05 | 单位学前教育学校的在校生数（人） | 165 | 120 | 80 |
| | 0.05 | 单位学前教育专任教师的在校生数（人） | 16 | 12 | 8 |
| "学有所教"高质量发展 | 0.20 | 教育支出占总公共预算支出比重（%） | 14.8 | 16.0 | 18.0 |
| | 0.05 | 学前教育毛入学率（%） | 85.2 | 90.0 | 95.0 |
| | 0.05 | 义务教育巩固率（%） | 95.2 | 98.0 | 100.0 |
| | 0.05 | 高中阶段教育毛入学率（%） | 91.2 | 95.0 | 99.0 |
| | 0.05 | 高等教育毛入学率（%） | 54.4 | 60.0 | 70.0 |
| | 0.10 | 劳动年龄人口平均受教育年限（年） | 10.8 | 12.0 | 14.0 |
| | 0.10 | 技能劳动者人口占就业人口总量比重（%） | 26 | 40 | 60 |
| | 0.10 | 国民图书阅读率（%） | 59.1 | 65.0 | 70.0 |
| | 0.10 | 全国人均图书馆藏书量（册） | 0.84 | 1.00 | 1.50 |
| | 0.025 | 国民人均纸质书阅读量（册） | 4.7 | 5.5 | 6.0 |
| | 0.025 | 国民人均电子书阅读量（册） | 3.29 | 4.50 | 6.00 |
| | 0.10 | 在线教育行业市场规模占GDP比重（%） | 0.25 | 4.00 | 6.00 |
| | 0.025 | 在线教育渗透率（%） | 33 | 60 | 80 |
| | 0.025 | 50岁及以上居民互联网化率（%） | 35 | 50 | 70 |
| "劳有所得"高质量发展 | 0.08 | 城镇新增就业（万人） | 1186 | 1000 | 980 |
| | 0.05 | 城镇调查失业率（%） | 5.2 | 5.0 | 5.8 |
| | 0.05 | 城镇就业占比（%） | 61.6 | 70.0 | 75.0 |
| | 0.05 | 全员劳动生产率增长（%） | 2.5 | 3.0 | 3.5 |
| | 0.08 | 劳动报酬占比（%） | 52.1 | 58.0 | 65.0 |

续表

| 类别 | 权重 | 指标名称 | 2020年水平 | 2035年目标 | 2050年目标 |
|---|---|---|---|---|---|
| "劳有所得"高质量发展 | 0.05 | 开展补贴性职业技能培训（万人次） | 2700 | 3500 | 4200 |
| | 0.05 | 参加各类补贴性职业技能培训人数（万人次） | 1800 | 2500 | 3000 |
| | 0.05 | 劳动年龄人口平均受教育年限（年） | 10.8 | 11.2 | 11.5 |
| | 0.05 | 新增劳动力受过高等教育比例（%） | 53.5 | 60.0 | 65.0 |
| | 0.05 | 城镇登记失业率（%） | 4.24 | 3.68 | 3.20 |
| | 0.05 | 劳动人事争议调解成功率（%） | 70.6 | 80.0 | 85.0 |
| | 0.05 | 劳动人事争议仲裁结案率（%） | 96.2 | 97.0 | 98.0 |
| | 0.05 | 劳动保障监察举报投诉案件结案率（%） | 99 | 100 | 100 |
| | 0.08 | 基尼系数（%） | 46.8 | 42.0 | 38.0 |
| | 0.08 | 居民人均可支配收入（元） | 32189 | 40000 | 45000 |
| | 0.05 | 城乡居民人均可支配收入比（%） | 39 | 50 | 65 |
| | 0.08 | 居民人均可支配收入实际增速（%） | 8.1 | 8.5 | 8.8 |
| "病有所医"高质量发展 | 0.05 | 基本医疗保险参保率（%） | 95 | 96 | 98 |
| | 0.03 | 基本医疗保险累计结余（亿元） | 31500 | 33500 | 35000 |
| | 0.03 | 每千人口拥有职业（助理）医师数（人） | 2.9 | 3.6 | 3.8 |
| | 0.03 | 每千人口拥有注册护士数（人） | 3.34 | 3.82 | 3.90 |
| | 0.01 | 急诊病死率（%） | 0.08 | 0.07 | 0.06 |
| | 0.01 | 观察室病死率（%） | 0.12 | 0.10 | 0.07 |
| | 0.01 | 居民平均就诊次数（次） | 5.49 | 5.15 | 4.95 |
| | 0.05 | 政府卫生支出占总费用比重（%） | 30.40 | 34.40 | 38.50 |
| | 0.05 | 社会卫生支出占总费用比重（%） | 41.94 | 43.20 | 45.64 |
| | 0.05 | 个人卫生支出占总费用比重（%） | 27.65 | 27.55 | 25.50 |
| | 0.03 | 卫生总费用占GDP比重（%） | 7.10 | 8.25 | 9.35 |
| | 0.05 | 基层医疗卫生机构（个） | 970036 | 971500 | 975500 |
| | 0.02 | 民营医院数量（个） | 23524 | 24500 | 26130 |
| | 0.02 | 村卫生室（所） | 608828 | 61050 | 63110 |

续表

| 类别 | 权重 | 指标名称 | 2020年水平 | 2035年目标 | 2050年目标 |
|---|---|---|---|---|---|
| "病有所医"高质量发展 | 0.03 | 医疗机构门诊诊疗人次（亿人次） | 77.41 | 78.15 | 80.30 |
| | 0.03 | 基层医疗卫生机构诊疗人次（万人次） | 411614 | 411850 | 411910 |
| | 0.01 | 医师日均担负诊疗人次（人次） | 6.76 | 6.15 | 5.95 |
| | 0.01 | 医疗机构病床使用率（%） | 67.7 | 68.5 | 69.5 |
| | 0.03 | 城市每千人口医疗卫生机构床位数（张） | 8.81 | 10.40 | 12.50 |
| | 0.02 | 农村每千人口医疗卫生机构床位数（张） | 4.95 | 6.75 | 8.35 |
| | 0.02 | 每千农村人口乡镇卫生院床位数（张） | 1.50 | 2.30 | 3.50 |
| | 0.05 | 互联网医院（所） | 1100 | 1800 | 2000 |
| | 0.05 | 健康检查人数（万人） | 43093.82 | 4935.57 | 5823.46 |
| | 0.03 | 区域公共卫生中心（个） | — | 20 | 25 |
| | 0.05 | 国家重大传染病防控救治基地（个） | — | 25 | 35 |
| | 0.02 | 国家经济医学救援基地（个） | — | 25 | 35 |
| | 0.02 | 国家医学中心（个） | — | 3 | 5 |
| | 0.03 | 区域医疗中心（个） | — | 3 | 5 |
| | 0.02 | 中医医院数量（个） | 4426 | 5000 | 5535 |
| | 0.02 | 中医药传承中心（个） | — | 25 | 30 |
| | 0.02 | 中医协同旗舰医院（个） | — | 25 | 30 |
| | 0.03 | 中医疫病防治基地（个） | — | 25 | 30 |
| | 0.03 | 中医特色重点医院（个） | — | 150 | 190 |
| | 0.03 | 体育健身公园（个） | — | 1500 | 2000 |
| "老有所养"高质量发展 | 0.05 | 基本养老保险参与率（%） | 91 | 98 | 99 |
| | 0.03 | 人口死亡率（%） | 7.07 | 6.95 | 6.50 |
| | 0.03 | 人口预期寿命（岁） | 77.3 | 79.5 | 80.5 |
| | 0.05 | 65岁及以上人口占总人口比重（%） | 13.5 | 13.8 | 14.0 |
| | 0.03 | 养老机构护理型床位占比（%） | 38 | ≥60 | ≥70 |
| | 0.03 | 养老服务床位总量（万张） | 823.8 | 950.0 | 980.0 |

续表

| 类别 | 权重 | 指标名称 | 2020年水平 | 2035年目标 | 2050年目标 |
|---|---|---|---|---|---|
| "老有所养"高质量发展 | 0.03 | 养老机构和设施总数（万个） | 31.9 | 35.8 | 40.0 |
| | 0.04 | 县级特困人员供养服务设施（敬老院）建有率（%） | — | 100 | 100 |
| | 0.05 | 医养结合养老服务机构数量（个） | 5857 | 6200 | 6850 |
| | 0.05 | 医养结合养老服务机构床位数（万张） | 158 | 178 | 195 |
| | 0.04 | 特殊困难家庭适老化改造（万户） | — | 300 | 4500 |
| | 0.05 | 长期护理保险试点城市（个） | 49 | — | — |
| | 0.02 | 新建城区、居住（小）区配套建设养老服务设施达标率（%） | — | 100 | 100 |
| | 0.04 | 社区居家养老服务网络建设（个） | — | 700 | 900 |
| | 0.05 | 特殊困难老年人月探访率（%） | — | 100 | 100 |
| | 0.05 | 养老机构护理型床位占比（%） | 30 | 65 | 75 |
| | 0.05 | 设立老年医学科的二级及以上综合性医院占比（%） | — | 70 | 80 |
| | 0.03 | 每千名老年人配备社会工作者人数（个） | — | 3 | 6 |
| | 0.03 | 老年大学覆盖面（个/县） | — | 3 | 5 |
| | 0.05 | "敬老月"活动覆盖面（次/县） | — | 5 | 10 |
| | 0.03 | 高水平的银发经济产业园区（个） | — | 25 | 50 |
| | 0.03 | 智慧养老试点城市（个） | — | 30 | 45 |
| | 0.03 | 乡镇（街道）范围具备综合功能的养老服务机构覆盖率（%） | — | ≥75 | ≥90 |
| | 0.04 | 安宁疗护试点市（区） | — | 5 | 10 |
| | 0.05 | 环保节能火化炉数量（个） | 237 | 295 | 320 |
| | 0.02 | 城乡公益性安葬（放）设施火葬区县覆盖率（%） | — | 100 | 100 |
| "住有所居"高质量发展 | 0.03 | 城镇户籍低保、低收入家庭申请公租房的保障率（%） | 60 | 70 | 80 |
| | 0.02 | 城镇老旧小区改造规模（万个） | 5.90 | 21.90 | 40.90 |
| | 0.08 | 各类棚户区改造开工数量（万套） | 165 | 200 | 250 |
| | 0.03 | 国家贫困县享受过危房改造政策的户数（万户） | 626.20 | 650.00 | 700.00 |

续表

| 类别 | 权重 | 指标名称 | 2020年水平 | 2035年目标 | 2050年目标 |
|---|---|---|---|---|---|
| "住有所居"高质量发展 | 0.05 | 保障性租赁住房开工建设和筹集数量（万套） | 94 | 100 | 150 |
| | 0.02 | 经济适用住房用地占住宅用地比重（%） | 17 | 20 | 25 |
| | 0.02 | 廉租房用地占住宅用地比重（%） | 5 | 10 | 15 |
| | 0.02 | 保障性住房用地占住宅用地比重（%） | 19 | 20 | 25 |
| | 0.01 | 住房保障支出占财政支出比重（%） | 2.89 | 3.00 | 3.50 |
| | 0.05 | 房地产开发投资（万亿元） | 94.89 | 95.00 | 96.00 |
| | 0.07 | 房地产企业土地购置面积（亿平方米） | 2.55 | 2.60 | 2.70 |
| | 0.06 | 国有建设用地出让面积（万公顷） | 23.09 | 25.00 | 27.00 |
| | 0.03 | 符合条件的农村低收入群体住房安全保障率（%） | 70 | 75 | 80 |
| | 0.03 | 城镇环境基础设施建设投资（亿元） | 6842.15 | 6900.00 | 7000.00 |
| | 0.05 | 用水普及率（%） | 99 | 100 | 100 |
| | 0.05 | 燃气普及率（%） | 97.90 | 98.00 | 99.00 |
| | 0.04 | 生活污水集中收集率（%） | 65 | 70 | 75 |
| | 0.05 | 垃圾焚烧处理能力（万吨/日） | 75 | 80 | 85 |
| | 0.01 | 人均公园绿地面积（平方米） | 14.80 | 15.80 | 16.80 |
| | 0.02 | 人均居住面积（平方米） | 35 | 40 | 45 |
| | 0.02 | 城镇新建建筑中绿色建筑推广比例（%） | 50 | 60 | 70 |
| | 0.02 | 住房公积金提取人数占实缴职工人数比重（%） | 39.70 | 49.70 | 59.70 |
| | 0.09 | 住房公积金提取额（亿元） | 18551.18 | 20000.00 | 30000.00 |
| | 0.11 | 租赁补贴保障人口（万人） | 2200 | 2500 | 3000 |
| | 0.01 | 房价收入比（%） | 7.76 | 7.66 | 7.56 |
| | 0.01 | 房租收入比（%） | 0.25 | 0.20 | 0.15 |

续表

| 类别 | 权重 | 指标名称 | 2020年水平 | 2035年目标 | 2050年目标 |
|---|---|---|---|---|---|
| "弱有所扶"高质量发展 | 0.085 | 符合条件的残疾人纳入最低生活保障比例（%） | 100 | 100 | 100 |
| | 0.075 | 困难残疾人生活补贴覆盖率（%） | 100 | 100 | 100 |
| | 0.075 | 重度残疾人护理补贴覆盖率（%） | 100 | 100 | 100 |
| | 0.085 | 城乡低保标准年度增速（%） | -1.6 | 不低于居民上年度人均消费支出增速 | 不低于居民上年度人均消费支出增速 |
| | 0.085 | 农村低保标准占城市低保标准比例（%） | 75.6 | 80.0 | 85.0 |
| | 0.085 | 福利彩票销售网点数（万个） | 14 | 20 | 25 |
| | 0.085 | 每百户居民拥有的城乡社区综合服务设施面积（平方米） | 28 | 40 | 50 |
| | 0.085 | 社会组织专职工作人员数量（万人） | 1250 | 1300 | 1400 |
| | 0.085 | 社会工作专业人才总量（万人） | 150 | 300 | 500 |
| | 0.085 | 志愿服务站点在社区综合服务设施中的覆盖率（%） | 75 | 85 | 90 |
| | 0.085 | 乡镇（街道）未成年人保护工作站覆盖率（%） | 46 | 55 | 60 |
| | 0.085 | 查明身份信息流浪乞讨受助人员接送返回率（%） | 97 | 100 | 100 |

## 第二节 研究展望

站在"两个一百年"奋斗目标的历史交汇点上，党的十九届五中全会庄严宣告，中国已建成"世界上规模最大的社会保障体系"；党的十九届六中全会通过了《中共中央关于党的百年奋斗重大成就和历史经验的决议》，决议第四部分第八项全面总结了"中国特色社会主义新时代"以来，党领导社会建设所取得的历史性成就。其中，建成覆盖全民的社会保障体系是党领导社会建设取得的伟大成就，是以人民为中心的发展思想的成功实践，是人类发展史上的奇迹——"中国建成世界上规模最大的社会保障体系，10.2亿人拥有基本养老保险，13.6亿人拥有基本医疗保险"。党的第二十届二中全会指出："要着力加强保障和改善民生各项工作，落实落细就业优先政策，保障好困难群众的基本生活，扎牢社会保障网，补齐医疗卫生特别是城乡基层医疗卫生公共服务的短板，完善生育支持政策体系。"中国进入新发展阶段，习近平总书记深刻指出，"保障和改善民生没有终点，只有连续不断的新起点"，"社会保障制度改革已进入系统集成、协同高效的阶段"，"要在推动社会保障事业高质量发展上持续用力"，并要求"加大再分配力度，强化互助共济功能，把更多人纳入社会保障体系，为广大人民群众提供更可靠更充分的保障，不断满足人民群众多层次多样化需求，完善覆盖全民、统筹城乡、公平统一、可持续的多层次社会保障体系，进一步织密社会保障安全网"，从而促进中国社会保障事业高质量发展、可持续发展。① 上述重要文件、重要指示、重要精神为中国特色社会保障高质量发展指明了前进方向。

## 一 进一步优化中国社会保障高质量发展"全景关怀"内涵体系

展望未来，中国社会保障高质量发展将贯穿"以人民为中心"的价值依归。对于中国共产党人而言，"人民"重于千钧，"人民"就是一切，让人民生活幸福就是"国之大者"。习近平总书记指出，"高质量发展，就是能够很好满足人民日益增长的美好生活需要的发展，是体现新发展理念的发展，是创新成为第一动力、协调成为内生特点、绿色成为普遍形态、开放成为必由之路、共享成为根本目的的发展"。② 党的十九届五中全会审议通过的《中共中央关于制定国民经济和社会发展第十四个五年规划和二〇三五年远景目标的建议》将"民生福祉达到新水平"作为"十四五"时期经济社会发展的一个主要目标。为此，未来必将站在"治国理政"的高度推进中国社会保障的"三个转变"：一是从社会保障事业所体现治国理政思维来看，推进实现从管理社会的工具理性到更多融入人道主义和社会公平的价值理性的转变。二是从社会保障事业所发挥的实际功能来看，推进实现从保障人民基本生活安全网、经济发展助推器、社会矛盾调节器、社会政治稳定剂的四大功能向公民人身权利诉求的保护功能转变。三是从社会保障事业所要求的政府责任来看，推进实现从传统政府的"弹性责任"向现代政府的"刚性责任"的转变。

---

① 习近平：《促进我国社会保障事业高质量发展、可持续发展》，《求是》2022年第8期。
② 习近平：《习近平谈治国理政》（第三卷），外文出版社2020年版，第238页。

展望未来，中国社会保障高质量发展内涵体系建设将以"城—乡""质—量""供—需""智—治"关系的优化为重点。首先，围绕"城与乡的全景关怀"，在有针对性地解决城乡居民实际困难和尽快扩大中等收入群体的条件下，让经济发展成果通过社会保障制度更多、更好、更公正地惠及民生。按照"兜底线、织密网、建机制"的要求，全面建成覆盖全民、城乡统筹、权责清晰、保障适度、可持续的多层次社会保障体系。其次，围绕"质与量的协同适配"，处理好"渐进性"与"飞跃性"相统一的关系、"高质量"与"可持续"相统一的关系。再次，围绕"供与需的高效平衡"，采取正式制度与非正式制度有机结合，普惠性制度与特惠性制度双层构架，政府、市场、社会、家庭、个人等多支力量相融合，真正构建有序组合并且具有适度弹性的多层次化社会保障体系。最后，围绕"智与治的整体赋能"，有机融入"整体治理"和"智慧治理"理念，增强社会保障制度的灵活性、包容性、适应性。

## 二 进一步推进中国社会保障高质量发展"民生七优"扩面提质

展望未来，中国社会保障高质量发展将呈现"持续扩面"与"不断提质"共生互构、螺旋上升的过程。从党的十七大提出"学有所教""劳有所得""病有所医""老有所养""住有所居"的"民生五有"目标，到党的十九大增加了"幼有所育""弱有所扶"目标，由原先的"民生五有"变为"民生七有"目标，再到当前中国一些省份率先将"生有所保""终有所顾"列为社会保障目标，这一"持续扩面"的过程不同于西方"从摇篮到坟墓"的传统社保，而是转变为"从胚胎到灵魂"的中国社保，建成世界上规模最大的社会保障体系。在解决了"从无到有"的问题之后，下一步，社会保障体系将进一步解决"从有到好"的问题，即提高质量，满足人民个性化、高水平的需求。

展望未来，我们也应该看到，中国经济发展面临结构调整、产业升级、增长方式转换的压力；地区之间、城乡之间发展不平衡和社会不平等现象加剧；少子高龄化现象日益显性化与传统保障机制持续弱化；社会保障制度还未完全成熟，面向老年人、儿童、残疾人的基本公共服务供给不足；中国正面临大规模人口流动、快速工业化与城市化、社会结构转型，以及各种新业态的出现等变化。从社会保障投入水平来看，国际上，大多数发达国家将其 GDP 的 25% 左右（有时甚至更多）用于社会保障。这一比例的估计数基于是否涵盖教育的成本而有所不同；中国目前的社保支出占 GDP

的 13%，是发达国家支出水平的一半左右。① 鉴于中国作为一个经济体的重要国际角色及其在塑造国际社会保障讨论和态度方面日益重要的作用，中国应将"民生七有"社会保障体系作为一个内容完整、结构优化的整体纳入国家治理体系，提高社会保障支出相对水平，实现 2050 年社保支出达到世界先进水平的目标，继续走实施制度化社会保障的"扩面提质"道路。

### 三 进一步发挥中国社会保障高质量发展"富民强国"治理效能

展望未来，中国必将以社会保障高质量发展筑牢人民幸福之基。这就要求坚持系统观念，把握好新发展阶段、新发展理念、新发展格局提出的新要求，在统筹推进"五位一体"总体布局、协调推进"四个全面"战略布局中思考和谋划社会保障事业发展。树立战略眼光，顺应人民对高品质生活的期待，适应人的全面发展和全体人民共同富裕的进程，不断推动"幼有所育""学有所教""劳有所得""病有所医""老有所养""住有所居""弱有所扶"取得新进展。增强风险意识，研判未来中国人口老龄化、人均预期寿命提升、受教育年限增加、劳动力结构变化等发展趋势，提高工作预见性和主动性。

展望未来，中国必将以社会保障高质量发展开辟共同富裕之路。按照习近平总书记的要求，深化民生保障和社会治理制度改革，必须紧紧围绕保障和改善民生，以收入分配和走共同富裕道路这条主线，通过激发全体社会成员的内生动力，参与国家事务、经济社会事务和解决自身问题这一途径，使社会运行成本最低化，社会整体稳步向前，社会成员信心满满，社会充满动力和活力。这为新时期民生保障和社会治理制度改革指明了方向，也是研究中国民生保障和社会治理制度改革的基本目标和配套政策必须坚守的基本原则。

展望未来，中国必将以社会保障高质量发展优化治国安邦之策。社会保障作为国家治理的一种手段和工具，毫无疑问是中国特色社会主义制度的重要组成部分。进入新发展阶段，要赋予社会保障崇高的政治地位和历史使命，在中国共产党领导下推进中国社会保障从"无"到"有"、从"民生七有"迈向"民生七优"、从"局部探索"迈向"全景关怀"、从"社保大国"迈向"社保强国"，将中国特色社会主义制度优势很好地转化为中国社会保障治理效能。

---

① 郑功成、[德] 沃尔夫冈·舒尔茨：《全球社会保障与经济发展关系：回顾与展望》，中国劳动社会保障出版社 2019 年版，第 118—121 页。

# 主要参考文献

## 一 中文文献

### (一) 著作

习近平:《习近平谈治国理政》(第三卷),外文出版社2020年版。
习近平:《之江新语》,浙江人民出版社2007年版。
陈良瑾主编:《社会保障教程》,知识出版社1990年版。
《当代中国》丛书编辑部:《当代中国的农业》,当代中国出版社1992年版。
[德] 弗里德里希·李斯特:《政治经济学的国民体系》,陈万煦译,商务印书馆1997年版。
[德] 马克思:《1844年经济学哲学手稿》,人民出版社2000年版。
邓小平:《邓小平文选》(第三卷),人民出版社1993年版。
国家统计局:《中国统计摘要(2020)》,中国统计出版社2020年版。
国家统计局国民经济综合统计司编:《新中国六十年统计资料汇编》,中国统计出版社2010年版。
国家统计局农村社会经济调查总队:《中国农村贫困监测报告(2000)》,中国统计出版社2000年版。
国务院发展研究中心UNDP项目组:《经济发展、改革与政策》(第三卷),社会科学文献出版社1994年版。
侯文若:《社会保障理论与实践》,中国劳动出版社1991年版。
胡锦涛:《坚定不移沿着中国特色社会主义道路前进 为全面建成小康社会而奋斗——在中国共产党第十八次全国代表大会上的报告(2012年11月8日)》,人民出版社2012年版。
马克思:《资本论》(第一卷),人民出版社2004年版。
孙中山:《孙中山全集》(第六卷),中华书局1985年版。
陶大镛:《新民主主义经济论纲》,北京师范大学出版社2002年版。

郑功成:《社会保障学——理念、制度、实践与思辨》,商务印书馆 2000 年版。

郑功成、[德]沃尔夫冈·舒尔茨:《全球社会保障与经济发展关系:回顾与展望》,中国劳动社会保障出版社 2019 年版。

郑有贵主编:《中华人民共和国经济史(1949—2012)》,当代中国出版社 2016 年版。

中共中央马克思恩格斯列宁斯大林著作编译局编:《马克思恩格斯选集》(第二卷),人民出版社 1995 年版。

中共中央宣传部编:《习近平新时代中国特色社会主义思想学习纲要》,学习出版社、人民出版社 2019 年版。

（二）期刊

《习近平:把改善供给侧结构作为主攻方向 推动经济朝着更高质量方向发展》,《紫光阁》2017 年第 2 期。

习近平:《促进我国社会保障事业高质量发展、可持续发展》,《求是》2022 年第 8 期。

陈丛兰:《当代中国居宅伦理的价值透视》,《求索》2018 年第 3 期。

陈立中等:《马克思主义住宅理论及其中国化发展与创新》,《华中师范大学学报》(人文社会科学版)2018 年第 3 期。

陈余芳、黄燕芬:《供给侧改革背景下的我国住房公积金制度改革研究》,《现代管理科学》2017 年第 3 期。

陈振明、李德国:《以高效能治理引领公共服务高质量发展》,《人民论坛》2020 年第 29 期。

程恩富、高建昆:《论市场在资源配置中的决定性作用——兼论中国特色社会主义的双重调节论》,《中国特色社会主义研究》2014 年第 1 期。

邓大松、张怡:《社会保障高质量发展:理论内涵、评价指标、困境分析与路径选择》,《华中科技大学学报》(社会科学版)2020 年第 4 期。

丁海峰等:《基于灰色 GM(1,1)模型的上海市卫生总费用预测研究》,《医学与社会》2020 年第 6 期。

丁继红、游丽:《基本医疗保险对老年人灾难性卫生支出的影响研究》,《保险研究》2019 年第 12 期。

丁志帆:《数字经济驱动经济高质量发展的机制研究:一个理论分析框架》,《现代经济探讨》2020 年第 1 期。

董红亚:《中国特色养老服务模式的运行框架及趋势前瞻》,《社会科学辑刊》2020 年第 4 期。

樊红敏等:《新时代养老服务创新驱动因素、障碍及路径》,《社会政策研究》2020年第4期。

范志勇:《中国房地产政策回顾与探析》,《学术交流》2008年第8期。

傅维利、刘磊:《构建政府统一资助管理的新型普惠性学前教育体系》,《教育研究》2021年第3期。

高和荣:《健康治理与中国分级诊疗制度》,《公共管理学报》2017年第2期。

郭林:《中国养老服务70年(1949—2019):演变脉络、政策评估、未来思路》,《社会保障评论》2019年第3期。

韩广富、刘心蕊:《习近平精准扶贫精准脱贫方略的时代蕴意》,《理论月刊》2017年第12期。

韩文龙、周文:《马克思的贫困治理理论及其中国化的历程与基本经验》,《政治经济学评论》2022年第1期。

郝文武:《百年中国共产党对马克思主义教育正义思想的发展与实践》,《教育研究》2021年第6期。

何达等:《发展社会办医,促进卫生体系的服务效率与公平性》,《中国卫生资源》2017年第2期。

何文炯:《老年照护服务补助制度与成本分析》,《行政管理改革》2014年第10期。

何文炯:《照护保险制度运行条件分析》,《中国医疗保险》2017年第10期。

何文炯:《中国社会保障:从快速扩展到高质量发展》,《中国人口科学》2019年第1期。

贺雪峰:《中坚农民的崛起》,《人文杂志》2014年第7期。

洪银兴、杨玉珍:《构建新发展格局的路径研究》,《经济学家》2021年第3期。

胡鞍钢、王洪川:《中国人类发展奇迹(1950—2030)》,《清华大学学报》(哲学社会科学版)2017年第2期。

胡宏伟等:《"弱有所扶"高质量发展:架构分析、体系评价与改进路径》,《中国行政管理》2023年第10期。

胡吉亚:《以供给侧结构性改革保障青年群体"住有所居"——以北京市保障性住房为例》,《中国青年社会科学》2017年第2期。

胡顺:《超越还是差异?——再论马克思与黑格尔贫困理论的关系》,《理论月刊》2021年第9期。

胡志平：《国家基本公共服务制度体系助推经济高质量发展》，《中国社会科学报》2019年第5期。

黄晨熹：《新时代社会救助高质量发展的内涵和路径》，《人民论坛》2021年第18期。

黄承伟：《党的十八大以来脱贫攻坚理论创新和实践创新总结》，《中国农业大学学报》（社会科学版）2017年第5期。

黄燕芬等：《住房保障发展不平衡不充分：表现、成因与对策》，《国家行政学院学报》2018年第6期。

贾俊雪等：《人口红利还是人力资本红利：生育政策经济影响的理论分析》，《经济研究》2021年第12期。

姜勇、蓝素芬：《我国各省学前教育资源的均衡性与充分性分析——基于2013—2018年省级层面的"面板数据"》，《教育发展研究》2021年第Z2期。

赖靖雷、吴靖：《新时代脱贫攻坚的政治经济学分析——基于马克思分配理论的视角》，《上海理工大学学报》（社会科学版）2022年第1期。

冷晨昕、祝仲坤：《住房保障对居民幸福感的影响——来自中国综合社会调查的经验证据》，《中国经济问题》2021年第2期。

李德阳、曹昭煜：《住房消费保障研究述评》，《消费经济》2015年第1期。

李放、马洪旭：《中国共产党百年托幼服务供给研究：变迁历程、演进逻辑与未来展望》，《社会保障研究》2021年第5期。

李国敏、刘洵：《城市基本住房用地制度之理论探讨——基于底线公平的视角》，《湖北大学学报》（哲学社会科学版）2018年第3期。

李国强：《保罗·朗格朗与终身教育理论——兼论西方终身教育理论对我国教育现代化的启示》，《教育研究》2017年第6期。

李立清：《大数据在健康管理中的应用研究》，《广西社会科学》2021年第8期。

李立清、龚君：《农村贫困人口健康问题研究》，《湖南社会科学》2020年第2期。

李立清、李燕凌：《经济欠发达地区中老年农民健康问题研究》，《统计与决策》2011年第6期。

李立清、李燕凌：《新型农村合作医疗制度改革的基本经验总结》，《中国卫生经济》2010年第11期。

李玲：《大国博弈背景下的社会保障可持续问题研究》，《人民论坛·学术前沿》2022 年第 16 期。

李卫宁、金舒婷：《基于灾害链理论的危机信息需求预测研究》，《情报科学》2021 年第 9 期。

李燕凌、李立清：《新型农村合作医疗农户参与行为分析——基于 Probit 模型的半参数估计》，《中国农村经济》2009 年第 9 期。

李政蓉、郭喜：《公共服务协同供给机制动态化：一个分析框架》，《中国行政管理》2021 年第 3 期。

李志明：《新时代的住房制度及改革》，《人民论坛》2021 年第 22 期。

梁土坤：《住房产权、婚姻状况与社会工作者主观幸福感——基于 2019 年中国社会工作动态调查数据的实证分析》，《兰州学刊》2022 年第 1 期。

林闽钢：《"十四五"时期社会保障发展的基本思路与战略研判》，《行政管理改革》2020 年第 12 期。

林闽钢：《新历史条件下"弱有所扶"：何以可能，何以可为?》，《理论探讨》2018 年第 1 期。

林闽钢：《中国社会救助高质量发展研究》，《苏州大学学报》（哲学社会科学版）2021 年第 4 期。

林尚立：《在有效性中累积合法性：中国政治发展的路径选择》，《复旦学报》（社会科学版）2009 年第 2 期。

刘光旭等：《现实困境与路径选择：新时代我国农村社会保障解困的国家作用》，《农村经济》2024 年第 2 期。

刘晖、汤晓蒙：《试论各级各类教育融入终身教育体系的时序》，《教育研究》2013 年第 9 期。

毛咪咪、徐怀伏：《公立医院改革背景下社会办医的发展状况和政策建议》，《中国医院》2016 年第 5 期。

缪燕子：《新中国成立以来社会救助政策变迁研究——基于间断—均衡理论的解释》，《中国行政管理》2017 年第 11 期。

宁爱凤：《"空间正义"视角下农村住房保障制度的重构》，《甘肃社会科学》2017 年第 3 期。

彭浩然、岳经纶：《中国基本医疗保险制度整合：理论争论、实践进展与未来前景》，《学术月刊》2020 年第 11 期。

邱卫东、高海波：《新中国 70 年来的共富实践：历程、经验和启示》，《宁夏社会科学》2019 年第 2 期。

曲延春：《供给侧改革视域下的农村公共产品供给》，《行政论坛》2017 年第 3 期。

瞿富强等：《我国住房保障对象界定及其应用研究——基于居民住房支付能力测算方法的比较》，《价格理论与实践》2019 年第 3 期。

申曙光：《我们需要什么样的医疗保障体系?》，《社会保障评论》2021 年第 1 期。

申曙光、张勃：《分级诊疗、基层首诊与基层医疗卫生机构建设》，《学海》2016 年第 2 期。

史珍珍等：《城乡居民住房保障服务满意度及影响因素研究——基于 CGSS 2013 数据的实证分析》，《福建农林大学学报》（哲学社会科学版）2018 年第 5 期。

孙诚：《我国农村劳动力就业现状、挑战与有效措施》，《职教论坛》2018 年第 7 期。

孙宏、李雪峰：《新中国成立后周恩来关于防灾减灾救灾的思想》，《党的文献》2021 年第 1 期。

孙淑云：《健全重大疫情医疗救治费用协同保障机制的逻辑理路》，《甘肃社会科学》2020 年第 5 期。

谭江华：《后脱贫时代推动金融扶贫高质量发展研究》，《理论探讨》2021 年第 1 期。

檀学文、李静：《习近平精准扶贫思想的实践深化研究》，《中国农村经济》2017 年第 9 期。

王东进：《全面建成中国特色高质量社会保障体系》，《中国社会保障》2019 年第 Z1 期。

王芳芳、刘翀：《我国特色终身教育体系的构建原则、困境与对策》，《中国成人教育》2019 年第 2 期。

王建红、刘友平：《基于住房租赁机构化视角的住房过滤效果及政策启示》，《建筑经济》2018 年第 1 期。

王建平：《我国防灾减灾救灾综合机制的设想》，《政法论丛》2017 年第 3 期。

王鉴、谢雨宸：《乡村学前教育高质量发展的内涵、逻辑与长效机制》，《东北师大学报》（哲学社会科学版）2022 年第 2 期。

王丽艳等：《我国城市住房保障政策转变研究》，《现代城市研究》2016 年第 6 期。

王小林：《新中国成立 70 年减贫经验及其对 2020 年后缓解相对贫困的价值》，《劳动经济研究》2019 年第 6 期。

王一鸣：《百年大变局、高质量发展与构建新发展格局》，《管理世界》

2020 年第 12 期。

王艳飞等：《供需视角下国内大城市住房困境及政策建议》，《建筑经济》2021 年第 8 期。

王赞新：《我国 70 年收入分配制度发展的历史进路与理论逻辑》，《湖湘论坛》2019 年第 3 期。

王震：《新冠肺炎疫情冲击下的就业保护与社会保障》，《经济纵横》2020 年第 3 期。

脆怡：《我国社会办医发展中存在的问题及治理策略研究》，《中国全科医学》2016 年第 13 期。

温权：《西方资本主义城市住宅规划的三重危机及其社会效应——从曼纽尔·卡斯特的马克思主义城市批判理论谈起》，《苏州大学学报》（哲学社会科学版）2019 年第 4 期。

翁列恩、胡税根：《公共服务质量：分析框架与路径优化》，《中国社会科学》2021 年第 11 期。

吴德刚：《中国共产党教育事业百年历史经验》，《教育研究》2021 年第 12 期。

吴珂：《中国城市住房保障事业的最初纪元（1919—1949）》，《城市发展研究》2010 年第 7 期。

武端利、李长真：《构建学前教育多元合作供给制度的理论分析——以"合作—收益"理论为视角》，《现代教育管理》2017 年第 5 期。

向春华：《建设高质量的社会保障体系——第五届全国社会保障学术大会观点集萃》，《中国社会保障》2019 年第 3 期。

许思雨、薛鹏：《中国经济高质量发展的内涵与评判研究》，《对外经贸》2019 年第 3 期。

闫志利、韩佩冉：《构建服务全民终身学习的教育体系：价值取向与实践逻辑》，《职业技术教育》2020 年第 13 期。

杨灿明：《中国战胜农村贫困的百年实践探索与理论创新》，《管理世界》2021 年第 11 期。

杨菊华：《理论基础、现实依据与改革思路：中国 3 岁以下婴幼儿托育服务发展研究》，《社会科学》2018 年第 9 期。

杨琳琳：《我国城市儿童照顾服务政策 70 年回顾与展望——基于"分配—供给—传递—财务"四维框架的分析》，《理论月刊》2020 年第 12 期。

杨岭：《职业教育融入终身教育体系的路径研究》，《职业技术教育》2020

年第 4 期。

詹晨晖：《马克思主义土地逻辑总结与应用——以住宅建设用地使用权为例》，《理论月刊》2017 年第 5 期。

张超等：《住房适度保障水平研究——基于福利体制理论视角》，《价格理论与实践》2018 年第 10 期。

张俊良等：《习近平"精准扶贫"理论研究》，《经济学家》2020 年第 2 期。

张泽滴等：《将养老服务推向高质量发展阶段——"养老服务质量理论与实践论坛"观点综述》，《西安交通大学学报》2018 年第 4 期。

赵洪文等：《四川省社会办医现状及发展策略研究》，《现代预防医学》2019 年第 6 期。

郑秉文：《多点试错与顶层设计：中国社保改革的基本取向和原则》，《中国经济报告》2019 年第 2 期。

郑秉文：《"十四五"时期医疗保障可持续性改革的三项任务》，《社会保障研究》2021 年第 2 期。

郑秉文：《中国社会保障 40 年：经验总结与改革取向》，《中国人口科学》2018 年第 4 期。

郑功成：《健康中国建设与全民医保制度的完善》，《学术研究》2018 年第 1 期。

郑功成：《面向 2035 年的中国特色社会保障体系建设——基于目标导向的理论思考与政策建议》，《社会保障评论》2021 年第 1 期。

郑功成：《中国医疗保障制度改革与发展》，《中国人民大学学报》2020 年第 5 期。

郑继承：《中国特色反贫困理论释析与新时代减贫战略展望》，《经济问题探索》2021 年第 1 期。

周洪宇：《中国共产党领导教育的百年历程与历史经验》，《国家教育行政学院学报》2022 年第 1 期。

周文、李思思：《全面理解和把握好高质量发展：内涵特征与关键问题》，《天府新论》2021 年第 4 期。

朱成晨：《学习型社会与终身教育体系建设：信息化时代的省思》，《电化教育研究》2018 年第 10 期。

朱方明、李敬：《习近平新时代反贫困思想的核心主题——"能力扶贫"和"机会扶贫"》，《上海经济研究》2019 年第 3 期。

朱小平：《新医改背景下我国社会办医政策实施效果分析》，《中国医院》

2018年第7期。

(三)报纸

习近平:《关于〈中共中央关于制定国民经济和社会发展第十四个五年规划和二〇三五年远景目标的建议〉的说明》,《人民日报》2020年11月4日第2版。

习近平:《习近平在中共中央政治局第二十八次集体学习时强调 完善覆盖全民的社会保障体系 促进社会保障事业高质量发展可持续发展》,《人民日报》2021年2月28日第1版。

习近平:《中共中央关于制定国民经济和社会发展第十四个五年规划和二〇三五年远景目标的建议(二〇二〇年十月二十九日中国共产党第十九届中央委员会第五次全体会议通过)》,《人民日报》2020年11月4日第1版。

习近平:《中共中央关于制定国民经济和社会发展第十四个五年规划和二〇三五年远景目标的建议(二〇二〇年十月二十九日中国共产党第十九届中央委员会第五次全体会议通过)》,《人民日报》2020年11月4日第1版。

李燕凌、高猛:《优化农村社会保障 激活乡村振兴新动能》,《湖南日报》2020年11月9日第6版。

民政部:《2012年社会服务发展统计公报》,《人民日报》2013年6月19日第2版。

周晖:《建设高质量的社会保障体系》,《中国劳动保障报》2019年3月1日第3版。

## 二 外文文献

Alkire S., Foster J., "Counting and Multidimensional Poverty Measurement", *Journal of Public Economics*, Vol. 95, No. 7-8, August 2011.

Bradshaw T. K., "Theories of Poverty and Anti-poverty Programs in Community Development", *Community Development*, Vol. 38, No. 1, January 2007.

Browning M., Meghir C., "The Effects of Male and Female Labor Supply on Consumption", *The Review of Economic Studies*, Vol. 58, No. 4, April 1991.

John M. Gowdy, "The Revolution in Welfare Economics and its Implications for Environmental Valuation and Policy", *Land Economics*, Vol. 80, No. 2, May 2004.

Lahouel B. , et al. , "The Assessment of Socio‐environmental Performance Change: A Benefit of the Doubt Indicator Based on Directional Distance Function and Malmquist Productivity Index", *Finance Research Letters*, Vol. 49, July 2022.

Li L. , Ding H. , "The Relationship between Internet Use and Population Health: A Cross‐sectional Survey in China", *International Journal of Environmental Research and Public Health*, Vol. 19, No. 3, January 2022.

Li L. , et al. , "Does Internet Use Impact the Health Status of Middle‐aged and Older Populations? Evidence from China Health and Retirement Longitudinal Study (CHARLS)", *International Journal of Environmental Research and Public Health*, Vol. 19, No. 6, March 2022.

Polanyi K. , *The Great Transformation: The Political and Economic Origins of Our Time*, Boston: Beacon Press, 2001.

Qiang W. , et al. , "Geopolitical Risk and Ecological Efficiency: A Combination Approach Based on Super‐Efficiency‐DEA and Extended‐STIRPAT Models", *Journal of Environmental Management*, Vol. 351, December 2023.

Ratcliff R. U. , *Urban Land Economics*, New York: McGraw-Hill, 1949.

William Beveridge, "Social Insurance and Allied Services", Cmd, 6404.

Örkcü H. Hasan, et al. , "An Evaluation of the Operational Efficiency of Turkish Airports Using Data Envelopment Analysis and the Malmquist Productivity Index: 2009-2014 Case", *Transport Policy*, Vol. 48, May 2016.